건국 전후 비화(祕話)

• 저자 약력

저자는 해방 후 건국을 위하여 헌신하고 어떠한 관직도 탐하지 않은 진정한 애국자이었다. 저자는 1906년 1월 전라북도 익산군 왕궁면에서 출생, 1983년 12월 서울에서 사망하였다. 1927년 전주사범학교를 졸업한 후 8년 동안 전라북도 남원, 이리(현 익산시) 등지에서 초등학교 교사로 활동하였고, 1939년부터 1945년까지는 만주 금주성 창무현에서 농장을 개척하는 한편 초등학교를 설립하여 운영하였다. 해방 직후 귀국하여 1946년부터 1949년까지는 애국단체연합회, 민족통일총본부의 임원 및 대한독립촉성국민회의 중앙상무위원 등으로 활동하였다.

• 편자 약력

편자는 충남대학교 법과대학에서 1975년부터 31년간 후학을 양성한 민법학자이다. 편자는 1940년 9월 저자의 3남으로 태어났으며, 1958년 서울대학교 법과대학에 입학하여 서울대학교에서 법학사, 법학석사, 법학박사학위를 받았다. 충남대학교에서는 법과대학장, 대학원장을 역임하였다. 대전광역시 지방토지수용위원회 위원, 대전광역시선거관리위원회 위원으로 봉사하였고, 세 번에 걸쳐 법무부민법개정위원회의 위원 및 위원장으로 민법개정안 연구에 헌신하였다. 학계에서는 한국법사학회 회장과 한국민사법학회 회장의 일을 하였다. 1999년에 국민훈장 모란장을, 2006년에 녹조근정훈장을 수상하였다.

건국 전후 비화(祕話)

2021년 1월 20일 인쇄
2021년 1월 30일 발행

저 자 | 서재권
편 자 | 서 민
펴낸이 | 정성택

펴낸곳 | 전남대학교출판문화원
주소 | 61186 광주광역시 북구 용봉로 77
전화 | (062) 530-0571~3 팩스 | (062) 530-0579
등록 | 1981. 5. 21. 제53호
홈페이지 | http://www.cnup.co.kr
이메일 | cnup0571@hanmail.net

값 16,000 원

ISBN 978-89-6849-774-2 (93300)

정부수립 전·후의 국민운동

건국 전후 비화

서재권(徐載權) 저 | 서민(徐敏) 편

전남대학교출판문화원

자서自序

해방 후 몇 해 동안 무명한 졸도卒徒로서 이승만 박사와 여러 지도자들을 모시고 건국에 견마역犬馬役을 하는 중에 겪은 일, 본 일, 들은 말이 더러 있었다. 그런데 지난봄에 월탄月灘 박종화朴鍾和 선생과 자리를 같이 했을 때에 그 중의 한 가지를 회고해서 말했더니 월탄 선생이 "그런 것을 좀 적어보라"고 권고하시기에 처음에는 사양했으나 돌이켜 생각해 보니 이런 사실事實도 남북통일이란 지상과업을 앞둔 우리 겨레들에게 행여 밑거름이 되리라고 믿는 바가 있어서 서투른 솜씨로 적어보았다.

여기에 전개되는 이야기는 혹은 반세기 이전 혹은 4반세기 이전의 일들로 나의 기억에도 희미해진 것들도 있지만, 되도록 사실 그대로를 밝혀보려고 했다. 자서에 즈음해서 이 기록 중에 나오는 조국광복을 위해서 국내외에서 순의殉義하신 이갑李甲, 안창호安昌浩, 손병희孫秉熙, 최린崔麟, 오세창吳世昌, 권동진權東鎭, 오화영吳華英, 이시영李始榮, 김구金九, 이승만李承晩, 김성수金性洙, 신익희申翼熙, 지청천池青天, 김현주金鉉洲, 조봉암曺奉岩, 신태영申泰英, 신현돈申鉉燉, 최태용崔泰瑢 선생 등 여러 어른들의 영령 앞에 삼가 명복을 비오며, 상금 살아계신 여러 분들의 만복을 기원합니다.

1966년 8월 15일

서울 정릉 산기슭에서

목당牧塘 서재권徐載權

편자編者 서

이 책은 55년 전에 편자의 선친께서 완성하신 원고를 정리한 것이다. 저자는 8·15 해방 후 이승만 박사를 가까이 모시고 건국운동을 하는 과정에서 겪은 일과 그 과정에서 만난 정치지도자들에게서 들은 여러 가지 회고담을 글로 적었다. 그 내용은 일반 사람에게는 전혀 알려지지 않은, 역사의 뒤안길에 숨은 이야기가 많아서 역사에 관심이 없는 사람이라도 흥미롭게 읽을 만하다.

저자는 자서自序에서 밝힌 것과 같이 후세에 참고가 되리라 믿고 이 책을 저술하였다. 저술한 지 반백년이 지난 오늘에 저자의 의도가 얼마나 실효를 거둘지 확신하기는 어렵지만, 적어도 우리나라 최근세사의 한 단면을 구성하는 사실의 기술로서의 가치는 있을 것이라 생각된다.

이 원고는 해방 20주년을 맞은 1965년에 출판을 기대했었으나 사정이 여의치 않아 출판이 이루어지지 못하고, 수십 년 동안 잊혀진 채 상자에 담겨 편자의 집에 보관되어 있었다. 편자가 몇 년 전에 비로소 원고의 존재를 기억하여 그 내용을 확인하고, 출판할 가치가 있다고 느껴 원고지에 담겨 있는 내용을 컴퓨터에 옮겼다.

원문은 현재의 문장법에 맞지 않는 내용이 많아서 독자가 읽기에 불편하리라고 생각되어 편자가 그 의미를 변경시키지 않도록 주의하면서 오늘날의 문장형태로 바꾸었다. 문단의 구분이 되어 있지 않은 장문의 문장은 문단을 나누어 재정리하였으며, 이해의 편의를 위하여 각주를 추가하였다. 그리고 내용을 쉽게 파악하고 읽기에 편리하도록 세부 항목을 구분하여 소제목을 붙였다.

이 책의 내용 중에는 저자의 자서전적인 서술도 약간 포함되어 있고, 그 시절의 정계의 여러 인물에 대한 사적인 사항도 기술되어 있는데, 이러한 내용이 거론된 분들의 명망에 손상을 입히지 않을까 하는 외구심도 없지 않으나, 사실에 터잡아 기술한 것이므로 양해될 것으로 믿는다. 부록으로 첨부한 '이승만 박사에 대한 인상'은 이승만 박사를 지근거리에서 보필한 사람이 아니면 알 수 없는 여러 가지 내용이 기술되어 있어 의미가 있다고 생각되어 덧붙였다.

어려운 출판사정에도 불구하고 사업성이 보장되지 않는 이 저서의 출판을 흔쾌히 승낙해준 전남대학교출판문화원 원장님과 정성을 다해 책을 만들어준 직원 여러분께 깊은 감사의 마음을 표한다. 아무쪼록 이 책이 대한민국 건국의 역사를 올바르게 인식하는 유용한 자료가 되며, 사학도의 건국과정 연구에 도움이 되기를 바라는 마음으로 이 책을 펴낸다.

애국일념으로 일생을 사신 선친의 영전에 이 책을 바친다.

2021년 1월

편자 서 민

차 례

제2장 건국 후편後篇 ___ 177

부 록 이승만 박사에 대한 인상 ＿ 345

제1장 건국 전편前篇

제1장 건국 전편前篇

Ⅰ. 이갑李甲[1], 안창호安昌浩[2] 두 분의 망명

1. 망명의 계획

지금으로부터 60여 년 전 을사乙巳(1905)년에 일본이 강제로 우리나라와 5조약을 맺어 우리의 주권을 침해하자 이를 반대하여 국민의 항일독립정신을 일깨워 일으키고, 국제여론에 일본의 침략을 호소하려고 자결한 민영환閔泳煥 선생의 뒤를 이어 국내에서는 의병이 각 지방에서 일어나고 있을 때 국외로 빠져나가려 하는 애국인사들이 많아졌다. 다음해인 병오丙午년에 이준李儁 열사가 헤이그에 나타나서 일본의 침략을 폭로하고, 그 2년 후인 기유己酉년에는 안중근安重根 의사가 하얼빈 역에서 이등박문伊藤博文을 죽인 후부터 일본은 우리나라를 철통같이 단속하였다. 그리하여 삼천리강토 안을 감옥같이 만들어 물샐 틈 없게 경비하기 위하여 일본관헌과 그 앞잡이 조선인 보조원과 밀정을 늘어놓아 하루 24시간 쉬지 않고 감시의 눈초리를 번쩍거리고 있었다.

더구나 이준 열사 등 헤이그 밀사사건을 핑계로 고종황제를 강제로 퇴위케 한 뒤부터는 일본관헌의 탄압과 내정간섭은 피끓는 사람으로서

---

1 본명은 휘선(彙璿), 호는 추정(秋汀). 평안남도 평원 출생, 대한제국군 고위직 장교, 일제강점기의 독립운동가(1877. 6. 22~1917. 6. 13).

2 호는 도산(島山), 평안남도 강서 출생. 일제강점기의 독립운동가, 교육자(1878. 11. 9~1938. 3. 10).

는 차마 볼 수 없을 정도에 이르렀다. 빼앗긴 국권을 다시 회복하고 이 강토 안에서 일본세력을 몰아내려면 아무래도 국내에서는 그 모든 계획과 행동이 부자유함을 느낀 여러 혁명인사들은 국외로, 해외로 망명의 길을 떠나려 했다. 그러나 일인 헌병과 조선 밀정놈들이 뒤를 따라다니기 때문에 좀처럼 자유롭게 먼 길을 떠날 수도 없는 딱한 사정이었다. 경술庚戌(1910)년 2월에 도산島山이 감옥[3]에서 석방되어 나오자 이갑 씨를 찾아갔다.

도산이 "추정秋汀, 우리가 나라를 위해서 일을 하려 하나 일본놈들이 심하게 뒤따르며 감시를 하고 있으니 어떻게 하면 좋소이까?"

"도산, 나도 도산이 나오시기를 기다렸소. 우리의 형편을 가장 깊이 동정해주고 편의도 보아줄 사람이야 아라사俄羅斯[4] 사람들이라고 생각하니 우리나라에서 제일 가까운 아라사지방으로 해삼위海蔘威(Vladivostok)밖에 더 있소? 그러니 우리들 몇몇이 해삼위로 떠납시다. 그런데 해삼위로 가는 데에는 나보다도 훨씬 러시아 관헌에게 잘 통하는 분이 이종호李鍾浩[5] 동지 아니오, 그러니 이 동지와 세 사람이 떠나도록 준비합시다."

이리하여 두 분은 다시 이종호 씨 집으로 가기로 하여 이갑 씨가 앞장섰다. 감옥에서 여러 달 고생하고 나온 도산을 본 이종호 씨는 몇 번이고 고맙다는 인사를 나눈 뒤에 이갑 씨가 천천히 말머리를 돌려서

"이 동지, 이번에 도산이 왔기에 우리가 중대한 결정을 하고서 동지의 동의를 얻으러 왔소."

"선생님, 무슨 일인데 그리 중대한 결정을 하셨다는 것입니까?"

---

3 안중근 의사의 이등박문(伊藤博文) 암살사건에 연루된 혐의로 도산이 몇 달 감옥에 미결수로 갇혀 있었음.

4 노서아(露西亞, Russia)의 옛 이름.

5 함경북도 명천 출생. 육영사업가. 대한제국 때에 조부 이용익(李容翊)이 설립한 보성학교(고려대학교의 전신)의 경영자(2대 교주)(1885~1932).

"동지와 몇 해 전부터 이야기하여 내려오던 문제, 즉 우리가 국내에서는 왜놈들 등쌀에 도저히 큰일을 도모할 수 없으니 해외로 떠나자는 것이오."

"그래서 어디로 떠나시기로 작정하셨나요?"

"우리가 국사國事를 도모하려면 아무래도 아라사밖에 더 갈 데가 있소? 그래서 아라사로 가기로 작정하고서 아라사로 가려면 누구보다도 동지가 제일 아라사와 통하니까 의논해서 같이 떠나볼까 해서 이렇게 도산과 같이 왔지."

"이제야 두 분께 처음으로 토설합니다만 민 중전閔中殿이 왜놈들에게 시해되었을 때부터 여러 차례 아라사 공사와 만나서 이야기한 바 있습니다. 우리가 큰일을 도모하려면 아라사 공사와 의논해서 그 후원을 받는 일이 제일 순편하다고 생각했지요. 그러나 보호조약으로 우리의 외교권이 박탈당한 뒤에 아라사 공사가 떠난 지도 벌써 몇 해가 된 이 마당에, 더군다나 통감부統監府놈들이 우리 뒤를 밟고서 감시를 하고 있으니 해외로도 잘 나갈 도리가 없지 않습니까?"

이때에 잠자코 두 분의 대화를 듣고만 있던 도산이 말을 꺼냈다.

"통감부놈들 눈을 피하는 문제는 내가 하나 방법을 마련하겠으니 우리가 떠나는 데에 관련된 처리문제, 즉 첫째 노비路費문제, 둘째 가족들에 대한 뒤처리, 그 다음은 국내 동지들과의 앞으로의 연락문제 등이요."

도산의 이 제안에 이갑 씨가 찬동하며 "그러면 첫째 노비를 마련하는 문제부터 우리 상의하여볼까?"

이 말에 이종호 씨가 말을 받는다. "그거야 제가 마련해야지요. 두 분은 잘 모르시겠지만 몇 해 전, 즉 저의 조부님이 살아계실 때에 민 중전 사건 뒤에 조부께서 우리나라는 장차 일본놈 등쌀에 재산도 잘 보전하지 못할 것이니 차라리 러시아에다가 재산을 맡기는 것이 현명한 일이라고 해서 아라사 공사와 의논해서 재산 일부를 해삼위 아라사은행에다가 맡긴 것이 있습니다. 그러니 우리가 해삼위까지 가기만 한다면 우리의 생활이나 국사를 도모하는 데 필요한 비용은 예금된 것으로 넉넉히 써나갈 것이니 걱정할 것이 없다고 봅니다."

이 말에 용기를 얻은 이갑 씨가 "그러면 우리가 해삼위까지 갈 노비만 있으면 되겠구려. 얼마나 가지면 될까?" 하면서 도산을 쳐다본다. 도산보고 말해보라는 눈치이다. 그래서 도산이 "지금 우리나라 교통사정이 전날과 같이 원산이나 청진에서 배타고 곧장 해삼위로 가지 못하는 형편이 아니오? 통감부놈들이 길을 막아놓았으니 결국 제3국, 즉 중국을 거쳐서 가는 길밖에 없습니다. 그러니 우리가 일단 중국정부가 있는 북경까지 가서 그곳 중국정부 요로에 해삼위이든 러시아 본국이든 들어갈 여권을 얻어내도록 하려면 하루 이틀에 되는 일이 아니고, 한두 달 묵으면서 교섭을 해야 할 것이며, 그 비용도 있어야 할 것이니 세 사람이 해삼위까지 가는 동안이란 3개월은 걸린다고 보아야 할 것입니다. 적어도 일화日貨로 한 10,000원은 있어야 하지 않나 생각되오."

이 말에 이종호 씨가 선선히 말하기를 "10,000원이 든다 해서 딱 10,000원만 가지고 가면 쓰나요. 앞으로 가족들이 따라갈 사람도 있겠고, 동지 중에서 우리를 따라가려는 분이 있으면 그들도 동행할는지도 모르니까 넉넉히 제가 마련하지요."

이 말에 이갑 씨가 낯빛을 흐리면서 "듣는 말에 의하면 통감부에서 각 은행을 단속하고 대상들의 재산을 조사해서 큰돈은 국외로 흘러나가지 못하도록 감시한다는데, 그 큰돈을 어떻게 가지고 국외로 나갈 수 있을까?"

이 말에 도산이 또 지혜를 낸다. 이종호 씨를 향해서 묻기를 "지금 수

중에 가지고 계신 돈은 얼마나 되시오?"

"시재 쓰는 돈은 몇 천원에 불과하고, 많은 돈은 제일은행(일본인 은행)에 있지요. 그러니 은행에서 찾아내야 할 터인데, 내가 10,000원만 꺼내러 가도 통감부 헌병놈들이 조사하러 올 것이외다."

"내가 한 가지 계교를 내겠소. 외국무역을 하거나 교육사업을 하거나 큰 공장을 차린다 하면 큰돈을 은행에서 찾아내와도 별로 의심치 않습니다. 그런데 이 선생이 지금 보성학교를 경영하시니까 그 중학교 외에 보성전문학교를 하나 세운다고 신문에다가 떠들어대시고, 그리고서는 얼마 후에 전문학교 설립하는 비용으로 은행예금을 찾으러 왔노라 하면 은행에서도 선뜻 내줄 것이요. 그러니 우선 속히 도하 각 신문사에다가 보성전문학교를 설립한다고 발표를 하여놓으시오."

도산의 이 말에 이갑 씨가 미소를 하면서 "그것이야말로 좋은 꾀요. 그대로 곧 실행해서 재정부터 만들어놓기로 하고, 다음은 가족문제를 의논해봅시다. 그런데 두 분은 어떠하신가 모르되 나는 가족들을 다 고향인 숙천肅川으로 보내서 친척들과 농사나 지어서 연명하라고 하여야겠소. 나라가 망하는 판에 무슨 놈의 가정안락을 생각할 여유가 있어야지!"

이 말에 두 분도 공감이라는 듯이 고개를 끄덕이더니 도산이 말하기를 "나도 추정과 같이 우선은 단신으로 떠나가겠습니다. 그러나 종호 씨만은 가족들을 데리고 가셔야 할 터인데!"

이에 이종호 씨가 고개를 가로 흔들면서 "두 선생님을 모시고 국사를 도모하러 떠나가는 내가 어찌 나만 가족동반이란 말이 됩니까? 저도 우선은 혼자 떠나야 가는 길도 순리롭고 두 분에게도 체면이 서지요."

"그러면 가족에 대한 처리는 각자 고향에 두기로 하고 남은 문제, 즉 국내와의 연락은 어떠한 방법으로 한다?"

이에 도산이 말을 이어서 "지금 여기 서울 한복판에 앉아서 전날에 경험도 없으면서 미리 결정을 할 수야 없지 않습니까? 현지를 가는 도중에 북경이고 봉천이고 하얼빈이고 간에 가서, 그곳 사정과 현지 사람들 중에 우리 동지를 구해서, 우리와 생사를 같이할 만한 정도가 된 연후에 서로 연락을 취해서 국내와 통해야 할 것이니까, 그러한 방안만 세워가지고 늘 유의해가면 되리라고 봅니다. 그리고 국내 동지들 중에야 서울이든 평양이든 원산이든 어디든지 동지들이 있으니까 우리가 연락원만 잘 확보해놓으면 되리라고 생각합니다."

도산의 이 말에 더 이의가 있을 수 없다. 그리하기로 하고 제일 큰 문제인 여비를 마련하려면 적어도 한 달은 걸리겠다는 이종호 씨의 의견에 또한 다 찬동해서 다음 달인 3월에 떠나기로 하고 그날은 헤어졌다.

이삼일 후에 이갑 씨 댁에 도산이 찾아와서 "추정, 종호 씨가 여비를 마련하겠지만 우리가 해삼위까지 가는 노정路程은 어떻게 정할까요? 그리고 왜놈들과 조선 밀정놈들의 감시를 피하는 방법도 연구하여야 하지 않습니까?"

"도산은 어느 길을 택하여야 무사히 국외로 빠져나가고, 북경에 가변 아라사여권을 손쉽게 얻어내리라고 생각하오?"

"북경까지 가는 길은 육로로 신의주 경유는 아예 생각지도 말아야지요. 많은 돈을 가지고 갈 수도 없고 걸리면 큰일이고, 뱃길밖에 없는데 제물포(인천)는 놈들의 감시가 심해서 어려울 것이고 하니까 남포(진남포)에 가서 청도靑島 가는 배를 구하는 도리밖에 없습니다. 지난 가을에 제가 남포를 가서 물정을 좀 살펴보았더니 그곳도 감시망을 펴놓고 조사하는 정도가 점점 심해져서 여간 까다롭게 구는 것이 아닙니다."

"그러면 우리가 남포에서 청도 가는 선편을 이용하기로 한단 말이지. 그런데 통감부놈들의 감시를 면할 도리만 차려놓으면 되겠다는 것이지?"라고 말하면서 이갑 씨가 묵묵히 생각하다가 "내가 방법을 하나 마련했는데 도산의 의견은 어떠할는지 좀 검토해보구려!"

"무슨 명안이신지 말씀해보시지요."

"일전에 정운복鄭雲復이가 세배하러왔습니다. 그 놈을 내가 불러다가 우리 두 사람이 바람 쏘이러 청도방면에 놀러갔다 오겠으니 선편을 마련해보라고 청탁하면 어떠할까? 마침 도산도 모처럼 왔으니까 같이 한두 달 바람 쏘이러 가겠으니 네가 생색을 내보라고 부탁하면 어떠할까?"

"아! 그 자가 지금 어떠한 지위에 있다고 왜놈세력을 등대고서 안하무인이 아닙니까? 그런 자가 추정 말씀을 고분고분 들어줄까요?"

이 정운복이라는 사람은 통감부의 고등밀정으로서 의병대장, 배일 독립운동거물들을 많이 잡아주어서 통감부 측의 가장 신임이 두터운 권세등등한 위인이다.

"내가 간곡히 청탁을 해서 순순히 들어주면 모르되 그렇지 못할 경우는 그 놈을 제발로 걸어가게 내버려두나? 당장에 요절을 내지!"

"하여간 그 자를 청해서 잘 말씀해보시지요. 그 자도 한국 백성이라면 추정의 청을 쉽게 거절은 못할 것이외다."

"그런데 내 성질을 도산은 잘 알지 않나! 그 놈하고 말하다 내 비위가 틀리면 혹 실수할 수도 있을는지 모르니 도산이 같이 있어가지고 그 능숙한 구변으로 놈을 주물러보구려!"

2. 망명의 협력자

이리해서 다시 이삼일 후에 만나기로 하고 도산은 숙소로 돌아왔다. 3일 후 약속한 시간에 도산은 원동 이갑 씨 댁에 다시 갔더니 정운복도 와있었다. 피차간에 인사를 마치고 자리에 앉자 주인 이갑 씨는 도산과 정가를 돌아보면서 "모처럼 도산이 찾아오셨고 해서 내가 정군을 청해서 저녁이라도 같이 해볼까하오."

얼마 동안 세상이야기를 서로 하다가 주안상이 나와서 술잔을 나누었다. 다시 저녁상이 나와서 저녁식사를 하고 난 다음에 주인은 천천히 손님들에게 담배를 권하면서 "내가 이 서울에만 들어박혀 있으니까 체증만 더 심해지거든. 그래서 도산도 올라온 김에 같이 바람을 좀 쏘여볼까 하는데 정군 어떠한가?"

"아! 그거야 선생님이 좋으시다면 더구나 체증을 없애시려면 바람을 쏘이시는 것이 좋습니다."

이때 도산은 빙그레 웃으면서 이씨의 눈치만 살핀다. 그래서 미소하던 이씨는 정색을 하고 좀더 진지한 태도로 정군, 내가 말하는 바람 쏘인다는 것은 가까운 공원에 간다든가, 근처에 있는 산수를 찾아간다는 것이 아니네. 생각해보소, 나라가 이 꼴이 되었는데 내가 이 땅에서 견디어내겠나. 울화증이 나서 살 수 있느냐 그 말이야. 그래서 마침 도산도 왔기에 둘이서 멀리 바다건너로 몇 달 동안 바람 쐬자는 것이야!"

"선생님의 심정을 제가 이해 못하는 것도 아닙니다만 요새 통감부정책이 심해져서 어디 잘 나갈 수가 있습니까? 대관절 어디로 나갔다 오시려는 예정이신가요?"

"내가 그 예정을 말하면 좀 협력해주랴는가?"

"아, 그거야 제가 선생님 같으신 어른을 도와드릴 힘만 있다면 미력이나마 도와드리고 말굽쇼. 어디로 가보시려는지요?"

"정군이 나를 도와줄 수 있으리라고 믿기에 오늘 저녁에 이렇게 상의해보는 것일세. 우리가 다 평안도 사람들이니까 평안도에서 제일 가까운 남포에서 배를 타고 외국 중에서도 가장 가까이 있는 청도까지만 갔다가 오려는 것이지. 어때? 남포에서 선편으로 청도 가는 데 정군이 보아줄 수 없겠나?"

말을 마치고 정가를 뚫어져라 쳐다보는 눈, 이갑 씨의 눈에서 정기가 넘쳐흐른다. 이 넘치는 정기에 정가는 압도된 듯 머리를 숙이고 한참동안 무엇인가 생각에 잠겨 있다. 정가 생각에 '이 자리에서 협조하지 못한다고 거절하면 못할 것도 아니로되 이 호랑이 같은 양반 입에서 무슨 불벼락이 떨어질지 모르는 일이다. 회고하면 4년 전 병오丙午년 봄에 단신으로 민영휘 방에 뛰어들어가서 한마디 호령으로 민 씨를 혼비백산시켜가면서 휘문의숙 설립자금 누만금累萬金을 당장 내놓게 한 일을 천하가 다 알고, 그 앞에서는 누구나 벌벌 떠는 인물이 아닌가?' 생각이 이에 미치자 협조 못하겠다고도 못하겠고, 그렇다고 제 직책이 지금 국외로 망명하는 거물급 인사들을 감시하고 잡는 일이고, 그것이 제게 맡겨진 통감부의 명령이며, 이 명령을 어긴다면 제 목이 달아나는 판인데! 얼마 동안 넋을 잃고 깊은 생각에 잠겨 있을 때에 도산이 천천히 말을 시작한다.

"정형, 지금 추정 선생의 심정이 되어가지고 헤아려보시오. 이 나라의 주권확립, 즉 독립국가 행세를 하도록 하기 위하여 다시 말하자면 대한제국의 국방을 튼튼히 해서 외국의 멸시를 받지 않기 위하여 자기 일신을 바쳐온 어른이 오늘 일본세력에 눌려서 국권이 늑탈당하고 있어 언제 명맥마저 끊어져 일본 식민지가 될지 모르는 이 국가적 비운을 나라 안에서 보고 있자니 홧병 – 생병이 날 것 아니겠소. 그래서 나도 선생을 위로해드리기 위해서 모시고 한 달쯤 바다건너 바람이나 쏘여드릴까 하는 것이요. 그런데 내 생각으로는 정형처럼 우리 같은 사람들의 국외 출입을 취체하는 직책을 가진 분을 보고서 눈감아달라고 청하는 우리도 딱하지만, 그 청을 받는 정형도 대단히 곤란한 처지이겠으니 우리가 서로 의논만 맞는다면 이렇게 합시다. 우리 두 사람과 시중들 사람 한 분까지 세 사람이 청국장사꾼으로 청인복색을 하고서 남포부두에 나갈 것이니 정형이나 정형 밑에 있는 사람들이 이 청국상인 세 사람을 다른 한국인같이 검사하지 않고 배에 오르게 할 수 없을까요? 우리가 한국인 복장으로 나타나지 않고 청국인 복색으로 할 것이니 좀 수월하게 검사를 받을 수 있게 하자는 것이니 정형의 의견은 어떠시오?"

이 제안에 이갑 씨도 동의하는 듯 고개를 끄덕인다. 정가가 두 분의 표정을 살피고 자기도 별 이의가 없다는 듯이 낯빛을 부드러이 하면서 "글쎄요, 두 분께서 그렇게라도 해서 해외로 나가보시겠다는데 제가 그것마저 못하시도록 한다면 제 도리가 되겠습니까? 저도 지금 그러한 방법을 궁리하던 참이었습니다."

"정형이 나의 의견에 찬동한다면 이 선생님과 또 한 분까지 세 사람은 평양에서 장사하는 청인의 차림을 하고 남포에 나갈 것이니 그리 알고서 보아주시오."

"그런데 수행할 사람이란 누구오니까?"

이제야 한두 달 소풍삼아서 가는 것이 아니고 장기여행, 즉 망명이라는 것을 눈치채게 되는 판이다. 그래서 도산이 슬쩍 "이 선생님이 지금 몸도 쇠약해지시고(늘 화를 끌인 탓으로) 해서 청도에 나가서 유명한 덕국인 병원에 입원치료도 해드릴 예정도 있고 해서 우리의 여비를 넉넉히 마련할 분을 데리고 가게 되었소."

"그게 누구인데요?"

"이종호라고 하는 분이요."

"아, 그러면 저 보성학교 교주인 이종호 씨 말씀입니까? 요새 그가 보성전문학교를 또 설립한다고 신문에 났던데 바로 그 분 말입니까?"

"그렇소. 그 분도 잠간 같이 갔다가오기로 의논했지요."

이제야 대강 짐작이 간다는 눈치이다. 그렇다고 그가 이 마당에 와서 못 보아드리겠다고 거절을 할 수도 없는 노릇이다. 그래서 정가는 다시 묻기를 "그런데 어느 때 세 분이 떠나시려는지요?"

"무어 급할 것 있소? 천천히 떠나기로 해서 지금부터 서너 달 후, 즉 4월께 일기도 풀리고 바다도 잠잠할 때를 가려서 떠나볼까 하지요."

도산이 다시 이갑 씨를 향해서 "추정, 어떠하실까요? 이삼일 중에 이 정형과 같이 종호 씨 댁에서 저녁이라도 함께 나누면?"

이갑 씨도 동감이라는 듯이 정가를 향해서 친절한 말투로 "어떤가? 별로 상치되는 일이 없으면 모레 저녁에 종호 집에서 같이 저녁이라도 하세. 그리로 나오겠나?"

"그렇게 해보겠습니다."

이리해서 정가와 다시 만날 약속을 하고 그 자를 먼저 보낸 다음에 도산은 이갑 씨를 보고서 "세상일이란 국사나 개인사나 튼튼하게 하여야 하지 않습니까? 오늘 저녁의 합의만 가지고서는 우리가 안심하고 일을 할 수 없으니까 다시 종호 씨 댁에서 정가를 불러다가 주물러놓아야겠습니다. 그리고 그 자도 남포까지 데리고 가야 우리 일이 한결 안심될 것이니까 남포 왕복 노비나 쓰라고 해서 넉넉히 쥐어주는 것이 더 만전지책이 되리라고 생각하는데 추정 형 생각은 어떠하신지요?"

"아, 그거야 도산 생각이 내 생각이지. 종호가 그것까지 마련한다면 금상첨화 격이지만 도산이 먼저 종호 보고 의논해보구려!"

이리하여 다음날 도산은 이종호 씨를 찾아가서 전날 밤 이갑 씨 댁에서 정운복과 의논한 전후이야기를 다 한 다음에 다시 만날 약속을 한 것과 정가의 노비조로 넉넉히 쥐어줄 돈에 대한 준비도 말했더니 그도 다 찬동하였다. 다음날 저녁에 이종호 집에서 정가와 같이 저녁식사와 반주를 하고 난 다음에 도산이 말을 시작하였다.

"일전에 추정 댁에서 말한 바와 같이 4월 하순에 우리 셋이 남포에서 떠나겠는데 정형은 그곳까지 나오실 수 있겠는지요?"

“예, 선생님들이 먼 길을 떠나시는데 제가 마땅히 배웅해드려야지요. 그런데 제 생각 같아서는 세 분이 한 길로 가시지 말고 따로따로 나누어서 떠나가심이 순편하옵고, 제가 뒤에서 보아드리기도 쉬우리라고 생각합니다만.”

정가의 이 제안을 다들 옳게 여겨서 분산하는 길을 택하기로 하였다. 그래서 이갑 씨와 이종호 씨는 육로로 해서 떠나고, 안창호 씨는 뱃길로 해서 떠나기로 하였다. 이러한 의논을 하기에 얼마 동안 시간이 간 뒤에 정가도 최후의 한 말을 하고자 자리를 고쳐 앉으면서 “세 분 선생님들은 지금까지 우리나라를 위해서 큰일을 하여오신 분들로서 저도 평소에 존경하는 터이온데, 앞으로 국사를 위하셔서 큰 뜻을 품으시고 해외로 떠나시는 줄을 미련한 저이지만 어찌 깨닫지 못하겠습니까? 아무리 이런 직업에 종사하고 있지만 저도 대한제국 백성입니다. 우리나라를 위하셔서 떠나시는 어른들의 앞길잡이쯤이야 저도 하여드리기로 결심하였으니 그리 아시고서 안심하시고 떠나십시오. 그리고 가신 후에도 혹 제게 심부름시키실 일이 있으면 명령하시는 대로 제 성의껏 보아올리겠습니다.”

좌중은 엄숙하고 긴장한 분위기에 가득하였다. 이 좌중의 공기를 상징하듯 이갑 씨가

“우리나라의 운명이 서산에 지는 해 같은 이때에 차마 이대로 앉아서 죽을 수 없어서 해외로 나가서 국사를 도모하려는 우리들 심정을 정군이 이와 같이 이해해주고 또한 협조하여준다 하니 참 고맙기 이를 데 없네. 우리가 또 어느 때 다시 자리를 같이 할는지 기약조차 하기 어렵지만 또 만나지 못할지라도 마음만이라도 피차간 통해서 나라걱정을 하며, 나라를 위해서 살다가 죽기로 하세. 긴 이야기는 약하고, 그러면 일후는 장황히 이야기나 인사말 할 겨를도 없을 것이니까 그리 알고서 잘

보살펴주게. 고맙네!"

뒤이어서 도산과 이종호도 제가끔 한마디씩 정중한 인사를 나누고서 정가는 먼저 나오고, 세 분은 더 앉아서 떠날 차비를 의논하였다. 그래서 앞으로 석 달 후에 청도에서 다시 만나기로 결정하였다.

3. 망명의 성공

1910년, 즉 한일합방이 되기 다섯 달 전인 3월에 이갑, 이종호, 이종만(종호 씨의 아우) 세 분은 화차를 타고서 평안북도 신의주 못미처서 석하石下라는 조그만 정거장에서 내려가지고 도보로 다시 하룻길을 걸어서 의주에 갔다. 며칠 쉬면서 노독을 푼 다음에 압록강을 건너서 안동현 가는 길인도할 사람을 구하여 밤을 타서 배로 무사히 건너 안동현에 갔다. 그곳에서 청국인복색으로 갈아입은 세 분은 봉천을 거쳐서 산해관, 천진을 경유해서 북경에 갔다가 그곳에서 몇몇 동지들과 만난 다음에 약속한 5월에 청도에 갔다.

한편 안창호 씨는 혼자 떠나려 했으나 막상 떠나려한즉 몇몇 동지들이 같이 가기를 원하는지라 그 동지들 길차비에 시일이 좀 늦어져서 한 달 후인 4월 초순에야 떠나게 되었다. 동행하기로 된 분은 신채호申采浩, 김지간金志侃, 정영도鄭永道 세 분이었는데, 다시 이 분들과 의논한 결과 남포는 감시가 심하니까 더 적은 포구를 택하기로 하였다. 그리하여 서울에서 도보로 이십 리 밖에 있는 행주에서 작은 배를 타고 강화도의 교동에 갔다. 그곳에서 황해도 장연까지 배를 타게 되었는데 약간의 풍랑이 있어서 배멀미한 탓으로 신 씨와 김 씨는 도중 후포에서 내려가지고 육로로 의주를 거쳐서 안동현으로 건너가 봉천을 거쳐 북경에 갔다가 5월에 청도에 모이게 하였다. 다만 안창호, 정영도 양씨만이 장연에 가서 며칠 묵으면서 청국인 장사배를 구하다가 마침 소금배를 만나 청국인 복색으로 가장한 두 분은 무사히 배를 타고 산동 땅 위해위威海衛에서 내려 다시 청도까지 가서 5월에 이곳에서 여러 독립운동 동지들과 만나게 되었다.

그리하여 유동열, 이동휘, 이갑, 조성환, 신채호, 이종호, 김지간, 김희선, 안창호, 박영로, 정영도, 이종만 제씨 등이 모여서 항일독립운동을 전개하는 방법을 토의하였다. 이동휘, 이갑, 이종호 씨 등은 중국, 특히 만주에 많이 흩어져 있는 독립군을 규합해서 대일 선전포고를 하기를 주장하나 안창호, 신채호, 유동열 제씨는 신중론을 주장해서 우선 실력을(10년 한정으로) 양성해서 충분한 전투준비를 갖춘 후에 국내와 호응해서 대일투쟁을 벌이자는 것이어서 결론을 보지 못한 채 헤어졌다. 말하자면 청도회담이 깨어진 셈이다. 그러나 이갑, 이종호 씨 등이 서울에서의 약속대로 일단 해삼위로 가서 일을 도모하기로 하여 양 이씨는 북경에 가서 아라사여권을 마련하고, 안창호 씨는 상해에 가서 몇 달 만에 해삼위 가는 배를 얻어타고 동해바다를 거쳐서 해삼위에 가서 양 이씨와 만났다. 안창호 씨가 농장을 하나 개척하여 동포를 이민시켜가지고 독립운동 근거지를 만들 것을 제안해서 이종화 씨에게 재정의 뒷받침을 요구했더니 처음에는 찬성하더니 얼마 후에 청도에서 주장한 급진론자들의 반대에 부닥쳐 이 계획은 실패되었다. 그러자 그는 단신 시베리아 대륙을 건너 아라사 수도 페테르부르크를 거쳐 독일, 영국을 지나 미국으로 건너가서 미국 서해안에 사는 교포들의 협력을 얻어서 독립운동을 계속하였다.

다시 되풀이하면 통감부 고등밀정 정운복의 뒷받침으로 여러 혁명인사들이 해외로 빠져나간 것이다. 이때 추정은 35세, 도산은 한 살 아래인 34세의 한창때이다.

Ⅱ. 삼일운동이 성공한 이면

1. 삼일운동의 준비

1919(기미)년 2월 25일 오후 서울시내 경운동에 있는 천도교 본부로 최린崔麟[6] 씨를 찾아온 갸름한 얼굴에 키가 후리후리 큰 30대의 청년이 있었다. "최 선생님은 안 계신뎁쇼"라고 사환으로부터 면회거절을 당하자, 그는 약간의 위엄을 보이면서 간곡하게 "내가 지금 계동 최 선생 댁에 갔더니 그 댁에서 말씀이 이곳에 와계시다고 해서 왔다. 그러니 꼭 뵈어야겠다. 최 선생님 보고는 북부서(현 종로경찰서)에 있는 신이라고 하는 사람이 잠깐 뵈옵자고 말씀 드려라."

누가 오든지 면회를 사절하도록 엄명을 내려서 그 출입문을 단속하고 있는 터이지만, 이 사람이 보통내기가 아닌 듯하고, 북부서에서 왔다 하기로 사환아이가 방에 들어가 "북부서의 신씨라는 분이 최 선생님을 꼭 뵈옵자고 계동 댁까지 다녀왔답니다. 어떻게 할까요?"

이 말을 듣자 최씨는 쓴 입맛을 다시더니 동석한 두 분을 돌아보면서 한참 생각한 끝에 "두 분께서는 잠간 이웃 방에 가셔서 기다리시오"라고 하여 두 분을 옆방으로 보내고 나서 사환에게 "그 청년을 들여보내라"고 하였다.

방에 들어서자 신가는 최씨와는 자주 접촉이 있어서 피차에 구면인 듯 정중한 인사조로 "최 선생님, 바쁘신 중에 찾아뵈어서 죄송합니다. 안녕하십니까?"

"바쁘기는 내가 무엇이 바쁘단 말이요!"

---

[6] 호는 여암(汝庵), 함경남도 함흥 출생. 일제 강점기에 종법사, 도령을 역임한 천도교인, 언론인. 삼일운동 때 33인 중 1인(1878. 1~1958. 12).

"아, 선생님 바쁘시지 않습니까? 지금도 몇 분과 회의를 하시다가 저를 만나주시는 줄 알고 있습니다만."

"당치 않은 말, 회의는 무슨 회의를 한다고 하는 말이요?"

"방금 이 방 안에서 오 선생(오세창吳世昌)[7]과 권 선생(권동진權東鎭)[8] 하고 세 분이 중요한 회담을 하시는 것을 다 알고 왔습니다."

이때에 최씨는 정색을 하고 자리를 고쳐 앉으며, "여보, 농담을 하여도 분수가 있지. 두 분이 이디 있으며, 무슨 회담을 하였다는 거요? 너무나 그렇게 건너짚지 마시오. 생사람 잡겠소!"

"선생님, 그러시다면 이 방 옆방에 두 분이 안 계시다는 말씀이시오? 제가 이곳에 오기 전에 오 선생과 권 선생 댁을 다 다녀왔습니다. 세 분이 이곳에서 회합하시는 것을 다 알고서 왔는데 속이시려 듭니다. 지금 옆방을 제가 들어가 볼까요?"

이와 같이 앞뒤를 다 재놓고서 달려드는 데에는 말문이 막히지 않을 수가 없었다. 그래서 최씨는 화제를 돌려서 담배를 권하면서 "신형! 요새 재미 좋으시오?"

이 물음에 신가라는 청년은 냉냉하게 "예, 요새 재미가 많습니다. 그 재미가 하도 엄청나고 어마어마해서 정신을 차릴 수가 없을 정도입니다."

신가의 이 내뱉듯한 말에 뼈가 들어 있는 듯해서 약간 놀랬으나, 한층 침착한 어조로 다시 묻기를 "무슨 재미가 그렇게 엄청나고 어마어마하오? 신형은 이따금 엉뚱한 소리를 잘 합디다."

최씨의 이 말에 신가는 긴장한 얼굴빛으로 최씨 앞으로 다가앉으면서 하는 말이 "선생님 제가 왜 엉뚱합니까? 저야 사실을 그대로 알고서 그

---

7 호는 위창(葦滄), 서울 출생. 조선 말기 중국어 역관이었고, 서예가, 언론인이며, 독립운동가. 삼일운동의 주역 중 한 사람(1864. 7. 15 음~1953. 4. 16).

8 호는 애당(愛堂), 경기도 포천(다른 자료에는 충북 괴산) 출생. 한말에 육군 참령(參領), 독립운동가. 삼일운동 때 민족대표 33인 중 1인(1861. 12. 15~1947. 3. 9).

대로 말할 따름입니다. 엉뚱한 것은 선생님들이지요. 지금 굉장한 일들을 꾸미시면서 시치미를 딱 떼시려 드시지만 천지신명은 속여도 저는 못 속입니다. 제가 지난 석 달 동안 눈이 오나 바람이 부나 이 장안을 속속들이 뒤져가면서 비밀정보망을 펴놓고 모든 동정을 샅샅이 살피고 있습니다. 그 조사한 한 토막을 말씀드릴까요? 동경 유학생들이 겨울방학에 고향에 돌아온다는 핑계로 서울에 와서는 선생님과 중앙학교 송교장(송진우)을 몇 차례 만나더니 그 지도하에 동경에 가서는 지난 8일에 독립선언문을 발표했지요. 그 뒤 체포되지 않은 학생 몇몇이 서울에 잠입하여 누구누구를 찾아다니면서 어떠한 폭동을 일으키려 암약하고 있는 것을 알고 있습니다."

"신형, 왜 그런 학생들을 체포하지 않고 놓아두는거요?"

"아닙니다. 그들이 무슨 일을 어떻게 꾸미나 큰 흥미를 가지고 그 뒤를 밟고 있지요. 그런데 요사이 벌어져가는 일들이 점점 커져서 이 이상 더 두고 볼 수가 없는 단계에까지 이르렀기에 오늘에야 선생님을 찾아뵙고자 한 것입니다. 지금까지에 모든 단서는 다 잡았고, 배일폭동을 일으킬 계획을 세우는데 지도인물들이 의외로 거물급들인 것을 확증을 잡았기에 부득이 손을 대보려는 것입니다만 사전에 선생님께는 조용히 한 말씀 여쭈어보고자 왔습니다."

"손을 쓰다니, 그래 무슨 말인지 도무지 못 알아듣겠는걸."

"아, 그것이야 별수 있습니까? 일이 터지기 전에 미리 막아서 못 터지도록 하려는 것이지요."

"무슨 일이 터진다는 말인지 나는 통 모를 소리를 신형이 하는구려."

"최 선생님, 너무 하십니다. 천도교와 예수교인들이 합해서 거사하도록 그 연락을 선생님이 취하시는 것을 제가 모를 줄 알고 그러십니까? 남대문교회 함 목사님(함태영) 집에 선생님이 몇 번 다니시는 것과 시간까지도 다 탐지하고 있는데요. 그리고 평양에서 이인환李寅煥=이승훈李昇薰 씨가 예수교 대표들을 규합하려고 왕래하는 것도 남대문 역에서 꼭 보아왔습니다. 그리고 송 교장댁이나 그 학교 숙직실에서 모의에 참가한 사람들도 잠복근무를 시켜서 다 탐지하여 놓았습니다. 그러나 아직까지 손대지 않은 것은 서울에 모이기로 작정된 지방 인사들이 상금 다 모이지 않았으니 그 분들이 다 모이기를 기다리는 셈이지요. 그들이 다 모여서 거사하려 할 때에 그 거사 직전에 저희들이 손을 쓰자는 것이지요."

신가의 이 놀랄만한 말에 은근히 겁도 나고 걱정도 되나 어디까지나 냉정을 잃지 않으려고 태연한 태도로 나온 최씨는

"신형, 우리가 무슨 거사를 한다는 것이요? 또 우리 천도교인과 예수쟁이들과는 수십 년 내로 교파로서도 대립돼 있고, 개인 간에도 통 연락이 막혀 있는 사이인데 무슨 의논을 같이 했다는 것이요? 무엇을 잘못 보고서 과장해서 넘겨짚어 하는 말이 아니요?"

"선생님, 다 알고 있는 제게다가 끝까지 숨기시려는 것입니까? 이번 인산因山에 각 지방에서 많은 사람이 모여드는 기회를 이용해서 배일폭동을 거사하는데 각 지방 유력자와 각계각층을 총망라하려는 것을 왜 모르겠습니까?"

어디까지나 증거를 들추어가면서 파고드는 데에는 능변가요, 계략이 무궁한 최린 씨조차도 할 말이 없다. 그래서 한 꾀를 생각하였다.

"신형, 신형 말을 들으니 도무지 내가 생각하지도 못한 일들을 알려주는 것 같은 말에 경청하였소. 내가 지금 누구와 만날 약속이 있어서 나가보아야 하겠으니 내가 이 자리를 떠야겠소. 손님을 놓고서 나갈 수도 없고 우리의 할 이야기도 아직 남았으니 오늘 저녁에 우리 집에서 저녁이나 같이 하면서 천천히 이야기해봅시다."

최씨의 이 제안에 신가는 찬성하고 그날 저녁에 계동 최린 씨 댁에서

만나기로 약속하고 그 방을 나왔다. 신가가 나간 뒤에 최씨는 옆방에서 기다리는 두 분을 다시 방으로 돌아오게 한 뒤에

"지금 북부서에 있는 신가라는 고등계 형사가 다녀갔습니다. 그 놈이 어떻게 사냥개 같이 냄새를 잘 맡는지요!... 우리 세 사람이 회담하는 것을 알고서 찾아왔습니다."

"그 신형사가 무엇이라 말합디까?"

"그 놈 말이 우리 천도교인들이 예수교인들과 무엇 때문에 자주 접촉하느냐고, 무슨 배일폭동을 일으킬 음모를 하는 것이 아니냐고 따지고 드는 것이야."

"그래서 무엇이라고 대답해주었소?"

"천도교인과 예수쟁이들과는 오륙십 년 전부터 대립된 사이인데 무엇이 통해서 그러한 배일폭동 같은 중대한 거사를 같이 하겠느냐고 반박했지만, 그 약은 놈이 한다는 소리가 며칠 기다렸다가 각 지방 인사들까지 모여서 거사하려 할 직전에 모조리 잡겠다는 것이야."

"그 놈이 알고서 그랬는지, 짐작만 대고서 그렇게 넘겨짚어보는 것인지 잘 판단이 나지 않습니다."

"그래서 그 놈을 좀더 다루어보려고 오늘 저녁에 우리 집에 와서 저녁을 같이 하자고 청했더니 그가 좋아서 쾌히 승낙을 하고 갔소. 아마 신가가 저녁에 우리 집에 올 터이니 어떻게 주물러야 할까 의논을 해봅시다. 그러니 두 분은 나하고 의암義菴[9] 선생님 댁에 가서 선생님을 모시고 상의합시다."

세 사람은 가회동에 있는 의암 댁에 갔다. 의암은 세 분을 맞아들여서 자리에 앉자 세 분을 번갈아 보면서 "오늘 무슨 별다른 변고는 없지?"

---

[9] 손병희(孫秉熙)의 호. 충청북도 청원 출생. 한말 천도교 지도자(제3세 교주), 독립운동가, 교육사업가. 삼일운동 때 민족대표 33인 중 1인(1861. 4. 8~1922. 5. 19).

하고 물었다.

이에 최린 씨가 대답하기를 "오후에 총무원으로 북부서 고등계 형사 한 사람이 찾아와서 저를 만나고 갔는데, 그 자가 보통내기가 아닙니다. 고등계 형사로서 전국에서 뽑혀온 놈이라 그 탐지해내는 솜씨가 비상하고, 정보망을 펴고서 활동하는 품이 놀랍습니다. 오늘 와서 하는 말이 우리의 거사하려는 정보를 다 짐작하고서 거사 직전에 일망타진해버리겠다고 슬그머니 위협을 하고 갔습니다. 그래서 이놈이 어느 정도 탐색하였나 철저히 이쪽에서 파보려고 저녁에 저의 집에 와서 저녁을 같이 하기로 약속하였습니다."

이에 의암이 "오늘 저녁에 다시 만나기로 했다면 그 놈을 어떠한 방법으로 다루어본다?"

최린 씨가 답하기를 "그 자가 어느 정도 우리의 계획을 탐지하였나 제가 힘껏 다루어보지요."

의암이 "그건 좋은데, 그래서 다행히 짐작이나 추측 정도라면 모르되 우리의 거사를 정확히 탐지하였다면, 그래서 놈의 말대로 거사 직전에 그놈들 손에 붙들린다면 우리 민족의 앞날을 어떻게 한다?"

의암 선생의 깊은 사려 속에서 하는 이 말에 아무도 곧 대답을 하지 못한 채 방안은 얼마동안 무거운 침묵이 흘렀다. 눈을 감고 생각을 골똘하게 하던 의암은 눈을 뜨고서 세 분을 번갈아 보면서 가장 침착한 어조로 "그 자를 무슨 방법으로든지 구워삶아서 우리의 이번 거족적인 거사를 성공토록 특별한 방법을 연구하여봄이 어떠할까?"

의암의 이 장중한 말씀에 최린 씨가 답하기를 "저도 그 신가가 나간 뒤에 댁에 올 때까지 그 방법을 연구해보았습니다. 방법이란 다른 것 없습니다. 그 놈의 가장 가려운 데가 어디냐 하는 것을 조사하여 그 자를 만족시켜주는 것이지요. 즉 다시 말하자면 황금이냐, 천하의 미색이냐,

높은 벼슬아치냐? 그런데 우리에게는 권력이 없어서 감투는 못 씌어주겠으니 황금이나 미인계로써 그 자를 구워삶는 도리밖에 없습니다."

가장 통속적인 이 논리에 의암 이하 두 분까지도 동감이라는 듯이 고개를 끄덕인다.

의암: "그러면 방법은 정해졌으니 얼마나 가지고 주물러보겠나?"

최린: "그 자가 한 달 월급이 많아야 삼사십 원이요, 그 외에 정보·기밀비라야 몇 십원 되겠습니까? 한 달에 제가 벌어봤자 오십 원이 못 될 것이고, 1년에 오륙백 원을 넘지 못할 것이니 몇 해 동안에 벌을 만한 돈만 준다면 구워삶을 수 있지 않을까 생각합니다."

의암: "그러면 내가 지금 얼마를 내줄 터이니 가지고 가서 잘 해보구려."

말을 마치자 의암께서는 즉시 금고 속에서 지폐 한 뭉치를 내주었다. 굳은 각오와 용기를 얻은 최린 씨는 의암과 오세창, 권동진 두 분의 격려를 받으면서 황혼의 길을 내려와서 계동 자택에 돌아왔다.

2. 고등계 형사 설득

최린 씨는 약속한 시간에 내방한 신가와 함께 사랑에서 반주를 나누면서 저녁식사를 하였다. 세상 돌아가는 이야기와 고종황제 인산에 관한 이야기를 가지고 주객 간에 주거니 받거니 말을 하되, 오후 천도교 본부에서 미진한 이야기에는 들어가지 않고 서로가 조심성 있게 말문을 펴갔다. 이렇게 해서 식사가 끝나고 아사히(朝日) 권련으로 담배 한대씩 피워서 식후 입맛을 다스린 후에 주인 최린 씨는 침착한 어조로 말머리를 꺼냈다.

"저녁때는 내가 실례했소이다. 다른 곳에 약속한 바가 있어 그곳에 나가게 되어서 피차에 미진한 이야기를 지금부터 시작해볼까요?"

"실례는 선생님이 하신 게 아니라 제가 했지요. 예고 없이 선생님을 불쑥 찾아뵈옵고 바쁘신 어른을 모시고 횡설수설하였으니까요. 제 직업이고 보니 하는 수 있습니까? 그저 널리 양해하여 주시기만 바랍니다."

진귀한 약주에 맛있는 안주로 반주를 마시어 얼근히 취한데다가, 산해의 진미로 저녁까지 배부르게 먹고 난 뒤인지라 저녁때의 신가와는 딴판으로 누그러져서 겸손한 태도이다. 이 신가의 부드러운 태도에 용기를 얻은 최린 씨는

"신형이 지금 직업이라는 말을 냈으니 말이지 사람이란 일단 어떻게 직업에 종사하게 되면 그 직업에 충실하려고 노력하는 바람에 차차로 사람도 달라지는 모양이어서, 즉 인격상에 변화가 오는 모양입디다. 그건 할 수 없는 노릇이거든."

슬그머니 상대방의 '직업이니 할 수 없다'는 아픈 상처를 어루만져주는 노련한 말솜씨이다. 한 걸음 더 나아가서 최린 씨는 신가의 마음을 떠본다.

"신형! 신형이 지금까지 여러 해 동안 그 직업에 종사하다보니까 내가 조선사람이라, 조선민족이라 하는 생각이 드는 때는 없소? 정말로 나도 '대일본제국 신민으로 천황폐하의 적자다' 하는 정신에 꽉 차있습니까?"

"선생님 같으신 분 앞이고 오늘 저녁 같은 조용한 자리이니까 제가 솔직히 말씀드립니다만, 이 몹쓸놈의 고등형사라는 특수한 직업에 몸이 매여서 여러 해를 이 직업에 충실하다 보니 남들이 볼 때에 '저놈이 조선사람이 아니라 일본놈 다 되었구나, 왜놈보다도 한술 더 뜬다'고 말할 정도이지만, 제 마음 속에는 아직도 조선사람이란 정신은 늘 가지고 있지요. 제가 죽는 날까지 이 마음이야 사라지겠습니까?"

한일합방이 된지 10년, 그동안 일본인들이 온갖 구변을 다하여 조선민족으로 하여금 일본인과 같이 한 나라 백성으로 동화하려고 힘쓰면서,

그네들이 가장 믿고 수족같이 쓰고 있는 고등계형사일지라도 그 마음속 한 구석에는 조선민족이라는 정신이 살아있음을 신 형사의 입에서 듣게 된 것은 기적에 가까운 뜻밖의 일이다. 그만큼 이 신 형사는 전선全鮮 제일간다는 고등계형사로서 숫한 사상범, 배일독립운동자들을 잡아서 일본경찰의 솜씨를 보여주고, 그 공로훈장과 특별상금도 여러 번 타 먹은 자이다. 그래서 우리네 민족운동자들 간에는 신가 하면 '사냥개 중의 사냥개'로 불리는 최고 악질이요 염라대왕이다. 이 신가의 실토하는 말에 최씨는 힘을 얻어 한 걸음 더 나아간다.

"허울 좋게 일시동인一視同仁이라 내걸고 우리 조선사람들 보고 일본사람 되라고 하지만 저희들이 먼저 일선인日鮮人 구별을 가지가지 면에서 지어놓지 않나? 아마 신형도 같이 일하는 직장에서 일은 신형이 일인日人들보다 더 하지만 그 받는 월급이나 보수에 있어서는 그네들만 못하리다."

"물론입지요. 일본인들은 저희들 수입의 배가 넘지요. 그뿐인가요, 그들은 승급이나 승진도 더 빨리 되고, 같은 직장에서 일하지만 편하고 쉬운 일은 저들이 하고, 어렵고 힘든 일이란 우리들이 하기 마련이니까요."

"참, 그런데 신형께 하나 물어볼 것이 있소. 지금까지 수 월간 우리들의 동태를 뒤밟아서 조사해왔노라고 낮에 사무실에서 한 말 말이요. 신형이 그 동안 조사하여온 사건은 신형만 알고 있소, 상사上司 일인들에게 보고되어 있소? 솔직히 신형에게 물어보는 것이요."

이 중요한 최씨의 탐색전술에 호락호락 넘어갈 신가가 아니다. 의미심장한 미소를 지으면서 최씨를 힐끔 쳐다볼 뿐 망설인다. 이 조용한 자리에서 융숭한 대접을 받았다고 그리 쉽사리 실토하기에는 너무나 중요한 내용이기에, 이 방면에는 누구보다도 백전노장인 신 형사다. 얼마동안의 침묵이 흐르는 동안 최씨의 권고로 권련만 피우다가

"선생님께서 지금 물으신 것을 제가 대답해드리기 전에 제가 여러 날 여러 달을 두고 한 숙제로 삼고서 그것을 풀어보려고 결심하고, 낮에 찾아뵈었을 때에도 꼭 여쭈어 보려다가 만 일입니다만 한 가지만 알아보려는 것이 있습니다. 사실대로 말씀해주시겠습니까?"

오히려 역습을 당한 줄 알면서도 반격을 하지 않고 그 말을 받아주는 척하면서 최씨는 한층 더 친절한 안색과 말투로

"아, 신형과 이만큼이나 서로 통정하는 사이인데 무슨 말인들 못하겠소? 물어보구려."

"평소에 존경하는 선생님 앞에서 저도 웬만한 일은 말씀드리겠습니다. 이 한 가지만은 꼭 여쭈어보려고 늘 생각하던 일이 되어서 또다시 이같이 말씀드립니다. 이것을 사실대로 말씀해주신다면 저도 실토할 각오가 있습니다."

"그러니 신형! 우리가 서로 교환조건인 모양이구려. 하하하! 좋소. 우리가 이만큼 되었는데 무슨 말인들 내가 못하리요. 기탄없이 말해보구려."

이 쾌락을 얻은 신가는 잠깐 안색을 바로잡으면서 진지한 직업적인 태도로 돌아와서

"선생님이 이만큼 친절하게 대해주시니까 감히 여쭈어보려는 것입니다. 허물하지 마시고서 말씀하여주시면 감사하겠습니다. 이번 선생님들이 경영하시는 일, 즉 천도교인들과 예수교인들이 합작해서 거사하시려고 계획하시는 일에 관해서 교주이신 의암 선생님이 다 아시고 그 지도하에 하십니까? 그렇지 않으면 몇몇 교내의 어른들만이 모여서 하십니까?"

"그것이야 신형 추측에 맡기지. 명색이 우리가 이 천도교 안에서 장로라고 부르는 지도급 사람들인데 이 사람들이 무슨 일을 의논하고 추진한다 하면 그 우두머리 되는 교주가 모를 수가 있소? 속담에 '기둥을 치면 들보가 울린다' 했는데, 안 그렇소?"

"예, 예. 옳은 말씀이십니다. 기둥을 치면 들보가 울리지요. 그만하면 알겠습니다. 감사합니다. 그러면 이제는 제 차례지요. 선생님께 솔직히 말씀드려서 지금까지의 조사나 수집한 정보는 다 일괄정리가 덜 되었습니다. 수일 내 정리 되는대로 상관에게 보고하여 그 재가를 얻는 동시에 즉각 처리하려는 것이지요. 즉 사건 전모는 제 수중에서 머무르고 있습니다."

이만하면 신가를 상대로 알아보고자 하는 요지는 다 탐지한 셈이다. 옛말에 '내편과 저편을 다 알고서 싸우면 이긴다'고 했으니 이만하면 싸움은 이쪽이 이길 수 있겠다 하는 자신이 섰다. 그래서 최씨는 상대편을 함락시키기 위한 계략을 궁리하기에 골똘하여 다시 아사히 권련을 권하며 자기도 한 대 피운다. 얼마 후에

"신형과 내가 알게 된 지도 벌써 수년인데 오늘밤 이와 같이 십년지기가 되어서 피차에 거침없이 툭 터놓고 이야기하게 되니 말이오만, 이번 고종황제가 왜 급작히 돌아가셨소? 나보다 신형이 더 잘 아는 일이니 말할 필요도 없지만 왜놈들이 독살한 것이 아니요? 왜 독살하였소? 독살이라도 해서 그 어른을 없애버려야 할 만한 나라에 큰일이 있으니까 그런 게 아니요? 무슨 나라에 큰일이 있었나?

아마 신형도 고등계에 여러 해 있으니까 나보다도 잘 아시겠지만 애초 경술년에 한일합방조약을 맺을 때에 한국황제의 도장, 즉 국새를 받으려 하여도 받을 수 있어야지. 당시 임금이야 순종황제이지만 상황上皇이신 고종께서 꾹 누르고 계셔서 국새를 받을 수가 없으니까 사내寺內통감이 고종황제를 달랬구려. 무엇이라고 달랬는고 하니 '10년만 우리 일본이 조선을 맡아서 다스린 후에는 도로 통치권을 돌려주겠으니 10년 동안만 합병하도록 합시다'고. 그래서 고종황제는 그러면 10년 합방조약을 맺자고 주장하니까 또 사내寺內란 놈이 한 꾀를 내어서 통감으로서의

자기가 책임지겠으니 그 각서 같은 것을 만들어드리겠다고 하여서 10년만 통치하겠다는 각서를 통감의 명의로 고종황제께 써서 바치고서 그 합방조약에 국새를 찍도록 하였다는 것이 아니겠소.

그런데 문제는 그 뒤의 일이지. 10년이란 세월이 올해로써 차는구려. 그래서 올 정월에 고종황제는 일본총독 장곡천長谷川에게 그 각서를 내보이면서 10년 기한이 찼으니 이제는 조선통치권을 내놓고 물러가라고 선언을 하시었지요. 그러니 일본놈들도 말문이 막히니까 실력행사했지. 괴롭히는 영감님을 없애버려야 후환이 없겠다고 해서 극비밀리에 고종황제를 독살해버리고, 사내가 도장 찍은 그 각서도 없애버렸다는 것이니 신형 생각해보시오. 이 나라에 태어나서 이 나라 백성된 사람으로서 이 사실을 들을 때에 염통의 핏덩이가 거꾸로 솟아오르지 않을 사람이 누가 있겠소. 직업이 다르고 처지가 달라서 말 못하지만 신형이나 내나 매한가지 심정이 아니겠소?"

이 말을 한 지도급의 인물인 최린 씨가 심각한 표정과 침통한 어조로 말하므로 신가도 고개를 숙이고 한숨만 내쉬는 것이다. 비로소 조선사람이라는 제정신이 드는 모양이다. 이 광경을 본 최씨는 한층 용기를 내어서 최후목적을 향해서 돌진하려는 듯이 다시 자리를 고쳐 앉으면서 긴장한 낯빛으로 조용히 또한 엄숙히 말을 이어간다.

"신형! 생각해보시오. 고종황제가 왜 돌아가셨소. 일본통치를 벗어나기 위해서 그 분으로서의 할 말을 하고, 마땅히 할 주장을 하시다가 강약이 부동으로 돌아가신 것이 아니겠소. 이 삼천리강토 안에 사는 2,000만 동포가 다 고종황제의 돌아가신 것을 통곡하고 있고, 불원간 인산 때는 전선全鮮에서 수십만 명이 서울에 모여들 것이니까 이 기회에 우리 조선사람의 외치고 싶은 소리나 한번 외쳐보자는 것이 아니겠소?"

"지금 선생님 말씀을 들으니 저의 짐작이 틀림없음을 알겠습니다.

조선사람으로 누구나 다 같은 심정이지요. 그러나 제 생각을 하나 솔직히 고백하겠습니다. 그런 소리를 외쳐본들 무슨 소용이 있습니까? 강대한 일본군대의 실력 앞에 무슨 효과가 있습니까? 무고한 백성의 피만 흘리게 될 것이 아니겠습니까? 그래서 성난 저네들이 더 조선민족을 강압하고 학대할 것이 아니겠습니까? 그리 되면 그 결과는 우리 조선민족에게 해만 돌아오지 무슨 소득이 있어야지요. 공연히 세상만 소란케 되고, 무고한 백성들과 젊은 청년들의 피만 흘리게 되었지 아무런 소득도 없을 바에는 차라리 가만히 참고서 때나 바라는 것이 낫지 않나, 즉 천운이나 바라는 것이 낫지 않을까 하는 것이 제 생각입니다. 선생님, 화내지 마십시오. 제 솔직한 고백입니다."

"신형, 그게 기회주의자의 말이오. 가만히 앉아서 때나 기다리다가 죽자. 떠들어봤자, 배일운동을 일으켜봤자 소용없다. 일본놈의 총칼 앞에 피만 흘릴 따름이지 아무 소득이 없다. 이 이해타산을 가지고 설명하려 드는 사람들의 말투에 불과하오. 즉 합방에 찬동한 친일파 매국노들의 사고방식이란 말이요. 우리 조선민족의 핏덩이가 살았다면 10년 동안의 놈들의 갖은 압박과 갖은 착취에 시달린 우리 동포들의 이 피눈물 나는 참혹한 정경을 보고서 참을 수 있단 말이요? 더구나 우리 민족의 상징이었던 고종황제를 독살까지 한 잔인무도한 놈들의 행패를 보고서도 우리가 꾹 참는다면 세계 각국 사람들이 우리를 보고 평하기를 무엇이라 하겠소? 짐승만도 못하다고 할 것이 아니겠소? 그래도 우리가 4,000년 이상 나라를 가져오던 민족이 아니오? 이제 한때의 실수로써 나라를 잃었지만 이 기회, 하늘이 주는 이때에 나라를 찾자, 나라를 찾기 위해서 전 국민을 일깨워보자, 세계 각 국민들에게 우리의 억울한 사정을 호소하여 보자, 더구나 1차세계대전이 작년에 끝나자 앞으로는 이런 큰 전쟁을 막기 위해서 민족자결주의를 세워서, 그 원칙 아래서 각 약소민족을 해방시켜주자는 주장을 미국 대통령이 외치는 소리에 응해서 독립운동을 전개하여보자는 것은 조선민족이라면 당연히 생각할 만한 문제가 아니겠소. 그래서 지난해부터 경향각지의 인사들 사이에 민족자결원칙을 내걸고 조선 독립운동을 세계만방에 소리쳐보자는 의견을 모아보는 중이지요."

이 도도히 내쏟는 말에 고개를 숙이지 않을 사람이 있으랴! 그러나 평소에 냉정한 신가는 이 최씨의 열변을 들어도 별로 감동이 안 되는 듯 멀건이 앞만 쳐다보면서 무슨 생각에 잠긴 듯이 얼마동안 잠잠히 최씨의 눈치만 살피다가,

"그런 생각을 가진 조선사람이 몇이나 될까요? 전 조선인 중에서 몇십 명 또는 몇 백 명이 못될 것입니다. 그러니 전 조선인을 이 운동에 내몬다는 것도 하나의 공상에 불과하고요, 설사 몇 천 명, 몇 만 명이 이 운동에 일어난다고 합시다. 그렇다고 해서 일본인들이, 일본군대가 그리 쉽게 물러나겠습니까? 제 생각으로는 몇 십만 명이 죽는다고 해도 일본사람들이 조선통치를 포기하지는 않을 것입니다. 즉 제가 말하고 싶은 것은 속담에 '못 올라갈 나무는 아예 쳐다보지도 말라'고 하지 않습니까? 그러니 성공되지도 못할 일은 아예 하지 않는 것이 낫지 않을까 하는 점입니다."

역시 친일파들의 생각과 그들이 하는 말을 이 사람도 하는 것이로구나 하고 최씨는 느꼈다. 이때에 오늘 저녁에 꼭 성사하여야 할 일을 다시 생각하자 다시 용기를 내어서 한결 더 부드럽고 친밀한 표정을 지으면서 최씨는 말을 잇는다.

"아까 신형이 말하기를 이 사건을 아직 상관들에게 보고하지 않고 신형 수중에만 두었다고 하였으니, 우리의 거사하려는 것을 미리 막지 않을 수도 있지 않소. 즉 신형 마음먹기에 따라서 미리 고발할 수도 있고, 고발하지 않을 수도 있지 않소?"

"그거야 그렇지요. 허나 제 처지가 되어보십시오. 고발 안 할 수가 있습니까? 고발하여서 미리 막는 일이 제 직책인데, 이 직책을 다하기 위하여 몇 달을 두고 이 고생을 다하고 있는데요."

최씨의 청을 쉽사리 들어주지 않을 듯한 눈치다. 그래서 최씨는 다음 할 말을 생각하기에 골똘하다. 어떻게 하면 이 신가를 단번에 구워삶아 볼까 하고서 망설이다가

"그래, 신형이 내일이라도 고발한다고 가정합시다. 나부터 잡혀가고 그 외 몇몇 동지들이 갖은 고문 끝에 거사의 내용을 실토한다면, 우리 조선민족 2,000만을 대표한 이 역사적인 큰일을 이 천재일우의 기회에 일으키려고 했다가 같은 조선민족 중의 한 사람인 신형의 방해로 말미암아 못하게 되겠지요. 그렇게 되면 신형 한 개인에게는 약간의 승급과 상금이 내릴 터이지만, 그것으로써 신형이 팔자를 고칠 정도도 못 되고, 누명만 당대뿐 아니라 자손만대에 끼칠 것이요. '우리 조상이 왜놈의 앞잡이가 되어서 독립운동을 방해하였다'고. 신형 자신이 한 일이지만 그런 소리를 들을 때에 자신도 불쾌하리다. 하물며 신형의 자손들이 들어본다면 그들이 얼마나 부끄러워할까 생각해보시오."

이 말에는 신가도 낯빛을 흐리면서 머리를 숙여서 무안한 표정을 짓는다. 이에 한층 용기를 얻은 최씨는 구변을 다하여 말을 이어간다.

"내가 한 가지 예를 들으리다. 근대 우리나라에서 천하의 문장이라는 김삿갓이 왜 평생을 삿갓을 쓰고서 해를 보지 않고 방랑생활만 하다가 타향에서 객사로써 쓸쓸히 일생을 마쳤나요? 그 할아버지가 선천부사로 있을 때에 최후까지 싸우지 않고 역적 홍경래에게 항복한 탓으로 그 뒤에 김 부사는 파직되고, 그 자손은 벼슬길에 오르지 못하도록 나라에서 명령을 내려서 그 손자인 김병현金炳鉉이 과거에 급제했으나 벼슬살이를 못하고 평생을 그 조부를 원망하다 죽은 것이 아니겠소. 평생 삿갓을 썼

다는 것은 좋아서 썼겠소? 양심상 가책, 즉 할아버지 죄를 그 손자가 받겠다는 뜻이 아니겠소? 그러니 내 눈 앞만 볼 것이 아니라 우리 자손만대를 생각해서 우리가 행동함이 떳떳한 일이 아닐까 생각합니다.

방금 신형 말대로 우리가 맨주먹으로 일본군대의 총칼 앞에 항거해보았자 무슨 소용이 있느냐, 쓸데없이 피만 흘리고 개죽음하지 않느냐, 무슨 효과가 있겠느냐고 하는데, 우리가 이번에 일으키는 운동으로 당장에 일본세력을 내몰고 독립이 된다는 것은 아니지만, 이 기회에 우리 민족이 총궐기해서 일본정치를 안 받겠다는 소리를 세상 사람들 앞에서 외쳐보자는 것이지요. 어느 나라든지 독립이 될 때에 피를 흘리지 않은 나라가 있나? 없지. 절대로 없거든. 미국도 거금 130여 년 전에 영국의 기반을 벗어나려고 8년간이나 독립전쟁을 할 때 수 천 수 만 명의 피를 흘려서 독립을 획득했지.

그렇다고 우리가 무기를 가지고 일본군대와 독립전쟁을 한다는 것이 아니라, 우리의 정당한 요구를 일본정부에 요구하는 한편 세계 여론에 호소하여 우리도 민족자결원칙 아래서 일본의 기반羈絆을 벗어나서 독립을 해야겠다는 전 민족적인 결의를 나타내보자는 것이지요. 그리고 내가 평소에 동지들이나 제자들에게 하는 말이지만 우리의 독립이 하루아침에 이루어지지 않는다. 마치 조 한 알이 극히 작지만 그 조가 땅속에 들어가서 썩지 않으면 새싹이 나오지 못하고, 새싹이 나서 열매를 몇 백배 몇 천배 맺을 수가 없듯이 우리가 피흘려서 독립운동의 진두에서 죽어 넘어지지 않으면 우리 후세들이 우리 뒤를 따라서 몇 천 몇 만 명 나오지 않을 것이요. 그 후세들이 또한 독립운동에 일어나지 않으면 우리나라는 영원히 일본놈들의 압박에서 벗어나지 못할 것이요."

이 민족운동 지도자의 민족 장래를 멀리 염려하는 말을 듣고보니 아무리 왜놈의 앞잡이로 갖은 충성을 다하던 형사인 신가라도 다소 감동

되지 않을 수 없었다. 얼마 동안의 침묵이 흐르는 가운데 권련만 피우다가 천천히 침중한 어조로

"지금까지 선생님 말씀을 들어서 솔직한 선생님의 포부와 여러 인사들의 모의하는 윤곽이 제 추측과 맞아들어가는 점도 알게 되었습니다. 그런데 오늘 저녁에 하시고자 하는 말씀의 요점은 무엇입니까? 기탄없이 말씀하여 주십시오."

이때에 최씨는 만면에 희망찬 미소를 띠면서 신가에게 가까이 가서 그 양손을 슬그머니 쥐고 힘을 주어가면서 한층 간절한 표정을 지어가지고

"신형, 신형이 지금까지 일본 경찰의 앞잡이노릇을 하였건, 우리 독립운동자들을 잡아주었건, 무슨 일로써 우리 민족에게 해독을 끼쳤다고 해도 과거의 그 모든 일을 신형 자신은 마땅히 행할 직책을 행했다고 해석하지만, 우리 조선 민족적인 처지에서 본다면 섭섭한 일들이 아니겠소? 그러한 과거의 모든 일들도 이번 한번만 눈감아준다면, 모른척하고 있어만 준다면 다 불문에 붙이겠소. 오히려 우리나라 독립운동에 숨은 공로자가 될 것이요. 그러니 이번 우리의 거사를 눈감아주시오. 내가 이렇게 간청하오." 하면서 머리를 숙여서 간곡한 청을 한다. 무표정한 신가는 다시 멀거니 앞만 내다보면서 담배만 피우기를 얼마 동안 하다가 심각한 표정으로 한숨을 길게 내쉬더니

"사건 전모는 상관에게 보고되지 않았으니 가령 제가 눈감아준다고 합시다. 그리 되어서 사건이 터진다면 저는 무사할 줄 아십니까?"

"하! 그것이야 직무태만이라는 약간 꾸지람을 상관으로부터 듣겠지요."

"천만의 말씀입니다. 직무태만으로 견책을 당할 그러한 조그만 일이라야지요. 과거에 제가 이 직업에 다년간 종사한 경험으로 미루어보아

면직처분 따위로 끝나지 않고 더 중벌을 받을 것입니다."

최후의 고비에 이르렀다고 생각한 최씨는 한층 더 간곡하게 나직한 목소리로

"신형이 면직되더라도 한 평생 먹고살 만한 밑천을 마련하여주면 그 밑천을 가지고 무슨 사업이든지 하여서 살면 될 것 아니겠소? 그리고 잠간 몸을 피했다가 세월이 지나서 서울이든지 시골이든지 가서 살면 될 것이지 그리 걱정될 것이 무엇이요. 그런 방면은 우리보다도 신형이 더 능숙할 것인데 무엇을 겁내시오? 내가 이럴 줄 알고 비밀히 만들어놓은 돈이 얼마 있소. 잠간 기다리시오." 하면서 책상 속에서 두둑한 뭉치를 꺼내어 풀은 뒤에

"자! 이것이요. 이것 가지고서 직장을 그만둔 뒤에 할 만한 사업의 밑천을 삼으시오. 이것을 가지고서 사업하다가 실패한다 해도 뒷일은 염려 마시오. 또 얼마든지 더 대어줄 것이니까. 또한 내가 이 운동을 하다가 일본관헌에게 붙들려간다 해도 내 뒤를 이을 만한 동지들이 있어서 신형의 뒷일을 잘 보아줄 것이니 조금도 뒷일은 염려 마시오."

지폐뭉치를 신가에게 밀어주면서 몇 번이고 신가의 손을 잡아 흔들면서 간곡한 청을 한다. 신가는 물끄러미 돈뭉치를 바라보다가 또 담배를 피워 문 뒤에 멀거니 앞만 바라볼 뿐 얼마 동안의 침묵이 흐른 뒤에, 얼굴빛을 고치면서 정중한 태도로 그러나 약간 떨리는 나직한 목소리로

"제가 평소에 존경하는 선생님 청을 단호히 거절하고서 제 계획대로 나가려고 했지만 오늘 저녁에 여러 가지 말씀을 듣고 보니 저도 같은 조선민족이 아닙니까? 우리 민족의 백년대계를 위해서 하신다는데, 아무리 일본경찰의 직업을 가졌기로서니 이렇게 친절과 성의를 가지고서 청하시는 일을 덮어놓고 거절하기도 제 양심이 조선민족이라는 점에서 허락하지 않습니다. 그러니 제가 앞으로 사흘 동안만 눈감아드리지요. 이삼일

이 지나면 직무상 부득이 상관에게 보고해서 관권을 발동하겠습니다."

민족적 대 거사를 눈감아달라는 청을 이 돈뭉치를(당시 쌀 한 가마에 2원 미만) 주어서 한 평생 먹고 살 만하게 해 준다 해도 단 사흘 동안밖에 여유를 주지 않겠다는 말을 들으니 최씨는 실망을 하지 않을 수 없다. 그렇다고 내보인 돈뭉치를 도로 집어넣을 수는 더욱 없는 노릇이다. 그래서 약간 실망한 낯빛으로

"신형, 오늘 저녁에 내가 솔직히 간담을 터놓고 나의 포부나 윤곽을 말하면서 눈감아달라고 이렇게 간청하는데 3일간 여유밖에 못 주겠다니, 우리가 반년 이상이나 전국을 들러서 연락과 계획을 짜가지고 전 민족적으로 큰일을 도모하려는데, 단 사흘 동안을 앞으로 준다면 결국 거사는 못하는 것이 아니겠소! 참 딱한 사정이요."

"제가 이제야 솔직히 말씀드렸습니다만 오늘 오후에 선생님을 찾아뵈러 온 것은 내일 아침에 관권을 발동해서 전선에서 총검거를 개시하려든 것입니다. 그래서 최후로 선생님에게 의암 선생님이 이 사건에 관계가 있으리라고 확신하지만 그래도 선생님의 증언이나 한 차례 듣고서 착수하려던 참이었습니다. 이 돈은 넣어두시고서 그 운동비로나 쓰시지요. 제가 오늘 저녁의 융숭하신 대접과 친절하신 말씀에 대한 인간으로서 조선사람이란 처지로서 제가 베풀어드릴 수 있는 최대의 성의이고 대접으로서 사흘 동안만 더 참겠습니다. 3일이 지나면 제 소신대로 단행하겠습니다."

어디까지나 고등경찰의 냄새를 풍기는 냉정한 태도에 실망을 느꼈으나, 그렇다고 이 사람을 거저 돌려보낼 수도 없고 해서 최씨도 다소 냉정한 태도를 가지면서, 그러나 간곡한 어조로써

"이것을 간직하시고 우리가 거사하려는 것을 신형이 잘 아시니까 말이지 인산 날로 정했으니 그때까지만 눈감아주구려."

"그때까지는 도저히 기다리지 못하겠습니다. 3일간이라는 것도 저로서는 최대의 성의로써 드리는 것이니 그리 아십시오."

"인산 날이라야 지금부터 열흘도 못 남았는데 그래 며칠 더 못 참겠다는 것이요? 그러지 마시고 엿새만 참으시오. 즉 내일부터 닷새면 3월 3일이니 그때까지만 이라도 참아주시오. 이것은 어려운 부탁이외다."

"안됩니다. 3일 이상 더 기다릴 수 없고요. 배일폭동을 거사하시려 하는 일은 제가 미리 막겠습니다. 그것은 무고한 백성들의 피만 흘렸지 아무 소득이 없으리라는 제 판단으로서 말입니다."

말을 마치자 일어설 차비를 한다. 돈뭉치를 집어넣을 생각도 않고 모른 척하면서. 그래서 최씨는 황망히 신가를 만류하면서 다시 담배 한 개비를 권하고,

"신형이 일본인이라면 이런 청도 못하오. 그만큼 나는 신형을 내 동족이라고 믿고서 이와 같이 간곡히 청하는 것이니, 삼일 동안에 모든 준비가 다 되면 모르되 그렇지 못할 경우에는 하루나 이틀 쯤 더 보아주시오. 그리고 이것은 내가 꺼내놓았으니 잘 간직하였다가 뒷날에 신형이 만일의 경우 그 직장을 떠나게 될 때라도 생긴다면 그 때를 위해서 쓰십시오."

말을 마치자 돈뭉치를 신가의 외투 속에 집어넣어 주면서 최씨는 한층 간곡한 표정으로 나온다. 신가도 이와 같이 간곡한 청을 들어본 적이 없는지라 자못 난처하지만 역시 인정사정 보다가는 자기의 직무에 충실하지 못하리라는 고등형사로서의 특유한 냉정성을 유지하려고 힘쓰면서

"선생님의 성의는 고맙게 받아들이겠으나 삼일 이상은 안 됩니다. 그리 알고서 일이나 잘 진행하십시오."

신가가 떠날 때에 최후로 남긴 말 "일이나 잘 진행하십시오" 하면서 정중히 인사하는 태도와 미소 띤 얼굴에 약간의 자신과 용기를 얻은 최

씨는 신가가 떠난 후에 바로 의암 선생님 댁으로 뛰어갔다. 밤이 꽤 깊었는데도 의암 선생도 상금 잠자리에 들지 않으신 듯 곧 최씨를 맞아들였다.

지금까지 신형사와 만나서 오고간 이야기를 듣고 나서 의암 선생은 다소 놀라며 긴장한 표정으로 최씨에게 말하기를

"일이 급하게 되었구려. 그러면 오늘밤 안으로 동지들을 우리 집에 모이도록 하여 대책을 강구하여야 하겠는데."

3. 3·1운동의 성공

의암 선생의 지시에 따라서 그 밤 안으로 예수교파의 연락책임자인 함태영, 이갑성, 박희도, 학생 동원의 책임자인 송진우, 강기덕 제씨를 급히 청하여 밤이 새도록 의논한 결과 다음 몇 가지를 결의해서 즉시 실천에 옮겼다.

1. 인산 날 독립선언서를 발표하고 만세를 부르기로 작정한 것을 앞당겨서 3월 1일 정오로 결정하고, 지방에도 즉시 사람을 파견하여 3월 1일 아침까지는 지방대표들도 서울에 다 모이도록 연락을 취할 것.

2. 이번 거사에 나온 민족대표나 연락원들은 3월 1일까지 당분간 일본경찰의 감시망을 피하기 위해서 자기 집에서 숙식하지 않음은 물론 한 장소에서 한 번 이상 숙식하지 말고, 또 연락장소나 회담장소는 수시 변경할 것. 3월 1일 정오에 모일 장소는 그날 새벽에 결정할 것 등에 관한 상세한 실행사항을 의논하고서 즉시 실행에 옮겼다.

한편 그 돈뭉치를 가지고 자기 집에 돌아간 신형사는 그 뒤에 어찌 되었나? 집에 돌아오자 처자들에게도 모르게 돈을 간직한 후에 밤을 새워가면서 사흘 동안 눈감아줄 방책을 연구한 끝에 다음날인 2월 26일에 북부경찰서에 출근하여 상관에게

"어제 들은 정보에 의하면 금번 이태왕 전하 승하로 만주에서 돌아다니는 독립단들이 압록강을 건너서 인산 날 안으로 서울에 비밀리에 들어오려고 한다 한즉, 자기가 신의주에 가서 잠복하면서 독립단원들과 연락이 있는 사람들을 동원해가지고 이 독립단원들이 서울에 와서 인산 전후에 소란을 피우지 못하도록 이 자들을 잡아오겠으니 출장명령을 3일간 내려줍시오."

과거에 늘 하던 버릇대로 그럴싸하게 꾸며대어서 즉시 신의주 방면 출장을 떠났다. 그래서 이삼일 놀다가 2월 28일 오후 차에 신의주에서 차를 타면 다음날인 3월 1일 아침에는 서울에 돌아올 것이니 그때부터 이 독립운동 관계자들을 모조리 잡겠다는 계획을 짜가지고 떠났다. 그리 된다면 최씨와의 약속한 3일간을 지켰고, 돈도 몇 해 먹고살 만큼 두둑히 받았고, 그때부터 잡아들여도 거사 직전이니 자기 체면은 서고 상관으로부터 상금도 받고 승진도 잘 되어서 출세도 빨라질 것이니 속담에 '꿩 먹고 알 먹는' 재미구나 생각했다.

26일 낮차를 타고 신의주에 가보니 다음날인 27일이다. 하루 동안 놀다가 28일 오후 차를 타고 돌아올 계획으로 갔으나, 가보니 과거에 같이 일하던 동료들이 반가워하면서 끌고 다니는 바람에 압록강철교를 건너서 안동현까지 가서 밤늦도록 놀다가 새벽녘이 되어 친구들을 재촉하여도 이들이 늑장을 부린다.

"위로출장 왔다면서 왜 그리 서두르느냐? 독립단원을 잡으러 왔다면 사건내용을 토설하라. 같이 잡아서 공을 같이 세워보자. 혼자만 살살 다니면서 공을 독차지할 참이냐?"

조선인 형사들보다도 일본인 형사들이 더 야단이고 성화를 댄다. 그러나 이들을 뿌리치고 압록강을 마차로 빨리 건너와서 신의주에서 떠나는 서울 남대문역 행을 타고 그 다음날인 3월 1일 아침에 서울에 돌아왔다. 이른 아침 조용한 서울거리를 전차를 타고 지나 종로네거리에서 내려 근무처인 북부경찰서로 가려고 앞을 보니 때마침 이갑성 씨가 인력거를 타고 견지동 쪽에서 종로네거리를 지나 광교다리 쪽으로 가는 것을 보았다. 신형사는 뒤좇아가면서 "이 선생! 이 선생!" 하고 불렀다.

그제서야 부르는 소리를 알아듣고 뒤돌아본 이씨는 차를 멈추었다. 신형사인 줄 알아차린 이씨는 가슴이 퉁하고 두근거린다. 인력거는 벌써 광교다리 위에까지 왔다. 뒤 쫓아온 신형사를 보고 당황하면서 차에 앉은 채 "내가 좀 바쁜데 어찌 부르시오?"

"이 선생님, 무엇이 그리 바쁘십니까? 내가 지금 시골 갔다가 오늘 아침 차에 내려서 들어오는 길입니다"라고 말하면서 인력거를 타고 있는 이씨의 무릎에 손을 얹는다(그 무릎 위에는 그날 아침 차로 영남지방으로 보내려고 보성사(인쇄소)에서 찾아가지고 오는 독립선언서 5,000장을 놓고 인력거군의 덮개포로 덮었으니 눈에 띨 정도로 두둑하게 보인다). 그러나 태연히 타고 있는 이씨는 바쁘다는 표정만 한다. 이때 신형사는 그 두둑한 무릎 위를 한두 번 만져보며 미소를 지으면서 나직한 목소리로

"이 선생님! 무엇이 그리 바쁘십니까? 선생님들 하시는 일 다 알고 있습니다. 나도 조선사람입니다. 좋은 일이면 나도 한몫 낍시다. 그리고 같이 의논도 합시다."

이 신형사의 태도와 말을 듣고서 다소 안심한 이씨는 적이 마음이 놓이면서 "좋은 말씀이요. 같이 의논하고말고요. 지금은 내가 바쁘니 이따가 오후에 다시 만납시다그려."

"몇 시에 다시 뵈올까요?

"오후 2시든지 3시든지 우리 집으로 오시오. 조용히 우리 의논합시다."

"그러면 그렇게 하지요. 오후 3시에 댁으로 가겠습니다. 노상에서 실례했습니다. 안녕히 가십시오."

옳다! 인제 살았다. 오늘 정오까지만 무사하라! 저 신형사가 내 무릎의 덮개를 들추고서 수색하거나 뒤따라서 내 집에 왔던들 만사는 다 틀리는데, 저만큼 호의로 대하면서 말이라도 "나도 조선사람입니다. 좋은 일이면 같이 의논합시다" 하니 이것이야말로 하늘이 우리를 도와주시는 것이로구나 싶어서 기운이 솟아났다. 집에서 기다리는 경남연락원인 박순천朴順天 씨와 경북연락원인 이만집李萬集 목사가 눈이 빠지게 기다릴 것을 생각하면서 일로 남대문정거장 앞 세브란스병원 안에 있는 자택으로 달려왔다. 그 5,000장의 독립선언서는 두 분에게 나누어주어서 그날 아침 차로 무사히 서울을 떠나보냈다.

이리하여 북부경찰서 고등계형사 신철申哲은 독립운동의 모의를 짐작하면서도 일본인 상관들에게 보고하지 않고, 최린 씨와의 약속한 3일이 지냈으되 아직 검거하지 않고 있었다. 그렇다고 3월 1일 오정을 기해서 일이 터질 줄은 신형사도 몰랐다. 자기 예상대로 하면 3월 3일부터 5일 사이에 벌어질 줄 알았던 것이다. 그날 오후 신형사는 예상대로 상관의 견책이 아니라 즉시 구속되어 서대문형무소로 갔다. 각오는 이미 되었다. 그날 밤을 새우다시피 하면서 앞으로의 자기 처신을 결정하였다. 다음날 면회 온 가족을 향해서

"내가 이번 만세사건을 미리 알면서도 일본인 상관에게 보고하지 않은 사유로 이런 신세가 되었다. 나도 조선사람인데 조선독립운동을 벌이려 하는 것을 왜놈들에게 고발할 수 있으랴! 내가 이제 죽어도 여한이 없다. 지하에 돌아가도 내 조상들께 면목을 세우려 한다. 다만 이 서울 한복판에 가족을 두고 세상을 떠나려 하니 마음이 아프다만 이도 운명이니 할 수 없다. 나 죽은 뒤에 고향에 돌아가서 조선사람다운 죽음을 마친 나를 욕되지 않게 살아가기만 부탁한다."

본정경찰서 고등계형사로 근무하면서 직무상 접촉이 제일 많은 친분

이 두터운 박정화朴貞和 씨가 면회 오니까

"박형, 내가 독립만세를 모의할 때부터 알았지만 나도 조선놈인데 우리나라 독립운동을 모의하는 것을 돕지는 못할망정 양심상 고발할 수가 있어야지. 서울에 그저 있기도 어색해서 며칠 신의주 방면 출장 갔다가 1일 아침에 와서 보니 일이 터지고 말았구려. 내가 이대로 있으면 일본놈들의 그 무시무시한 고문에 견디어내지 못할 것 같고, 또한 같이 있던 놈들에게 창피스럽게 고문당하느니 차라리 죽는 것이 나으리라고 결심했어. 내가 죽은 뒤에 내 가족들이 고향에 돌아가더라도 좀 보아주구려. 미안하지만 친구로서 나의 심정을 이해해주고 부탁할 사람은 오직 박형뿐이야."

아무리 일본경찰의 앞잡이 고등계형사일지라도 이 거족적인 독립운동에 양심상 고발하지 못하고, 뒤에서 일본경찰이 모르도록 가려주었다는 그 충심을 토설함에 같은 길을 걷는 고등계형사인 박정화인들 어찌 감동되지 않으랴! 부지중 신형사의 손목을 잡으면서 떨리는 목소리로

"신형! 신형과 내가 이 장안에서 둘째가라면 서러워할 정도로 고등계형사 노릇을 하였지만 오늘날 신형의 참모습을 보게 되니 고맙네. 나도 사람이야! 나도 조선민족이야! 신형의 정신이 곧 나의 정신이야! 그런즉 나도 앞으로 신형의 정신을 받들고 따라서 갈 것이니 염려 말게. 그리고 신형의 가족 걱정도 말고 안심하기 바라네."

두 사람은 몇 번이고 악수를 되풀이한 다음에 눈물겨운 최후 고별을 하였다. 3월 1일 오후 2시에 일본경찰에 연행된 최린 씨가 3년 만에 자유의 몸이 된 뒤에야 신형사가 자기네와 같은 감옥 안에서 바로 기미년 3월 초에 자살한 것을 일인들이 극비에 붙인 것을 알게 되고, 그 유가족을 최린 씨가 찾았으나 벌써 몇 해 전에 고향인 평안도로 떠났다는 사실도 알게 되었다.

Ⅲ. 해방 직후 재만在滿 동포의 실정

8·15해방이 되어 국내동포들은 일본의 쇠사슬에서 풀려났다고 기뻐 날뛰었지만 만주에 살고 있는 수백 만 동포들은 이 해방의 기쁜 소식을 반가이 생각하는 사람보다 하늘이 무너진 듯 앞이 캄캄하고, 근심걱정이 한꺼번에 몰려와서 어찌할 바를 몰라 벌벌 떠는 사람이 더 많게 되었다. 왜? 그것은 일본세력을 등대고 만주 원주민들에게 세도 부리던 사람이 많았기 때문이다. 설사 그 원주민에게 세도 부리지 않은 동포일지라도 일본세력이 무너져서 치안이 확보되지 못하니까 사방에서 벌떼같이 일어나는 절도, 강도, 집단불량배들의 등쌀에 밤에는 고사하고 대낮에도 우리 동포들은 도회지나 농촌이나 안심하고 살 수 없게 되었다.

각 지방에서 약탈과 살인, 집단폭력으로 인한 동포들의 곤욕이란 말할 수 없어서 1년 동안 피땀 흘려서 지어놓은 곡식이 누릇누릇하건만 그것을 거두어들일 생각조차도 못하고, 10년 또는 수 10년 쌓아올린 피와 땀의 결정인 재산도 수습해서 가질 생각도 못하고 손에 잡히는 것, 수중에 있는 재물의 약간만을 쥐고 남부여대 고국을 향해서 귀국의 길을 몇 천리 떠나오게 되었다. 그도 인명의 피해가 없으면 모르되 도중에서 강도와 폭도들의 약탈과 살인의 위협을 주야로 받아가면서 빠져나오게 되니, 귀국의 길에 나선 사람이나 나서지도 못하고 원주민에게 가지가지 학대를 받아가면서라도 그대로 배겨내지 않으면 안 되는, 고국에도 돌아갈 곳조차 없는 딱한 사정에 놓인 동포들도 얼마든지 있어서 이 수백 만 재만동포의 귀환과 생활문제는 세계적으로 큰 비극이요 두통거리이었다.

그래서 필자가 8월 17일 저녁차로 만주에서 서울에 돌아온 다음날인 18일 아침에 건국준비위원회(건준)가 있는 휘문중학교에 가서 그 회의 부위원장 안재홍 씨와 재정부장 이규갑 씨, 치안부 차장 유석현 씨 등을 만나 재만동포 구호문제를 호소하였더니 이 말을 옳게 여겨서 수일 사이에 건준 안에 「재외이재동포옹호특별위원회」를 설치하고, 우선 재만동포 구호문제부터 다루게 되었다. 이 특위는 치안부 소관으로 하여 부장 최용달, 차장 유석현, 간사 박이하, 조훈제 씨와 매일 토의한 결과 서울에 사는 중국사람들의 협력을 얻기로 해서 당시 중국인 대표기관인 중화상회와 한성중국영사관과 접촉을 가지게 되었다.

서울에 사는 중국인 대표 몇 사람과 우리들과 몇 차례 만나서 협의한 결과 그들이 남경에 돌아온 장개석 총통에게 공함을 띄워서 재만한교를 현지민들이 학대하지 못하도록 건의케 한 것이다. 9월 초순에 민간 유지들의 발기로 「재외이재동포원호회」가 생겨 회장 유억겸, 부회장 김상돈, 소완규 제씨가 취임하자 나는 건준에서 이 기관으로 와서 지금까지의 경과를 보고하고, 재만동포구호에 적극 협력해줄 것을 요청했다. 이에 그 회에서 적극 밀어주어서 즉시 「재만동포구호대」가 조직되어 내가 인솔책임자가 되어 중국어 통역에 윤병희 씨(연희전문학교 교수), 러시아어 통역에 윤일병 씨(보성전문학교 교수), 박원득 씨 외 3명의 의사와 선전원 5명 등 일행 10여명이 구호약품과 구호선전문, 털담요 몇 천 장을 가지고 개성을 경유해서 9월 하순에 황해도 남천에 갔다. 그곳에 와있는 소련군 사령관이 친절히 맞아 숙소까지 지정해주고서 평양에 조회하더니 다음날 상부방침으로 만주에 못가니 도로 서울로 돌아가라는 것이다. 그래서 많은 행구를 다시 가지고 기차를 타고 여현礪峴까지 와서 그곳에서 다시 보행으로 10여리를 와서 38선에 이르자 소련군 장교 대위가 작별인사를 하기에 그곳에서 다시 개성까지 보행으로 와서 다시 개성에서 기차를 타고 서울로 5일 만에 돌아온 일이 있다. 그런데 한 가지 기억에 남는 것은 여현에서 38선까지 길안내 해주던 소련군 장교와 2시간 동행하면서 윤일병 씨가 러시아말로 문답한 내용이다. 여기에 그 대강만을 적어보면 다음과 같다.

윤씨 : “귀하는 고향이 어디인가?”

장교 : “레닌그라드입니다.”

윤씨 : “학교는 어디를 마쳤나?”

장교 : “레닌그라드 공과대학을 나왔소.”

윤씨 : “군대에 언제 들어갔는가?”

장교 : “대학 졸업 즉시 육군 소위로 임명받아서 전선에 배치되었소.”

윤씨 : “혁명 전과 혁명 후의 일반국민생활을 비교하면 전보다 혁명 후가 나아졌는가?”

장교 : “혁명 전 일은 내가 어렸을 때이니까 잘 모르되 정부 발표로는 나아졌다고 하나 실지 국민들 40세 이상 된 사람들은 말하기를 생활이 나아지지 못했다고 말하오.”

윤씨 : “국민의 교육 정도는 어떠한가?”

장교 : “교육도 제정 때보다 더 보급되지 못했소.”

윤씨 : “이번 북한 각지에 나온 군인 중에는 시계를 볼 줄 모를 뿐 아니라 제 이름을 쓸 줄조차 모르는 자들이 많다는데...”

장교 : “나라의 재정이 늘 곤란해서 국민교육을 보급시키지 못하고 있어 그렇소.”

윤씨 : “초등교육을 못 받은 국민이 몇 퍼센트나 되는가?”

장교 : “그런 것은 말하기 곤란한데 한 40퍼센트나 될 것이요.”

윤씨 : “그러면 혁명 전만도 못하지 않은가? 제정 러시아 시절에는 전 국민은 의무적으로 초등학교는 마치도록 방침을 세워 실시하였으므로 전부는 못되어도 전 국민의 90퍼센트는 초등교육을 받았다고 알고 있는데...”

윤씨 : "이번에 온 군인 중에 머리를 빡빡 깎은 군인은 왜 깎았는가?"

장교 : "그런 자들은 주로 시베리아방면에서 모집되어온 글자도 모르고 교육도 못 받은 자들이고, 그 중에는 가벼운 형을 복역하는 죄수도 있소."

윤씨 : "귀하는 공산당원인가?"

장교 : "아니오. 당에 속하지 않은 사람이요."

윤씨 : "군대 내에 공산당원이 얼마나 되는가?"

장교 : "잘 모르지만 전 군인 중에 2·3퍼센트밖에 공산당원이 없을 것이오."

윤씨 : "왜 제정러시아시절보다 생활이 향상되지 못하고 국민의 문화수준도 더 떨어졌는가?"

장교 : "그것은 스탈린 원수에게 물어보시오."

윤씨 : "혁명 후 지금까지 28년간 줄창 군비확장에만 주력하고 국민생활에는 돈을 쓰지 않기 때문이 아닌가?"

장교 : "그런 문제는 귀하의 추측에 맡기오. 나로서는 말하기 거북하오."

이 소련 장교, 공산당원 아닌 육군대위에게서 혁명 후 28년이란 긴 세월 동안에 소련이 공산독재를 해왔으나, 그들의 혁명대상이었던 제정러시아시절만도 못하다는 엄연한 사실을 듣고, 지금 전 지구상의 반 이상의 지역이 공산 붉은 마수의 독재 하에 들어갔는데, 이들의 현재 겪는 고생과 앞날의 참담한 시련을 내다보게 되어서 한층 우리의 현실을 통탄하며 뼈저림을 느끼게 하였다.

그 뒤에 나는 북만주에서 개척사업을 하다가 9월 하순에 귀국한 이선근, 김동순 양씨와 남만주에서 개척사업을 하다가 귀국한 김창환 씨와 네 사람이 협의하여 서울에 사는 중국인 대표들과 한중친선을 증진함을 목표로 하는 단체를 한 달 동안 준비 끝에 국내 저명인사들의 참여를 찬동 받아서 평화기념일인 11월 11일에 천도교기념강당에서 「한중협회」를 결성하고, 한중 양측 유지로써 그 협회의 상임임원을 구성하여 그 협회 명의로 중국 장개석 총통에게 재만동포 구호를 탄원도 하고, 신문·방송기관 등을 통해서 국내와 국외에 재만동포 구호를 호소하였다.

Ⅳ. 옥중 만세사건(오화영吳華英[10] 선생의 증언)

한중협회가 결성된 날 회장 오화영 선생을 중심으로 몇몇 간부들이 명월관에 가서 한중친선의 하루저녁을 보내게 되던 때의 일이다. 내빈으로 이 자리에 참석했던 안재홍, 명제세, 여운형, 송진우 제씨 등도 이미 귀가하고 협회임원만 10여명 남은 자리에서 오 선생은 25년 전 회고담을 시작하였다. 오 선생은 백발이 성성한 7순에 가까운 노 혁명가로서 3·1운동 당시 민족대표 33인 중의 한 분이오, 예수교인 100만 명 중의 원로급 명사이어서 그 분의 회고담에 일동은 귀를 기울였다. 오 회장은 그 능숙한 구변으로 말머리를 열었다.

"36년 전 경술년 7월에 왜놈들이 우리나라를 강제로 합병할 때에 그 몇 해 전부터 총감부의 앞잡이 일진회를 매수하여 송병준, 이용구 놈들을 앞세워서 일진회원들로부터 연판장을 받기 시작하였지. 무슨 연판장인고 하니 일본 통감부가 우리나라를 혁신해서 부패정치를 깨끗이 없애고 정치를 잘 하니, 한 걸음 나아가서 우리나라도 일본과 같이 문명 개화국이 되어 세계 일등국인 일본과 같이 되도록 더 잘 통치하여주기 바란다는 것이지. 이 연판장을 찍은 놈이 또 찍고 또 찍고 해서 한 놈이

---

10 호는 국사(菊史), 다른 이름 하영(夏英). 서울 출생. 독립운동가, 삼일운동 때 민족대표 33인 중 1인, 감리교 목사(1880~1950 납북).

다섯 목 열 목씩 다른 이름으로도 찍어서 100만 명의 연판장을 만들어서 일본정부에 제출케 했는데, 일본정부에서는 그것을 일본에 와 있는 외국 사신들에게도 내보이면서 조선사람들에게 우리가 개혁정치를 잘 하니까 이렇게 많은 백성들이 자원해서 우리 통치를 원한다고 선전을 실컷 했지. 그 다음에 경술년에 합방을 단행하니까 그 선전을 믿는 구미 각국 사신들은 본국에다가 그대로 보고해서 마치 한일합방은 우리가 원해서 부득이 일본이 단행한 것처럼 가장하였거든.

그래서 이놈의 일진회놈들의 죄악상을 성토하고 일본 놈들의 흉계를 폭로할 기회와 폭로할 강한 발언을 하여보자는 것이 합방 후 10년 동안 쌓이고 쌓인 우리들의 숙제요, 민족적 숙원이었지. 경향각지의 뜻있는 인사들이 이때 저때 기회를 기다리고 있을 때에 고종황제의 승하－그도 병으로 돌아가신 것이 아니고 왜놈들의 독살이란 말이요. 그러니 한층 더 왜놈들에 대한 분통이 터질 수밖에. 가위 민족적 폭발이 되도록 하늘이 준 기회라고 해서 우리가 이때에 민족을 대표해서 왜병 앞에서 죽어 넘어지면 그 뒤를 따를 후진도 있을 것이니 뒷일이야 생각지 말고, 우리가 민족을 대표해서 먼저 죽어보자는 결사대로서 기미년 3월 1일 낮 12시에 파고다공원에서 독립선언을 하기로 한바, 그날 형편을 살피니까 수만 군중이 흥분한 나머지 무슨 불상사라도 일어날지 몰라서 학생들에게 공원에서는 독립선언을 하게하고, 우리만 명월관 지점에서 조용히 선언서 낭독을 하고서 일경에게 전화해서 잡아가라고 통고하였지요.

그때의 우리 계획으로는 우리 33인이 다 죽고 나면 그 뒤를 이어서 또 33인의 대표를 선정해서 다시 독립운동을 전개하게 하고, 그들이 다 죽으면 또 민족대표를 선정해서 계속 독립운동을 추진하도록 1차, 2차, 3차 계획까지 세웠더랬는데, 1차 계획에 나선 우리 33인이 죽지 않고 다 살아가지고 감옥에 가게 될 뿐 아니라, 2차, 3차 계획의 주동인물까지

다 잡혀오게 되니 최초의 예정과는 달라지게 되었다는 것이 우리들의 공통된 심리이었지요. 그런데 감옥에 들어가서 미결로 1년을 끌다가 다음 해 3월 1일을 맞게 되었구려. 그런데 한 보름 앞당겨서 한 감방에 같이 있던 이갑성 씨가 나를 보고서

'오 목사, 우리가 벌써 죽었을 것인데 이같이 살아서 3월 1일 독립선언 1주년을 맞게 되니 참 희한한 일이 아니오니까? 그러니 우리가 이 날을 기념해봅시다.'

그래서 내가 묻기를 '어떻게 기념하자는 것이요?'

'우리가 한번 죽기로 맹서하고서 독립운동을 벌였던 것인데 이렇게 살아남았으니 한번 죽지 두 번 죽지 않을 것이니 3월 1일 오정을 기해서 이 감옥 안에서 일제히 만세를 부릅시다.'

'그러면 우리만 부를까요, 다른 죄수도 같이 부를까요?'

'다른 죄수들도 민족정신이 있는 놈은 호응할 것이고, 없는 놈은 응하지 않겠지만, 그래도 우리만 부를 것 있소? 다른 죄수에게 권유는 해봅시다.'

이리해서 나는 서쪽 감방 죄수들을 맡아서 권유하기로 하고, 이갑성 씨는 동쪽 감방 죄수들을 맡아서 권유하기로 하였지."

그래서 내가 오 선생에게 묻기를 "감옥 안에서는 서로 만나도 말을 못하도록 엄한 감시가 붙어 다닌다고 들었는데 무슨 방법으로 권유했습니까?"

"그래, 우리가 말도 못하니까 쪽지를 작게 만들어서 잔글씨로 몇 자씩 적어서 사발통문을 돌리듯 각 개인에게 돌리도록 했지. 다행히 간수들 눈에 띄지 않고 보름 동안에 다 통하게 되었지."

"그때 마포 감옥 안에 죄수가 몇 명이나 있었습니까?"

"우리와 같은 정치범이 한 500명 되고, 나머지 한 1,000여명은 다른

죄목으로 복역하는 죄수들인데, 정치범은 물론 다 호응하지만 다른 죄수들은 다 통하지 못하리라고 예정했었으나, 실제 10여 일 동안 비밀 권유해보니까 다른 죄수들도 다 같은 민족인 피가 흘러서 그런지 다 잘 통해요."

"그래서 예정한 대로 3월 1일 정오에 만세를 불렀습니까?"

"하, 부르다 뿐이겠소! 감방에 있는 사람이나 작업장에 나가서 일하던 각 작업장마다 12시 오포 부는 소리를 신호삼아서 감옥 안 전체가 떠나갈 듯이 '대한독립만세'를 목이 터져라고 웨쳤지. 그랬더니 간수, 간수장, 전옥, 헌병놈들 할 것 없이 수백 명이 몰려와서 공포를 쏜다, 칼을 뺀다, 갖은 발악들을 하였지요."

"그 뒤에 별다른 일은 없었습니까?"

"왜 없어! 누가 선동했냐, 조사가 나오니까 나와 이갑성 씨가 권유한 것이 밝혀져서 나는 좀 나이 먹었다 해서 덜 맞았지만 이갑성 씨는 되게 얻어맞았지. 그때에 이갑성 씨가 되게 맞고 고문당해서 그 분의 뒤통수에 큰 상처를 입고 종신 병으로 고생을 오늘날까지 하거든. 그때의 이갑성 씨는 우리보다는 젊어서 용기가 대단하였거든."

얼마동안 쉬었다가 다시 최후의 말을 맺어서 오 선생은 말하였다.

"그때에 우리는 이왕 죽을 바에는 좀더 고기값이나 하고서 죽자는 것이고, 또 우리가 감옥 안에서까지 그 부자유한 속에서 만세 부르면 국내의 애국동포들이 알고서 대소 호응이 있으리라고 예상했는데, 일본놈들이 약아서 일체 신문에 이 사실을 발표하지 못하게 해 쉬쉬 감춰버렸거든. 그래서 국내동포들이 알 턱이 있나. 우리를 담당한 변호사들까지도 몰랐으니까."

말씀을 마치자 온화한 그 얼굴에 감회가 자못 깊은 듯이 스르르 감았던 눈을 천천히 뜨시면서 긴 한숨을 내쉬고서 한마디로 말을 맺으셨다.

"그때에 머리가 희뜩희뜩한 중노인中老人들이 수의囚衣를 입고 만세 부르던 광경이 지금도 내 눈에 선연한데 그 동안 춘풍추우 25년이 지냈고, 그러는 사이에 다들 저세상으로 떠나가고 지금 남은 동지들이 불과 열 손가락 안이로구려."

그런데 그 말씀을 들은 지도 어언간 20여 년이 지나서 그때의 주인공이던 오 선생은 그로부터 5년 후, 즉 6·25때 붉은 마굴에 납치되셔서 지금까지 소식조차 없으며, 그 외에도 그 자리에 같이 앉았던 인사들의 모습도 거의 볼 수 없는 오늘에 이를 회상하는 나 역시 감회가 깊다.

Ⅴ. 38선은 누가 만들었나?

옛날에 중국의 한 역사평론가가 '6국을 멸한 것은 진秦나라가 아니고 6국[초楚, 제齊, 연燕, 조趙, 한韓, 위魏]이다'고 말하였지만, 나는 '38선을 만든 것은 미소美蘇 양국이 아니라 바로 한국사람이다'고 말하려 한다. 이 나라의 우리 동포들은 나보고 정신이 돈 사람이라고 말하겠지만, 다음에 적는 글을 읽는 분들은 나의 말이 순 엉터리가 아니라 일리가 있다고 할 것이다.

나는 해방 다음해 8월 초에 서울시내 낙원동에 살고계신 국민회 회장이신 이시영李始榮 선생을 찾아뵙고,

"선생님! 지난 5월 12일 서울운동장에서 「독립전취국민대회」를 한 뒤부터 신탁통치를 반대하는 단체가 모여서 행동통일을 하자고 「전국애국단체연합회(애련)」를 만든 것을 아시지요? 그런데 거번에 공산당계열의 행동통일기구인 민주주의민족전선 서울시지부 간부 김광수金光洙라 하는 사람 외 두 사람이 저희들을 찾아와서 하는 말이 '오는 8월 15일 해방 1주년 기념식을 좌우익이 합동해서 거족적으로 개최하면 어떻소?' 하

기에 저희들 애련 상임간부 다섯 사람이 다 찬성하였습니다. 그래서 좌우익이 합동하여 개최할 것을 전제로 하고 기념식 식순, 개회사, 1주년 기념사 등등 자세한 것은 각기 연구해서 사흘 후에 다시 만나기로 피차 합의한 이래 2, 3차 저네들과 만나서 이야기해본 결과 그들의 참뜻은 해방기념식을 빙자해서 자기네의 선전을 하려는 밑바닥을 들여다보게 되자 결렬되고 말았습니다."

이 말을 들은 이 회장은 예사로운 듯이 "공산당원들 하고 무슨 의논을 하여보려고 했는가? 그네들은 겉으로 생긴 모습은 한국사람이지만 그 속은, 즉 정신은 한인이 아니라 저희가 받드는 나라 사람이거든. 우리가 해외에서 일본과 싸운다고 몇 십 년 동안 세월을 보냈지만 그 실상은 일본과 싸운 것보다 같은 동포끼리, 즉 공산주의자인 한인들과 싸워서 입은 피해가 더 컸었지. 내가 그 중에서도 오늘날까지 뼈에 맺히는 한 가지 통분한 이야기를 하나 하지" 하며 담배를 한 대 피우다가 긴 한숨을 내쉰 다음에, 다시 말을 이어서 "몇 해 전에 우리가 중국에서 망명하던 때의 일이었어. 여러 해 끌어오던 중일전쟁이 태평양전쟁으로 확대되는 해의 일이지. 미국에서 이승만 박사가 김구 주석에게 편지를 인편에 보낸 것이 바로 들어오지 못하고, 한 1년 뒤에야 김 주석에게 알려져 때가 늦어서 이 박사의 부탁대로 일을 못 추려서 큰 낭패를 한 일이 있네."

"그러면 이 박사께서 김 주석께 보낸 그 편지내용은 무엇입니까?"

"태평양전쟁이 터지자 처음 몇 달 동안은 태평양 각 지역에서 미군들이 일본군에 몰려서 후퇴만 하였지. 그래서 미군이 한때 궁지에 빠진 일이 있지 않나. 그때에 이 박사가 미국정부에 들어가서 관계자들 보고 '우리 한국도 이번 전쟁에 일본과 싸움을 해서 미국을 돕겠으니 우리 한국 군대에게 필요한 무기를 대어주고, 또 우리 한국군대도 참전국가로서 대접을 해주겠는가?' 했더니 당시는 미국 측 전세가 아주 불리해서 단단히 아쉬운 시절이라 그들이 쾌히 승낙을 하여주었기로 이 사실을 김 주석에게 편지를 보내어 알린 것이지. 그래서 김 주석보고 하루 속히 광복군을 편성해서 대일선전포고를 하고, 중국군대와 합작해서 우선 중국에 와 있는 일본군대를 격퇴케 하라는 것이여. 그런데 그 편지를 바로 김 주석이 받아보았으면 이 박사의 부탁한 대로 곧 광복군을 편성하여 대일선전포고를 하고 참전국가대우도 받았을 것인데, 그 편지가 김 주석에게 바로 들어오지 못하고 약산若山(김원봉)에게 갔거든. 약산은 공산당이 아니여? 그러니까 이 박사의 편지내용을 보고서 김 주석에게 바로 전하기는커녕 김 주석에게 알리지 못하도록 방해하는 무리들이거든.

그래서 한 1년이 훨씬 넘어서야 다른 편으로 이 박사의 이 편지내용이 알려져서 부랴사랴 서둘러서 광복군대를 편성해서 대일선전포고를 하였지만 그때는 이미 늦었지. 미군 측이 전세를 만회해서 벌써 동경을 비롯해서 일본 각지를 폭격할 때이니 미군에게 무슨 생색 있는 일이 못되니까 약속했던 참전국대우도 못 받고 말았지. 만일 참전국대우를 우리가 받았던들 우리나라를 미소 양국이 나눠서 점령할 마음도 못 먹게 될 것이 아니겠나? 즉 일본이 항복하는 날은 우리가 전승국가의 대우를 받을 뿐 아니라 즉시 독립국가가 되는 판이었거든."

이 놀랄만한 이야기를 거저 귀넘겨버리기에는 너무도 중대한 사건이기에 며칠 후에 용산구 원효로4가 성모병원에서 정양 중이신 김구 선생께 위문 갔다가

"일전에 성재省齋[11] 선생님께 말씀 들으니까 태평양전쟁이 터진 직후에 이승만 박사가 미국에서 선생님께 인편에 보내드린 편지가 김약산의 손에 들어가서 일이 낭패되었다고 하시던데, 약산은 왜 곧 선생님께 그

11 이시영(李始榮)의 호.

편지를 전해드리지 않고 제 수중에다 두고 우물쭈물하였을까요?"라고 물었다.

"내가 그 사람들 속을 다 알 수 있나? 그렇지만 내가 짐작컨대 그들은 공산주의자들이라 원래 공산주의자들은 우리 임시정부를 인정하지 않고는 부인하여왔거든. 그러니까 임시정부에서 광복군을 모집한다거나 그 광복군이 일본을 향해서 선전포고를 한다거나 하는 것을 대수롭게 알지 않는 사람들이거든."

이 말을 하는 김 주석은 지난날의 아픈 상처를 건드려서 다시 마음이 아픈 듯이 단번에 안색이 변하시었다. 이에 나는 정양 중이신 선생님께 죄송스러운 마음이 들어서 사과조로 "병상에서 정양하시는 선생님께 죄송한 말씀입니다만, 그들이 왜 그러한 짓들을 했을까요?" 하고 문의하였다.

"그 사람들은 우리 임정 사람들보다도 연안파인 공산당에게 가까이 지내는 사이이거든. 무슨 일이 있으면 의례히 그 공산당들과 협의하는 자들인지라 그 이 박사의 서한도 저희끼리 검토하니까 내가 광복군을 모아서 대일선전포고라도 하려면 장 주석과 의논해서 중앙군과 합작할 것이고, 중앙군과 우리 광복군이 합작하는 것은 공산군들이 극히 싫어하는 판이니까 약산은 중국공산당들의 뜻을 좇아 우리 임정의 방침을 좇을 사람들이 아니거든."

"임시정부를 부인하던 그러한 자들이 작년에 고국에 돌아올 때에는 왜 임시정부의 일원이 되어가지고 왔을까요?"

"과거에 해외에서 망명생활을 할 때의 과오가 한두 가지가 아니지만 해방되니까 그들이 지난날의 잘못을 회개하고, 자금 이후는 고국에 돌아가서 같이 손잡고 일해보자고 하니까 일부에서 그들을 받아들이지 말자는 주장도 있었으나, 또 한편에서는 관대히 포섭해서 같이 고국에 돌아가자는 의견을 내세우는 동지들도 많아서 전비前非를 불문에 붙이고, 앞으로나 조국을 위해서 일해주기를 당부하는 의미에서 같이 오게 된 것이지."

"그들은 임정을 부인하고서 무슨 단체를 가지고 있었습니까?"

"민족혁명당이라든가 하고 불렀지. 그들도 몇몇 공산주의단체 이름들이 있었는데 이 민족혁명당으로 합하였다지."

"선생님들은 관대한 태도로써 그들을 포섭하기 위해서 한 임정요원으로 데리고 오셨지만, 그들이 고국에 돌아와서 벌써 반년 이상이나 되는 동안에 동태를 보건대 대소 조심성은 있으나 국내의 공산주의자와 별다른 구별이 없습니다. 전 국민이 들고일어나서 신탁통치를 안 받겠다고 반대하는데도 그들 중에서 누구 하나 우리와 같이 반탁운동에 나서는 사람을 보지 못합니다. 처음에 한때는 김규식金奎植 박사도 반탁의사를 표하더니 이새는 침묵할 뿐 아니라, 그들 찬탁분자들과 합작을 해보겠다고 무슨 '좌우합작위원회'를 만들어서 정계를 혼란케 만들고 있지 않습니까? 그래서 세칭 3영수라고 김 박사까지를 넣어서 부르는 칭호는 차츰 사라져가고 있습니다."

이때부터 바로 두 달 전인 6월 12일에 시내 정동예배당에 남한 각 도의 각 시군 내의 읍면에서까지 2,000여명의 국민회대표들이 모였을 때에 이 김구 선생께서 말씀하기를 "삼각산이 무너지면 무너졌지 우리 세 사람(이 박사와 김 박사와 김 주석 자신)은 그 단결이 무너지지 않을 것이니 아무 염려 말고 여러 동포들은 우리 세 사람이 단결되듯이 단결되어 달라"고 간곡히 당부하였건만, 그 세 분 중에서 김 박사가 먼저 반탁노선에서 슬그머니 빠져나가 신탁통치를 받겠다는 무리들과 의논을 해보자고 나섰음을 볼 때에 노 애국자이신 김 주석의 심정이 얼마나 아프시랴 싶어서 그 문제는 더 묻기가 죄송해서 말머리를 돌렸다.

"선생님, 한 가지만 더 여쭈어 보려는 것은 이 박사께서 선생님께 보내드린 서한은 그 뒤에 영영 받아보지 못하셨습니까?"

"내 손에 들어오지 않고 이 박사의 서한이 약산 손에서 없어졌지. 그러고서도 그 약산이나 그들 동지 간에서는 알면서 딱 숨겨두고 있었는데, 이 박사로부터는 얼마 후에 왜 회답이 없느냐고 또 다른 편으로 재촉이 와서야 중국사람들에게서 전후사를 다 알게 되었고, 한 1년 후에야 약산 일파들에게서도 들어서 알게 되었지. 그래서 대소 시기는 놓쳤지만 우리가 이대로 있을 수 없다고 해서 일본이 항복하기 1년 전에야 광복군이 편성되어가지고 대일선전포고를 했지. 그리고 나서도 우리 광복군이 단독으로 일본군과 이렇다할 만한 싸움은 못해보고 말은 것이 지금도 한 되지, 한 되어"라고 말씀하시면서 자못 천추의 한을 남긴 듯한 수심을 미간에 지으셨다.

그 뒤에 나는 김구 주석에게 편지를 보내신 이승만 박사에게 전후사정을 더 알아볼 양으로 해방 1주년기념식도 끝난 다음날인 8월 16일 석양에 돈암장으로 가서 앞뜰 그늘진 자리에서 이 박사를 모시고 이야기할 기회를 가졌다.

"선생님, 일전에 성재 선생에게서 깜짝 놀랄만한 이야기를 들었습니다. 그것이 바로 선생님께서 미국에 계실 때, 즉 태평양전쟁이 터진 뒤에 김 주석에게 보내신 서한에 관한 이야기입니다. 그에 대하여 좀더 자세히 말씀하여주십시오."

"그래, 자네 맹자 읽었나?"

"다 잊어버렸습니다만 더러는 기억하지요."

"맹자가 말했지. 천시天時가 지리地利만 못하고 지리가 인화人和만 못하다고. 하늘이 우리 민족에게 독립과 자유를 주려하여도 우리가 이 하늘이 주는 복을 받아들이도록 인화, 즉 단합이 되지 못하면 그 복 대신

벌을 받는 법이여. 우리도 그 복 대신 벌을 받게 된 것이네. 미일전쟁이 벌어지자 초기에는 일본군 측이 서태평양 방면에서 미군을 밀어냈지. 비율빈에서도 미군이 후퇴해서 미군은 호주와 뉴질랜드, 하와이 등지로 후퇴하여 궁지에 몰렸었지. 그때에 내가 미국정부-국무성과 국방성 책임자들보고서 말하기를 '중국에 우리 망명정부가 있고, 그 정부 밑에 군대가 있어서 지금까지 수십 년 중국과 한국 국경지대에서 게릴라전을 펴오고 있다. 이번에 우리의 망명정부를 교전국가로 승인해준다면 곧 그 항일게릴라부대를 모아서 군대를 편성해가지고 일본군과 싸움을 하겠다. 그러니 현대식 무장 일체와 보급을 하여주기 바란다'고 하였더니 그들은 나의 제안을 전적으로 오케이해서 말하기를 '당신네 망명정부를 이 바쁜 전시에 승인한다는 것은 다른 나라에 대한 우리의 체면도 있고 해서 국제문제만 더 복잡하게 되는 일이니 무슨 방법으로든지 중국에 흩어져 있는 한인 군대를 모아서 하나의 전투군단을 편성하도록 하시오. 그러면 우리가 중국군대에게 주는 현대식 무장을 똑같이 대줄 것이고, 보급도 계속해 주리다' 하면서 단 10,000명이라도, 그도 못하면 단 5,000명이라도, 그도 못하면 단 몇 천 명이라도 어서 모아서 대일선전포고를 하여주기를 갈망하기에, 이 긴급한 비밀을 어떠한 방법으로 중국에 있는 우리 임시정부에게 알려서 이를 실현할 수 있을까 하고 그 연락할 방법을 강구하던 차에 주미 중국대사 안혜경顔惠卿 박사가 본국 정부에 가는 편이 있다고 해서 안 박사와는 서로 친면인 사이여서 김 주석에게 보내는 서한을 만들어서 그 안 박사에게 전달해주기를 부탁하였지.

미국이 아쉬워할 이 시기에 한국독립군대가 선전포고를 해서 미군을 성원해주면 미군의 사기도 올라가고 중국군 측도 힘이 될 것이지만, 일본군에게는 전략적인 면보다도 정치적인, 특히 외교적인 면에서 막대한 타격이 될 것이니 하루 속히 임정 산하에 항일군대를 편성하여서 대일선전포고를 하도록 하라고 긴급한 서한을 냈지. 내 생각으로는 2, 3개월 이내에 이 일이 성사되리라고 믿고 고대하고 있는데, 1년이 지나도 깜깜 소식이어서 하도 어이가 없고 미국친구들에게도 면목이 없어서 다시 돌아온 안 박사에게 알아보았더니 자기가 김 주석에게 직접 주지는 못했지만 한국 망명정부 사람들에게 주어서 그가 김 주석에게 전달하도록 부탁하였다는 것이여. 그 뒤에 안 일이지만 안 박사가 가지고 간 나의 서한이 김약산(일명 김원봉)의 손에 들어가서 그 사람은 공산당이라 임시정부에서 군대를 편성하는 것은 장개석 총통과 협의하여 되는 일이고, 중앙군의 강화를 가져오는 결과밖에 되지 않으니 모택동의 공산군대를 지지하는 그들은 그 편지를 없애버렸던 모양이야. 그때 나는 우리 군대가 10,000명이 못되고 단 몇 천 명만 되더라도 대일선전포고를 하고, 어느 한 모퉁이에서 싸움만 벌이게 된다면 미국국무성과 국방성에 다시 우리 군대를 교전단체로서 독립군단의 인정을 받게 하고, 계속 전쟁을 하는 동안에 전과만 올린다면 참전국 대우를 받도록 온힘을 기울일 작정이었었는데, 국운國運 소치인가 그 서한이 공산당놈들에게 들어갔고, 그 뒤에 한인군대 만드는 일에도 이들 공산당놈들이 방해를 하였다데" 하시면서 극도로 흥분되신 듯 왼쪽 얼굴 근육이 연방 경련이 일어나고 양손을 몇 번이고 들었다 놓았다 하셨다(이 박사가 극도로 흥분되면 발작하는 일종의 신경계통의 경련상태).

"중국군단이 아닌 딴 군단, 즉 독립된 교전단체로서 인정받아가지고 계속 전투를 전개하여 나가는 중에 참전국 대우까지 받아보도록 외교적 절충을 해보시려던 플랜을 세우시고 김 주석에게 서한을 내셨군요."

"그래, 처음부터 우리 군대를 독립군단으로 인정 못 받더라도 우리 한인군대가 일본놈 군대 이상으로 싸움을 잘하고 전과를 올릴 것이니까, 내가 미국에서 교전단체 인정을 받도록 교섭을 하고 전쟁을 계속하는 중에 한걸음 나아가서 참전국 대우를 받자는 것이지. 외국의 승인을 얻지 못한 우리 임정이 군대를 편성해서 대일 선전포고한다고 곧 참전국 대우는 못 받지만, 점진적으로 그렇게 하여보려고 계획을 세워놓고서 김 주석에게 서한을 냈던 것이 그만 실패되었지."

"선생님, 만일 그때 선생님 플랜대로 우리 광복군이 수개월 안에 선전포고하고서 계속 전쟁을 해나가서 참전국 대우만 받았다면 일본이 항복하는 날 우리는 어찌됩니까?"

"하! 그것이야 우리도 전승국가의 대우는 물론 우리 손으로 남북한의 일본군대의 무장을 해제시킨 후 보아라는 듯이 우리 스스로가 독립을 선포하고, 즉 국권을 회복하는 것이지. 지금과 같이 외국군대가 와서 일본군 무장해제를 한다, 계속 주둔해서 군정을 편다 할 것이 무엇 있나? 그러니까 이 38선이라는 것도 생겨날 이유도 없고, 이데올로기가 다른 두 나라가 우리 국토를 나눠서 점령하므로 일어나는 모든 혼란과 비극도 일어나지 않았을 것이 아닌가?"

70평생을 조국의 해방과 겨레의 자유를 위해 바쳐온 애국일념에 꽉 차있는 이 박사의 통분히 여기시는 모습에 접하자 너무나 놀라고 황송스러운 마음이 넘쳐흘러서 더 이상 모시고 이야기할 수 없어서 작별인사를 드리고 나왔다. 그날 밤 숙소에 돌아온 나는 이 박사의 흥분해하시던 모습이 머릿속에서 사라지지 않고 계속 떠올라서 오래도록 잠들지 못하면서

"안 박사가 가져온 이 박사 서한을 김 주석이 곧 받아보았더라면 임정에서 긴급회의를 열어서 그 임정 산하에 광복군 편성안을 결의하였을 것이고, 그 편성이 될 때에는 중앙군에 가담해서 일본군과 싸움을 하고 있는 여러 한국독립단원들을 우리 광복군대로 소환하기 위해 장 총통에게 그 협조를 구했을 것이라. 이때에 장 총통은 어떠한 태도로 나왔을

까? 물론 우리 광복군이 다시 조직되어서 대일선전포고를 하는 일은 중국군에도 우군이 생기므로 사기앙양이 될 것이니까 적극 지원해주었을 것이라. 그 협조와 미국 측이 보내주는 신식무기를 가지고 일본군대와 싸웠더라면 도처에서 우리 군대가 승리했을 것이다. 연합국 측에서 우리 광복군의 그 용감한 것을 찬양해줄 것은 물론이요, 처음에는 참전국 대접을 받지 못했을망정 그들도 국제적 체면은 있는지라 우리 광복군의 전공을 보고서 할 수 없이 참전국 대접을 해주게 될 것이라. 그래 참전국 대접을 받게 되는 날이면 그 뒷일은 만사 오케이이다. 얄타회담에서 스탈린이 한국을 분할점령하자는 말은커녕 그 분할할 생각조차 마음먹지 못할 것이 아닌가! 만약 그리 되었더라면 해방 후의 우리나라의 비극과 이 모든 참상이 벌어지지 않았을 것이 아닌가! 우리의 역사뿐 아니라 세계의 역사가 달라졌을 것이 아니겠느냐 하는 상상의 날개가 한없이 펼쳐감을 막을 도리가 없었다. 그 뒤 정부 수립 2년 만에 6·25때 이북 공산괴뢰군에게 남침을 당해서 몇 해 동안 전 민족이 겪은 쓰라린 고생과 곤욕－반만년 역사상 그 유례를 찾아볼 수 없으며, 세계 전쟁역사상에도 그런 예가 없을 만큼 참혹하였던 일들을 돌이켜볼 때에 오늘에 와서는 이 이야기가 한층 생생하게 머리에 떠오른다.

내가 이 이야기를 그 세 분에게서 들은 지도 벌써 20년이란 세월이 흘렀고, 그 세 분들도 이미 지하에 돌아가셨다. 그러나 당시에 통분히 여기시던 그 어른들의 모습이 한층 생생한 기억으로 남아서 이 이야기를 적어 우리 뒤를 이을 겨레에게 알리고 알릴뿐 아니라, '과거의 실수' 즉 같은 민족 중에서 공산당물이 든 매국노들의 저지른 과오를 마음에 간직할 뿐 아니라, 뼈에 새겨서 다시는 이런 일이 되풀이됨이 없기를 바라는 심정 해를 거듭할수록 한결 더 간절하기에 이같이 장황하게 적는다.

Ⅵ. 대평농장 개척

내가 김 주석, 즉 상해임시정부 주석이신 김구 선생의 이름을 똑똑히 알게 된 경로를 따지자면 이렇다. 해방되기 1주일 전 내가 서간도 땅이라고 부르는 만주 금주성錦州省 창무현彰武縣 북쪽, 바로 흥안성興安省과 경계선지대에 있는 대덕촌大德村 대평농장大平農場에 있을 때의 일이다. 과거 6년이란 세월 동안 이 대평농장을 개척하느라고 동고동락하던 농장사람들과 작별하기 위하여 내가 마련한 송별자리에 모인 300여 명 동포들에게 “오늘(1945년 8월 9일) 농사에 바쁘신 여러 동포형제들을 모시고 박주라도 나누면서 지나간 몇 해 동안에 제가 저지른 모든 크고 작은 허물을 사과하며, 그 동안 입었던 두터운 신세에 대한 감사의 말씀이라도 드리려고 이 자리를 마련했으니, 그 동안에 저의 모든 허물은 오늘 이 자리에서 실컷 매 때려주시고, 저의 성의로써 드리는 박주라도 한잔씩 들어주시기 바랍니다. 7월에 다시 농장에 들어와서 곧 떠나려했으나 여러분의 두터운 정에 끌려서 한 달 이상을 지체했는데, 이 이상은 제가 더 지체하지 못하게 되어서 내일 새벽에는 일일이 여러분 댁에 가서 작별인사 드리지 못하고 오늘 이 자리를 빌어서 한꺼번에 작별인사를 드립니다.”

국민학교 교실 세 개를 툭 터놓고 자리를 만들었는데 돌아보니 우리 동포 외에 원주민, 즉 몽고인과 중국인도 10여 명 끼어 있었다. 그도 그럴 것이 내가 이 지방에 와서 농장을 개간한다, 학교를 신설한다 하고 몇 해 동안 떠들고 돌아다닐 때에 우리 동포만 상대해서 하지 않고 원주민 촌장, 둔장屯長(툰장)과 원주민 유지들과도 늘 협의하고, 그들의 협력 아래 일하였고, 학교 신설할 때는 전 촌민이 나와서 부역하고 학생 모집에도 원주민, 즉 몽고인과 중국인 자녀들도 몇 십 명 입학시켜주었으니까, 말하자면 농장개척에 관계자요 학부형인 관계가 있었기 때문이다. 내가 6년 동안 이 몽고사막에서 우리 동포와 원주민들과 서로 융화되어 사는 동안에 겪은 일 한 토막을 말하면 다음과 같다.

내가 이 지방에 오기는 1939년 늦가을에 와서 다음 해 봄에 따더거 촌[12] 내 각 초등학교 연합운동회에 우리 동포들 자녀만으로 된 초등학교 학생 200여명을 데리고 가서 참가한 때의 일이다. 아침에는 봄날씨로 따뜻하더니 오후 3시쯤 되니까 느닷없이 몽고바람이 불어와서 운동회에 쓰려고 가져다 놓은 칠판이 넘어지는 바람에 옆에 앉았던 몽고인 촌장의 정강이를 쳐서 그 촌장이 금시 일어나지 못하고 얼굴빛이 변하나, 의료시설 하나 없는 이 지방에 누구 하나 응급치료할 사람 없이 보는 사람마다 중국말로 '뚜이부치 뚜이부치(得而不致, 미안하다는 말)만 연발하기에 내가 가지고 갔던 구급약을 꺼내어 상처에 발라주고 붕대로 처매어주고 매일 자가 치료할 방법과 약간의 약을 나누어주고 온 일이 있었다. 그 뒤부터 그때에 참석했던 촌공소(村公所-사무소) 직원이나 지방유지까지도 그 광경을 본지라 나를 만나면 쫓아와서 인사하게 되었고, 그 뚝뚝하기로 이름난 몽고인 촌장이 나만 보면 친구로 대하고 우리 농장건설이나 학교신설이나 그 밖의 모든 문제를 자진해서 달려들어 걱정해주고 또 협력해주었다. 또 우리가 사는 동리는 왕자가이王家街인바 내가 갔을 때부터 동네 사는 우리 동포뿐 아니라 원주민에게도 안질약이나 배 아플 때 먹는 몇 가지 약이나 가벼운 상처에 바르는 약을 거저 치료해주었더니, 매일 한두 사람은 와서 치료받게 되어서 저절로 친숙해지고 한집안식구같이 되어, 1년에 한번인 학교 운동회날은 근방 동네의 큰 명절날이나 된 듯이 양을 잡고, 새 옷을 갈아입고, 자기네 자녀들 운동도 구경

12 몽고말을 중국말로 大德村이라 개칭한 이곳의 군과 면 사이의 행정기관.

하지만 자기네들도 뛰고, 줄다리기하기에 열을 올려서 두고두고 한 해 동안의 웃음거리, 이야깃거리를 삼아왔다.

한 순배 두 순배 돌아가는 동안에 이런 저런 지난날의 쓰고 단 이야기에 꽃을 피우다가 두어시간 후에 거의 다 흩어지고 동리 원로급 인사 김덕홍金德弘 영감과 흥농회장 김종삼金宗三 씨와 유지 석성덕石聖德 씨와 학교 후임 교장 서윤필徐允弼 씨 모두 다섯만 남아서 노닥거리고 있을 때에 김영감이

"서 선생이 올봄부터 본국으로 가신다 가신다 하기에 별로 듣고 설마 하였더니 오늘 이별술까지 얻어먹고 보니 정말 떠나시느냐고 묻고 싶소이다. 선생이 떠나시는 것을 보니 우리 농장 운도 다 간모양이여."

석씨 : "그라니라도 동네에서는 다 그렇게 말합니다. 농장 개척하신 분이 떠나시는 것을 보니 농장 운도 다 간 것이라고."

김 회장 : "서 선생은 거번에 조선 나갔다 들어오시고 해서 여러 사람들 공론도 들어서 아시겠지만 이 전쟁이 언제 끝날까요?"

그가 묻는 말에 내가 대답하기를 "우리 여기 모인 분만 이 자리에서 이야기하고 말기로 하고 다른 자리에 가서는 말 않기로 하시겠습니까?"

일동이 다 염려 말라는 것이다. 그래서 "내가 봉천에 데려다 두었던 조카들도 작년에 서울 근처로 옮겨놓았고 나도 올봄부터 뜨려고 했지만 여러 동포들의 사정을 보다가 올 여름이 다 갑니다. 그러나 이제는 한시가 바쁩니다. 시국이 어떻고 전쟁에 누가 지고 그런 말은 나는 않습니다."

김 회장 : "선생은 지금이라도 귀국하시면 가족이 다 생활근거지가 있어서 그리 가시게 되지만, 우리들 네 사람은 고국에 가야 막막하외다. 이제야 털어놓고 말이지 합방 후에 평안도에서 의병으로 다니다가 일병이 잡으려니까 이곳으로 와서 산 지가 벌써 30여년이오. 이 두 분(김 영감과

석씨)도 합방 후에 일본놈 잡자고 의병노릇하다가 나보다 2, 3년 먼저 오신 분들이니 고향인 정주 땅에 간들 머리 둘 곳 없쉐다레."

김 영감 : "만일 일본이 진다면 그 결과가 어떻게 될까? 일본이 만주에서 쫓겨나겠지."

김 회장 : "일본놈들이 만주에 와서 수십 년 동안 굉장하게 늘어놓았는데 그렇게 쉽게 물러가요? 안 될 것입니다. 간단히 안 될 것입니다."

석씨 : "그러니까 전쟁이 무섭다지요. 한번 지면 수십 년은 고사하고 수백 년 쌓은 공도 무너지는데 무슨 소리라우요?"

김 영감 : "내가 지난봄에 봉천에 가서 들은 이야기로는 상해에 있던 임시정부가 지금은 중경重慶에 가 있다누만. 그런데 그 가정부 주석이 바로 상해사변 때 일본사령관 이하 여러 놈을 폭탄으로 때려죽인 독립단장이래야. 그 분이 작년에 중국 400여주에 흩어져 사는 우리 동포들을 모아서 군대를 조직하는데 봉천 등지도 비밀원이 다녀갔대. 그 비밀단원 말에 의하면 작년에 우리 독립단이 군대를 수천 명 조직해서 일본에다가 선전포고했대나봐. 그 비밀단원 말을 들으면 일본이 지는 것은 시간문제이니 우리가 독립군을 조직해서 일본에다 대고 선전포고하는 것은 나중에 일본이 항복한 뒤에 우리도 전승국으로 한몫 끼자는 속셈이라나봐."

석씨 : "그리 되면 얼마나 좋겠시유. 우리도 살맛이 나겠쉐다레."

서윤필 씨 : "김 영감님! 봉천에 왔다 간 비밀단원들은 바로 가정부 김구 씨의 비밀지령을 받고 왔다 갔답디까?"

김 영감 : "그렇다나봐. 그런데 그 김구 씨가 상해사변 때 거사한 후로 일본경찰이 오늘날까지 10년을 두고 잡으려고 무진 애를 쓰고, 그 체포활동비도 10여 년간에 몇 10만원 없앴다나봐. 그래도 장개석 씨가 꽉 숨겨주어서 오늘날까지 무사하다나봐."

김 영감 : "선생은 이 전쟁을 어느 때쯤 끝나리라고 보시우?"

내가 대답하기를 "일본이 지금 초토작전을 쓰고 있는 것을 보면 1년 더 걸릴 것이라고도 봅니다만 만일 만주방면에서 소련군대가 소만국경을 넘어온다면 3개월 이내이지요. 그러니 어서어서 추수하셔서 1년 농사지어온 것이나 거두어들이도록 하셔야 합니다."

김 회장 : "상해 가정부 김구 씨가 독립단 단장으로 있어가지고 독립단원을 시켜서 상해 홍구공원에서 4월 29일, 즉 일본천황 생일 축하에 모여든 왜놈 대가리들을 모조리 폭탄으로 죽였다는 것은 그때 세상이 다 알은 일이지만, 그 뒤에 일본군부나 경찰이 이 김구 씨를 잡으려고 현상금 10만원을 걸고 수사비를 무지무지하게 많이 써가면서 뒤쫓아다녔으나, 오늘날까지 못 잡았다는 것은 내가 연전에 봉천에 있을 때 서탑西塔(한인교포 집단지대)에 있는 영사관시대부터 잘 아는 경찰서 형사에게서 자세히 들었지요. 일본이 전쟁에 손든다면 김구 씨가 조선 나가면 큰소리 칠 것이여. 굉장한 환영을 받을 것이고."

이러한 이야기에 시간 가는 줄도 모르다가 붉은 노을이 만주벌판 위를 한하게 하자 갑자기 어두워지는 이 땅에서 마지막 밤을 새우고서 다음날 새벽에 10여리의 길을 마차 타고 정거장(馮家 역)에 나왔더니 역장이 내 귀에다가 귓속말로

"오늘 새벽에 소만국경을 넘어서 소련군대가 관동군을 공격해왔다"는 비밀정보가 들어왔소. 아직은 비밀이니 선생만 아시고서 절대로 누설치 마시오."

풍가역에서 전송하러 나온 근 1,000여명의 동포들과 원주민들의 환송 아닌 이별을 받으면서 아침 차로 떠나서 하루에 갈 수 있는 봉천까지를 닷새만인 8월 15일 아침에야 도착하였다. 이리하여 이틀 후인 8월 17일 저녁에야 서울에 돌아왔다. 그 뒤 나는 중경 임시정부 주석 김구 선생에

관한 신문기사나 방송을 듣고, 만주에서 떠나올 때 들은 바를 한층 새로운 기억으로 했는데, 그 해 11월 26일에 임정요원 일행이 환국할 때 김구 선생 이하 몇 분만 환국하자 우리는 비행장으로 덕수궁으로, 서대문 안 경교장京橋莊으로 가서 직접 김구 선생을 뵙고 한층 민족적 영웅의 풍모를 우러러보게 되었을 때 나의 감격은 늘 새로웠다.

Ⅶ. 김구 주석이 전한 예언

1946년 10월 초순에 민통民統의 부총재이신 김구 선생께 사무보고를 드릴까 해서 경교장으로 갔더니 2층 넓은 방에서 누구의 청탁으로 글씨를 쓰시다가 맞아주셨다. 옆에는 지방에 월여 동안 계몽강연을 다니고 돌아온 여성동지들이 몇몇 모시고 있었다. 그들이 아마 운동상의 애로를 호소한 듯 김 주석께서는 부드러운 얼굴로 그들을 응대하여주고 계시다가, 내가 들어와서 지난 9월 25일부터 일어난 철도파업에 대하여 민통에서 파업대책을 세워 10일간 불철주야 노력한 경과를 보고 드렸더니 이를 다 들으신 다음에

"민통에서 수고들 많이 하였구려. 고맙구만. 그만큼이라도 수습되어서 우리 손으로 불과 1주일 동안에 파괴된 기관차를 수리해서 운행케 하였다니 그만하면 외국 사람들에게도 체면이 서겠는데!"라고 하셨는데, 이 말씀을 아주 유쾌한 표정으로 하셨다.

이때 그 앞에 공손히 앉아 있는 우리들을 한번 보시고 지난날의 신산했던 임정살림살이 이야기를 한 토막 내놓으셨다.

"우리가 중일전쟁이 터진 뒤 임시정부 간판을 짊어지고 남경에서 장사로, 장사에서 광동으로 갔다가 다시 장사에 와서 3, 4천리 먼 중경까지 갔지만 매일같이 일본놈의 폭격을 당해서 겨우 집을 마련하면 며칠

이 못가서 폭격이 되어 살림살이가 산산조각이 나지, 우리 정부청사만 걱정인가 10여명 정부임원들의 숙소도 오늘은 뉘 집이 폭격되었다, 내일은 또 누구누구 집이 결딴났다 해서 하루도 걱정 그칠 날이 없구려. 이리해서 중경에서 3년 피난하는 동안에 정부청사를 네 차례 이사 다녔지. 네 차례 사무용기구나 문서 등을 다시 마련하였지. 또 개인 개인의 피난집들이 폭격에 이사 다닌 것은 얼마인지 이루 다 말할 수 없었지. 그래서 매일 매일 동지들 집 마련하랴 간단한 살림살이도구 마련하여주랴. 그래하도 괴로우니까 내 혼자 이런 생각도 해보았지. 달팽이같이 제 집을 등어리에 이고 다녔으면 쓰겠다고. 저녁에 잠잘 때나 걸어가다가도 피곤해서 쉬고 싶으면 달팽이같이 당장 내려놓고 푹 쉬기도 하게. 별의별 궁리도 다 해보았지만 이놈의 집문제는 그리 간단히 해결되지 못했어."

이 회고담에 일동이 웃음을 터트리고 말았더니 김 주석도 따라 웃으시면서

"동지들 요새 과학기술이 퍽이나 진보되어가는데 어디 그런 것 좀 연구해서 하나 발명하여보소. 사람도 달팽이같이 간단한 장치로 오므리고 펴고 하면서 가볍게 제집을 각자 가지고 다니도록 만들 수 없나? 그래서 도시민의 주택난도 손쉽게 해결할 수 있게. 그런데 내가 한 가지 생각나는 일은 작년 8월 해방되기 수년 전 – 몇날 며칠 왜놈의 폭격에 시달리고 죽도록 고생하고 있을 때 – 에 어떤 중국인 점쟁이가 우리들이 있는 임시정부사무처에 찾아왔어. 그래서 누가 그 점쟁이 보고서 '우리가 언제나 이 고생을 면하겠나 점 좀 쳐보시오' 했더니 그도 정말 점을 치더니 작년 가을까지는 이 모든 구름이 걷히겠다는 것이여. 그러고서는 그 뒤의 말이 걸작이거든. 내가 지금도 잊혀지지 않는 것은 이 점쟁이 말이

'한국이란 나라는 아세아대륙의 제일 요긴한 대목에 위치하고 있어서 장차 크게 번영할 것이라고. 지금은 잠간 그늘 속에 있는 나무같이 햇볕

을 못 쏘이는 것 같은 시절이지만, 불원간 그늘이 걷히고 양지로 돌아온 뒤에는 대 번창을 할 것이라고. 그래서 앞으로 세계 각국으로부터 조공을 바치러 올 것인데, 적어도 24개 나라에서 조공을 받아들이는 부강한 나라가 되리다.'

그래서 같이 듣고 있던 한 사람이 '지금 일본놈의 학정에 시달려서 독립될 가망조차 없는데, 무슨 놈의 다른 나라로부터 조공을 받아들이겠느냐'고 하며 상대도 하려들지 않으니까 그 점쟁이 말이

'인제 2년만 지나면 을유년 가을까지는 가리워졌던 먹구름이 걷혀서 광명한 천지를 보게 될 것이오. 또 얼마 가지 않아서 나라가 부강해져서 여러 나라들이 도와주고, 받들어줄 뿐 아니라 조공을 바칠 것이니 두고 보라'고 그럴싸하게 말하므로 우리 동지들이 두고 보자고만 하였지. 그런데 작년 을유년에 먹구름이 걷히리라는 말은 맞았거든. 그리고 앞으로 몇 해 안 가서 나라가 부강해지고 24국에서 조공 받으리라는 것만 두고 볼 일이거든."

이 말을 같이 듣던 분들도 신기하게 듣고 "우리나라에 좋은 운이 돌아올 모양입니다. 선생님 말씀대로 우리나라도 남들과 같이 잘 사는 나라가 되었으면 얼마나 좋겠어요!" 하였다.

그 뒤 3년 되던 해에 김 주석은 그 방, 바로 그 자리에서 백주에 돌아가셨다. 일본 관헌이 14년 동안 현상금까지 걸고 잡으려 하던 그 김 주석이 일개 무명 청년의 총탄에 허망하게 쓰러지셨다. 더구나 현역 육군 소위가 나라 위해 싸우다가 일생을 보내신 민족의 영웅으로 추앙하던 김 주석을 대낮에 감히 쏘아서 그 귀한 목숨을 앗아갔다. 3천만 민족이 놀라기보다도 8천만 일본민족이 더 놀랐으리라. 그가 말씀하시던 나라의 번영을 보지 못한 채 그는 돌아가셨다.

그 뒤에 또 2년이 지나서 6·25난리가 났다. 피난하기에 정신없이 지

내다 보니 그때 김 주석을 모시고 앉았던 분들도 거의 보이지 않는다. 그런데 이상하게도 그 뒤 우리나라는 6·25동란 뒤에 UN우방국가들이 이 동란을 막아내기에 16개국이 나서주었고, 직접 군대를 보내지 않았을지언정 전쟁부상병을 치료해준다든가 전란으로 파괴된 것을 복구해준다든가 하기 위해서 결국 우리나라 재건을 돕기 위해서 여러 나라가 갖은 힘을 내고 있어서 옛날사람들 말로 조공 아닌 원조 구호를 해주고 있는 나라는 24개국이 넘고 있는 현상이다.

그런데 조국광복을 위하여 일생을 바치신 김구 선생의 불의의 서거를 삼천만 온 겨레가 슬퍼하면서 서울용산 효창공원에 국민장으로 모셨거니와 이 김구 선생을 시해한 무명청년 안두희安斗熙는 그 뒤에 어떻게 처리하였는가? 당시 군법회의에서는 온 국민의 예상을 벗어나 사형 아닌 무기징역으로 판결하였다. 그래서 그는 용산구 내 서빙고 근방에 있는 육군감옥에 수감되어 복역하였다.

Ⅷ. 죽산竹山[13]의 출세

1. 조봉암의 발견

1946년 8월 초순 「민족통일총본부(민통)」가 발족한 지 두어 주일째 되는 어느 날이었다. 나는 인천에서 발간되는 한 신문에 실린 조봉암 씨의 기사를 이승만 박사에게 보이면서

“선생님, 신탁통치를 반대하는 공산주의자가 있습니다. 이 신문기사를 보십시오”라고 말씀 드렸다.

“그래? 공산주의자라도 한국민족의 정신이 있는 사람이면 신탁을 반

13 조봉암(曺奉岩)의 호.

대하겠지. 누군가?"

"인천 인민위원장 조봉암입니다. 이 기사를 보니까 박헌영朴憲永이는 지도노선이 틀렸다고 마구 박가를 비난했습니다."

"그 사람 근래에 드문 사람이다. 공산주의도 소련식으로 하지 말고 한국식으로 하고자 하는 사람이로구나."

"어떠세요, 선생님, 이 사람 한 차례 만나보시렵니까?"

"그래! 자네가 한번 데려와보게. 만나서 우리와 같이 국권회복에 통일보조를 취하는 일에 협의하여보도록 하세."

내가 하숙하고 있는 집의 주인이 연희대학 교수인 윤병희尹炳喜 씨인지라 저녁에 윤 교수를 만나서 낮에 민통에서 이 박사와 오고간 이야기를 하고, 내가

"조씨를 만나볼 도리가 없을까요?"하고 물었더니 윤 교수 말씀이

"내가 아는 친구 중에 신백우申伯雨라는 분이 있는데 그 분이 조씨 말을 합디다. 그러니 내가 금명간 이 신씨를 만나서 의논해보지요."

"신백우 씨 하면 임시정부에 잘 통하는 분 아니십니까? 그가 반탁국민총동원위원회의 선전부장 노릇도 한 일이 있어서 저도 몇 차례 만났지요."

2, 3일이 지난 어느 날 석양에 하숙집에 돌아와보니 신백우 씨가 와있고, 그 신씨의 소개로 김찬金燦 씨를 만났다. 신씨가

"이 김 선생은 일제시대에 조선공산당 창설 당시부터 조봉암과 같이 일한 가장 가까운 사이입니다. 그래서 조씨는 이새 인천에 내려가서 없고 해서 우선 이 김 선생을 모시고 왔지요."

내가 김씨와 초면 인사를 나누면서 보니 김씨는 키가 작달막하고 납작한 얼굴에 하관이 빨은 분으로 유난히도 노란 윗수염을 가진 강강强强해 보이는 소박한 옷차림의 50대의 인사이다. 신씨가 이 김씨를 가리키

며 계속 나에게 소개하기를

"이 김 선생은 함경도 명천 출신으로 일찍이 일본에 건너가서 동경 명치대학을 나와서 한평생 사회주의(공산주의)를 통해서 항일투쟁한 분으로, 해방 5년 전에 도보로 수천 리를 중국 연안까지 가서 모택동과 그들 그룹과 같이 일해오다가, 작년에 해방되니까 곧 귀국하려다가 한겨울 지나서 금년 봄에야 연안 국경을 거쳐서 평양까지 와가지고 월여 간 묵다가 다시 38 이남으로 넘어왔소이다. 공산주의자들 중에서 누구보다도 박헌영이보다도 훨씬 선배요, 투쟁경력을 가진 원로급이지요."

이 60이 가까운 백발이 성성한 노 혁명선배로부터 소개를 받자 나는 한층 호기심을 가지고 물었다.

"평양에 달포 동안 머무르시는 동안 북한의 공산주의자나 중국공산당에 있던 사람들을 많이 만나보셨겠습니다. 그 사람들과 같이 일하시지 않고 왜 남하하였습니까?"

부드러운 얼굴에 연신 미소를 띠면서 김찬 씨는 나의 묻는 말에

"해방 전에 나와 같이 일하던 동무들은 어디 갔는지 거의 하나도 평양에서 볼 수 없고, 연안에 있을 때 안면 있는 동무들은 더러 눈에 띄입데다."

"누구인데요, 그 사람들 이름이?"

"한빈이라고, 지난번에 여기 왔다 갔지요, 독립동맹 간판 가지고. 그리고 최용건崔鏞健, 김책金策, 무정武丁 등등 있지요."

"김일성金日成이는 만나보시지 않았습니까?"

"김일성이를 만나볼 마음이 없어서 안 찾았지요. 북한에서 해방 후 반년 이상 되도록 한다는 정치가 하나에서 열까지 나의 소신과는 달라서 그들의 하는 꼴을 보고서 시비를 가리려 들면 시끄럽고, 나의 신변도 괴로울 것이고 해서 아무 말도 안 하고서 여러 달 여행한 노독을 풀어가지

고 지난 6월에야 남하했습니다."

그의 하는 말이 솔직하고 평범한 말투에 더 호감을 느끼면서 말머리를 펴갔다. 조금 있다가 주인댁에서 저녁상이 나와서 네 사람이 저녁을 같이 나눈 뒤에도 이야기는 계속되었다. 나는 김씨의 의중을 떠보려고

"이북에서 김일성 일파가 지금 하고 있는 정치는 공산주의이념대로 하는 정치입니까?"

"내가 월여 동안 평양에서 보니까 공산주의이론이라는 것은 하나도 들을 수도 없고 볼 수도 없고, 거저 소련군정하에서 그들의 명령에 복종하는 집단이더군요. 공장시설을 뜯어가든 수풍수력발전소를 뜯어가든 밤을 타서 식량과 소 돼지를 차에 싣고 북쪽으로 달아나든 무엇을 하든지 김일성이는 그들 앞잡이로서 그들이 서라면 서고, 앉으라면 앉아 있는 하나의 허수아비, 꼭두각시에 지나지 않지요."

"모스크바 3상회의에서 결정했다는 신탁통치문제도 그네들은 자기네의 의사표시라는 것은 전연 없었겠군요."

"물론이지요. 모스코에서 결정했다니까 무조건 복종할 따름이지 무슨 놈의 이론이 있을 턱이 있나요? 해방 후의 공산주의자라는 것은 맑스의 학설이나 레닌의 이론은 온데 간데 없고, 소련을 종주국으로 섬겨서 그 지도하에 백성을 복종시키는 일이라는 것을 보고, 중국의 모택동이가 중국공산당을 조직해서 벌써 30년간 싸워온 그들의 이론과 딴판인 것을 보고서 더 볼 것도 없고 말할 필요도 없고 해서 벙어리노릇 하다가 왔지요."

이야기가 활발히 벌어지자 신백우 씨가

"거번에 나도 수암水岩[14]을 10여년 만에 만나서 그 동안에 중국과 북

---

14 김찬의 호.

쪽의 형편을 듣고서 과거 일정시절에 내가 품고 있던 사회주의와는 딴판인 것을 알게 되자 임정에 같이 들어온 김원봉金元鳳과 성주식成周湜이 보고서 과거에 우리가 가졌던 공산주의에 대한 집념은 청산하자고 말했더니 그들도 그리 반대는 안 하더만. 그래 수암은 이번에 남하해서 제일 먼저 죽산을 찾았다지요?"

"그래요. 내가 근 10년 만에 죽산을 만나서 중국공산당과 북한 김일성파들의 형편을 이야기하고 지금 걷고 있는 조선공산당노선을 죽산에게서 듣고, 여러 날을 두고 나와 죽산과 의논한 끝에 거번에 인천신문에다가 죽산이 발표했지. 박헌영 노선을 청산하라고 만천하에 소리쳐보았지. 그러나 그 동안 해방 1년 동안에 남한 공산주의자들은 내가 보기에는 냉철한 비판과 현실을 투시할 만한 침착성이 없이 거저 이북 김일성파나 소련의 종파적 독단만을 지상으로 올려놓고, 남한 우익정당들과 감정적 대립만 격화하여서 사사건건 싸움을 벌일 차비만 하는 것으로 보고서 내가 죽산 보고 말렸소. 해방 후의 공산주의자라는 것은 일제시절의 우리가 내세우던 이론적 근거는 하나도 볼 수 없고, 모두 욕설, 독설, 모략, 음모만 그리 늘었느냐 했더니, 죽산도 쌈질만 하다 보니 느는 것이란 그것밖에 더 있었느냐고 하면서, 우리는 앞으로 냉정한 관찰력을 가지고 현실을 철저히 관찰하고, 그 진상을 파악해서 무산대중의 원하는 바를 채워줄 수 있는 올바른 길을 열어주도록 하자고 합의하였소."

이때에 나는 조봉암 씨가 발표한 박헌영 노선 비판과 반탁 표명이란 조씨 단독으로 결정한 것이 아니라 이 김찬 씨의 중국 연안과 평양을 거쳐 오는 근 10년간의 귀중한 경험과 관찰을 토대로 해서 내려진 결론 밑에 나온 굳은 신념이라는 것을 비로소 깨닫게 되었다. 그래서 자주 만나서 좋은 경험담을 듣기로 하고 조씨와 2, 3일 후에 이 댁에서 다시 만날 것을 약속하고 헤어졌다.

8·15해방 1주년 기념식도 끝난 지 며칠 후에 나는 윤씨 댁에서 김찬 씨와 만날 때와 같은 시각에 김씨 소개로 조봉암 씨를 만났다. 흰 양복을 입고 흰 헬멧을 쓴 거무스레한 얼굴에 미간에 굵직한 주름살이 패어져서 누가 보든지 심각한 표정을 느끼게 하는 인상이다. 피차간 초면 인사를 나눈 뒤에 나는 대번에

"지난달에 인천신문에서 선생이 발표한 글을 보고 감동되어 이 박사에게 그 신문기사를 보여드렸더니 반가워하시면서 '그 분을 한번 만나게 해보라' 하시기에 이 댁 윤 선생님께 부탁했더니 이렇게 쉽게 만나뵈오니 반갑습니다"고 말했더니 조씨가 겸손한 태도로

"나도 평소에 이 박사를 한차례 찾아뵈옵고저 하던 판입니다. 어제 수암에게서 선생과 만났다는 말을 듣고 오늘 이렇게 같이 왔습니다."

2. 이승만 박사와 조봉암 씨의 만남

그래서 나는 다음날 오후 3시 정각에 두 분이 민통사무실로 와줄 것을 약속하였다. 그 다음날 오후 3시 정각에 김찬, 조봉암 두 분이 민통사무실(현 국립국악원)로 왔기에 즉시 총재실로 두 분을 안내하였다. 아침에 이 박사께 미리 말씀드려서 조씨의 내방을 알고 기다린지라 이 박사가 일어나서 반가이 맞아주었다. 나는 조씨와 김씨를 차례차례 소개한 다음에 김씨를 가리키면서 이 박사에게

"이 김찬 씨는 해방 전 20여년 전에 공산당을 우리나라에서 창설할 때부터 이 조봉암 씨와 같이 일해왔습니다. 그러다가 해방 5년 전에 일인들 눈을 피하기 위하여 도보로 3개월 걸려서 수천 리 머나먼 중국 연안까지 가서 모택동의 공산당들과 같이 지내다가 금년 봄에 귀국했습니다. 도중에 평양이나 북한 각 지방 형편을 두루 살피고, 인천에 와서 이 조봉암 씨와 만나서 피차간 충분히 의논 끝에 조씨가 신문에 발표한

것이랍니다. 선생님이 '공산주의자도 우리와 손잡고 신탁을 반대하고 나라부터 찾아놓고 보자'는 주장을 하심에 공명하고 이같이 찾아뵈려 왔답니다."

이 자세한 설명을 듣고 한층 더 김씨의 손을 흔들고 반가워하면서

"과거에 우리가 나라를 잃고 외지로 돌을 때에 어떠한 길을 걸었든 간에 오늘날은 다 합해서 국권부터 찾아놓고 보자고 내가 작년에 귀국 즉시부터 주장하여왔는데, 대개 이 주장에 찬성하되 유독 공산당계열에서 반대하므로 내가 늘 가슴 아프게 여겨오던 참이었소. 오늘 두 분이 이와 같이 와주시니 참 반갑소이다. 앞으로 종종 만납시다. 그래서 우리가 합해서 힘을 모아가지고 우선 나라부터 찾아놓은 다음에 무슨 주의든지 내걸고서 국민에게 물어보아서 국민이 많이 지지하는 길을 택해서 이 나라를 바로 다스리면 될 것 아니겠소! 이때는 한데 뭉치는 일이 제일 긴급한 일이거든. 공산주의든지 민주주의든지 각기 뿔을 내밀 때가 아니야. 그러니 두 분이 가끔 나와 만나서 앞으로 할 일을 의논도 합시다. 또한 두 분이 나서서 양심적인 공산주의자들을 규합함에 힘쓰신다는 말도 듣고서 대단히 감격했소이다."

이때에 조씨가 말을 받아서 "작년에 선생님이 환국 즉시로 각 정당과 사회단체 등 70여개를 가지고 협의체를 만드실 때에 공산당 측에서 박헌영 이하 몇 사람들이 가담했다가 며칠이 못가서 탈퇴한 것을 저희들은 큰 실수라고 봅니다. 왜 경솔히 들어갔다 나왔다 하느냐 이것입니다. 애당초 들어가려면 충분한 검토를 한 다음에 들어갈 일이지, 남들이 가니까 거저 따라가는 식으로 들어갔다가 며칠 만에 무슨 구구한 이유를 내걸고서 나온다는 것은 적어도 인민대중의 조직을 가지고 그 조직을 지도한다는 사람이면 하지 못할 노릇입니다. 그리고 신탁통치문제만 해도 그렇습니다. 우리의 현실을 무시하고 덮어놓고 이상주의에만 좇아갈

수 없지만 남의 장단에 허수아비춤만 출 수도 없는 노릇 아니겠어요? 그래서 저희들은 박헌영이가 지도하는 공산당들과는 손을 끊고 우리나라 실정에 맞는 무산대중을 지도할 이념을 세워서 동지들을 규합해가지고 밀고나아가볼까 합니다. 이번에 선생님이 다시 이 기관(민족통일본부)을 만드셔가지고 수고를 하신다는 말씀을 듣고서 경의나 표하려고 저희들 두 사람이 왔습니다. 진작 찾아뵈옵지 못하고 이제야 찾아뵈어서 죄송합니다."

두툼한 입술에 입은 무겁되 한번 입을 벌리면 도도히 내쏟는 듯 하는 언변에 이 박사는 귀를 기울이고 듣다가

"두 분이 중국공산당과 38 이북의 공산당들이 하는 정치도 보았다니까 남들이 하는 정치를 참고해서 우리나라의 실정에 맞는 정치제도를 잘 연구해보시오. 그리고 이 민통이란 어떤 정당이 아니고 다만 각 단체끼리 협의하자는 일종의 협의기관이니까, 무슨 문제가 생기면 서로들 모여서 협의하고 지혜를 모아서 우리 국민이 힘을 합쳐가지고 먼저 국권부터 찾아놓고 봅시다. 기회 있으면 종종 찾아주시오. 그리고 내가 수십 년 간 외국에만 있다가 귀국하고 보니 우리나라 사람들의 사정을 잘 모르는 처지이니 때로는 실수하는 일도 있지요. 그러니 두 분이 오셔서 국민의 실정을 일러도 주시오."

이 박사도 어디까지나 겸허한 태도로 말을 함에는 두 사람도 감격한 듯 몇 번이고 머리를 숙이면서 화기애애한 가운데 첫 번째의 회견은 끝났다. 나오다가 민통 선전부장으로 와있는 홍성하洪性夏 씨를 두 사람이 만났다. 특히 조씨와는 친밀한 듯이 서로들 "하게"를 하면서 홍씨가 반가워하는 말투로 "자네가 이곳에 오다니! 고맙네, 고마워. 우리가 몇 해 만인가, 참 반갑네!" 하면서 굳은 악수를 하므로 내가 김찬 씨를 소개한 다음에 오늘 이 박사와 회담하게 된 경로도 이야기했더니 홍씨도 자주

와달라는 부탁을 하면서 서로 헤어졌다.

그 뒤 한 열흘이 지난 9월 초순에 하숙집에서 다시 조봉암 씨와 김찬 씨를 만났더니 김씨의 말이 2, 3일 중 다시 이 박사를 만나게 해달라는 것이다. 그래서 다음날 오후에 민통사무처로 오라고 말했더니 그날은 조씨 혼자만 왔다. 총재실로 조씨를 안내하여 들어갔더니 이 박사가 전날과 같이 반가이 맞아주면서 "그래, 지금까지 같이 일하던 사람들과 갈라졌다면 침묵을 지키고 가만히 있겠소, 다시 일어나서 일을 해보겠소?" 하고 물었다.

이 물음에 조씨는 좀 어색한 듯이 "글쎄요. 당분간 가만히 있어가지고 정세를 정관하여볼까 해도 여러 동지들이 그러지 말고 소신대로 나가보라고 권합니다. 저희들 중에서도 소위 박헌영 일파의 하는 일에 대하여 반기를 들고 일을 바르게 해보자는 동지들이 많으니까요."

"암! 그거야 일단 정계에 나섰으니 또 그 자들과 주의주장을 달리하고 나섰을 바에는 뜻을 같이하는 동지들과 힘을 모아서 밀고나아가야지! 과거에 공산주의 하던 인사들 중에도 신탁은 받지 않고 완전한 자주독립을 찾아야겠다는 사람들이 많이 있을 것이니 그 사람들을 한번 모아보시오."

"그런데 오늘 선생님을 찾아뵈옵고 여쭈어보려는 것은 요새 미군정에서 어느 정도 좌우합작을 추진하는지 알고자합니다. 선생님은 이 합작이 안 되리라고 말씀하셨다 하지만, 미군정이나 국내정계에서는 큰 기대를 가지고 꼭 성공되기를 바라는 것 같은데요."

이 묻는 말에 이 박사는 진지한 태도로 "세상 일이란 이론과 실지가 꼭 맞아들어가는 일이 드물고, 또 어려운 게 아니겠소. 말이야 좋지. 좌익과 우익이 합해서 통일된 보조를 취하여가지고 앞으로 남북의 국권회복을 도모하자. 그런데 우익이란 민주주의사상에 근거를 두었기 때문에 정말 자유의사표시를 해서 여러 사람의 의견을 들어서 그 다수의견대로 작정하여 나갈 수 있지만, 좌익 즉 공산당들은 자기의 자유의사가 발휘되어야지? 꼭대기 한 지도자의 의사에 따라서 전체가 움직이는 하나의 통제된 기계에 불과한데, 오늘 이리이리하자고 서로 합의했다 해도 꼭대기에 앉은 사람이 안 된다 하면 그 다음날은 그 윗사람 말대로 안 된다 하는 것이 공산당들의 일하는 방식이거든. 그리고 내가 짐작하기에는 제2차 세계대전이 끝난 뒤로 벌써 소련의 침략정책이나 침략행동이 각 지역 각국에서 벌어져가고 있어서 서구 미영의 민주진영과 타협해보려는 기미는 보이지 않는 것을 보니까, 이 좌우합작은 우리네 형편보다도 소련의 정책의 결정대로 나가므로 도저히 합작이 되지 않으리라고 짐작되오만."

"그래도 미군정에서 기대를 가지고 합작이 되도록 힘써준다는 말을 듣습니다만."

"미군정의 당국자들이 하나의 군인들이지 정치가는 아니라 정치적 안목이 부족하고, 또 그들이 찬성하고 밀어준다고 좌익공산계열이 응하리라고 보이지 않으며, 설사 남한의 이 좌익이 응한다고 하더라도 이북에 있는 공산당이나 그 위에서 지휘하는 소련이 그리 쉽사리 응하리라고 보이지 않으니 성공되지 못할 것을 기대할 필요 없다고 나는 보는데요."

"선생님의 견해는 알겠습니다. 저도 이 합작원칙이야 찬성하지만 실지문제로 되지 않으리라고 믿습니다. 그런데 아까도 말씀드렸지만 제가 조선공산당을 탈퇴하고서 저와 뜻을 같이하는 동지들을 규합하여볼까 하는 중입니다. 앞으로 선생님의 주장하시는 우선 국권부터 회복해놓고서 정치상 주의주장은 독립된 후에 서로 조정해보자는 말씀에 공감이 갑니다. 앞으로 선생님의 주장을 지지하고 나가겠습니다. 기회 있는 대로 제가 오든지 이 서 동지를 통해서 말씀드리겠습니다."

이와 같은 회담으로 약 반시간을 보낸 뒤에 조씨는 작별인사를 고하고 나왔다. 뒤따라서 나오는 나를 이 박사가 부르더니 내 귀에다 작은 소리로 “두 차례나 찾아온 손님을 거저 보내기가 미안하니 자네가 재정부장에게 말해서 비용을 마련하여가지고 어디 가서 무엇을 좀 대접하여 보내게.”

이 특별한 분부를 듣고 김양수金良洙 재정부장에게 말해서 약간의 비용을 가지고 문앞에서 기다리게 한 조씨와 같이 낙원동의 어떤 음식점에 갔다. 물론 조씨는 처음부터 사양했으나, 내가 과거 몇 달 동안에 이 박사를 모시고 지냈지만 이런 예가 없을 만큼 이 박사께서 특별한 호의이니 사양하지 말라고 강권해서 석양도 가깝기에 저녁식사 겸 주안을 마련해서 대접하였다. 그 자리에서 조씨는

“세상에서는 미군정이 밀어주니까 좌우합작이 되리라 하기에 내가 이 박사에게 물어본 것인데, 역시 이 박사의 견해가 정확할까요?”라고 물었는데, 자기의 의혹이 대소 풀린 듯한 눈치이다.

그래서 나는 “1931년 9월에 일본군이 만주침략을 시작할 때 미국국무성 당국에 미구에 일본이 진주만 공격을 감행할 것이니 지금 일본세력을 꺾지 않으면 후환을 면치 못하리라고 예언했을 때 미국 조야가 다 냉소했지만, 그 예언이 꼭 10년 만에 들어맞은 뒤에야 미국 조야가 이 박사의 선견지명을 감탄하였다고 하는데, 1, 2년 앞을 내다보는 좌우합작의 성공 여부쯤이야 손바닥을 들여다보듯 하지요. 이 박사 견해가 틀림없을 것입니다.”

“그런데 내가 박헌영 노선에 반기를 드는 좌익들을 규합하여보려는데, 서 선생의 의견은 어떠시오?”

“아까도 이 박사께서 ‘용기 있게 밀고나아가보라’고 하지 않아요? 한번 동지규합을 해보십시오. 상당수의 양심 있는 좌익들이 호응할 것입니

다. 그리고 표면상으로는 곤란하지만 이면에서는 이 박사께서도 성원해 주실 것입니다."

3. 조봉암의 정치활동

그 뒤에 한 10여일이 지난 어느 날 김찬 씨가 나의 하숙집으로 찾아와서 조씨와 같이 정당을 하나 만들어보려는데, 사무소 하나를 구해보려고 백방으로 노력해도 신통치 않으니 무슨 도리가 없겠느냐고 하기에 내가 2, 3일 동안 기다려달라고 하였다. 다음날 민통에 출근하여 이 박사에게

"선생님, 거번에 왔던 조봉암과 김찬이 반탁하는 공산당을 하나 만들어보려고 한답니다. 사무소 하나 마련하여줄 수 없을까요?"

"그것 참 좋은 일이다. 내가 연구하여볼 터이니 오늘 오후 2시경에 돈암장으로 오소. 이곳에서는 좀 번거로워서."

이리하여 그날 오후 2시에 돈암장에 갔더니 이 박사가 친필로 쓰신 편지 하나를 주시면서 "이것을 가지고 ***러취*** 군정장관 고문관실에 있는 ***윔스*** 고문에게 갖다 주소. 그러면 그가 무슨 말이 있을 것이네. 그리고 내가 이러한 편지를 보내서 조봉암이를 도와주었다는 말은 민통에 있는 사람들에게도 말하지 말고 비밀로 하소. 비밀로 하여!"

두 번이나 당부하시는 뜻을 알아차리고 나왔다. 돈암장 안에서 일보는 이기붕 씨 이하 비서진도 모르게 나에게만 전해주는 그 호의에 감사하면서 잘 간직해서 군정청에 가서 ***윔스*** 고문관에게 전했다. 이 ***윔스*** 고문관은 전에도 한두 차례 만나본 일이 있는지라 나를 보더니 반가워하면서 "이 편지가 틀림없이 이 박사님의 친필이요?" 하고 묻기에 내가

"친필이고 아닌 것은 지금 당장 전화로 물어보십시오. 그리고 극히 비밀을 지키기 위해서 나에게 친히 써주신 것이요."

보통서한은 타이프로 찍어서 싸인만 이 박사 자신이 하는데, 편지 전

체를 펜으로 쓴 것이기에 *윔스* 고문관도 한층 중대시한 듯 한 10분 후에 그는 나를 데리고 시내 소공동에 있는 서울시 관재국으로 가서 미국인 관재국장에게 소개해준 다음에 돌아갔다. 미국인 관재국장이 다시 나를 보고서 건물 사용의 목적과 사용자명과 사용인원, 건물을 얻고자 하는 지대 등을 묻기에 나는 서슴지 않고 내가 정당을 하나 만들 터인데, 매일 200명 이상 사람이 모여서 사무를 볼 만한 사무실과 500명 이상 모여서 회의할 수 있는 회의실이 있는 큰 건물로서, 전차나 자동차편을 곧 이용할 만한 도심지에서 골라주기를 요망하였다. 그날부터 3일간 미국인 국장과 같이 시내를 두루 돌아다닌 끝에 안국동 네거리에서 100미터 남쪽에 있는 당시 중천광업회사中川鑛業會社(현 덕수병원) 건물을 발견하여 임차하기로 하여 내 명의로 계약하였다. 그래서 즉시 조씨에게 넘겨주었다. 이 모든 경과를 곧 이 박사에게 보고하였더니 이 박사는 나에게 말씀하기를

"그 사람들이 정당을 만든다 하니 어떠한 사람들을 모으나, 그들은 어떠한 이념으로 정책을 세우나 가끔 알아보아서 내게 보고하게."

며칠 동안 조봉암, 김찬 양씨와 그 클럽들을 그곳에서 만나 몇 차례 정당창립의 취지와 이념의 구체화된 정강정책 등을 듣고서 하루는 이 박사에게 "선생님, 조씨 클럽에 모이는 사람들은 거개가 일정시절부터 사회주의운동을 하던 사람들입니다."

"사회주의 하던 사람이란 무엇 하던 사람이여?"

"요새말로 공산주의입니다. 그런데 이들은 조선공산당 같이 소련의 지령에 움직이지 않고 한국민족이란 주체의식을 가지고 한국식 사회주의정책을 채택하지 소련이나 중공식 정책을 배격한다 합니다."

"그런 정책을 내세운다면 국민이 따라올까?"

"제 생각으로는 공명하는 사람이 상당히 있으리라고 봅니다. 선생님

은 외국에 계시다가 작년에 환국하셨고, 또 환국하시자 한민당 인사들과 접촉을 많이 하시고, 또한 미국 계실 때 사귀신 분이 대개 한민당원이라 한민당에 대한 국내여론이나 비평을 모르실 것이요, 들어보신 일도 없을 것입니다만, 시골에서는 한민당을 지주당이라고 부릅니다. 과거 지주노릇해서 소작인에게서 비싼 도지 받아먹고 산 사람들과 고리대금으로 가난한 사람을 착취해먹던 사람, 즉 금권으로 누르고 지내던 유산계급, 사회주의자들 말대로 부르조아계급이 모여서 만든 정당입니다. 그래서 노동자, 농민, 무산계급과는 자연히 거리가 멀고 잘 통하지 못하는 계급들로 인정되고 있습니다. 그러기에 한민당의 정강정책이야 책잡히지 않을 만큼 만들었겠지만 당 외 인사들은 말하기를 과거의 자본주의 부르조아적 지위를 유지하기 위한 정당이라고 인식합니다. 그러나 이 조봉암과 김찬 등은 그 모인 인사들이 한민당과 같은 지주계급, 고리대금업자가 아닌 만큼 앞으로 내세울 정책도 형식적이 아니라 실지로 무산대중을 토대로 해서 세워본다고 말합니다."

"정당 이름은 무엇이라고 한다든가?"

"공산당계열의 협의기구가 「민주주의민족전선」이니까 그들과 비슷한 이름으로 해서 「민주주의독립전선」이라고 한다 합니다. 그들이 당을 결성한 후에는 한 차례 인사드리러 온다 합니다."

"내게 인사 올 것이 아니라 일들이나 잘 해서 공산분자들에서도 독립을 원하는 자들을 모두 포섭하라고 하게."

그런데 그들은 그해 연말경에 예정대로 민주주의독립전선을 결당하고 중앙에서만 상당수의 발기인을 규합함에 성공하였다. 그들이 정당을 창당하기 전에 이 박사는 미국으로 민족대표외교사절이란 중임을 띠고 떠났다. 이때 우익 전 애국단체가 총망라하여가지고 민족대표외교사절 후원회를 구성하여 김구 선생이 진두에 나섰고, 그 외에 여러 지도자들이 김 주석의 뒤를 따라서 이 외교사절후원, 즉 외교성금 모으기에 힘을 기울이게 되었다. 그리고 이 박사가 전 애국단체 환송리에 외교사절로 미국으로 떠나는 장도에 오르게 되었다. 그래서 나는 그 2, 3일 전에 민독(민주주의독립전선의 약칭)에 가서 조, 김 양씨를 보고 "이새 신문지상을 통해서 잘 아시겠지만 이 박사가 민족대표자격으로 대미외교의 장도에 오르는데 축하인사라도 하러 가지 않겠소?"라고 말하니까 양인이 한결같이

"우리야 우익단체들과 같이 표면에 나서서 후원한다거나 환송한다거나 하지 않고 뒤에서 암암리에 협조하지요."

"그렇게까지 소심할 것 있나요? 노인이 수만리 타국에 떠나시니까 잘 다녀오시오 하고 인사나 하면 되지 않소?"

"지금 우리 양인의 일동일정一動一靜을 신경을 날카롭게 써가면서 주시하고 있는 것이 누구인 줄 아시오?"

"모릅니다. 그렇게 신경을 날카롭게 쓰는 자들이 누구요?"

"민전(민주주의민족전선의 약칭) 산하 각 좌익진영이지요. 우리가 만일 이 박사에게 인사 갔다고만 하면 그네들은 우리를 모략하기를 '이 박사와 통한다. 이 박사의 후원 하에 그 앞잡이노릇 하느라고 좌익분쇄공작을 하는 것이다'라고 떠들어댈 것이요. 그러므로 그네들의 의심을 사지 않기 위해서 우리도 신경을 쓰는 것이요. 지금 우리가 이 정당을 발기하는데도 민전에서 염탐꾼이 들어와서 매일같이 우리의 되어가는 일을 그 쪽에 보고하고 있는 현상입니다."

그래서 나는 그들에게 "그런데 지금 이 박사가 미국 가시는 일을 좌익계열에서는 어떻게 보나요?"

"아, 그네들이 모르겠소. 좌우합작을 제일 반대하는 분이 이 박사인데 아무리 그가 반대해도 *하지*가 들어먹지 않고서 좌우합작원칙 아래 입법

의원까지 만드니까 이 박사는 화가 머리끝까지 올라가서 미국 조야에 나아가서 호소하여보려는 것이지요. 즉 *하지*와의 국내에서의 싸움을 미국까지 연장해서 하여보려는 셈이지요."

"우리도 이 박사의 투지만만한 점을 높이 평가합니다. 그렇다고 우익 단체들과 같이 외교성공을 축하하러 가기만 하면 이들 발기인 중에서도 이론異論분자가 생겨서 지금 순조롭게 진행되는 주비籌備사무에 지장을 가져올 염려가 있습니다."

"두 분의 말씀을 들으니 내가 이해할 수 있습니다. 두 분의 인사하러 오지 못하는 고충을 이 박사에게 말씀드리지요."

상말에 이심전심이라는 말이 있는데 이 박사가 극비리에 그들을 후원하였고, 이들도 이 박사의 후의를 이해하고서 이 박사와는 전연 관계없는 양으로 이 좌익계열 규합을 도모하는 심정을 내가 모르겠는가? 그래서 돈암장에 가서 "선생님, 조봉암이가 한 차례 축하인사라도 오고자 하되 세상이목을 꺼려서 오지 못한다 합니다. 그러니 이 점 잘 이해해줍시사 하는 말을 전해드립니다."

"그래, 내게 인사 안 와도 그 일만 잘 하면 되는 것이야."

4. 초대 대통령 선거에서의 역할

그 뒤에 1년 반이란 세월이 흘러서 1950년에 5·10총선거가 우리나라 역사상 처음으로 실시되었는데, 조봉암 씨는 인천에서 국회의원으로 당선되었고, 국회가 열린 뒤에 무소속구락부의 중진으로 한민당 출신 국회의원들과 은연 중 대결하는 형편이었다. 7월 중순 국회에서 헌법이 통과되면 2, 3일 내로 정부조직법이 제정되어 즉시 대통령 선거가 국회에서 실시될 단계에 있었는데, 국민회 본부 내의 몇몇 동지들은 이번 대통령 선거에는 국민의 절대적 여망인 이 박사가 당선되도록 밀어드릴 것을 논의하였다. 그 당시 국회 내의 공기를 타진한 결과 한민당 출신은 이 박사를 대통령으로 투표함에 결속되었고, 국민회 출신의원도 결속되었으나, 무소속구락부 의원들 중에는 한국독립당 출신과 순 무소속의원이 있는바 이들은 김구 씨를 투표하리라 하는 정보를 들었다. 그리하여 이들을 상대해서 공작할 필요성을 느낀 나는 국민회 간부 몇몇과 의논 끝에 국회 내의 무소속구락부 간부급을 초청하기로 하여 7월 17일 석양에 합석하기로 하였다. 그날은 오전 중에 국회에서 헌법을 통과시키고 오후는 정부조직법을 심의하다가 오후 5시가 지나서 휴회한 뒤에 우리와 만나도록 연락이 되어서 오후 6시경에야 종로2가 뒷골목의 조용한 중국집 2층에서 국민회 측에서 최태용, 전호엽, 유화청과 나, 국회 측에서 윤석구(무소속구락부 간사장), 조봉암, 이문원, 신성균, 김장열, 유성갑 등 6명이 나와서 모두 10명이 자리를 같이하였다. 국민회 측에서 최태용(총무부장) 씨가 간단한 인사 끝에 본론으로 들어가서 "국회에서 대통령 선거가 어느 때 실시되겠습니까?"라고 물었다.

윤 간사장이 대답하기를 "정부조직법이 2, 3일 걸릴 예정이니까 이 법안이 통과되면 즉시 대통령 선거가 실시되겠지요. 그러니까 늦어도 7월 20일 전후에 대통령 선거가 있겠지요."

이에 최 부장은 "국회 내의 공기는 어떠합니까? 듣는 말로는 한민당 출신은 대개 이 박사를 투표하리라 하지만 무소속 측은 그렇지도 않다는데."

이때에 이문원 의원이 시치미를 떼면서 무소속의원들은 국회공기를 보아서 당선 확실성 있는 분을 밀기로 하니까 이 박사가 당선 확실성이 가장 많으니까 이 박사에게 투표하겠지요."

나와 이 의원과는 수십년 이래의 무간한 친구인지라 내가 노골적으로 "자네 왜 궁따는 소리하나? 자네는 한독당이니까 김 주석을 투표하리라는 추측인데 어때 바로 말해보소."

이 반박에 이 의원은 "내가 한독당원이라고 5·10선거를 반대한 김 주석을 투표하겠나?"

"그래도 김 주석에 대한 자네들 의리로써 투표하지 않을까 추측하네."

이러한 대화가 한 30분 동안 계속되는 중 다른 의원들은 제각기 한마디씩 말하되, 잠자코 침묵을 지키던 조 의원은

"우리가 말로만 누구를 투표하라, 해야 하지 않느냐 해보았자 아무 효과 없는 공담에 불과하오. 이 박사가 국회 내에서 다수투표를 얻으려면 그가 대통령 된 뒤에 내각을 조직하고 장관 이하 감투 배정할 때 어떠한 태도로 누구와 의논하여 행정부를 조직하느냐에 따라서 표가 왔다갔다 할 것이요. 노골적으로 말해서 이 박사가 대통령이 된 뒤에 한민당 출신을 중심으로 정부를 조직한다면 70표정도 표를 얻을 것이요, 국민회 출신도 등용한다면 한 50표 더 얻을 것이로되 무소속 측에서는 냉담할 것이요."

이 실리론으로 들어가서 말함에 일동은 한층 긴장해졌다. 그래서 전호엽 씨가 "그러면 무소속 측 표를 얻으려면 어떻게 해야 할까요? 구체적으로 말씀하시오"라고 말하였다.

이 말에 조씨는 손가락을 가지고 나누는 표정을 지으면서 "이렇게 3분파하면 되지요. 즉 3분의 1은 한민당, 또 3분의 1은 국민회, 남은 3분의 1은 무소속 측으로 똑같이 안분해서 내각을 조직하기로 3파 간의 합의만 된다면 무소속 측도 별다른 공작을 하지 않아도 이 박사를 투표할 것이요."

이때에 최 부장은 용기를 내어서 "우리 국민회 본부에서 책임지고 이 박사에게 3분의 1 비율로 조각하도록 건의하여 꼭 실현할 것이니 무소속 측에서는 이 박사에게 투표하여주시겠습니까?"

이 다짐에 간사장 윤 의원과 발언자 조 의원은 물론 기타 의원도 동감이라는 듯이 찬성하였다. 이리하여 회담은 원만한 합의를 본 뒤 함께 식사를 하고 헤어졌다. 나는 조씨와 단둘이 다방에 가서 내가

"죽산, 오늘 저녁은 유쾌했습니다. 우리도 이 박사에게 진언해서 3분 비율을 실현토록 노력할 것이니 죽산께서는 무소속의원들을 잘 설득하시오. 그리고 윤 간사장은 비록 한독당이지만 지금도 국민회 군산지부장입니다. 그러니 윤 의원을 믿고 같이 협의하여 잘 진행하시면 될듯합니다."

"염려 마십시오. 내가 연전부터 이 박사께 신세진 사람인데 이러한 때에 이 박사에게 누구보다도 국민회 출신보다도 더 힘쓸 것이니 그리 아시고, 이 박사가 무소속 측도 조각에 참예하도록만 건의해주시오."

다음날 아침에 나는 중앙청 동쪽 2층에 있는 국회의장실에 갔다. 당시 의장이신 이 박사는 아직 나오시지 않아서 비서실장격인 이기붕 씨에게 전날의 회담내용을 낱낱이 보고드리도록 부탁하고 나왔다.

7월 20일에 역사적인 대통령 선거에서 이 박사 표는 예상 외로 많은 표(180표)를 국회 내에서 얻어 당선되었다. 24일에 대통령 취임식도 끝나고, 며칠 후에 국무총리도 이범석 장군이 국회에서 인준된 다음날 최태용 씨와 나는 이화장에 갔다. 전날 국회 무소속 측과의 약속을 이행해서 조각에 꼭 무소속 측도 기용해주기를 건의해보자는 것이다. 이 박사를 뵙자 최씨는 "저희들이 거번에 무소속 대표들과 정부구성문제에 관해서 논의할 때 그들의 의견을 들었기에 말씀드리러 왔습니다."

"내가 일전에 기붕이한테 들었어. 그들 의견도 내가 생각하고 있는 중이여."

나는 평소의 소회를 말할 기회가 오직 이때라고 느끼었기에 "선생님, 그전에도 종종 말씀드린 일이 있지만 우리나라는 농본국이 아닙니까?

농민이 전 인구의 70퍼센트 이상입니다. 이 다수의 농민에게 가장 중대한 정책은 그들이 살아갈 수 있는 농토 분배입니다. 그런데 작년에도 입법의원에서 논의되다가 정부수립 후로 미루기로 하고 말았지만 토지 분배에 관한 법안을 제정하는 문제입니다. 그때에도 지주가 많이 모인 한민당 측과 다른 정당 측과는 토지분배정책에 대소 의견차이가 있었습니다만, 신생 대한민국이 다수 국민의 지지를 얻기 위해서는 다수 농민의 원하는 토지정책을 시행하여야 할 것입니다. 이 점을 고려하셔서 농림행정에는 지주계급보다도 다수 소작인, 즉 다수 농민을 본위로 하는 정책을 단행할 만한 인사를 기용하시기를 기대함이 제 개인소견이라기보다도 다수 국민의 소리입니다. 참작하시기 바랍니다."

"자네가 하는 말 내가 알아듣겠네. 정부가 수립되면 즉시 농토에 대한 근본방침을 세워서 곧 실행하도록 하려 하네."

그런 뒤 2, 3일 후에 조씨가 농림장관으로 발표되니까 국회뿐 아니라 온 세상이 놀랬다. 이 박사의 친근자가 많이 모인 한민당에서는 조씨의 입각, 특히 토지정책 실행자인 농림장관에 자기네 당 외에서 나온 것을 보고 최초로 이 박사에게 실망을 표하기 시작하였다.

5. 농지개혁

8월 하순 어느 날 나는 삼각동 어느 음식점에서 조봉암 장관과 같이 점심을 하게 되어

"조 장관, 평소에 가졌던 포부를 한번 발휘해보실 기회가 왔소이다. 먼저 착수하실 것이 무엇이요?" 하고 물었다.

"그 동안 서 선생의 뒷받침을 내가 많이 받은바 그 후의를 생각해서라도 나의 있는 성의를 다해서 대통령의 은고에 보답하고, 나의 직책도 완수하려 하는데 제일 먼저 토지(농지)정책을 건국 초의 일대정책으로서 곧

단행하려 하오. 그래서 그 방면에 우리나라에서 권위자인 강진국姜辰國 씨를 담당국장으로 기용했지요.”

“농토 분배원칙은 어디에 둡니까?”

“공산당이나 이북에서는 ‘토지는 농민에게로!’라는 슬로건 밑에 무상몰수 무상분배하지만, 그러한 무자비한 짓을 할 수 있나요? 우리나라는 자유민주주의국가이념이 건국이념이니까 유상으로 국가에서 매상하는 형식을 써서 유상으로 농민에게 분배하여주도록 하여야지요.”

“그러면 토지 값을 어느 정도로 매길 계획인가요?”

“한민당 측 사람들 말을 들어보면 1년 수확의 10배는 매겨야 한다고 하지만, 지주들이 오래 동안 소작료를 받아먹었으니 좀 덜 매겨도 되지 않을까 합니다.”

그 뒤 몇 달 동안 농림부는 각계각층의 여론을 참작하여 농민본위로, 즉 소작농민본위로 1년 수확의 2배만을 토지 값으로 매겨서 이것을 5년 동안 연부상환으로 물도록 하였다. 이 토지개혁법을 지주본위로 주장하던 한민당 간부들은 민족자본을 파괴한 공산당식 수법이라고 비난을 퍼부었다. 그러나 다수의 농민－소작농들은 함성을 울려서 이 토지개혁법안을 환영하였다.

6. 죽산의 대통령 출마의사

그 뒤 몇 해가 또 흘렀다. 1952년 7월 4일 밤에 발췌개헌안이 국회에서 통과되어 몇 달 동안 소란하던 정치파동도 잠잠해진지 4, 5일이 지난 어느 날 부산 남포동에 있는 청원다방으로 나를 찾아온 두 분이 있었다. 김찬 씨와 원우관元宇觀 씨이다. 점심을 먹으러 가자고 하기에 나는 무심코 따라나섰다. 남포동 입구에 있는 황혼다방 아래층의 식당이다. 세 사람이 간단한 점심을 먹은 뒤 2층 다방에 올라가서 차 한 잔씩을 마시고

난 뒤에 김찬 씨가 나에게

"이번에 죽산이 대통령 입후보를 하였는데 서형이 밀어주시오" 하고 부탁한다.

"그래요? 죽산이 국회 부의장까지 된 오늘에 대통령 출마 못할 것이야 없지 않소. 한번 이 박사와 겨루어보는 것도 해봄직한 노릇이지요."

"그런데 입후보는 하였지만 선거비용도 없고 사무진용도 마련 못하고 있는 중인데, 죽산과 나와 이 우관과 그 외 몇몇 동지들이 의논 끝에 서형을 선거사무장으로 앉혀놓고 서형 계획대로 선거사무진용을 마련해서 일을 추진하기로 합의를 보고 지금 서형을 죽산이 기다리는 중이요."

그러자 원우관 씨가 곁따라서 "목당(나의 호)이 자유당에도 가지 않고, 그렇다고 민국당에도 가지 않는 것을 죽산은 여간 높이 평가하는 것이 아니요. 그러니 과거에 목당이 죽산을 도와준 것과 같이 앞으로도 같이 일을 하여봅시다."

"죽산이나 두 분의 호의는 고맙습니다. 어느 정당에도 끼지 못하는 무능한 졸도卒徒를 대통령 선거사무장으로 중용한다니. 그러나 세 분이 다 같이 나를 모르시는 결과로 이런 일이 의논되었다고 봅니다. 나는 당분간 정계에는 발을 들이지 않을 방침입니다. 그런데 내가 두 분께 하나 묻고자 하는 것은 지금 이 판국에 죽산이 대통령으로 출마한다면 당선될 승산이 있나요?"

이 질문에 잠깐 침묵이 흐르다가 김씨가 "승산이야 없지. 그러나 몇 달 동안의 이 정치파동과 과거 4년 동안의 실정을 돌이켜보건대 죽산으로서도 더 참고 있을 수 없으니까 한번 소리쳐보자는 것이지."

"그리고 또 내가 두 분께는 흉허물 없는 사이이고, 내가 지금 자유당도 하지 않으니까 공정한 심정에서 말하는 것도 이해하시리라 믿습니다만, 죽산이 대통령으로 당선된다고 가정합시다. 대통령이 된 죽산이 이 박사만큼 미국을 비롯한 우방 국가들의 협조를 얻을 만큼 외교적 역량을 발휘할 수 있을까요? 그리고 국내에서도 우리 국군장병이 지금 30만 이상인데 이 30만 명 이상의 군인들을 이 박사와 같이 통솔할 만한 성망聲望이 있을까요?"

"그것이야 처음에는 이 박사를 따를 수야 없지만 차차 시간이 경과되는 동안에 감당할 수 있겠지요."

"내가 보기에는 죽산은 한때의 북받치는 울분－정치적인 흥분을 폭발시키기 위해서 출마하는 것으로 보는데, 오늘날 우리의 절박한 사정이 일시적 흥분된 감정으로 처리하기에는 너무나 심각하지 않나 생각됩니다. 그래서 나는 쓰나 다나 잘하나 못하나 그래도 이 난국을 돌파함에는 이 박사 이상으로 감당할 분이 없다고 봅니다. 정치적 역량이 부족한 장면이가 몇몇 국회의원들을 매수해서 대통령 꿈을 꾸었기에 이와 같은 몇 달 동안의 시련을 겪은 것이라고 봅니다."

나의 소회를 들은 두 분은 아무 반대의사나 불만도 없이 아무 일 없었다는 듯이 웃음을 웃으면서 악수로써 작별인사를 하였다. 다음날 나는 국회부의장실에 가서 죽산에게 대통령 입후보에 대한 정중한 인사를 했더니 그도 아무 일 없었다는 듯이 다정한 표정으로 나와 인사를 나누고 헤어졌다.

Ⅸ. 초대 조각組閣의 언저리

1. 초대 대통령 선거과정

1948년 5월 30일에 우리나라 역사상 처음으로 국회가 열리게 되자 지금까지 각 애국단체의 협조를 얻어서 국민회가 중심이 되어 전개해오던 총선거추진운동은 그 과업을 완수하였다. 그리하여 이 운동을 근 1년간

추진해오던 각 애국단체의 간부들과 협의하여 이 총선거추진위원회를 발전적으로 해산하고, 다시 그 사람들이 발기하여 중앙정부수립운동을 전개하기로 하여 이 운동본부를 국민회 안에 두었다. 이 운동을 전개한 목적은 다음과 같다.

첫째, 국내의 반동계열에서 남북정치협상으로 통일정부를 세우지 않고 남한 단독선거로 단독정부를 세웠으니, 우리는 이 정부를 지지하지 못하겠다 하는 선전과 모략을 막자는 것이다. 단독정부가 아니라 중앙정부라는 것을 국민에게 설득시켜서 국민의 절대지지와 그 협조를 받자는 것이요,

둘째, 38이북에 있는 김일성 허수아비집단에 대해서나 외국 사람들에게 대해서 북한의 1,000만 인구 중 거의 반수가 38이남으로 와서 남북한의 거의 전 국민이 이 총선거에 참가했으니 실상은 중앙정부를 세울 수 있는 성격의 총선거요, 그 선거에서 나온 국회의원이 세우는 정부는 중앙정부가 된다는 것을 강력히 내세워 주장하자는 것이다. 그리하여 국민회 총재인 이승만 박사가 대통령이 되기 전부터 국민회 간부들은 앞으로 세우는 정부는 어디까지나 통일성을 띤 중앙정부의 성격을 완비한 정부로 갖추어지기를 바랐고, 기회 있을 때마다 총재인 이 박사에게 이 취지의 의견을 말하였고, 이 박사도 이 방침만은 정부수립의 근본방침으로 하겠다고 약속하였다.

그런데 7월 20일에 대통령선거를 국회에서 하려 하여 유권자인 국회의원들을 상대해서 득표공작을 벌리려고 보니 국회 안의 분포된 세력을 무시할 수 없고, 그 각 세력들의 공통된 의사를 무시해서는 득표에 영향이 크게 되어서 최초의 정부각료는 초당적이고 거국적인 인물구성을 목표로 했던 것이 대소 달라지게 되었다. 그 중에도 국민회 간부 몇 사람, 즉 최태용, 전호엽, 이활, 서재권 등 넷이 7월 17일 저녁에 이 득표공작

을 위해서 국회 내의 절대다수를 차지하고 있는 무소속구락부 간사장 윤석구 의원과 그 간부 조봉암, 이문원, 신성균, 김장열, 유성갑 의원 등 6명을 초청하여 그들과 조용한 자리를 마련하여 의견교환을 할 때에 그들이 내놓은 조건, 즉 조봉암 의원이 제안한

「지금 국회 안에는 무소속구락부와 한민당과 국민회 출신의 세 세력 분포로 되어 있으니 앞으로 세우는 정부각료에 3분의 1 비율로 분배해서 내각을 구성하도록 하겠다는 이 박사의 확약만 얻는다면 우리 무소속구락부는 전 의원이 이 박사에게 투표하겠다」는 조건에 동석한 무소속의원이 다 이 의견에 동의할 뿐 아니라, 무소속구락부원의 투표는 책임지겠으니 이 조건을 이 박사로부터 확약을 얻어오라는 것이다. 그래서 우리 국민회 측은 이 3분의 1 분배안을 책임지고 실현하도록 노력하겠으니 염려 말고 득표공작을 해주기를 신신 당부하였다. 그 날 동석한 국민회 간부 네 사람은 그 다음날 국민회 간부회의에 전날 저녁에 합의된 사항에 대한 보고를 하였다. 그리고 이 약속을 이행하기 위해서 당시 국회의장인 이승만 박사가 매일 출석하시는 의장실에 가서 당시 실장인 이기붕 씨에게 말해서 곧 이 무소속구락부의 제안을 받아들이도록 건의하였다. 다음날 이기붕 씨를 만났더니 이 박사께서도 이 제안을 고려하시겠다 하니 득표공작이나 잘 하도록 무소속 대표들에게 말하라고 이씨가 말하기에 나와 최태용 씨 외 몇몇 동지들은 매일같이 무소속국회의원들을 상대하여 그 득표공작을 폈다.

그러는 일방으로 나는 한민당으로 가서 민통에서 수년 같이 일한바 있어 의사소통이 잘 되는 홍성하 씨를 만나 전날저녁의 무소속대표들의 제안한 조건을 말했더니 홍씨는 "헌법상으로 대통령중심제가 되어서 정부각료 인선의 권한이 오로지 대통령 단독의 재량에 달린 것이니 누구의 간섭이나 어떠한 협의에 응할 만한 구속이 없소. 즉 대통령의 대권에

대한 간섭이니 나는 개인으로나 당으로나 그런 것을 이 박사에게 건의할 성질의 것이 아니다"고 하였다.

같은 날(7월 18일) 오후에 한번 당사에서 김준연金俊淵 의원을 만나서 전날의 무소속 대표들의 제안내용을 말했더니 김 의원은 "국회 개원 이래로 무소속구락부가 의사진행에 있어서 사사건건 우리 한민당과 대립되고 있는 현상인데, 이번 대통령 선거에 있어서 3분의 1 분배조건을 내세워서 우리 한민당과 국민회파와 합작한다면 그 국내외에 미치는 영향도 크려니와 큰 성과를 내서 정말 거국내각이라고 자타가 인정할 것이니 우리 당에서도 고려해보도록 하지요. 그리고 대통령 투표에는 우리 당은 이 박사로 이미 결정되었으니 투표에는 염려 없으나, 앞으로 정부 수립에 있어 국회 내의 세력분포를 고려한다는 것은 중요한 일이요"라고 환영을 표명한다.

당시 홍씨는 전남 광산군에서 입후보했다가 낙선되었고, 김 의원은 고향인 전남 영암에서 무투표 당선된 만큼 한민당, 특히 원내에서의 발언권은 단연 김 의원이 세어서 이 김 의원의 말은 곧 국민회와 이 박사의 귀에까지 전달되었다.

김 의원이 무소속구락부 측과 국회 안에서 대립되므로 고배를 마신일이 더러 있던 중에도 그 당시 제일 큰 인상을 남긴 것은 정부조직법 심의 중에 원안은 내무부와 동등한 기구로서 치안부 혹은 경무부를 두어서, 그 장은 다른 장관과 같은 국무위원으로 하도록 독립부 초안으로 한민당이 이 안을 추진해왔다. 그런데 군정 3년 동안에 경무부가 독립된 부로서 그 장에 앉았던 분이 당세 확장에 이용했으며, 특히 5·10선거에 경찰이 한민당 앞잡이노릇을 하였다 해서 그 한민당 후보자와 대결하는 데에 또한 경찰 당국의 태도를 알게 되어, 낙선된 사람은 말할 것도 없거니와 당선된 인사들도 한민당에 대한 감정 이상으로 경찰에 대한 감정이 좋지 않았다. 그들은 경찰의 권한을 축소하는 방향으로 법을 정하려고 하는 반면에 한민당 측은 종전대로, 즉 군정시절같이 경찰을 독립된 부로 하려 하여 양파 사이에 격렬한 논쟁이 벌어졌다. 가부를 표결한 결과 무소속의원 측이 의석수가 많아서 내무부 안에 한 개 국으로, 즉 치안국으로 격하함에 낙착되었는데, 그때의 고배가 한민당 의원들의 머리에는 생생한 기억이었다. 그러나 일반 여론이나 다수의원은 경찰국가가 될 우려가 사라졌다고들 표결을 환영하였다.

2. 초대 내각의 조각

(가) 국무총리 임명

7월 24일은 중앙청 앞 광장에서 대통령 취임식이 있었고, 오후 5시부터는 창덕궁 비원에서 애국단체 주최로 대통령 취임축하연이 베풀어졌다. 국회를 대표한 신익희 부의장의 축사와 대통령의 답사가 있은 다음 일동이 음식을 먹고 마시면서 환담이 벌어졌다. 얼마 후에 나는 잠간 시간을 얻어서 이승만 박사에게

"지난 17일 저녁에 저희들이 국회 무소속 대표들과 만나서 이야기한 바가 있었고, 그들과 약속한 바를 다음날 아침에 이기붕 씨를 통해서 선생님께 말씀드리도록 했는데 아십니까?"

"무슨 약속인데?"

"정부각료 구성에 있어서 무소속도 한몫 끼워 달라는 조건입니다. 즉 국회 내의 세 갈래인 한민당, 무소속, 국민회 이 세 그룹 중에서 자기네 무소속구락부도 대통령선거에 협조해서 투표할 것이니 조각에 3분의 1 정도로 자리를 달라는 것입니다."

"일전에 내가 기붕이한테 들었네. 알았어."

여러 사람의 눈이 집중되고 해서 1분 이상 더 말씀드릴 수도 없어서 이만큼만 해서 무소속구락부 의원들에 대한 우리의 책임은 다했다고 안심하였다. 그 다음날에 나는 또 의장실에 가서 이기붕 씨를 만나서 항간의 여론을 전하였다. 그 여론이란 「이 박사가 한민당의 협조를 얻어서 총선거를 추진하였고, 이번 헌법제정에 있어서도 한민당의 협조로 하룻밤 사이에 내각책임제를 대통령책임제로 고쳐서 통과시켰으니, 이번의 초대 조각은 한민당과 협의해서 하리라. 즉 결론은 국무총리는 당연히 김성수 씨가 지명될 것인데, 이 김씨가 만일 지명된다면 무소속구락부 소속 의원은 전원이 결속해서 반대할 것이며, 이 반대에 국민회 출신 의원도 상당수 동조하게 되겠는데 그 결과는 꼭 부결되리라는 것이다. 그리고 군정 3년간에 한민당이 집권한 것이나 다름없이 되고 보니 다시 한민당이 신생민국의 정권에 참여한다면 다수 국민의 지지는 받지 못할 것이라」는 것이다.

그런데 7월 26일 아침에 의장실에 갔더니 이기붕 씨가 나를 보고서 "어제저녁에 조선호텔에서 외국인들(미군정 고관과 외국사절단)이 한 70명 모여서 이 박사님을 초대하여 파티를 열었소."

"그래 그 자리는 순전한 축하파티인가요, 무슨 정치적 의미는 없었나요?"

"그런데 파티가 끝날 무렵에 외국사절단원 중에서 비율빈대표인가 누군가가 박사님 보고 '국무총리는 누구를 구상하느냐?'고 물었는데 박사님이 '아직 결정짓지 못하고 있는데 누가 적임자라는 여론이냐?'고 물으시니까 그가 '김성수 씨가 제일 유망하다는 여론이요'라고 대답하자 박사님이 아무 말씀도 안 하시니까 동석한 일동이 김성수 씨를 국무총리로 지명하기를 바란다면서 건배를 하였고, 그러고 보니 결과적으로 어제저녁 파티는 김성수 씨 추천파티가 돼버렸어요."

"그런데 박사님은 무슨 언질도 주시지 않았나요?"

"아니, 아무 말씀도 없이 파티가 끝나고 돌아오셨지. 오늘부터 당분간 여기도 안 나오시고 일반인 면회도 사절하시고 각료 인선을 구상하실 것이요."

"그러면 대통령이 되셨으니까 물론 의장실에 안 나오시겠지만 이 선생과 우리와의 연락은 어떻게 할까요?"

"당분간 나는 이곳에 나올 것이니 국회 내의 공기나 일반사회의 여론을 들어서 나에게 알려주시오. 그러면 혹 참고될 만한 것은 박사님에게 전해드리지요."

그 후 며칠이 지난 7월 30일에 이 박사는 국회에 나와서 국무총리 지명을 한다고 하여 국내외의 모든 사람의 주의의 초점이 되었다. 이날 국회에 나와서 마이크 앞에 선 이 대통령은 두둑한 종이에 적은 원고를 약 1시간가량 읽어내려갔다. 그 낭독한 내용은 간추리면 다음과 같다.

1. 국무총리 물망에 오른 인사 중에서 김성수 씨는 인격과 덕망이 겸비하고 과거 민족에 바친 공적이 커서 당연 국무총리 적임자로 인정하되, 한 정당대표를 총리로 하면 건국 초부터 초당적인 거국내각의 성격이 없어지고, 한 정당에 치우칠 염려가 있으니 지명치 못하겠고,

2. 다음 인물로서 신익희 씨는 내가 임시정부 이래 친분 있고 입국 후도 나와 같이 일한 분이나 국회를 맡아서 일하는 것이 총리 못지않은 큰 중임이니 이 분도 입법부를 맡아서 일하기 위하여 지명치 못하겠고,

3. 다음은 조소앙趙素昂 씨를 말하는데 임정시대부터 나와 친밀한 사이이고, 특히 망명시절에 외교정책에 있어서 나를 많이 도와준 분으로 총리물망에 적임자로 올랐으되, 그가 최근 우리와 주장을 달리하는 정당의 간부로서 남북협상을 한다 해서 이북에까지 가서 우리의 정계를 혼란케 한 과오를 저질렀으니 그 모든 것을 깨끗이 청산하기 전에는 우리

와 손잡고 국사를 도모키가 곤란하다는 것이고,

4. 이북 동포가 이번 선거에 참여치 못하고 있어서 이북 정치인의 민국정부에 참여할 수 있는 기회를 마련하는 의미에서 이윤영李允榮 씨를 총리로 지명하니 국회에서는 나의 고충을 알아주어서 인준하여주기를 바란다는 것이다.

이 안도 득표공작을 할 시간여유도 주지 않고 즉시 표결에 부치니 한 60여 표밖에 못 얻고 인준이 부결되었다. 그래서 국민회 동지 몇몇이 의장실에 가서 이기붕 씨에게 "국무총리 지명은 표결 전 4, 5일이라도 시간여유를 주어서 국회의원을 상대로 득표공작을 할 수 있게 할 것"을 요망하였다. 그리고 대통령으로서 처음 내놓는 국사를 국회가 거부했으니 이제 다시 내놓는 지명은 누가 나오든 간에 초대 대통령에 대한 대접으로 보아서도 기어이 인준해주도록 국회의원을 상대로 설득공작을 벌리기로 하여 나는 무소속구락부 측 인사들과 매일 접촉을 가졌다. 그런데 7월 31일 아침에 이기붕 씨를 만나서 내가

"첫 공사는 실패했으나 다음은 꼭 성공하여야 할 것인데 누구를 지명하실런지요?"

"어느 정당 간부를 지명하면 다른 당에서 반대하고 일어나니 초당적이고 활동능력이 풍부한 분으로 고르시는 듯한데, 공식으로 누구를 인준해다오 하지 않고 우선 국회와 정계의 여론을 타진하라는 분부시오. 그러니 그대로 할 수밖에 없소이다."

"대체 누구를 내놓고서 국회 공기와 정계 여론을 타진한다는 것이요?"

"민족청년단장 이범석 장군이요. 어떠하오? 국회에서 인준됨직 하오?"

"국민회 측과 무소속 측 국회의원은 우리 국민회에서 몇몇이 분담해

서 공작할 것이니 한민당 측만 잘 공작하도록 하시오."

그리고 그날 오후에 국민회 간부 몇몇이 이화장으로 대통령을 만나러 갈 것이니 시간을 얻도록 하여달라 해서, 오후 5시경에 이화장으로 국민회의 명제세明濟世 부위원장과 최태용 총무부장과 나 3인이 갔다. 세 사람이 이화장에 들어가자 앞뜰 경사진 곳 나무 밑에 계시던 이 박사는 우리를 맞이해주었다. 이 박사가 나무 밑에 서서 우리와 상대하려 하므로 명씨가

"선생님, 어제 국회에서 이윤영 씨를 총리로 지명하신 것은 저희들 이북동포들은 쌍수를 들어서 대환영하였습니다. 그러나 국회의원들이 선생님의 정신을 충분히 이해하지 못해서 우리 국민회 측만이 거개 투표하고서 부결되었습니다. 참 섭섭합니다."

이 인사말에 이 박사는 동감이라는 듯이 "국회의원들이 좀더 높은 안목에서 내다보지 못하고 코앞의 자기네 클럽 중심인 생각에 얽히어서 그러는 것이요. 할 수 없지. 차차 시간이 지나는 동안 의원들의 식견이 넓어지면 나아지겠지요."

이에 최씨가 "그래서 다시 총리 지명을 하셔야 할 터인데 대소 국회의원들 상대로 득표공작을 할 수 있는 시간적 여유를 주셔야 하겠기에 오늘 뵙고서 말씀드립니다."

명씨 : "다시 누구를 지명하시려는지 알고자 합니다. 그래서 선생님의 지명이 확실하면 저희 국민회에서 나서서 이번만은 실수 없이 국회에서 인준되도록 하여야겠습니다."

대통령 : "그래서 여론을 참작해서 오늘아침에 이범석이를 지명할까 작정했는데 어떻소?"

명씨 : "선생님이 각계 여론을 들으시고 작정하시는 일인데, 저희들이야 별다른 의견이 없습니다. 선생님 의도를 받들어서 노력해보겠습

니다.”

최씨 : “며칠 동안 시간 여유를 두실 예정이십니까?”

대통령 : “한 2, 3일 동안만 두고서 공기를 보도록 하지. 그간에 국민회에서도 수고들 하여보시오.”

내가 “지난번 총리 지명에 한민당에서는 김성수 씨가 지명되지 못했다 해서 대단 실망합니다. 이번 이 장군 지명에 한민당 측에서 냉담할 듯합니다. 이 한민당 측을 누가 공작하나요, 버려두나요?”

대통령 : “모르겠네. 이범석 자신이 어떻게 하겠지. 그리고 내가 이제야 말이지만 김씨가 작년에 자기네 민주당 사람들을 충분히 통솔하지 못하는 것을 알았어. 한 정당의 당수면 그 당을 끌고 나아갈 통솔력이 있어야지 자기는 공동위원회 참가를 반대한다면서 왜 자기 당은 공위에 참가하도록 내버려두는 것이여. 그때 보고서 이 분은 한 지도자는 되지만 정당의 당수로서 당을 끌고 나가기에는 좀 모자란다고 생각했기에 그런 분을 총리로 시켰다가는 국사를 책임지워서 맡길 수 없다는 생각이 들었어.”

세 사람이 작별인사를 드리고 돌아오면서 최씨가 “이 박사가 작년 반탁투쟁과 공위분쇄투쟁에 있어서 얼마나 노심초사하셨나 하는 점을 오늘도 절실히 느끼었군요. 김성수 씨에 대한 기대는 그때 사라졌군요.”

내가 “일전에 이기붕 씨의 말을 들으니까 조선호텔에서 25일 저녁에 로타리클럽 주최로 이 대통령 축하파티를 순 외국인들만이 열은 자리에서 그 외국인들이 김성수 씨를 총리로 추천했으나 이 박사는 예스 노를 분명히 안 하셨다는데, 그게 다 이 박사의 평소 신념이 확립되어 있어서 김씨에 대해서는 오래 전부터 기대하지 않은 결과이지요.”

다음날부터 국민회 동지들은 총동원해서 다시 대통령이 지명하는 인사는 그 인사보다도 초대 대통령의 위신을 세워드리기 위해서 꼭 인준되도록 국회의원들에게 공작을 펴볼 것을 작정하고 나섰다. 다음날(8월 1일) 아침에 국민회본부에 모인 간부들은 전날 석양에 이화장에서 총재와 만나서 오고간 이야기를 보고하고, 전 간부들이 제2차 지명은 국회에서 인준이 가결되도록 적극 추진하기를 다짐하고, 오후부터는 각자 소임분야로 뛰어나갔다. 나는 최태용 씨와 행동을 같이 하는지라 우선 종로1가에 있는 대창옥에 가서 점심을 먹고, 종로2가에 있는 근원다방으로 가서 차 한 잔씩 마시면서 오늘의 작전을 토의하였다. 우선 피차의 수집한 정보교환부터 하였다.

내가 "최 선생님, 아침에 듣자니까 철기鐵驥 장군이 오늘아침에 계동 김성수 씨 댁에 찾아와서 국회인준을 협조해달라고 요청하니까 김씨가 승낙하였다는 말이 있습니다. 아마 오늘 낮부터 한민당에서는 이 장군을 인준하네 안 하네 논전이 벌어질 것입니다."

"그래, 서형 생각해보시오. 한민당 측에서 인준에 협조하지 않는다면 그 결과는 어찌 될 것이요? 그들이 안 해도 국회에서는 가결될 것, 가결되면 금후 조각에 한민당은 보이콧당할 것이 빤한데 그런 어리석은 짓은 안 할 것 아니오. 그러니 협조해서 총리는 못해도 내무와 경제부처 자리만 다 차지하면 정부실권은 그들이 쥘 게 아니겠소?"

"제 생각으로는 내무가 한민당 측 인사들로 돌아가지 않습니다. 왜냐하면 군정 3년간에 경찰간부를 한민당 일색으로 해서 민간의 원성, 특히 5·10선거에서 민원이 충천했으니까 민심을 수습하는 견지에서도 한민당 아닌 측에서 나올 것입니다. 이 박사도 민원이 많은 것은 거번에 선거에 낙선된 동지들에게서 듣고 잘 알고 있으니까요."

"그런데 일전에 대통령 취임사를 할 때 이 박사가 임영신 여사를 굉장히 올려세우는 것을 보니 이상하더군. 초대 대통령 취임사에서 한 개인을 지목해서 그 공로를 찬양한다는 것은 대통령으로서의 위신문제거든. 이 취임사로 인해서 벌써부터 이 박사의 인기가 떨어지기 시작하는데."

"글쎄요. 그러나 이 박사도 임 여사에 대한 칭찬을 꼭 하여야 할 만한 이유가 있는 게지요. 한번 이 박사께 물어보시지요. 왜 취임사에서 임 여사 찬양을 하셨습니까? 하고."

"서형, 큰일 날 소리 다하네. 그러면 박사의 왼쪽 얼굴 근육에 또 경련이 일어나게?"

이 박사가 희비 간에 흥분될 때에는 의례 일기 마련인 왼쪽 얼굴 근육에 경련이 생기면서 왼쪽 눈을 깜박거리고 양손을 오르락내리락하고 입가에 손을 가져다가 대면서 휘파람을 부는듯한 동작을 몇 번씩 하는 무의식중의 발작이 있어서 보는 사람을 놀라게 하나 이 발작을 몇 번 본 사람은 우스워서 배꼽을 뺀다.

"그리고 경제부처 말씀을 하시지만 농림장관만은 한민당 측으로 안 가리라고 봅니다."

"왜? 이 박사의 말씀을 들은 일이 최근에 있었소?"

"최근에 말씀을 들은 바는 없지만 작년 여름 우리가 한창 민대투쟁을 벌릴 때 제가 민대의 서기국장을 할 때에 회의상황보고차 들어갔을 때 박사와 오고간 이야기가 있습니다."

"그게 무엇인데? 말해보오."

"내가 단도직입으로 노골적인 질문을 하였지요. 선생님이 대통령이 되신다면 토지개혁을 하실 때에 가난한 소작인을 편드시겠습니까, 잘 먹고 잘 살던 지주편을 드시렵니까 했더니 '그게 무슨 소린가? 내야 아무 편도 들지 않고 공정하게 처리하지'라고 대답하시기에 나는 또다시 '선생님은 많은 사람 편을 드시겠습니까, 소수인 편을 드시겠습니까?' 했더니 '오, 그거야 많은 사람 편을 드는 것이 데모크라시 아닌가?' 하시면서 웃으셨어요. 그래서 나는 '우리나라의 농촌실정, 농민 100명 중에 자작농은 그 10분의 1 정도이고, 자작농 중에서도 큰 지주로서 소작료를 받아서 생활하는 사람은 그 5분의 1도 못 될 정도로 가난합니다. 그런데 지금 우리나라 정당을 보면 과거의 지주계급이 거개가 한민당을 구성했습니다. 앞으로 세워질 정부에 이 한민당원이 토지정책을 쓴다면 자기네 당, 자기네 일가친척을 본위로 할 것이 아닙니까? 만일 그러한 토지개혁을 하게 된다면 제일 좋아하는 것은 이북의 김일성이입니다'고 말씀드렸더니 심각하게 들으셨거든요. 그러니까 토지개혁이 건국 초의 중대과업이요, 이것을 농민 특히 영세농민 본위로 해놓아야 38이북에 대항해서 선전도 잘 할 수 있으리라는 것은 누구나 다 짐작하는 문제이니까요."

최 선생은 대소 못마땅한 어조로 "그런데 이 박사가 현 정계의 제1급 인물을 총리로 등용치 않고 제2급 인물을 등용하는 것을 보면 그 분의 성격을 짐작하겠어."

"왜요? 어떠한 성격일까요?"

"하나에서 열까지 총리에게 일임치 않고 자기가 독단해서 하려는 속셈이지. 제1급 인물을 총리로 등용해 놓으면 그렇게 되나? 가령 김성수 씨나 신익희 씨나 조소앙 씨 같은 분들이 이 박사 하자는 대로 호락호락 안 넘어갈 것이니까 미리 짐작하고서 아예 지명하지 않거든. 이윤영 씨만도 그렇지. 그 분이 지금 정계 제1급 인물이야 못되지 않나베. 그러니까 지명해본 것이지."

"이번에 제2차 지명이 국회에서 또 실패한다면 누구를 지명할까요?"

"실패해도 제1급 인물은 지명치 않겠지. 또한 제2급 인물을 물색할 터이지. 그렇지 않으면 총리 지명 없이 몇 달 있다가 지명하든지 할 것이야."

(나) 각부 장관 임명

이 박사가 국무총리 지명을 제2급 인물로 하는 것을 보고서 최씨는 벌써 그가 독재자의 성격을 가졌다고 판단하였다. 그런데 8월 2일에 국회에서 무난히 총리인준이 되어서 이범석 씨가 국무총리로 취임하게 되었다. 그러면 그 다음의 각부 장관은 이 총리와 협의하거나 총리의 제청을 받아서 대통령이 임명하도록 금번에 제정된 헌법에 명백히 정해져 있다. 그런데 이 헌법과 정부조직법 등의 절차를 이 박사는 처음부터 무시하고, 즉 국무총리와 협의나 그 제청을 받지 않고 대통령이 일방적으로 독단으로 각부 장관을 임명하였다. 즉 8월 2일 오전에 국회에서 총리인준이 되어서 정계는 바람이 잔잔해지려 할 때 바로 그날 오후에 농림부장관을 조봉암으로 임명해서 세상을 깜짝 놀라게 하였다. 자기에게로 돌아오리라, 누구에게 틀림없이 떨어지리라고 믿고 있던 감투가 엉뚱하게 한민당 아닌 공산당원이었던 자에게 떨어지자, 그가 지금도 공산당이념을 가지고 있다고 주장하는 한민당에서는 즉각 불만을 표시했다. 공사석 상에서 그네들은 말하기를

"죽 쒀서 개 준다더니 그 말이 이렇게 맞을 줄이야 누가 알았어, 누가 알아? 그래 해방 이후 3년간 공산당과 싸웠는데 그 공산당원에게 대한민국 초대 장관에 그도 나름이지 농림행정을 내맡겨! 참 기가 막혀서, 기가 막혀서!"

이 말을 한민당사에 갔더니 당 간부가 노골적으로 불평불만을 털어놓으니까 그 옆에 있던 한 분이(그도 한민당 간부) "이제 보소. 토지개혁이 새 정부의 제일 중요정책인데 그 개혁은 무상몰수 무상분배하자고 하나 안 하나 두고 보세."

조봉암 자신도 자기가 농림장관이 되리라고는 아마도 몰랐을 것이다. 그것은 내가 8월 5일에 축하인사하러 국회에 가서 방청하고 오전회의를

마치고 휴회한 뒤에 국회로비에서 조씨를 만나서 내가

"죽산, 장관이 되셔서 축하합니다." 한즉 내 손을 힘껏 쥘 뿐 아니라 나를 껴안다시피 하고서

"서 선생님, 참 감개무량하오. 내가 2일 저녁에 방송으로 듣고 처음에는 의심했더니 조금 있다가 이화장에서 전화가 와서야 확실한 것을 알았지요. 그간 선생의 수고가 많으신 줄 알지요."

나는 다른 사람의 이목도 있고 해서 곧 작별인사를 하고 국민회로 오려니까 조씨는 나를 꼭 붙들고 이말 저말 장관 취임 전후를 늘어놓더니만 다시 조씨는 "점심때가 되었으니 우리 점심이나 같이 합시다. 가만있자 수암도 동행합시다" 하면서 비서를 불러서 김찬 씨도 동석하라고 지시해서 시내 삼각동에 있는 그 분의 단골집으로 갔다. 차중에서나 대중음식점에 들어가서나 노상 그는 되풀이하기를

"내가 과거에 공산주의 했다고들 떠들고 모략도 하는 모양인데 그럴수록 내가 더 책임감을 느낍니다. 또 이 박사가 나 같은 과거 공산주의자를 등용한 그 후의를 보답하기 위해서도 내 목숨을 바쳐서 일할 각오가 섰습니다."

나는 지난 몇 해 동안의 일을 회상하면서 "거번에 헌법 통과시키던 날 국민회 간부 몇과 무소속의원 몇이 동석했을 때 죽산이 제안하신 3분의 1 비율은 무소속구락부로서는 포기하라고 하십시오. 시시한 부 몇 개보다 전 국민의 7할을 맡은 농림부를 죽산이 맡았으니 말이지요." 내가 반농조로 말하니까

그는 웃으면서 "대통령이 그 3분의 1 비율을 머리에 두셨나요?"

"두었는지 안 두었는지는 몰라도 내가 이기붕 씨에게 말해서 이 박사에게 전달했지요. 일전 대통령 취임 축하파티에서도 직접 내가 박사께 물어보았더니 이씨에게서 들었노라고 말씀하시는 것을 보면 머리에 남

은 모양입니다."

그런데 8월 3일 오후에는 재무부장관의 임명이 있었다. 한민당 소속 김도연金度演 씨이다. 이 김씨 역시 총리와 협의 없이 임명된 것을 내가 짐작하는 것은 내가 8월 4일 이른 아침 7시경에 묵정동에 있는 총리 댁에 축하인사를 갔더니 문전성시로 그 집 앞은 시장 속이었다. 면회를 기다리는 동안 김도연 씨가 와서 그 자리에서 나도 김씨에게 축하인사를 하고 조금 있다가 응접실로 들어갔다. 들어서자 이 총리는 나를 보더니

"서 동지, 오래간만입니다. 식전에 이렇게 찾아주셔서 감사합니다."

"어제 축하인사 오지 못하고 늦었습니다. 앞으로 대통령을 도우셔서 수고가 많으시겠습니다."

이러한 축하인사를 한 뒤에도 김씨와 이씨는 서로 어색해서 대번 악수도 하지 않으므로 내가 눈치 채고 선뜻 나서면서 김씨를 가리키며 "이 분이 재무부장관 되신 김도연 박사이십니다. 또 서대문구 출신 국회의원이시고"라고 말했더니 그제야 이 총리는 반가워하면서 서로 악수하고 축하인사를 주고받았다.

그런데 임명되는 각부 장관의 경력과 현 위치로 보아서 그 부의 장관이 됨직 하다고 말했지만 윤치영 내무와 장택상 외무는 세상에서 누구나 말하기를 '발표가 바뀐 것이지, 그럴 수가 있나, 또 바뀌어야 할 것이고.' 그러나 하루 이틀이 지나도 그 발표를 수정하지 않는 것을 보고 세상에서는 이상히 여기게 되고, 그리 된 이유를 규명하려 해서 또한 이러한 말들이 나돌았다.

'군정 3년에 대소 싹트기 시작한 경찰파벌을 없애버리려는 것이지.'

혹자는 또 이런 말도 하였다. '경찰의 최고간부끼리 대소 알력이 있다는 소문이더니 그 두 분이 다 경찰행정에서는 물러난 것이 아니여?'

또 희망적인 관측자들은 말하기를 '신생민국의 경찰행정을 정비하고

재건하려고 군정 3년간에 아무 인연과 계루係累가 없던 초연한 인사를 고른 것이지.'

한민당 측에서는 군정 3년간 자기네 당 간부가 경찰지휘권을 쥐고 있었기에 당세확장에 큰 도움이 되었는데, 이제는 기대가 어긋났다 해서 또 한 번 실망케 되었다.

이 초대 내각 발표를 보고서 제일 실망을 표명한 것은 한국민주당이다. 국무총리 이하 반수 이상의 각료 자리를 희망했고, 직접 간접의 능숙한 수단을 써서 이 박사에게 자기네 의사를 진달도 했으나 공식으로 당에 물어서 당의 추천으로 입각入閣한 사람은 하나도 없고, 김 재무도 개인 자격으로 입각되었다. 그러나 해방 후 정치노선을 같이 하던 인사 중 현재는 한민당 소속이 아니지만 한민당과 잘 통하며 공사 간에 한민당과 인연이 깊고 친분이 깊은 인사들 중 입각한 분들은 상당수이다. 즉 윤 내무, 장 외무, 이인李仁 법무, 전진한錢鎭漢 사회부 등이다. 그리고 국회 무소속구락부의 희망도 받아들여서 조 농림 외에 윤석구尹錫龜 씨를 체신부장관에 등용했다. 그리고 또 하나 이채로운 것은 교통부(당시는 운수부)장관은 군정 때의 운수부장 민희식閔熙植 씨를 민국의 장관으로 유임케 한 것이다. 세상에서 이는 군정을 민국정부가 이양받을 때의 한 면목을 세워주기 위한 정치적 제스처라고도 말했다. 그러나 나의 견해로는 그로부터 2년 전 철도파업사건 이래 이 철도행정을 바로잡고 재건하는 데에 그 책임자로서 성실하게 그 책임완수를 하였기에 대통령이 그 공적을 가상히 여긴 것이 아닌가 본다. 민희식 씨의 운수부장관 유임입각은 별말이 없었고, 문교부장관에 안호상安浩相 박사, 법무부장관에 이인 씨도 무던한 인사라고 별말이 없었다.

이틀에 장관 하나, 사흘에 두 장관 띄엄띄엄 발표되어 마치 두부조각 떨어지듯 장관감투가 떨어지더니 8월 10일에 가서 최후로 상공부장관에 임영신 여사가 발표되자 세상은 또한번 놀랐다. 맨 처음에 농림부장관이 발표되었을 때보다도 더 세상을 놀라게 하였다. 이 자리도 한민당에서는 누구 아니면 누가 되리라는 물망에 올랐던 인사들이 있었는데 홍1점 격으로 신생민국 초대내각에 요직인 상공부장관이 1,500만 여성 중에서 뽑혔으니 우리나라 여성계도 선진국 지지 않게 뽐낼만하다. 이날도 나는 최태용 부장과 함께 국민회에서 나와 대창옥에서 점심식사를 하고, 매일 가는 근처 다방에 갔다.

(다) 초대 내각에 대한 평가

나는 최 선생을 보고 "어떠하십니까? 조각발표가 오늘로써 끝났는데 그 소감은?" 하고 물었다.

최씨는 실망을 하였다는 표정으로 "우리가 해방 후 3년간 이 박사를 중심으로 해서 국민운동을 전개해서 정부를 세우게 된 바, 이번 내각을 만드는 것을 보니까 이 박사는 혁명가는 될지언정 정치가는 못되거든! 더구나 민주주의제도를 잘 활용할 수 있는 정치가는 못된단 말이여."

"그러면 어떻게 하면 민주주의제도를 활용하는 방법일까요?"

"첫째, 조각의 원칙이 서지 못했어요. 국회 내의 각 파의 여론을 참작해서 연립내각을 하려면 국회 각 파의 의사를 듣고, 그들이 공동으로 추천하는 인물을 대통령이 받아들이면 좀 좋겠어? 각 파에서 추천하는만치 그 인물이 장관자리에서 일을 잘하거나 못하거나 대통령의 책임은 없거든. 당사자와 추천한 국회에 책임이 있지. 국회가 한민당, 무소속, 국민회 등 3파로 나뉘어 있으니 그 각 파 대표들과 협의해서 장관을 뽑으면 거국내각이 될 것이 아니여? 아직 정당－집권당이 없으니 정당정치는 못하니까 이렇게 연립내각을 구성해서 대통령은 그 위에 앉아서 각 장관들 보고 맡은 책임만 다하라고 호령만 하면 될 것을 일종의 이 박사 비서내각같이 만들어놓았으니, 그들이 장관노릇을 잘하면 모르거니와 잘못하면 그 책임을 대통령이 지게 되니 그게 졸렬한 노릇이 아닌가? 그리고 대통령이란 직함이 대한민국의 제일 큰 공기公器인데, 천하의 여론을 듣고 숨은 인재를 고를 줄 모르고, 자기 측근과 한두 사람 데리고 소곤소곤 비밀리에 조각을 하니 초대 대한민국이라는 집이 잘 지어질 수 있겠느냐 그말이여. 그리고 또 이번 조각에 큰 실수는 여류 장관을 낸 것이지. 그게 될 말이요?"

나는 최씨의 흥분하는 것을 대소 가라앉히기 위해서 부드러운 말씨로 "그렇지만 지난번 대통령 취임사를 하실 때 듣지 못했습니까? 임영신씨가 이번 정부수립에 공이 큰 것을 국민이 인정하라고. 우리가 재정으로나 통신으로나 원조를 충분히 못했지만 임씨가 자기 단독으로 자기 재정을 써가면서 3년간 국제외교무대-뉴욕과 워싱턴-에서 큰 활동을 하였다고 하지 않았습니까? 그러니까 그 공로에 대한 대접으로 상공장관 감투를 준 것이 아닐까요?"

"그게 틀린 것이거든. 건국에 공로가 있으면 법을 마련해서 일후에 건국공로훈장을 줄 것이고, 상금을 주려거든 또 상금을 줄 수 있는 법을 제정해서 두둑히 상금을 줄 일이지 자기 기분대로 장관감투를 분배한단 말이요! 내가 이번 조각하는 것을 보고 이러한 생각을 다 하였소."

"무슨 생각을 하셨나요?"

"내가 만일 국회의원 같으면 대한민국의 헌법에 '70세 이상 되면 정계에서 물러나서 정치에는 간섭하지 못한다'는 조항을 넣어야겠다는 것이요."

"그럴 수가 있습니까? 70세쯤 되면 원숙해서 사리를 잘 판단해서 정치를 잘할 수 있으리라고 보는데요. 대기만성이라는 격언이 있지 않습니까?"

"아니야, 서 형이 잘 모르는 말이여. 늙어가면 차차 사람의 심리가 변해지기를 청장년 때의 패기나 기백이 없어지거든. 즉 지정의知情意 셋 중에서 의지가 약해지는 반면 정만 늘어나서 까딱하면 감정에 흘러서 서러워하고 노염을 타고 기분에 지배되기 잘하지만, 냉정한 비판력이나 굳센 의지로써 밀고나아가는 과감성이 부족하다는 것이 동서고금의 역사상 인물들의 통례이거든. 그러니 큰 사업, 대정치가가 어디 70세 이후에 있었나? 다 40부터 50까지, 혹 60세 전후까지거든. 그리고 70세부터는 은퇴하기 마련이여. 더구나 한 나라에서 이념이 다른 공산주의와 대결투쟁을 24시간 늘 벌이면서 건국 초의 태산같이 쌓인 모든 정사를 하기에는 이 박사는 너무나 노쇠하였단 말이요. 지금 60전후의 인물들에게 일선행정을 내맡기고 이 박사는 그 뒤에 앉아서 감독이나 잘하면 될 것인데, 자신이 다 하지 않으면 안심이 못가는, 심하게 말해서 독재성을 가졌으니 국민의 신망을 차차 잃을 것이여! 지금까지 국부로서 대접하던 국민심리는 차차 사라져가지 않나베. 이제 두고 보아요."

최씨의 독특한 날카로운 관찰과 냉철한 비판을 내려가면서 도도히 설파하는 정치평론에는 귀를 기울이지 않을 수가 없다. 그래서 잠자코 듣고 있다가 나는

"그런데 이번 한 가지 잘한 것이 있더군요. 내각구성에 국민회 사람이나 특히 민통시절의 인사들, 말하자면 이 박사 측근자라고 볼 수 있는 사람들은 등용치 않은 것은 무던한 일이라는 세평인데 저도 동감입니다. 재작년에 민통이 발족되니까 세상에서는 이 박사가 앞으로 대통령이 되면 내각을 조직하는 연습을 한다고 비꼬는 사람들도 있었는데, 그때의 민통 간부 중에서 전진한 사회부장관 하나만 기용되고 다른 분들은 기용되지 않았더군요."

"전씨 기용은 전자의 민통인연보다도 서울을 비롯한 각 도시의 공장 노동자를 포섭해서 그간 대한노총을 창설하여 좌익을 타도하고 건전한

노동자를 확보하기에 힘썼고, 앞으로도 노동자의 대표가 정부각료 중에 끼었다는 일종의 인기전술이 아닐까?"

"그런데 아까 말씀에 금번 조각에 원칙이 없다고 하셨는데, 나는 한 가지 원칙을 발견했습니다."

"무슨 원칙이요?"

"미군정의 정치를 연전에 이 박사가 미국에 가서 평하기를 「통역정치」라고 했는데, 그 실상은 「흥사단정치」이었거든요. 이 흥사단원이 아닌 사람으로 미군정 때 부장을 한 사람이 있나요?"

"왜, 있지. 우선 민정장관 안재홍도 흥사단원이 아니고, 사법부장 김병로도 아니고."

"그렇지만 그 두 분은 흥사단원은 아니지만 흥사단과 호흡이 잘 통했지요. 그래서 이 흥사단원은 조각에서 멀리했습니다. 그리고 연립내각에 국회 내 각 파와 협의해서 그들의 추천을 받지 않고 개인 자격으로 한 것도 한편으로 생각하면 대통령책임제이니까 장관 임명을 자기 재량껏 해보려는 속셈이지요. 그러니 그 장관들 파면도 대통령 임의로 하려는 것이겠지요."

"하기야 작년에 미군정의 각 부장들이 군정 연장을 획책한다고 말할 때에 그 속에는 흥사단이 들어서 획책한다는 세평이 있는 것을 내가 들었어. 그리고 지금까지 각 도의 인사권을 쥐고 있는 인사과장은 흥사단원이라는 말이 있어요. 그러니 흥사단이 욕먹었지."

"그전에 나도 들었습니다. 각 도의 인사과장은 흥사단원인지는 몰라도 38이북에서 넘어온 이북출신들이라는 말을 들었습니다. 그리고 민정장관이 흥사단원은 아니지만 작년가을에 군정연장을 획책할 때 보니까 안재홍 씨는 거저 허수아비노릇만 하더군요. 또 다수가 한 사람쯤 누를 수야 있겠지만 자기가 그 장이 되었으면 장으로서 통솔력을 발휘해서 각 부장을 지휘하지 못하고, 그들 하라는 대로 꼭두각시놀음만 했거든요. 그러니 안씨의 정치적 역량은 별것이 아니라는 평을 받지요. 그리고 사법부장 김병로 씨도 흥사단원은 아니지만 흥사단과 배맞은 사실이 있지요."

"그것은 또 무엇인데?"

"작년에 군정연장을 꾀할 때 각 도지사와 각 경찰청장의 연판장만 받은 것이 아니라 각 지방 국민회장들의 연판장을 받으려고도 했습니다. 각 도 국민회지부장 중에서도 미군정과 잘 통하는 분들은 이 소문을 안 냈지만 잘 통하지 않는 분들에게서 이 말이 새어나왔는데, 전북의 배은희裵恩希 씨나 제주도의 김충희金忠熙 씨들에게서 들었지요. 바로 사법부장 김씨가 개인으로 만나서 저녁을 먹이고서 남조선 현 정세보고서에 국민운동상황도 보고하니까 서명하라고 하기에 도장을 가지지 않았다는 핑계로 슬쩍 거부했다나요. 그렇게 서로 통했단 말이지요."

3. 정부 수립

그 뒤 8·15해방 3주년 되는 날 대한민국은 건국을 선포하고 40년 만에 국권은 회복되었다. 삼천만의 감격어린 정부수립 경축식전이 중앙청 앞뜰에서 거행되었다. 오후 3시부터는 경무대에서 대통령이 베푸는 파티가 있어서 우리도 참석했는데, 한민당 출신 의원이고 해방 후에 우리와 반탁투쟁, 특히 외교사절후원회 때에 늘 같이 일하던 서정희徐廷禧 씨를 만났다. 나를 보더니 내 손을 잡고서 "종씨, 잘 만났어. 우리 저 뜰로 나가서 이야기나 할까?"

마침 같은 서씨로서 호종하는 서성달徐成達 씨도 동행해서 3인이 정원에 나가 그늘에 앉자 서정희 씨는 감개무량한 표정을 지으면서 우리 두 사람을 보고

"옛날에 한신韓信이가 '교토사에 주구를 팽어식(驕兎死 走狗 烹於食)'이라고 탄식했다지만 나는 '驕兎未死에 走狗를 先烹於食'이라고 고쳐 말하겠네. 그래 이럴 수가 있나? 이 박사가 이렇게까지 조각할 줄은 몰랐어, 몰라! 콧구녁이 둘이니까 숨 쉬고 살지, 기가 막혀서 못살겠어."

"농천農泉[15] 선생님, '교토미사'라 하시니 누가 안 죽었다는 말씀입니까?"

"공산당이 안 죽었다는 말이지."

"그러면 먼저 삶아먹었다니 누구를 삶아서 먹었다는 말씀입니까?"

"하, 그게야 국권회복에 가장 큰 역할을 한 우리 한민당을 말이지."

"거기에는 저도 할 말이 있습니다. 한민당뿐 아니라 우리 국민회도 불고했으니까요. 그러나 오늘 대통령 취임사에 이번 정부조직에 자기 가까운 사람을 등용치 않았다고 말했으니 이 박사 가까운 사람은 누구인가요? 국민회뿐 아니라 한민당도 포함되었으리라고 봅니다. 그런데 저희들 중에서도 감찰위원장에는 농천 선생님이 등용되지 않나 기대했는데 엉뚱한 한문학자가 되었습니다."

이 말에 서성달 의원이 나서면서 "내가 듣자니까 이번 조각에 심부름한 사람은 윤 비서라고 하는데, 그 윤씨를 이 박사에게 추천한 사람이 위당爲堂[16]이라 저를 추천해주었다고 해서 그 보답으로 이 박사에게 자기 스승을 추천했다는 말이더군."

"저희 국민회 측에서는 또 말이 돌기를 감찰위원장은 배은희 씨가 유력하다고 했는데, 그가 고시위원장이 되어서 차라리 배씨와 정씨가 바뀌었으면 하는 말도 있지요. 정씨는 한학자이니까 그가 고시위원장 자리에 적임이 아닐까 말입니다. 그리고 감찰위원장은 이시영 부통령이 추천했

---

15 서정희의 호.

16 정인보(鄭寅普)의 호.

다는 말이 돌던데요. 윤 비서가 추천하지 못했을 것입니다.”

“아니 그게 아니지. 이시영 씨가 부통령 취임을 거부하려니까 이 박사가 취임을 설득하기 위해서 감찰위원장을 그가 추천토록 윤 비서가 이 박사에게 건의해서 이 박사가 승낙하니까, 이시영 씨에게 윤이 가서 감찰위원장을 추천하라는 이 박사 의도를 전달하니까 그제야 대소 노기가 풀어지고서 이시영 씨가 윤에게 묻기를 ‘누구를 감찰위원장으로 추천할까?’ 하니까 윤은 이미 계획을 짜놓은지라 ‘정인보 선생이 제일 적임이라는 물망입니다’고 대답했으며, 그래서 국내사정을 잘 모르는 영감님이 그 말대로 위당을 추천했다는데?” 역시 서성달 의원은 자상한 내막까지를 털어놓는다.

그리고 장관은 아니로되 동등한 감투로 대통령 직속기관인 심계원의 원장을 명제세 국민회 부위원장으로 등용한 것은 별말이 없었고, 4개의 처장을 등용한 데에도 별말이 없는 것을 보면 무던한 인사라고들 평하였다. 즉 총무처장에 김병연金炳淵 씨, 공보처장에 김동성金東成 씨, 법제처장에 유진오俞鎭午 씨, 기획처장에 이순택李順澤 씨를 등용한 것은 그 처에 적임이라는 정계의 논평이었다. 더구나 이북동포를 생각해서 조민당朝民黨 간부인 김씨 등용은 이윤영 씨 추천이라고 환영하였다.

X. 38선을 넘나든 사람

1. 소련 붉은군대 출신 김현주

모스크바 3상회의 결정을 따라서 우리나라에 신탁통치를 하려고 미소공동위원회를 열게 되자, 자주독립만을 바라는 우리들은 이 탁치를 반대하고 이 미소공동위원회를 분쇄하기 위하여 여러 애국단체의 협조 아래 ‘미소공위대책국민총연맹’을 결성하여가지고 이 공위분쇄운동을 전개하고 있을 때의 일이다. 3월 초순의 어느 날 아침에 이규채李圭彩(미소공위대책연맹 대표위원의 1인) 씨가 50세가량의 국방색 코트를 입은 분을 우리들에게 소개하면서 "이 분은 과거에 소련에서 오래 살다가 그 공산정치를 마다하고 귀국하여 해방 전에 숨어서 독립운동을 하던 분입니다"고 하였다.

그 자리에 있던 여러 사람은 소련에서 오랫동안 살았다는 말에 호기심을 느끼고 환영하였다. 피차에 초면 인사를 나누게 되었는데 그 분은 말하기를

"저는 김현주金鉉洲라고 합니다. 귀국해서 2, 3년밖에 되지 않아 국내 사정에 어둡습니다. 잘 지도해주십시오."

그래서 누군가 다시 묻기를 "언제 소련에 가셨나요?"

"합방이 되던 해에 저의 외삼촌을 따라서 해삼위海參威에 가서 살다가 다시 구라파에 있는 노서아 수도인 뻬드로그라드에 가서 공과대학에 다녔습니다."

"공과대학을 졸업하신 뒤에 주욱 소련에 사셨나요?"

"공과대학 4학년 때에 혁명이 일어나서 제정 노서아는 무너지고 볼셰비키-공산주의 정부가 생기자 소련군대에 끌려갔지요. 그래서 몇 해 동안 소련군대에 있다가 제대해서 해삼위 외삼촌댁에 돌아와보니까 그 전에 해삼위와 부근 농촌에서 살던 우리 동포들이 모조리 강제이민 되어서 어느 지방으로 갔는지 모르게 되었지요. 물론 외삼촌댁도 간 곳 없고. 그래서 그곳에서 만주로 넘어와서 독립단에 들어갔지요."

"해삼위와 부근 농촌에 살던 동포가 얼마나 되었나요?"

"자세한 숫자는 모르지만 그때 해삼위에만도 1만여 명이 살았고, 농촌이 수백리 허에 수만호가 되었으니까 한 20만 명은 잘 될 것입니다. 그들이 10년, 20년 동안에 주로 함경도 지경에서 넘어와서 농토를 개간

해서 수전水田을 벌이고 있다가 모조리 집단으로 멀리 강제이민 당했다는데, 어디로 끌려갔는지 통 몰라서 찾지 못했습니다."

"만주에도 여러 갈래의 독립단이 있었는데 어느 단체에 가담하셨나요?"

"김국초金國礎 선생이 거느리던 혈성단血誠團에 들어갔습지요. 그래서 이 혈성단과 북로군정서北路軍政署와 합작해서 북만주벌판에서 일본군대와 싸웠지요. 그러다가 만주사변이 일어난 후에 중국 북경, 천진을 거쳐서 제남 땅에 가서 몇 해 살다가 해방 3년 전에 서울로 돌아왔습니다."

그는 공과대학을 다녔기 때문에 기계기술자로서 여러 가지 기계의 수리 정비에 기술을 가진 분인데, 지금은 시내 계동에서 시계수리업을 하면서 생활을 한다는 것이다. 그러나 나라를 위하여 필요하다면 권총, 폭탄, 수류탄, 화약, 장총, 기관총 등을 자기 손으로 만들 수 있고, 특히 권총사격은 오랫동안의 훈련으로 누구에게나 지지 않을 만큼 자신이 있다는 것이다.

누군가 묻기를 "3년간 군인생활을 하였다면 제1차 세계대전 말기이니까 이 대전에 참가하였나요?"

"아니지요. 내가 대학 4학년 때에 노서아정권이 공산당에 넘어가자 바로 그들 공산당정부, 즉 레닌의 명령에 의해서 군대에 강제로 들어갔지요. 소위 붉은 군대라는 공산당 군대에 말이지요. 이 붉은 군대는 당시 계속되고 있던 제1차 대전에는 참가하지 않고 주로 제정 노서아의 남은 세력을 쓸어버리는 작업에 앞잡이가 되었지요. 그래서 세상에서 말하는 백계노인白系露人들을 숙청하는 임무를 띠고, 노서아 도처에 다니면서 이 혁명에 반대한 백계노인의 군대나 그들 세력을 쳐부수는 일선의 일을 하였지요. 한 3년간 이 국내 숙청을 하다보니 웬만큼 노서아 국내도 공산당정부의 정치를 하게 되므로 이 붉은 군대의 일부를 해산시키고 말았지요. 그때에 나도 지원해서 곧 제대해가지고 해삼위에 있는 외삼촌댁을 찾아갔더니만 벌써 전 해에 강제이민 되어서 어디로인지 끌려갔더군요. 해삼위 도시와 그 부근 농장에 살던 수 만 호의 동포들도 한 사람 보이지 않고, 그곳의 노서아인들이나 관청, 즉 공산당 정부 사람들보고 물어보아야 다 모른다는 거예요.

그래서 할 수 없이 다시 붉은 군대에 들어갈 수도 없고, 더구나 우리 동포 수십만 명을 강제이민으로 먼 곳으로 끌고 간 일에 대하여 불만이 생기고, 공산당정부에 대하여 3년간 희생당한 것만 애석하고 분통이 터져서 더 참을 수도 없고 해서 만주로 국경을 넘어섰지요. 그때에 나의 결심은 이놈들 공산당정부도 쳐부숴야겠다는 것이지요. 그런데 나중에 알고보니까 해삼위와 그 근방에 우리 동포들을 집단으로 살게 한다면 한국독립운동자들이 와서 독립운동근거지를 만들겠고, 그리되면 일본정부와 늘 대립이 되고 할 것이니까 제일로 일본정부의 말썽부리는 것을 막기 위해서도 멀리 비밀하게 집단이민 시켰다는 것입니다.

해삼위에서 국경을 넘어오면 밀산密山이라는 지방인데 이 밀산 일대에 동포가 많이 살더군요. 그래서 그곳 동포들에게 신세를 지고 있다가 독립군에 들어갔지요. 독립군에 들어가서 나는 과거 몇 해 동안 소련 공산당정부에 속아서 그 앞잡이노릇을 한 것이 하도 분하고 원통해서 이놈들 공산당의 붉은 군대를 쳐부수고, 강제이민 된 우리 동포 수십만 명을 다시 해삼위 일대에 돌아오게 하기를 원했지만 다른 독립단원들이 나의 제안을 듣고서 '그것은 한때의 감정에 불과하오. 그리고 해삼위 일대에 살던 동포 수십만보다 우리 조국을 왜놈들에게 빼앗기고 있으니 이것부터 찾아놓아야 할 것이 아니냐?'고 반문하니 낸들 하는 수 없이 이들 동지들 말에 아니 따를 수가 없어서 그들을 따라서 흑룡강성으로 올라갔지요. 수 천리 여행해서 조운현鳥雲縣 배달툰倍達屯이라는 곳을 가니까 그 먼 곳에도 우리 동포가 많이 살고 있어서 그곳에다가 우리 독립단, 즉 혈성단 본부를 두고, 단장 김국초 선생, 부단장 김태일金泰日 선생의 지휘 아래서 단원노릇을 하였습니다."

그가 3년간이나 붉은 군대에 있었던만큼 공산당의 정치한다는 문제에 관해서는 그들의 선전은 순전한 거짓말이고, 실지는 무서운 독재정치로서 개판이라는 것이다. 그 공산정권의 두목들이란 레닌이나 스탈린이나 누구나 할 것 없이 인간면에서의 교양이나 신사도의 인격자는 하나도 없고, 음모와 모략과 허위선동으로 정권을 잡아가지고 인류역사상 최대의 대학살과 독재정치를 하여 소련이라는 나라는 제정노서아 시절보다도 훨씬 퇴보해서 야만국에 가깝게 되었고, 국력은 전부를 기울여서 저희들 정권 유지에 급급한 나머지 군비확장에만 써왔다는 것이다. 그들의 소위 5개년건설계획, 제2차 5개년건설계획, 제3차 5개년건설계획 등등이 다 이름만의 경제건설이고 그 실상은 군비확대계획이라는 것이다.

그리고 며칠 후에 우리가 성동원두의 훈련원운동장(지금 국립의료원과 서울 음대 교정)에서 반공계몽강연을 하려고 준비한다니까 김씨가 자청해서 "내가 마술魔術을 대소 할 줄 압니다. 일반청중을 모으기 위해서는 마술이 필요할 것이니 내가 마술을 해서 일반청중을 모아봅시다" 하고 나섰다.

그래서 반탁반공계몽강연회 선전벽보에도 대마술사의 출연이 있다고 해놓았더니 과연 수만 군중이 모여들었다. 김씨는 약간의 마술도구를 준비해가지고 와서 단상에 올라가서 몇 가지의 마술을 한 바 일반 청중뿐 아니라 주최 측도 감탄할 정도로 대환영을 받았다. 약 1시간 동안 마술로써 수만 군중을 끌어모은 다음에 주최 측의 계획대로 반탁반공계몽강연회를 진행했는데, 이 강연이 몇 사람씩 나와서 하는 바람에 청중이 지쳐서 듣다가 헤어지려고 하면 이 김씨가 나와서 잠깐 동안 막간으로 마술을 하여 웃음을 터트려놓아서 다시 청중을 헤어지지 못하게 하였다. 덕분에 그날 강연회는 대성황을 이루었다.

2. 김현주의 북한 정찰

매일같이 우리들 사무실에 나오던 김씨가 갑자기 보이지 않기를 한 달 이상이 되니까 누구든지 이 김씨 소식을 궁금히 여겼다. 그러는 동안에 5월도 가고 6월이 되었다. 우리는 덕수궁에서 열리던 미소공동위원회가 무기 휴회되자 5월 12일에 서울운동장에서 독립전취국민대회를 한 뒤로는 이 미소공위대책연맹도 휴업상태로 들어가고, 나는 애국단체연합회의 일로 매일 종로네거리에 있는 구 동일은행 사옥 3층의 국민회본부 사무실에 임시사무처를 둔 애련사무처로 나왔는데, 6월 하순에 김씨가 나를 찾아왔다. 나는 반가이 맞이하면서 늘 나가는 근원다방으로 김씨를 안내하여 차를 마신 다음에

"그 동안 어디 가셨기에 통 뵈올 수 없었습니까? 우리 동지들이 무척이나 궁금하게 여겼습니다" 하고 물었다.

"내가 지난 5월 초순부터 약 한달 동안 38이북을 다녀왔쇠다."

"지금 38선 넘기가 사선 넘기라고 하는데 어떻게 넘어다니셨습니까? 재주도 용하십니다. 혼자 가셨었나요, 동행이라도 있었나요?"

"38선 넘는 것쯤이야 식은 밥 다루기지요. 문제없어요. 그런데 넘어갈 때는 수월했는데 한 달 후에 넘어올 때는 너무나 대담하게 넘어오다가 일대활극을 별였다우. 그리고 동행은 해방 전에 중국에서 광복군에서 있던 동지들 두 사람을 데리고 갔지요. 그들도 다 무사히 같이 돌아왔지요."

"그 두 분은 누구시오?"

"한 청년은 이종식 동지이고, 한 청년은 고섭 동지라우."

"김 선생이 38이북을 다녀오셨다면 무슨 목적이라도 있었나요? 장사

라도, 명태장사라도 해보시려구요?"

"내가 과거에 장사를 해보았어야 명태장사를 하지, 나는 과거에 혁명운동한 놈이니까 그 방면에 유의하였지요. 즉 38이북의 민정과 소련군 놈들이 우리나라에 와서 무슨 짓들을 하나 염탐하려고 가만히 갔다 왔지요."

"가 보시니까 민정은 어떻습디까? 그리고 소련군대의 점령은 38이남에 비교해서 어떠하고요?"

"내가 강원도 철원을 거쳐서 원산, 함흥, 성진, 청진까지 갔다왔는데 가는 곳마다 백성들의 생활하는 형편은 해방 전보다 더 못합니다. 식량은 일제시절과 같이 배급이고요. 그나마도 잡곡이지 쌀 배급이란 면 당 인민위원장 정도지요. 그뿐 아니라 의복들이 귀해서 해방 전에 입던 옷을 기워서 그대로 입고 다니니 꼴이 아니지요. 거지보다 좀 나은 정도일까? 그리고 소련군대가 각 지방에 주둔하고 있어서 행정면까지 간섭하는데, 순전한 점령국에 들어가서 행패하듯 합니다. 원산항에 와 닿는 배들이 하루에도 여러 십여 척인데 부둣가에 가서 좀 살펴보려 해도 부두에서 훨씬 떨어진 곳까지 출입금지이고, 멀리서 바라볼 수 있는 산에도 올라갈 수가 없어서 바라볼 수가 없었지만, 지방 사람들 말을 들어보면 밤에만 이 배들이 떠난다더군요. 그 배들이 올 때에는 선복이 다 드러나 보이다가 떠날 때에는 만선이 되어가지고 떠나는 꼴을 보면 누구든지 분통이 터질 지경이지만, 그런 소리만 지껄였다가는 귀신도 모르게 내무서원에게 붙들려가고, 간 다음은 어디로 갔는지 그 행방조차도 모르게 되니까 쉬쉬 말도 못한다는 것이요."

"원산항만 그런가요, 성진항과 청진항도 그렇던가요?"

"성진항은 이따금씩 배가 와서 싣고 가고, 청진항은 원산항과 비슷하게 많은 배가 출입하면서 우리나라의 물자를 실어가는 모양입니다."

"38선을 넘어올 때에 일대 활극을 벌였다니 무슨 활극을 연출하였나요?"

"6월 초순이라 일기가 좋아서 그런지 밤에 38선을 넘어오는 동포들이 많아요. 우리 세 사람이 철원 한탄강 기슭에 밤에 도착해서 마악 38선을 넘어오다가 소련군 감시망에 걸렸지요. 할 수 없이 붙들려가서 감시초소 안에 있는 유치장으로 쓰는 창고 안에 끌려갔더니 그날 초저녁부터 넘어가다가 붙들린 사람이 남녀 20여명인데 울고불고 야단들입니다. 그래서 내가 그 동포들을 위로하고 안심시켜놓고, 두 동지들보고서 저놈들이 새벽녘에는 교대할 터이니 교대병이 교대하려 할 때에는 감시병의 수효가 줄어드니까 그 틈을 타서 몇 놈 쏘아죽이고 도망하자고 단단히 약속해놓았지요. 그러고서 밤을 새우는데 이 야만인놈들 꼴 보십시오. 창고 안에 들어와서 20여명 동포 중에서 젊은 여자 몇을 데리고 가려 하기에 내가 소련말로 '너희 붉은군대는 외국에 오면 그런 무례한 짓들을 하기냐? 나도 혁명 당초에 너희들과 같이 붉은군대에서 3년간 복무했다만 그러한 여자에게 무례한 행동은 하지 않았다. 그런 짓을 한다면 혁명의 모독이라고 해서 사형에 처했었다'고 말했더니 그놈들도 얼굴을 붉히면서 돌아나가면서 무슨 지방사투리를 쓰는 것을 보니까 중앙아세아에서 강제로 끌려온 놈들이더군요.

밤은 깊어 새벽녘이 되려하니까 놈들도 피로했던지 한 놈이 따발총을 든 채 꾸벅꾸벅 졸기에 내가 동지들에게 신호하여 일어나기로 하여 내가 겨드랑이에 숨겨둔 권총으로 따발총 든 놈의 머리에 한 방 쏘았더니 쓰러지더군. 그리되자 다른 놈이 그 따발총을 가지러 오는 것을 이종식 동지가 막았지요. 다시 내가 총을 쏘려 하니까 고장이 나서 총알이 안 나가는구려. 그러자 다른 놈이 또 이 동지에게로 달려드는 것을 고섭 동지가 막아내어서 두 군인과 두 동지가 서로들 엎치락뒤치락하는 판에 나는 할 수 없이 내 권총을 뜯어서 고쳤지요. 한 3, 4분 걸렸을까? 그래서 보니까 이 동지와 어울린 소련군의 머리가 위로 올라오고 이 동지의 목을 누르고 있기에 그놈의 머리에 한 방 쏘았더니 대번에 나가떨어지더군. 그 다음에 고섭 동지에게 달려들어서 싸우는 놈을 쏘아서 넘어뜨리고서 세 사람이 창고열쇠를 부수고 억류된 동포 20여 명을 향해서 '빨리 도망치시오. 감시본부에서 총소리 듣고 나오면 우리는 모두 몰살이요!'라고 소리쳤지요. 이리해서 그 동포들과 우리 세 사람이 달음질쳐서 넘어왔지요. 강을 거의 넘어서자 감시본대에서 몇 놈이 쫓아나왔으나 우리가 다 강을 건넜으므로 멀리 대고 헛총만 수십 발 쏘아댑디다. 그래서 우리와 동포들이 구사일생으로 살아왔지요. 지금 생각하여도 권총을 금방 수리해서 다시 쓰게 된 것이 기적이지요."

3. 김현주 일행의 입북 선전활동

소련군과 38선상에서 일대활극을 벌인 끝에 보초병 3명을 권총으로 쏘아 넘어뜨리고 억류된 월남동포 20여 명까지 구출해내온 영웅담에 통쾌한 웃음꽃을 피운 지 얼마 후에 김씨가 나를 찾아왔다. 김씨는 정색을 하고 "서 동지, 내가 이번에 동지를 찾은 것은 내가 동지를 믿고서 이러한 38이북을 다녀온 비밀까지를 토설하였으니 누구에게나 이런 사실을 말하지 말아주시오. 그리고 한 가지 내가 동지를 신뢰하고서 부탁할 것이 있으니 들어주시겠소?"

"무슨 부탁이신데? 나의 힘으로 될 만한 일 같으면 협조해드리지요. 김 선생은 생명을 내놓고 나라를 위하여 일하시는데 뒤에서 협조쯤이야 못할 것이 무엇이요?"

"실은 내가 다시 38선을 넘어가서 이북동포들에게 남한의 자유스런 세상을 알리는 동시에 반공정신을 철저히 가지고 공산당놈들과 싸울 수 있는 정신을 기르도록 선전과 공작을 전개하여보겠으니, 나의 취지를 찬동하신다면 내가 떠나는 데 필요한 물자를 마련해주시오."

"어느 때 떠나시려는지요? 그리고 무슨 물건을 도와달라는 말씀이요?"

"7월에 떠나겠는데 주로 산 속에 들어가서 야영하면서 비밀공작을 펴볼까 하니 야영에 필요한 천막 한 개만 꼭 필요하외다."

"한 2, 3일 여유를 주시오. 그러면 내가 마련할 것이니 그리 아시고 모레 석양에 이곳에서 다시 만납시다."

이리해서 이틀 후에 다시 만날 약속을 하고 김씨와 헤어진 다음 나는 그 길로 단성사 서편에서 병원을 경영하고 있는 국민회 후생부장 최성장 박사를 찾았다. 내가 자초지종 이야기를 하니까 흥미 있게 듣던 최 박사는 "누구나 제 목숨을 아끼는 것인데 그와 같이 목숨을 내놓고서 38이북 동포들에게 계몽선전을 하러 간다하니 이런 일을 협력하지 않고 무엇을 하리요. 내가 국민회에서 쓰려고 남겨둔 광목 1필을 줄 터이니 그것으로 천막을 만들라고 하시오."

약속한 날 석양에 나는 다방에서 만난 김씨와 동행한 이종식 씨를 안내하여 최 박사의 병원으로 갔더니 최 박사는 시간을 내서 그 앞의 중국집으로 가서 김씨에게 "38선을 넘어서 이북동포들에게 반공계몽선전을 하러 가신다 하니 야영에 필요한 천막을 만들기 위해서 광목 1필을 드리겠소. 이것으로 천막을 만들어서 쓰십시오. 그리고 38이북에 가시는 장도를 축하하는 의미에서 저녁이나 같이 합시다."

김씨는 최 박사의 후의에 감사하면서 "거번에 내가 한 달 동안 강원도와 함경남북도를 두루 살피고 왔는데, 그곳에도 우리와 통하는 같은 피가 흐르는 동포들이라는 것을 절실히 느끼고, 앞으로 이들 공산치하의 동포들을 상대로 민족정신을 바로잡아 반공사상을 철저히 가지도록 계몽공작과 동지 규합을 하기로 결심하고서 떠날 것을 서 동지에게 말했더니 이같이 최 박사가 후원해주신다 하니 참 고맙소이다. 나는 해방 후에 특히 이번에 38이북을 다녀와서 결심했습니다. 즉 나는 38이북동포들을 구출하다가 38선을 베개 삼아서 죽기를 재삼 결심했습니다."

초여름밤의 선선한 바람을 쏘이면서 38이북동포들을 우리와 같은 민주주의사상과 민족정신으로 바로잡아주어야겠다는 애족심에 네 사람은 기탄없는 의견교환을 하면서 유쾌한 한때를 보낸 다음 헤어졌다. 그들과 작별하기 전에 최 박사는

"같이 떠나시는 동지가 몇이나 되나요?"

"나까지 다섯 사람이 떠납니다. 이 동지와 그 외 또 세 동지가 있지요."

"그러면 다섯 분이 떠나실 때에 여비로 보태 쓰시오. 약소합니다."

현금 1만원을 최 박사가 별도로 마련해서 주었다. 두 분은 이 동지에게 다시 한 번 감사의 굳은 악수를 교환하고 헤어졌다.

그 뒤에 몇 달 소식이 끊겼다가 그 해 가을에 김씨가 나를 민통으로 찾아왔다. 나는 반가이 맞아가지고 종로2가의 근원다방으로 김씨를 안내하여 차를 대접한 뒤에

"일전에도 최 박사를 만나서 김 선생 이야기를 했습니다. 언제 넘어오셨나요?"

"3, 4일 전에 넘어왔지요. 최 박사는 무고합니까?"

"네, 그동안 경과나 이야기해주실까요? 참 궁금했었습니다."

"그때 곧 떠나려 했으나 동행하는 동지들의 사정도 있어서 8월 초순에야 서울을 떠나서 포천 북방에 있는 국망봉[17]으로 갔지요. 이 산은 큰 산인데다가 산속의 수목이 울창해서 여름철에 숨어다니기가 좋고, 또 이 산 고개를 넘어서면 그 내리막은 바로 38선이어서 38이북에 들어가기도

---

17 포천 동북쪽, 38선 북방 1km 지점에 있는 산(높이 1,168m).

편리합니다. 그래서 이 국망봉 깊숙한 수목 속에다가 천막을 치고서 동지들에게 이북으로 넘어가서 각 지방의 정보를 수집해오도록 하였지요. 네 동지를 두 패로 나누어 2, 3일에 한 번씩 국망봉으로 돌아와서 수집한 정보를 보고하게 하였지요. 그러다가 10여일 지내니까 그곳에서 일하는 것이 38선 너머에 있는 소련군들에게 탐지되어서 다시 그곳을 떠나 200여리 더 들어가서 이북 땅의 강원도 평강을 거쳐 김화읍까지 진출하였지요. 그래서 김화읍내리 당위원장, 이곳 구장과 같은 책임자인 이득주李得珠라는 분과 통하게 되어 그 분의 집에 일행 5명이 가서 10여일을 지냈지요. 그 분이 비록 이북행정기구의 말단책임자일지라도 우리와 사상이 통할 뿐 아니라 우리의 활동을 지지 협력해주어서 각 지방으로 동지 규합을 하며 반공조직을 침투시켜가려 하였으나, 그곳 내무서원 놈들이 냄새를 맡고 우리 뒤를 밟게 되자 할 수 없이 밤중에 산길을 타고서 되돌아왔지요."

"전번의 철원을 거쳐서 한탄강을 또 거쳐 왔나요?"

"아니지요. 포천으로 와서 국망봉 산으로 되돌아와서 그곳에서 38선을 넘었지요. 사실 다시 한탄강 쪽으로 넘어오는 길이 가깝고 길도 좋으나 6월의 사건 후로는 경비 감시병이 전보다 몇 배가 늘어나서 도저히 그들과 대결할 만한 준비 없이 그곳으로 갈 수가 없었지요."

"이번에 이북 땅에 넘어가서 민정을 살펴보니까 어떠합디까?"

"백성의 생활은 봄에 갔을 때나 매한가지로 곤란하지요. 식량배급제도이고. 그런데 이번에 가서 보니까 과거에 그 지방에서 잘 살던 지주층 유지들은 거의 다 다른 지방, 적어도 3, 4백리 떨어져서 도저히 되돌아갈 수 없는 곳으로 강제이주시켰더군요. 그 방법이란 소련에서 혁명 초기에 하던 방식 그대로이지요."

"무슨 방법인데요?"

"이른 새벽에 화물자동차를 가지고 그 사람 집에 와서 가족과 살림을 실어가지고 방향도 안 일러주고 떠나는 것이지요. 자기 살림도 다 챙길 겨를도 없고, 같은 동리 사람들과 작별인사할 겨를도 없지요. 마치 죄인 잡아가듯이 소나 돼지 끌어가듯이 강제로 이주해가는 곳은 대개가 흉악한 깊은 산골, 팔밭 파먹는 두메산골, 인가도 드문 곳에다가 내려놓고 매일 감시를 하니까 마치 죄수를 타관으로 옮겨놓은 것과 같지요. 이러한 환患을 당한 사람이 한 동리에 한두 집은 있으니 당하는 집들이야 그런 비극이 또 어데 있겠소."

이 강제이주시킨 이야기를 하는 김씨는 마치 자기가 당하기나 한 것처럼 분개하면서 눈에 불꽃이 번쩍거리고 입에서는 연신 한숨을 내쉬더니, 먼산을 바라보듯이 멀거니 초점 없이 앞을 바라보다가 다시 말을 잇기를

"내가 또 한 가지 이북실정을 보고 놀라며 한탄한 사실 하나는 각 지방에서 호적을 말살하는 일이었쇠다."

"호적을 말살하다니요, 그게 무슨 뜻이지요?"

"우리네 집안에는 다 호주 밑에 가족이 몇 명씩 딸려서 호적에 실려 있지 않소. 그 호적에 부자관계, 조부모관계 혹 숙질관계 등이 적혀서 한 집안식구의 호적이 있는데, 이북정권에서는 소위 「가족혁명」이라는 미명 아래 부부관계 외의 호적은 다 지웠단 말이요. 물론 한집안에서 부자지간, 숙질간, 조손간이 함께 살지 못하도록 할 뿐 아니라, 호적에도 그 관계를 지워버려서 단지 부부관계만 두는 것이지요. 그러니 가족제도는 부부만을 인정하고, 그 이상은 인정치 않는다는 기본방침이거든요. 동양 3국 중에도 우리나라의 가족제도가 제일 자연스럽게 발달되고 화목한 혈통을 그대로 유지 발전시켜서 수천 년간 내려왔는데, 하루아침에 이 아름다운 풍속을 없애버리려 드니까 이것이 될 말입니까? 우리 민족정

신의 근원을 이루는 가족제도를 말살한다는 것은 민족정신을 그 근본부터 말살하자는 소련정책을 그대로 모방해서 실시하자는 무서운 흉계이지요.”

“들리는 말에 의하면 이북에서는 청년들을 강제로 뽑아다가 군대훈련을 시킨다는데, 혹 그런 사실을 보지 못했나요?”

“아직 인민군 창설은 하지 않았으나, 민청이라는 청년단체가 각 군읍면리 단위로 조직되어서 이것이 읍면리 인민위원회를 받들도록 그 지휘 아래에 두었더군요. 아마도 이 민청 중에서 다시 정예부대로 인민군을 뽑아서 장차 군사훈련을 시키리라고 봅니다. 그리고 지난봄에 갔을 때보다도 공산치하의 행정기구가 더 강화된 것 같읍데다. 즉 내가 금화지방에 가서 그 읍내 읍장과 같은 분의 집에 가서 며칠 묵는데, 그 집 같은 곳도 드나드는 사람의 조사가 심해서 오래 있을 수가 없고, 우리의 조직망을 펴나갈 수가 없어서 되돌아왔지요. 내무서라는 기관도 이제 제법 그 기능을 발휘하는 듯하더군요.”

“그러면 앞으로는 다시 38선을 넘어가보려는 계획은 없나요?”

“왜요, 있지요. 그러나 지금까지와 같은 2, 3인의 무력한 조직 가지고는 일을 못하겠으니 좀 더 유력한 단체를 만들어가지고 38선을 넘어가서 공산치하의 우리 동포들을 구해보려는 계획이지요.”

“그러한 계획은 김 선생 한 개인의 계획보다는 국가적 대정책에서 나오는 거창한 계획이라야 하니까 포기하심이 좋으리라고 생각하는데요.”

“서 동지도 나와 만나서 말하는 보통사람들과 같은 소리를 하는구려. 그러나 나는 이 일을 하다가 38선을 베개 삼아서 죽는 한이 있어도 기어코 실현할 것이니 그리 아시오. 그리고 앞으로도 후원해주시오.”

나는 이때부터 김씨의 계획이 자기 실력에 지나친 일이라고 생각했기에 나 혼자 판단하기를 황당무계한 공상가로 치고, 그의 계획에 귀를 기울이지 않기로 하였다. 그래서 내가 민통 안에서 하는 일은 총재의 지휘 아래 각 애국단체, 특히 청년, 학생, 부녀, 노동단체들을 육성 강화하도록 하는 일인데, 그 김씨가 계획하는 이북 비밀정보계몽선전대 파견을 위한 준비나 비밀운동 일체에는 귀를 기울이지 않았다. 그 뒤 몇 달에 한번정도 만났으나 지나가는 인사정도이지 더 깊이 들어가지 않았다.

1948년 6월 하순의 어느 날 황혼이었다. 내가 자주 나가는 근원다방에 김씨가 찾아왔다. 나는 김씨를 맞이하면서 "오랫만이올시다. 그 동안 재미 좋으셨나요?" 하고 물었다.

"내가 진즉 한 차례 찾아오려 했으나 나 역시 분주한 생활통에 오늘에야 틈이 나서 잠간 들렸쇠다."

"그 동안 늘 이곳에만 계셨나요? 오랫동안 못 뵈었기에 혹 이북 땅에 가셨나 했지요."

"실은 그 동안 준비가 잘 안 되어서 좀 늦어진 감이 있으나 이제 다시 이북에 들어가보려 하오."

"이번에는 몇 명이나 데리고 들어가시오?"

"한 100명쯤, 주로 이북에서 월남해온 청년들인데 그 중에서도 과거 일정시대에 군대생활을 해서 전투경험자들만 모집하도록 했쇠다."

"그런데 38선 넘어다닐 때와는 딴판인 아주 굉장한 계획으로 넘어가시는 모양이로군요. 군정당국도 알고 있나요?"

"아는 사람은 알지요. 빨갱이들만 모르지요. 그리고 과거엔 나 혼자만 무기를 가졌지만 이번에는 대원 전원이 권총 혹은 장총과 칼까지 가지도록 대소 무장하게 했지요."

"한두 사람도 아니고 100여명이나 그와 같이 무장시키는 데에는 큰 고생을 하셨겠군요. 어디서 그러한 무기원조를 받으셨습니까?"

"내가 과거에 소만국경에서 맨주먹으로 혁명운동을 하던 놈인데 그때에 비교하면 지금은 백화가 만발한 봄과 같은 호시절인데 그것쯤 못되겠소. 어떠한 경로로 무기를 입수해서 무장시켰느냐 하는 문제는 다 묻지 않는 것이 동지간의 상식이니까 묻지 마오."

"예, 예. 실언했소이다. 그런데 이번 목적은? 그리고 100여명 청년들은 무엇을 시킬 작정이시오?"

"서 동지, 쉬 쉬 작은 목소리로 하시오. 남이 알아듣겠쇠다."

좌우를 돌아보면서 미소를 띤 김씨는 나의 귀에 대고 나직한 목소리로 "공산치하의 우리 동포를 구하러 가는 게지요. 우리의 공작에 잘 응하는 동포는 포섭해서 동지를 삼고, 우리의 조직에 넣어서 우리의 일에 협력하도록 하고, 김일성이의 앞잡이로서 우리와 통하지 못하는 놈들은 모조리 치워 없애가면서 강력히 일을 전개하기로 하는 것이지요."

"일면 포섭 조직, 일면 타도 투쟁, 이렇군요. 그 일이 잘 될까요? 참 어려운 일일 것 같은데."

"일종의 군대와 같은 조직을 하기로 하여 출발에 앞서서 약 한 달 동안 훈련을 시킬까 하오."

"큰일을 도모하는데 준비 없이 되나요! 잘 하시는군요. 어디서 하기로 장소 마련이라도 하였나요?"

"서울 시내는 남의 이목도 있고 해서 뚝 떨어진 곳을 택했지요. 저 시흥에 한 창고 빈 것을 빌려서 쓰기로 했쇠다. 마침 좋은 동지를 한 분 만나서 그 분의 협력을 얻어서 군대식 훈련은 그 동지가 맡기로 했쇠다."

"그 분이 누구시오? 잘 되셨군요."

"한씨라는 청년으로 월남하여 국방경비대에 들어가서 지금은 영관급 장교지요. 그 분이 나의 이북공작 취지를 찬동해서 나와 생사를 같이 하기로 굳은 약속을 하고서 국방경비대에서 나와서 나와 일을 하게 되었다우. 처음에는 자기 상관인 채 대령이 반대했는데, 그 뒤에 내가 몇 차례에 걸쳐서 채 대령을 설복했더니 비로소 이해하고 찬성할 뿐만 아니라 한 동지까지 붙여서 협조케 된 것이라우."

"그것 참 잘 되었군요. 속담에 고기가 물을 얻은 격이고, 용이 구름을 얻어서 하늘에 오르게 된 격이군요. 그런데 내가 한 가지 김 선생께 권고하고 싶은 것은 이번 일은 어디까지나 김 선생 자신의 책임 하에서 하시오. 누구의 배경이나 후원으로 어느 기관과 관련 없이 해서 뒤에 무슨 문제, 혹 국제적인 문제가 일어나도 김현주 씨 개인행동이지 미군정이나 남한의 무슨 청년단체의 배경이나 있는 것 같이 하지 마시오. 말하자면 의용대義勇隊로서 김현주 씨 개인이 창설 지휘하는 의용대로서 하시오. 만사는 앞뒤를 재어서 하여야 하는 법이니까 김 선생이 어련히 알아서 하실 일이로되."

"서동지의 의견을 내가 잘 참고해서 하리다. 그런데 이 의용대 이름을 무엇이라고 할까 생각 중이요."

"그런 것이야 백범 선생에게 가서 상의하시오. 그러면 좋은 이름이 나올 것이 아니겠소."

"싫소. 공산당을 모르는 백범은 1년 이상 찾아가지 않았쇠다. 이규채 씨나 살았으면 꼭 이번에 동행하겠는데 그 분이 돌아가셨으니 막막하외다."

왕년에 이시영 선생을 모시고 독립군 사령관노릇 하던 이규채 씨를 사모하는 듯 감회 깊은 듯이 한숨을 내쉰다.

"김 선생, 내가 이규채 씨의 소개로 선생을 처음 만났을 때의 인상은 나뿐 아니라 그 자리에 같이 있던 10여 명의 동지들도 다 같이 느낀 바이지만 공산당에 대한 적개심이라든지, 공산당을 쳐부숴야겠다는 그 용맹스런 정열이라든지, 당신의 부릅뜨는 사나운 눈동자라든지 마치 맹호가 수풀 속에서 뛰어나와서 소리치는 것과 같은 인상이니 의용대 이름은 맹호출림부대라고 이름 지으면 근사할 것 같은데, 그리고 그런 용기를 대원들에게 불어넣어주는 것도 의미 있는 일이 아닐까요?"

"그것 근사한 이름인데 내가 참고하겠쇠다."

오랜만인지라 내가 자주 가는 대창옥에 가서 저녁을 같이 한 뒤에 수중에 남은 돈이 있어서 꺼내어 김씨 포켓에 넣어주면서 "이거 약소합니다만 가실 때에 여비에 보태 쓰십시오"라고 하였다.

"내가 시흥에서 한 달 있다가 8월에는 이북으로 들어가겠는데, 혹 떠날 때에도 서로 만나지 못할 것 같으니 이제 아주 작별인사를 합시다. 몸 편히 일 잘 하시오."

"부디 성공을 빕니다. 건강에 유의하십시오. 자! 안녕히 가십시오."

김씨는 새로 이사 간 후암동 쪽으로, 나는 하숙집이 있는 가회동 쪽으로 종로네거리에서 헤어졌다.

4. 호림부대의 활약

그 뒤에 몇 달이 지났다. 나는 초겨울 어느 날 저녁때에 을지로입구에 있는 감찰위원회 앞을 지나다가 우연히 이종식李鍾湜 씨를 만났다. 그래서 김씨 소식을 알고자 하여 이씨를 이웃에 있는 다방으로 안내한 뒤 물었다.

"내가 김현주 씨를 지난 6월 하순에 만나고 지금까지 소식을 몰라서 늘 궁금하게 여기던 참인데 참 반갑습니다. 이 선생은 김씨와 같이 안 가셨던가요?"

"웬걸요. 7월에 시흥에서 한 달 훈련시켜가지고 횡성으로 갔지요. 횡성에 가서는 읍내에서 30리 밖에 있는 구룡사라는 절을 하나 치우고 그곳에서 한 달 동안 또 훈련했지요."

"무슨 훈련을 또 했나요?"

"주로 산악전山岳戰에 관한 훈련이었지요. 그래 나도 김 선생을 따라서 이북에 들어갈 양으로 있었는데, 8월 중순에 신문보도로 내가 감찰위원이 된 것을 알자 이북에 들어가는 일을 포기했지요. 그래서 8월 하순께 이 의용대가 횡성을 떠나서 38선 경계인 인제까지 가서 그곳에서 김 선생과 작별하고, 나는 곧 서울에 돌아와서 오늘까지 이 감찰위원회에 출근하지요."

"그러면 인제지방에 들어간 뒤의 소식을 아시나요? 지금 김 씨는 어디 있나요?"

나의 묻는 말에 이씨는 한숨을 내쉬면서 "김 선생은 9월 중순 인제 땅에서 공산군과 싸우다가 전사했답니다. 좀 구체적으로 말하지요. 나도 인제 땅에 들어가지 않고 서울로 돌아와서 늘 소식을 몰라서 궁금히 여겼는데, 지난달에야 그 의용대에 같이 갔다가 살아나온 동지 한 사람이 내게 찾아와서 소식을 알게 되었지요."

"김씨가 죽다니! 늘 자기는 38선을 베개 하고서 죽는다고 하더니 말대로 됐구려. 인제에 가서 어찌 되었나 자세히 말해주시오."

"시흥에서 의용대 훈련할 때에 청년들이 불어나서 200명이 되었지요. 주로 국방경비대에 들어가서 군대생활 하던 청년들이 그 경비대를 그만두고 이 의용대로 와서 횡성 절에 가서는 산악전투에 관한 맹훈련을 해가지고 9월 초순에 횡성을 떠나서 38선을 돌파하여 인제 땅에 200여 명 무장한 군인들이 들어가서 3일만에 인제읍을 점령했다나요. 점령하자마자 곧 식량창고를 털어서 1,000여석 있는 쌀을 읍내사람들에게 배급 주었답니다. 그 뒤에 군 내의 각 면을 돌면서 반항하는 민청과 내무서원들을 진압하고 곳곳마다 태극기를 내걸고 식량창고 있는 곳을 두 곳이나 또 접수하여 읍에서와 같이 그곳 사람들에게 무상으로 배급 주었다나봐요. 그곳에 쳐들어가서 한 보름 동안 인제읍을 중심으로 각 면 내의 공산당을 타도하고 그 정치 하에서 신음하는 동포들을 자유세계로 해방시키고 있다가 다시 다음 지방, 즉 양구, 화천 방면으로 진격하려고 계획을 세우고 있을 때 불의에 공산군 대부대의 포위 습격을 받아서 200여명 의용대원과 함께 싸우다가 중과부적으로 전멸당했답니다. 한창 전투가 벌어지고 있을 때에 나를 찾아온 사람과 또 두어 사람만이 겨우 도망쳐서 빠져나와 요행히 살아서 서울에 돌아오고, 사령관 김씨와 참모장 한씨 외 전 대원이 놈들의 포위망을 벗어나지 못하고 다 전사했답니다. 참혹한 장면이 벌어졌겠지요."

"이북 땅이 무방비상태인 줄 알고서 그렇게 무모하고도 대담한 일을 저질렀을까요?"

"그 전에 두 차례 가보니까 특별한 방어시설이나 군대가 없었으므로 2년이 지난 오늘에도 별일 없으리라고 정세판단을 잘못 하였지요."

"이북 소식을 늘 듣는다더니 매일매일 달라지는 이북실정을 떠나기 전에 충분히 조사 검토치 않고서 그런 무모한 짓을 했단 말이요? 참 어리석은 짓들을 했군요."

"그리고 김씨가 개인적으로 사격은 잘 한다 하지만 크고 작은 부대를 이끌고 전투지휘관노릇을 한 경험이 없었나봐요. 그러니까 적이 포위하는 것도 모르고 있었지요. 참 애석한 일입니다."

"내가 지난 6월에 김씨와 만나서 경솔히 거사할 생각 말고 건국도 되었으니 우리 군대에 들어가서 우리 국군 양성과 그 강화에 주력해서 일조 일 있을 때 나서서 적을 무찌를 실력 준비나 하라고 해도 듣지 않고 소소한 영웅심리에 사로잡혔었어요. 언필칭 '공산군과 싸우다가 38선을 베개 삼아 죽는 것이 내 소원'이라고 늘 말하더니 자기 운명을 자기가 결정짓고 말았습니다그려."

"지난달엔가 어느 신문에 난 일이 있지요. 호림부대라는 의용군대가

38선 이북에서 공산군과 전투하여 부대가 전멸하였다고. 그것이 바로 이 김씨가 인솔한 부대이지요."

그 뒤 2년이 지났다. 6·25가 터져서 우리가 부산까지 피난 갔다가 3, 4년 만에 다시 서울에 돌아온 후에 시청 옆에서 또 이종식 씨를 만났다. 길가의 다방으로 들어가서 차를 마신 다음에 내가 "김현주 씨 유가족은 어떻게 삽니까?"하고 물었다.

"그의 미망인이 1남 2녀를 거느리고 장사를 하여 근근이 어려운 살림살이를 하지요. 그런데 6·25때 서울을 점령한 공산군들이 8·15해방기념이라고 저녁에 학교운동장에서 활동사진을 구경시키는데 놈들 말이 우리는 대한민국이 먼저 우리 38이북 땅을 불의 습격해서 점령한 사실을 폭로한다. 점령당한 곳은 강원도 인제군 일대이다. 그 실황을 보라 하면서 호림부대가 인제를 쳐들어가서 태극기를 꽂고, 식량배급을 하는 광경을 구경시키더라는 것입니다. 그 호림부대원들의 복장부터 이북의 공산군대와 다른 복장, 즉 우리 국군복장인 데는 놀랐답니다."

"호림부대라는 순전한 민간인들로 된 의용군들이 인제 땅 산골에 들어간 것을 놈들은 6·25 남침 때의 큰 구실을 삼았구려. 놈들의 선전과 모략의 수단도 무던하외다."

XI. 시남是南[18]의 유지遺志

1. 시남의 결단

해방되던 해 가을이다. 동대문 안 복음교회福音敎會로 주일예배에 갔더니 최태용 목사는 나를 보고서 "서형! 내일은 우리 어머니 1주기이니 석

18 최태용(崔泰容)의 호.

양에 나오시오"라고 하였다. 다음날 석양에 나는 최 목사가 사는 교회사택으로 갔더니 교우 여러 분이 참석하였다. 최 목사 어머님의 초상을 모셔놓고 경건한 추도회를 마친 다음 최 목사는 10여 명 교우 앞에서

"해방이 된 지도 벌써 두 달이 넘었는데 소위 민족의 지도자라고 하는 사람들은 제각기 정당 하나씩을 만들어서 서로 싸움질만 일삼지, 먼저 국권國權을 회복해보려는 독립운동은 하지 않으니, 내가 해방 전과 같이 한 교회 안에만 처박혀서 나라가 다시 외국사람들 손에 넘어가는 꼴을 앉아서 볼 수 없게 되었소. 그래서 교회일은 앞으로 지동식池東植 목사에게 맡기고 국민계몽운동에 나서려 하는데 여러 교우들의 의향은 어떠하시오?" 하고 물었다.

해방 전 20년간 우리나라의 예수교회(프로테스탄트교회)의 혁신, 즉 신앙혁명과 한국적인 교회를 부르짖고 복음부흥운동을 전개하던 최 목사가 해방된 조국의 현실을 한탄한 나머지 대중계몽운동에 몸소 나서보겠다는 높은 뜻을 반대할 사람은 없었다. 교우들의 찬동을 얻은 다음 최 목사는 다시

"내가 대중계몽운동을 시작해보려는데, 나의 취지에 찬동하는 교우들 중에서 나를 도와서 이 계몽운동에 고락을 같이 할 사람은 내일부터 매일 이곳에 한차례씩 모이도록 합시다. 그래서 이 계몽운동을 전개할 모체母體가 되는 한 기관을 만들어봅시다"고 하였다.

이리하여 나는 그 다음날부터 매일 최 목사 댁으로 가서 몇몇 교우들과 머리를 맞대고 대중계몽운동을 펴기 위한 기관을 만드는 일을 토의하기 시작했다. 약 한 달가량 지나는 동안에 이 운동의 취지와 강령을 만들고 그 기구도 마련해서 12월 초순에 창립한 것이 「신생회新生會」이다.

이 신생회를 창립하자 회장직을 맡은 최 목사는 첫 단계의 사업으로 「정당 부인, 국민운동 추진」 계몽강연회를 시내 종로2가 기독교청년회

관 강당에서 시작하였다. 최 회장은 「국민운동에 총궐기하자!」라는 연제 아래 다음과 같은 요지로 연설하였다.

「일본의 쇠사슬에서 풀려났다는 8·15해방의 감격이 식기도 전에 우리 강토는 남과 북으로 두 동강이 나고, 겨레는 좌左와 우右로 갈라져서 북쪽은 소련군에게 남쪽은 미군에게 점령되어 그들 군정을 받게 되었습니다. 이때를 당하여 우리 국민의 지도자들은 40년간 나라 없이 살아온 뼈저린 설움을 서로 되새겨가면서 한데 뭉쳐가지고 국권을 회복하여 우리도 남의 나라처럼 독립을 이룩하여 외국 군정을 벗어나야 할 것입니다. 그래서 제일 급하고 중요한 것이 국민이 한 덩어리로 뭉쳐서 먼저 독립을 이룩하여야 할 것인데, 이 일을 완수하려면 전 국민이 총궐기토록 하는 국민운동을 전개해야 합니다. 그런데 지금 국내정세는 어떠합니까? 소위 지도자라는 사람들은 서로 한 덩어리로 뭉칠 생각은 하지 않고 몇몇 사람들과 클럽을 만들어 정당간판을 쉽사리 내걸고 대정치가나 된 듯이 뽐내면서 서로 중상모략을 일삼으며 싸움질만 하고 있습니다. 이래 가지고는 몇 해를 가도 독립될 가망이 없으니 이때에 우리 국민대중은 이 정치싸움에 휩쓸리지 말고 궐기해서 국민운동을 전개해야겠습니다.」로 말머리를 시작하여 열렬히 대중계몽강연을 1시간 이상 하여 만장한 청중을 감동케 하였다.

필자도 최 회장의 열의에 감복해서 「이조 당파싸움의 시작」이라는 연제 아래 다음과 같은 요지의 강연을 하였다.

「지금으로부터 삼백육, 칠십년 전 선조대왕시절에 사신으로 서인西人 황윤길黃允吉과 동인東人 김성일金誠一이 일본에 갔다 와서 황씨는 일본이 우리를 치러 올 염려가 있으니 나라를 튼튼히 방어토록 하자고 주장하였으며, 김씨는 반대로 일본이 우리를 치러 오지 않을 것이라고 주장하였습니다. 그러므로 이것이 또 한 번 동서 양인 싸움의 근원이 되어

옥신각신 2, 3년 동안 당파싸움만 하고 나라방비는 허술하게 하다가 임진왜란을 당했습니다. 이 난리도 당파싸움을 하지 않고 나라방비를 튼튼히 했더라면 일어나지 않았을 것을 조정에서 싸움질만 하고 나라 방비를 소홀하게 하는 것을 염탐해서 알게 되니까 일본이 우리를 업수이 보고 쳐들어왔던 것입니다. 말하자면 동서 양인의 싸움이 임진난리를 끌어온 결과라는 것을 우리는 돌이켜 생각해볼 일입니다. 8년 풍진에 민족이 큰 곤욕을 당했음에도 불구하고 반성과 회개를 하지 못하고 계속 당파싸움질만 하다가 결국은 나라가 망했던 것입니다.」로 시작해서 「우리 국민들 마음속에 뿌리박힌 당파 짓기 좋아하고, 분쟁을 일삼는 것을 뿌리 뽑는 운동을 전개하자」고 호소하였다.

몇 차례 청년회관에서 강연하다가 신탁통치문제가 나오자 신생회도 선두에 나서서 탁치반대운동을 하기로 하여 탁치반대운동기관과 보조를 같이 하다가, 미소공동위원회가 열리자 이것을 분쇄하기 위한 운동기관을 만들기로 하여, 다시 미소공위대책연맹을 여러 애국단체의 협력 아래 결성해서 대중운동을 펴나갔다.

2. 독립촉성국민회 참여

반탁 독립운동을 계속하여 거족적으로 하기 위한 기관으로 독립촉성국민회가 발족하자 하루는 최 회장이 나에게 다음과 같이 말하였다.

"서형! 내가 지난 가을에 국내정계 사람들에 대하여 크게 실망을 느끼고 대중계몽운동을 일으키자고 신생회를 만들었었는데, 그 동안에 우리나라 사람들도 국민운동의 절대필요성을 느끼고 그 운동기관까지 만들어서 일을 하려고 하니 우리나라도 앞으로 독립될 서광이 비쳐서 그러니 우리도 이 국민회와 손을 잡고 더 활발하게 대중운동을 펴나가도록 합시다. 그런 취지로 서형이 이 국민회와 자주 연락을 가져보구려!"

국민회 본부에는 반탁운동 이래로 같이 운동을 하던 동지들이 있어서 피차간 연락과 제휴가 잘 되었다. 그러다가 1947년 5월 12일 독립전취국민대회를 계기로 애국단체연합회가 생겨서 이 회의 선전책임위원이 된 나는 이 책임을 다하기 위해 국민회와 공위대책연맹 등과 매일같이 긴밀한 연락을 취해오다가 7월에 이승만 박사 직접 영도 하에 민족통일총본부(민통)가 생기자 나는 그 기관에 들어가서 지금까지 해오던 운동을 계속해서 할 수 있게 되었다. 즉 수백여 개 애국단체와의 연락을 맡아서 해가지고 수시로 총재인 이 박사에게 보고하여 그 지휘를 받게 되었다.

3. 미군정의 좌우합작정책

8월 하순에 최태용 선생은 나를 보고서 "서형! 내가 며칠 전에 이묘묵李卯黙(*하지* 중장의 통역 겸 비서)씨 소개로 *하지* 장군의 정치고문이라고 하는 미국무성 파견원 *버치*라는 사람을 만났지."

"그게 바로 좌우합작을 추진한다는 장본인이 아닙니까?"

"그래요. 이 자가 미국무성에서 지령을 받아가지고 한국에 와서 좌우합작을 시켜보려고 노력하는 자이지. 그래서 내가 대뜸 *버치*에게 묻기를

'남한에서 좌우합작이 성공될 줄 아느냐?'고 물었더니 *버치* 말이

'합작이 성공되기를 바라고 힘써본다'고 대답하기에 내가 다시 묻기를

'소련이 볼셰비키혁명 후에 자기 나라 안에서나 외국과의 협상으로, 즉 사상적인 면에서, 다시 말하면 공산주의를 얼마쯤 포기하면서 민주주의와 타협한 일이 지금까지 있느냐? 특히 제2차대전이 끝난 오늘까지 타협해서 국제적으로 이루어놓은 일이 있느냐?'고 물었더니 그는 말하기를

'합작된 일이 없다. 그러나 남한에서는 소련사정과 다른 만큼 되리라고 본다'고 말하기에 내가 말하기를

'공산주의자는 소련이나 중국이나 한국이나 당신네 미국국민일지라도

다 같은 공산주의자이고, 또 국제공산주의 테두리 안에서 움직이니까 어떤 나라 공산주의자이든지 소련의 지휘와 명령을 받는 자들이니까 절대로 사상적으로 합작이 안 된다'고 말했지. 그러니 결론으로 한국에 있어서도 공산주의자들과 합작이 안 될 것이라고 말했지."

"그 사람이 아직 공산주의를 잘 모르는 학창에서 갓 나온 학자나 얼치기 정객인 모양입니다. 과거에 공산주의를 하다가 해방 후에 민주주의로 돌아선 사람들이 다 말하지 않습니까? 합작이 되지 못한다고. 그리고 이번에 좌우합작에 나왔다는 좌측대표라는 인물들이 공산당대표가 아닙니다. 우선 좌측대표 여운형呂運亨 씨부터가 언제 공산당을 한 사람입니까? 그리고 공산주의이론도 철저히 모르는 분이라고 세상에서 말하지 않아요? 조선공산당이 정말 좌우합작을 하고 싶으면 그 대표자인 박헌영朴憲永이를 내세워야지요!"

"그런데, 큰일 난 것이 있어!"

"무슨 큰일이 났나요?"

"좌우합작을 추진한다 하니까 남한에서 요 몇 달 동안 눌렸던 공산주의자들이 기운을 얻어서 활동을 개시했다는 풍문이여. 서울이나 시골에서 숨었던 빨갱이들이 다시 생기를 회복해가지고 미군정에 버젓이 나타나서 「무슨 회」다 「무슨 연구」다 하고 들고 일어서고 있다는 것이여. 요 한 달 동안에 서울시내의 좌익활동이 현저히 눈에 뜨일 정도로 활발해졌단 말이요. 이것들이 나와서 활동을 시작하면 또 무슨 짓들을 저지를지 모르겠거든!"

"일간 한 차례 민통에 나오셔서 이승만 박사께 ***버치*** 만났다는 것과 남한에서 공산주의자들이 되살아 나와서 움직이는 것이 심상치 않다는 등 이런 정보를 말씀드려주시지요."

"내가 올 봄에 돈암장으로 가서 윤치영 씨 안내로 이 박사를 만나뵈옵고 국민운동 추진을 건의한 일이 있는데, 한번 찾아뵈옵겠으니 면회 알선을 하시오."

다음날 아침에 이 박사를 뵙고 최 선생은 다음과 같은 말을 하였다.

"일전에 제가 ***하지***의 정치고문이라는 ***버치***라는 사람을 만나서 이야기해보니까 공산주의에 대하여 백지이더군요. 공산주의를 철저히 모르는 그런 자들이 와서 한국 내 공산주의자들 보고 우익과 합작을 하여보라고 그 합작 추진에 날뛰니 한심한 노릇입니다. 공산주의자들이 합작하지 않을 것을 각오하면서도 가면으로 응하는 척하면서, 지금까지 지하에 숨었던 빨갱이들을 지상에 끌어올려서 그 조직을 강화하고, 그 활동을 활발히 한다는 말이 떠돕니다. 그러니 지금까지 반탁운동 이래 활발히 전개되어나오던 국민운동에도 지장이 생겨나고 있으니, 박사님께서 ***하지*** 장군이나 미군정장관에게 권고하셔서 좌우합작을 단념하라고 하십시오. 좌우합작이 안 될 것은 뻔히 아는 사실인데, 한국사정에 어두운 미군들이 쓸데없는 짓들을 벌여서 결과적으로 빨갱이 극렬분자들을 부활시켜서 그들을 활발하게 준동케 하는 반면에 우리 민주진영은 국민운동 전개에 막대한 지장만 생겨납니다. 방금 경향각지에서 공산당원들의 활동이 점점 활발해진다는 정보를 박사님도 들어서 아실 것입니다."

이 박사 : "나도 좌우합작이 잘 안 될 줄 알아. 그래서 김 박사(김규식) 보고도 권고했지. 또 ***하지***보고도 '좌우합작이 외국에서 성공된 실 예가 없소. 또 제2차대전이 끝난 후의 소련은 이웃나라를 새로운 타입의 침략정책으로 침략행위를 하고 있어서 앞으로 민주주의와 타협이 되지 못할 것이라고 나는 보는데, 당신은 어떻게 보느냐'고 물으니까 ***하지*** 말이

'나는 소련이나 다른 나라에서 못 되었지만 남한에서는 좌우합작이 성공될 줄 믿고 흥미를 가지고 기대한다'고 대답하기에 내가 다시 묻기를

'좌우합작을 당신이 추진하는 바람에 남한에서 숨져가던 공산당이 다

시 되살아나서 각처에 공산당간판을 다시 내걸고, 그들의 선전과 조직을 활발히 하고 있는 현상을 아느냐'고 물었더니

'데모크라시를 국시國是로 하는 우리 미국에서도 그들의 활동은 보지만 별 염려는 없지 않느냐'고 말하기에 내가

'미국과 한국의 사정은 다르지 않소? 38선 너머에는 공산주의나라가 되어가고 있고, 강대한 나라의 권력으로써 공산주의 선전과 그 조직을 펴가고 있어서, 이 남한도 38이북과 같이 만들어보려고 매일같이 38이북에서 수백 수천 명의 공작원이 넘어오고 있는 것을 알면서, 안정된 나라인 당신네 미국을 표준으로 삼으려 하느냐'고 말했더니 *하지*는

'남한의 치안과 국민의 생명 재산은 내가 자신을 가지고 확보하니까 쓸데없는 걱정을 마시오'라고 하기에 하도 어이가 없어서 그 사람과 말은 그만두었어. 나도 이 좌우합작문제를 가지고 큰 관심을 가시고서 주시하고 있지."

"박사님, 좌우합작이 안 되는 것뿐만 아니라 우리 민족진영에 큰 혼란과 피해가 오고 있으니 앞날을 위하여 큰 걱정이올시다. 이 좌우합작을 정책적으로 정계 상층부에서 막아내야지 국민운동만을 가지고는 그 혼란과 피해를 막아낼 도리가 없습니다."

"남한의 군정책임자가 추진하니 할 수 없지. 잠시 두고 보다가 무슨 계책을 써 보아야 하겠으니 조금 더 그 추이를 관망하기로 할 수밖에 있겠소?"

이 박사와 회담을 마치고 나온 최 선생은 뜰 앞에 나와서 나직한 목소리로

"일전에 김 주석을 만나서 좌우합작문제를 가지고 그 전망을 물어보았더니 김 주석은 약간 기대를 가지고서 합작되기를 원하고 있던데, 이 박사는 전연 기대를 걸고 있지 않고, 오히려 우리 민주진영에게 큰 혼란

과 피해가 있으리라고 보는 것을 보니까 역시 정계를 내다보는 안목眼目은 이 박사가 누구보다도 훨씬 윗줄이여. 세상에서 3영수領袖라고 하지만 벌써 두 분은 국민을 영도할 만한 식견識見이 부족함이 인증되고, 우리가 추대할 만한 영도자는 오직 이 박사 한 분뿐이거든!"

"진주만을 일본이 공격하리라는 것을 그 10년 전에 예언한 분이 한 1, 2년 후의 일을 내다보지 못하겠습니까?"

"그러니 서형! 국민운동이나 대중운동은 대중을 올바르게 인도할 수 있는 지도자를 골라서 그 지도자만 따라가도록 하는 선도자先導者의 일이 중요하단 말이오. 말하자면 김 주석과 같이 양다리를 걸고 디디어보려는 분과 이 박사같이 뚜렷하게 한 길만 가리키면서 따르라고 하는 분과 누구를 우리가 따라가야 하느냐? 즉 이 박사의 지도하는 길만을 따라가야 한다는 것을 강력히 부르짖고 앞장서서 나아가는 일이 현 단계에서는 가장 중요한 일이거든."

"국민회나 여러 애국단체에서 벌써 김 박사는 3영수의 자리에서 떨어졌다고 그 비난이 대단합니다. 지난 5월 12일에 서울운동장에서 독립전취국민대회를 하던 날에 김 박사는 무엇이라고 서울시민 10여만 명 앞에서 부르짖었습니까? '우리의 자주정부를 서울이든 대구이든 제주도 한 구석에 가서라도 세우거든 그 정부를 우리가 받들고 나가다가 우리가 한 무더기에 들어가서 죽자'고 하지 않았어요? 그 입에서 침이 마르기도 전에 공산당과 타협을 해서, 미소공동위원회를 다시 열어서 그 위원회에서 세우려는 임시정부를 우리가 지지해서, 5개년 신탁통치를 받아보자는 밑바닥 깔린 좌우합작위원회라는 것을 추진한다는 그 동기부터가 의심스럽습니다. 확고한 지도이념이 서지 못하고서 바람 앞에 갈대같이 흔들리는 분을 지도자로 내세우고 따라갈 수 있겠습니까?"

"내가 지난봄에 중경에서 돌아온 임시정부 사람들에게서 들은 바로는 김 박사도 공산주의를 청산하지 못하고 있다나봐. 그래서 해방 후 환국하려 할 무렵 임시정부를 개편할 때에 김규식, 김원봉, 성주식, 김붕준 등을 임정부서에 끼우지 않으려 해서 오랫동안 옥신각신하다가 끼워서 같이 귀국한 것인데, 얼마 동안은 공산주의냄새를 피우지 않더니 반년쯤 지나니까 차차 제 본색들을 나타내서 뿔뿔이 튕겨져 나간다는 것이여!"

"옳습니다! 그들은 해방 전에 중국에서 민족혁명당을 지금 38이북에 와 있는 김두봉金枓奉이와 같이 했습니다. 즉 김 박사가 민족혁명당의 당수이고, 김두봉이는 부당수이었다지요?"

"결국 좌우합작을 한다는 미명 아래에 죽어가던 남한의 공산주의자들을 다시 살려서 그들의 활동무대를 만들어주어서 38이북과 이남을 다 공산주의세상으로 만들어보려는 정치적 음모가 숨어 있는 것이 아닐까? 이런 때일수록 대중운동단체인 국민회같은 곳에서 국민을 일깨우는 소리를 크게 웨치고 나서야겠는데, 요새 국민회 본부를 가보니까 일하는 것 같지 않더군. 몇 달 전의 그 활발하던 모습이 사라졌어요."

"국민회 본부 동지들도 가끔 격려해주시지요. 특히 좌우합작위원회가 발족한 이래로 한 번도 이에 대한 태도를 밝히는 성명이 없어서 국민들은 궁금히 여기고 있다고 말씀하시지요."

그 뒤 한 달쯤 후에 최 선생은 나를 보고

"지난번에 국민회가 개편되었다기에 새로 나온 간부들을 격려라도 해주려고 한두 번 찾아가도 통 만날 수가 없어요. 그들 책상 위에는 먼지만 뿌옇게 쌓였으니 이 사람들이 무엇을 하는지 모르겠거든!"

"제가 듣기로는 개편된 국민회는 한국독립당에 너무나 치우쳤다는 비평입니다. 그리고 해방 후에 반탁운동 등 대중운동을 하던 동지들이 드물고, 얌전한 샌님 같은 분들만 감투를 쓰고서 들어앉았다는 비평이 돌고 있습니다."

4. 시남의 좌우합작위원회에 대한 평가

그 뒤에 철도파업이다, 영남일대 폭동이다 등 공산당들의 난동이 심했다가 겨우 가라앉힌 지 얼마 후에 최 선생을 만났더니

"내가 2, 3일 전에 중앙청에 가서 군정장관 보좌관인 ***윔스***를 만났지. ***러취*** 장관을 만나게 해달랬더니 그 분 말이 장관은 외출 중이라고 해서 그 보좌관과 대화를 나누었는데, 그는 주로 정치문제를 다루는 보좌관인 모양이여. 이 분은 꽤 우리말도 할 줄 알아서 처음에는 영어로 하다가 나중에는 한국말로 하였지. 친절하더군."

"네, 저도 몇 차례 만났습니다. 그 분은 과거 해방 전에 선교사의 아들로 우리나라에 오래 살던 사람이란 말이 있습니다."

"내가 ***윔스***에게 묻기를 '철도파업이다, 영남폭동이다 하는 큰 사건이 왜 일어났는지 그 원인을 조사해서 밝혀보았느냐?'고 물었더니, 그는 대답하기를 '조선공산당이 지령해서 한 짓이 아니냐?'고 하기에 내가

'물론 조선공산당이 한 짓이고, 그 배후에는 38이북의 소련군정이 있어서 그 조종 하에 벌린 난동이지만, 38이북 공산당이 조종한 것 이상으로 남한에서 그들의 폭동을 유발誘發시킨 단체가 있는데 그것을 아느냐?' 고 물었더니 그는 깜짝 놀라면서

'그게 무슨 단체이냐?'고 반문하기에

'그게 바로 좌우합작위원회요. ***하지*** 장군이 총지휘해서 만들어놓은 남한의 최고 정치단체인 좌우합작위원회요'라고 말했더니, 그는 의아스런 눈초리로

'어떠한 근거를 가지고 그렇게 말하느냐?'고 묻기에 나는 노골적으로 말했지.

'작년 말에 모스크바 3상회의에서 한국에 신탁통치를 하기로 결정한

이래 한국의 공산주의자들은 그 결정을 지지하고 나섰기에 그네들은 대중의 지지를 못 받고, 그들 단체는 남한에서 간판을 붙이고 행세를 하지 못하고 지하로 숨어버리게 되었던 것인데, *하지* 장군이 좌우합작을 하라고 그 추진을 하는 바람에 그들이 숨었다가 다시 나와서 공산당조직을 강화하고, 그네들 특수한 모략선전을 활발히 전개해서 요 몇 달 동안에 남한일대에 공산당뿌리를 박고 제1차로 활동을 개시한 것이 바로 철도파업이요. 이는 자기네 공산당의 조직과 단결의 실력을 한번 과시한 것이요. 여기에 우리가 굴복치 않고 곧 그들을 진압하고 파업을 수습하니까 제2차로 방법을 달리해서 대구를 중심으로 해서 소위 인민봉기人民蜂起를 음모한 것이요.

만일 좌우합작위원회가 안 생겼던들 그네들 공산주의자들이 지상에 나타나서 공공연하게 활동을 못했을 것이니, 그네들이 파괴·살인·방화·폭동을 할 수 있는 기회를 주고 그들 활동을 합법적으로 인정한 것이 미군정이니까, 그리고 그네들 폭동·살인·방화·파괴분자들을 정치범이라는 미명하에 석방하라고 주장하는 것이 바로 좌우합작위원회가 아닙니까? 이러한 근거를 가지고서도 좌우합작위원회를 남한에서 존속시킨다면 남한의 애국단체나 애국자들이 가만히 있지 않을 것입니다. 이것을 참고해서 남한의 정세를 올바르게 내다보고, 그 대책을 마련하여야 하리라고 봅니다. 만일 지금과 같이 합작위원회를 그대로 두었다가는 무슨 일이 벌어질지 모릅니다.'

윔스 : '고맙습니다. 장관이 돌아오면 당신의 의견을 전달하겠습니다. 그런데 지금 말씀한 의견은 개인적인 의견이오, 혹은 어떤 단체의 의견입니까? 만일 단체적인 의견이라면 무슨 단체의 의견인가요?'

'내가 지금 말한 의견은 내 개인 자격으로 한 것이지만, 이것은 공산주의자가 아닌 민주주의신봉자라면 누구나 공감共感하는 의견입니다. 다만 한국민이 당신들을 신뢰하기에 참고 말하지 않는 것일 뿐입니다. 그러나 그 참는 것도 어느 한도가 있을 것이 아니오이까? 그 한도가 넘으면 걷잡을 수 없는 대중심리는 무슨 일을 저지를지 모르는 것이 아닙니까? 지금 남한의 민주진영은 비상한 관심을 가지고 미군정당국의 시책施策을 주시하고 있습니다. 작년 이맘때, 즉 당신들이 우리 남한에 처음으로 상륙했을 때의 감격어린 고마운 마음으로 환영하던 때의 심리와는 딴판인 심리로 전 국민감정이 변한 것을 관찰하여야 합니다.'

윔스: '그 점은 우리도 짐작하고 있어서 대단히 미안하게 생각합니다'고 대답했습니다."

5. 이승만 박사의 도미 결단

다시 한 달이 지난 11월 중순 어느 날 최태용 선생이 민통에 와서

"서형! 요새 국민회 본부를 가보았소?"

"아니오. 못 가보았습니다. 왜 그러십니까?"

"지방에서 올라온 국민회 동지들이 하도 답답해서 본부를 찾아가도 누구하나 상대하여 말해주고, 우리 지방실정을 호소해도 들어주는 사람도 없으니 무슨 면목으로 지방에 가서 중앙에 다녀왔다는 보고를 합니까? 본부는 잠자고 있지만 우리 지방에서는 이렇지 않습니다. 이래가지고는 그 빨갱이들과 상대해서 싸우지 못합니다. 만일 본부같이 잠잤다가는 벌써 문 닫고 그놈들 등쌀에 쥐구멍을 찾았을 것입니다."

"지금 본부 간부들이 국민회 책임을 맡은 지도 벌써 석 달이 넘었지만 무엇 하나 일하는 것 같지 않으니 이 사람들보고 충고해야 쓸데없이 말만 밑집니다. 그러니 무슨 딴 도리를 세워보십시오."

"나도 그래서 오늘 민통에 찾아왔소. 내 생각 같아서는 민통에서 각 도지부장을 소집해서 국민회 본부에 대한 대책을 연구 협의토록 했으면

좋겠는데, 서형 의견은 어떠하오?"

"네, 저도 찬성입니다. 총재께 말씀드려서 제가 도지부장 소집통지를 내지요. 몇일날쯤 올라오라고 할까요?"

"한 1주일 여유를 두지. 11월 20일쯤이면 어떠할까?"

"그럽시다. 11월 20일 아침 10시까지 민통으로 출석하라는 통지를 내지요."

다음날 아침에 총재 이승만 박사의 결재를 얻어서 각 도지부장 소집통지서를 냈더니 11월 20일에 각 도지부장이 모였다. 그래서 돈암장으로 총재를 찾아가서 만나보도록 연락을 취한 다음 각 도지부장과 최 선생과는 원남동의 한 여관에서 며칠 동안 협의하도록 마련하였다. 사흘 동안 그들이 협의한 결론은 「국민회전국대회를 소집하지 않고 각 도지부장이 총재께 건의해서 본부 개편을 단행해서 그 사후승인은 내년 봄 연차대회 때에 대회에서 받도록 하자」는 것이었다.

11월 24일 아침에 각 도지부장과 최 선생은 돈암장으로 가서 이 박사를 뵙고 국민회 본부를 개편할 것을 건의하였더니 이 박사는 일동을 향해서

"국민운동을 활발히 전개하기 위해서 현 간부진을 개편하려고 여러분이 모여서 수고했소. 그런데 내가 국내정세를 살펴보니까 국민운동을 잘 못 하도록 불을 지르는 세력이 있는바, 이 세력은 우리나라 안과 나라 밖에서와 내외內外가 서로 응해서 한단 말이여. 이 내외세력을 뿌리뽑지 않으면 안 되게 되었어요. 이 일이 더 긴급하므로 내가 며칠 후에 미국에 갔다가 오려고 하니 그 동안 개편은 보류하시오. 그래서 내가 없는 동안 국민회는 김 주석에게 일임하기로 하였으니 그리 아시오."

좌우합작이란 불을 우리나라에 와있는 미군정의 최고책임자가 미국무성과 연락해서 지르고 있으니 그 불을 끄려면 미국까지 건너가야 하

겠다는 것이다. 이 불을 끄는 일이 제일 긴급하다는 것이다. 이 총재의 밝은 관찰 아래 정확한 판단을 내리는 말씀에 일동은 찬동해서 총재가 미국 갔다가 돌아오기까지 국민회 본부의 개편은 보류하기로 하였다.

6. 신국가건설단

이승만 박사가 「민족대표 외교사절」이란 사명을 띠고 미국으로 떠난 뒤에 나는 외교후원회 전라북도 지부를 만들어보려고 전북지방을 돌아다닌 후 다음해 1월 초순에 서울에 돌아와서 최태용 선생을 심방했더니 그가 말하기를

"서형! 국민회 본부를 개편해서 보다 더 활발스런 국민운동을 펴보기를 바랐더니 이 박사가 그보다도 더 급한 일이 미국에 건너가서 좌우합작의 뿌리를 뽑는 일이라고 해서 떠나고 보니 별도리가 있어야지. 그래서 국민회 본부를 개편해서 참신하고 활발하게 그 운동을 전개해보려던 꿈을 보다 더 근본으로 파고들어가 더 광범위로, 더 영구적인 운동으로 발전시키려면 그 운동요원의 질적 향상이 절대 필요하다고 생각해서 10여 명 동지를 규합하여 「신국가건설단」을 조직하여 이 분들을 훈련하기로 했소."

"재작년 12월에 국민운동 추진을 목적으로 창설한 신생회 취지를 실천해보시려는 뜻이로군요."

"말하자면 그렇게도 해석되지. 해방 후, 특히 반탁운동 이래로 국민운동이 거족적으로 전개된 것은 참 다행한 일이었어. 그러나 지난 1년 동안에 국민운동의 실상을 돌아보아 잘 검토해본다면 국민대중이 한때 기분감정으로 왁 하니 떠들고 일어났다가 사그라진 감이여. 마치 넓은 들판을 바람이 지나가면 그 바람 가는 방향으로 모든 나무가 기울어지듯. 그러나 그 바람이 지나간 뒤에는 또다시 제자리, 제 자세로 서 있듯이

한때 신탁통치반대다 하니까 너나없이 다 이 소리에 합세했다가 얼마간 시간이 지나니까 언제 우리가 반탁을 웨쳤느냐는 듯이 미소공동위원회 참가다, 좌우합작이다, 무엇이다 하는 것은 다 철저한 사상적 근거가 없는 탓이거든.

지금 우리가 국민운동을 한 1년 동안 해보았는데, 이 운동의 일선에서 활약하는 동지들이나 그 운동을 지도한다는 소위 지도간부나 다같이 국민운동에 대한 이념이 확립되지 못했어요. 거저 한때의 군중심리를 이용해서 반탁독립을 웨치고, 찬탁공산당을 타도하자고 주먹을 휘둘러서 도처에서 공산당 탄압 테러를 감행했는데, 이 공산주의라는 사상에 굳어진 사람들을 보다 높고 우월한 사상으로 극복할 생각은 하지 않고 완력－폭력으로, 즉 테러로써 탄압만 하려 들면 되겠소? 그러니 이제는 우리가 과거 1년간의 운동을 회고하고, 냉철한 비판을 가해서 공산주의를 능히 극복할만한 민주주의사상으로 철저한 이론무장을 하고, 현 단계의 한국민이 가져야 할 새 국가관에 확고히 서 있는 지도자가 되어서 국민운동을 올바르게 전개할만한 자질을 양성해야겠다고 생각해요. 그런 취지에서 2, 3개월 동안 단원 훈련을 해보려는 것이지."

"언제부터 시작하시렵니까?"

"이달 중순부터 시작하지요."

"저도 참가 수강하도록 특별히 보아주십시오."

"그렇게 하구려!"

그러나 그 뒤 열흘이 못가서 나는 다시 지방을 다녀오라는 명령을 받아서 또 한달 동안 전북지방에 내려가게 되어 이 건설단에 참가하지 못하였으나, 다행히 그 뒤에 나온 강의요령을 발췌한 유인물을 얻어서 그 강의의 대지大旨만은 알게 되었다.

최 선생은 그 첫날 강의에서

"우리가 당면한 현실, 우리를 압박하고 있는 현실이 우리로 하여금 국가 이외의 것을 생각하지 못하게 하는 것이다. 우리의 사유思惟, 우리의 행위는 국가건설에 집중되지 아니치 못하는 것이 우리의 현실의 긴급명령이다. 이제 우리에게 취하여는 국가가 모든 것이다. 국가 이외에 아무것도 없다. 국가가 생의 전부이다. 우리는 한차례 국가광國家狂이 될 수밖에 없다. 국가를 찾자, 국가를 이루자, 국가를 생각하자! 국가관이 세계관, 인생관이게 하자. 이것이 금일 우리의 긴장한 입장이다"라고 강조하였다.

또 국가에 대한 바른 인식을 넣어주기 위해서

"*히틀러*는 국가를 민족 유지의 수단이라고 하였다. 저는 민족주의, 봉쇄적封鎖的 민족주의를 강조하는 나머지 국가는 그 자체가 목적이 아니고 민족 유지의 수단이라고 한 것이다. 나는 독일인과 같이 지식수준이 높은 백성이 이런 조잡한 국가관에 어찌하여 휩쓸려 들어갔던가를 이해하기 곤란하다. 국가는 목적이나 수단의 범주範疇로 생각할 것이 아닌 것이다. **국가는 사람의 존재의 한 근원적인 존재양식存在樣式이다. 사람은 사람으로의 자각에 철할 때에 거기에 국가가 있는 것이다.** 사람은 사람으로의 한 근원적인 행위로 국가를 형성한다. **국가는 사람이 사람으로 존재하는 초월적超越的인 장소이다.** 이 장소에의 초월에 사람은 사람으로의 자각에 철하는 것이오, 사람은 사람의 가치를 찾는 것이다. 사람은 이 장소에서 죽고, 이 장소에서 나는 것이다. 그래서 우리 건설단원은 **국민의 자각에 철함으로써 국가에 있어서 죽고 국가에 있어서 살아야 할 것이다.** 우리가 국가를 형성하느냐 못하느냐는 사람의 사람 된 가치가 결정되는 문제요, 따라서 민족의 가치가 결정되는 일인 것이다. 국가를 형성치 못하면 사람은 사람노릇을 못하는 것이고, 민족은 민족의 가치를 잃는 것이다. 그리하여 국가의 독립은 우리에게 취하여 다만 외면적인 정치문제가 아니고, 그것은 우리 인격 깊음을 묻게 되는 문제인 것이다" 고 강조하였다.

따져 들어가서 우리 한국민이 현 단계에 신국가관新國家觀을 수립해야 한다고 그의 깊고 넓은 철학, 신학, 정치적인 지식을 경주傾注하여 단원들에게, 아니 한국민을 향해서 도도히 수만 언으로 가르쳐주었다. 특히 이 신국가관의 수립을 위해서는 근대사상인 개인주의, 자유주의, 합리주의에 대하여 예리한 비판을 가하였고, 따라서 공산주의와 민주주의에 대한 비판도 해서 우리나라 국민에게 양대 사상, 양대 주의의 대립을 극복하는 길을 밝히 제시하였다. 참으로 금과옥조의 귀한 말로써 3월까지 단원 훈련을 마쳤다.

7. 임정추진회

이승만 박사가 미국에 건너가서 우리의 억울한 사정을 미국조야에 호소했더니 그 호소를 옳게 여기고, 미국무성에서도 한국에 대한 정책을 다시 검토하고 고치도록 그들 스스로가 깨닫고 나섰다. 말하자면 이 박사의 외교공작이 성공된 셈이다. 그래서 다섯 달 만에 거족적인 환영리에 이 박사가 환국하려 할 즈음, 즉 1947년 4월 하순에 국민회 연차대회도 열게 되었다. 계동에 있는 중앙중학교 강당에서 이 대회가 열렸는데, 그곳에서 최 선생을 만났다. 그 학교 교정에서 최 선생은 나를 보고서

"작년 말에 국민회 본부를 개편해놓고 이 박사가 미국으로 떠나야 하는 것인데, 나라 밖의 일이 더 급하다고 훌쩍 떠나시고보니 그 동안 김주석이 영도한 국민회 본부 꼴 좀 보구려. 그 총재는 백발을 휘날리면서 홀로 수만 리 건너가서 고군분투로 민족의 대변을 하셔서 큰 성과를 거두어가지고 개선장군처럼 돌아오시는데, 그 영도 하에 있어야 할 국민회

는 마치 어버이 없는 사이에 불장난한 아해들 모양으로 무슨 짓들을 하였느냐 말이여. 그런데 국민회 본부에서 이 박사에게 보낸다고 각 지방에서 거두어 모은 외교성금도 가로챘다면서, 얼마나 가로채서 썼나요?"

"거번에 외교후원회장 조소앙 씨와 서정희 씨를 모시고 국민회본부에 가서 직접 회장 조성환 씨에게 물어보았더니, 재정부장 김석황 씨를 불러서 알아보니까 그날, 즉 3월 10일 현재로 230만원이나 썼습니다."

"저런 놈의 일 보았나! 그 많은 돈을 어데다가 소비했을까?"

"아, 그 돈을 가지고서 임정추진회를 조직하고, 또 그 회의 핵심적인 일을 실행케 한다고 별동대別動隊라는 것을 두어서 권총 등 무기를 사들여가기고 임정추진운동에 반대하는 개인이나 단체를 타도한다고 설치고 있지 않습니까? 그들에게 첫 번 케이스로 단단히 당한 분이 배은희裴恩希 씨지요. 거번에 본부에 끌려가서 그네들 테러에 하마터면 목숨을 잃을 뻔했지요. 그리고 그 배 목사뿐이 아닙니다. 국민회 서울지부 동지들도 몇몇은 그 습격을 받았으나 다행히 그들이 집에 없어서 화를 면했고, 나 같은 미미한 놈도 그들 손에 약간의 테러세례를 입었답니다."

"그랬소? 언제, 어데서?"

"바로 3월 10일날 조소앙 씨와 서정희 씨를 안내해서 본부에 갔다 돌아오다가 말입니다."

"내가 작년 겨울에 몇 차례 국민회 본부를 가보았더니 그들의 하는 꼴이 국민운동하는 사람 같지 않아서 개편을 단행토록 각 도지부장으로 하여금 총재께 건의토록 하였더니 이 실정에 어두운 총재가 김 주석께만 맡기고 떠나니, 김 주석이 이 국민운동에 대한 철저한 이념이 있어야지. 그러니까 국내실정에 어두운 조성환 씨 같은 분이 앞장서서 임정추진회 같은 것을 만들어서 한때 정계를 소란케 할 뿐 아니라 불상사까지 냈단 말이오" 하면서 한탄하여 마지않았다.

그 뒤에도 이 임정추진회는 지하활동을 계속하다가 결국 그 별동대의 대장인 김석황의 지휘 아래에 그해 연말, 즉 12월 4일 밤에 한국민주당 정치부장인 장덕수張德秀 씨를 암살하였다. 당시 장씨는 개편된 국민회 본부의 상임위원이기도 했었다. 이 장씨가 암살된 다음날에 국민회 본부에 나온 최 선생은 나를 보더니

"지난 11월 말에 반도호텔 3층 바로 이묘묵 씨 방에서 내가 장씨를 만났더니 장씨가 아주 명랑한 태도로 나를 보고서 '이번 유엔총회에서 우리 한국문제를 성의 있게 토의해서 남한만이라도 유엔 감시 하에 총선거를 해서 독립할 수 있는 찬스가 오는 모양이오. 우리도 남들과 같이 독립국가 국민이 될 수 있게 되었습니다그려! 그 동안 미스터 최 국민운동에 얼마나 수고하시오? 거번에 남산공원대회에서는 안재홍 민정장관을 한 대 잘 때렸어요'라고 했습니다.

최 선생 : '유엔에서 별다른 지장 없이 남한만의 총선거코스까지 달음질쳐 들어올까? 소련블럭의 방해공작으로 또 질질 끌지는 않을는지요?'

'뭐 별일 없을 것이오. 외신의 보도나 미국의 여론도 그만 군정을 철수해서 점령비용을 삭감하라고 떠들어대니까 이 남한에 와 있는 미군당국도 내부적으로 철수할 차비를 차리는 듯이 보입니다.'

'우리 정부가 서면 설산雪山[19]같은 분이 국정, 적어도 외무는 책임을 지시고 나라를 바르게 이끌어 나아가야 할 터인데, 설산에 대한 기대가 큽니다.'

'과분한 말씀! 앞으로 독립정부가 서면 틀림없이 이 박사가 대통령이 될 것인데, 이 박사는 나를 덜 좋아할 것이오. 그러니 내가 어떠한 감투를 쓴다는 것은 망상이지요.'

---

19 장덕수(張德秀)의 호.

'그것은 왜 그런 말씀을 하시나요?'

'아, 내가 제2차 미소공동위원회 때에 한민당 외 여러 단체를 끌고 그 공위에 참가했다고 해서 이 박사가 여간 말씀하는 것이 아니어요.'

'내 생각으로는 그렇지도 않습니다. 설산이 공위에 참가해서 미국 측 대표 ***브라운*** 소장을 보좌해서 소련 측 대표 ***스티코프***와 싸우도록 그 사기를 돋구어준 것은 나뿐 아니라 이 박사도 잘 아실 것인데, 설산의 공로를 그 분이 몰라주겠습니까?'

'미스터 최 같이 아는 분은 알지만, 반탁진영, 특히 한독당 계열에서는 덮어놓고 나를 죽일 놈 살릴 놈 하고 욕을 하고 다닌다는 말을 듣고 있습니다.'

'그런 오해도 세월이 가면 시간이란 요술이 작용해서 다 풀리게 마련입니다.'

'그리 될까요? 내가 ***브라운*** 소장을 격려한 정치공작은 우리 당에서도 몇 사람만 아는데 미스터 최가 어찌 잘 아십니까?'

'다 아는 도리가 있지요.'

'고맙습니다. 앞으로 우리가 이 박사를 도와서 나라를 한번 잘 세워서 남들과 같이 잘 살 수 있는 정치를 해봅시다.'

그때 이묘묵이도 들었지만 명랑하고 희망에 찬 얼굴과 기상이었더랬는데, 그만 참혹한 죽음을 하다니 참 원통한 노릇이구려. 재작년에 송진우 씨를 잃더니 이제 장씨마저 잃었으니 한민당은 두 개의 지주支柱를 잃었구려."

필자 : "어찌 한민당만의 지주일까요! 우리나라같이 인재가 드문 나라에서 이런 인재를 잃었으니 말할 수 없는 손실입니다. 나도 지난번 일요일 오후에 동화백화점 2층에서 그 부인과 동반해서 무슨 물건을 사들고 지나가는 것을 보고 서로 인사를 나누었는데, 그게 그 분과는 최후가 되

었군요. 회고하면 지난 10월 국민회전국대회 때에 내가 설산에게 국제정세를 보고해달라고 청탁을 하러 한민당에 가서 설산에게 말했더니 대번에 쾌히 승낙을 하더군요. 그 대회 때에 설산이 국제정세보고를 잘 한다고 전국에서 모인 대표들이 칭찬하였지요."

8. 국민운동지도자 훈련

그해(1947년)도 저물어가는 12월 25일, 즉 크리스마스날 나는 복음교회에 나갔더니 최태용 선생이 말하기를

"앞으로 우리 정부가 선다 해도 40년간 외국의 지배하에 살던 백성인지라 자주독립국가의 국민다운 국민의 자질이 갖추어져 있지 못해요. 그러므로 정부수립 후에도 얼마 동안은 국민운동이 필요할 것이요. 더구나 38이북은 우리와 주의 사상이 틀리는 공산당이 딴 세상을 이루고 있으니, 이 지역에 대한 대비책으로도 한층 국민운동이 계속 필요하단 말이요. 그래서 이번 겨울에 「국민운동지도자」를 전국에서 모집해서 며칠씩 훈련시켜보려 하오. 다행히 정인봉鄭寅鳳 동지가 이 취지에 찬동하고 몇만원 내놓는다니까 큰 힘이 되겠오."

"그것 훌륭한 계획입니다. 어데서 해보시렵니까?

"삼청동에 있는 전 교학연성소 자리가 비어 있기로 그것을 빌려쓰기로 작정했소. 그러니 국민회 본부에서 각 지방의 군지부까지 공함을 띄워서 훈련받기를 원하는 사람은 1월 10일까지 모이도록 하시오."

"좋습니다. 기간은 얼마 동안입니까?"

"2주일씩으로 하겠소."

이리하여 전국 각 지방에서 훈련희망자가 150여 명 모였다. 그래서 1월 10일부터 훈련을 시작해서 2주일 단위로 3월까지 몇 회 계속하였다. 북악산 내리쏟아지는 찬바람을 안고 교통기관도 없는데 종로6가에서 삼

청동까지 십리 길을 매일같이 왕래하면서 난방장치 없는 강당 안에서 50이 넘은 최 선생은 누구의 도움도 없이 단독으로 그 훈련강좌를 해가기에 심혈을 기울였다.

9. 새로운 국민운동

5·10총선거로 뽑힌 국회의원들이 6월부터 국회에 나가서 헌법을 만들고 있을 때 낙선된 동지들이 국민회 본부에 와서 국민회 동지들을 중심으로 해서 정당을 하나 만들어보자고 매일같이 주장할 때에 최태용 선생이 앞장서서 그들에게 말하기를

"정부를 세워 독립을 했다고 국민회 사명이 끝난 것이 아니요. 우리가 국민운동으로 이 나라를 세웠으니, 세운 이 나라를 옹호 육성하는 것이 또한 국민회의 책임입니다. 그러니 이 책임을 완수하려면 하나의 정당으로는 안 됩니다. 지금까지 해온 국민운동을 더 강화해야지요. 그러므로 어떤 개인은 정당에 들어갈지언정 국민회로서는 들어갈 수 없지요."

또 6월 초 국민회에서 상임위원회를 열었을 때에 최 선생은 나와서

"새 나라를 국민운동으로 세웠으니, 앞으로 이 나라를 튼튼하게 키우기 위해서 국민운동의 목표-나아갈 길도 혁신해야겠소. 그래서 우리 본부 내에 「국민운동연구위원회」를 두어서 몇 위원들이 충분히 연구해서 전국대회를 열어 그 대회에서 심의 검토하여 혁신된 새로운 국민운동을 전개합시다."

이 제안을 그 회의에서 의결해서 본부 간부 5사람이 국민운동연구위원이 되어 매일 모여서 독립된 후에 펴보고자 하는 새로운 규모의 국민운동 방안을 토의 연구하였다. 그래서 약 한달 동안에 그 방안을 세워가지고 7월 초에 국민회대회(각 도·시·군지부장)를 시내 명동의 시공관(현 국립극장)에서 열었다. 혁신된 새로운 국민운동 방안을 제안 설명하기 위

해 나온 최 선생은 본부를 대표해서 말하기를

“우리 국민회가 총재 이승만 박사의 영도 아래 남한 이천만동포를 궐기시켜서 국민운동, 즉 반탁 독립운동을 전개한 지 3년 만에 독립을 획득해서 40년 만에 비로소 국권을 회복하게 되었습니다. 그러므로 이 국민운동에 수고한 동지들, 특히 이번 선거에 떨어진 동지들이 중심이 되어서 국민운동은 그만 하고 정당을 하나 만들어서 앞으로 국민회는 정당으로 발족하자고 주장하는 사람들이 많습니다. 그러나 우리 국민회의 사명은 이번에 정부수립으로 끝난 것이 아닙니다. 이 정부를 반석 위에 세워서 튼튼하게 만들어가지고 키워나아갈 책임도 국민회가 마땅히 짊어져야 합니다. 마치 비유컨대 어린아이를 낳은 산모가 그 어린아이를 키울 책임이 있듯이, 우리 국민회가 이 새 나라를 옹호 육성할 책임, 영광스러운 사명마저 감당하여야 할 것입니다. 그러므로 지금까지의 국민운동을 혁신해서 새로운 방안을 오늘 이 자리에서 여러 동지들과 토의코자 합니다. 즉 앞으로의 국민운동은 두 가지의 구호를 내걸었습니다.

一. 사상통일운동

一. 국력배양운동

옛사람은 말하기를 ‘적을 알고 나를 알아놓은 다음에 싸우면 꼭 적을 이길 수 있다’고 말했습니다. 우리의 적은 누구입니까? 공산당 아닙니까? 38이북에 있는 공산당들은 철의장막을 쳐놓고 공산주의라는 사상으로 무장을 시켜가지고 강력한 공산당조직을 만들어서 우리를 상대로 싸워보려고 시시각각으로 남쪽을 향해서 밀고 나오고 있습니다. 이네들을 대항하여 극복하려면 그들보다 우수한 민주주의사상을 우리가 확보해서 그들을 능히 극복할 만한 실력을 가져야겠습니다. 즉 민주주의 심화深化로 튼튼하게 사상무장을 해서 사상은 사상으로 싸워서 보다 우수한 사상으로 그네들을 정복하도록 하여야지, 지금까지 우리가 하던 방식 즉

'때려라, 부셔라, 공산당!' 주먹과 권력으로 탄압만 해가지고는 완전히 그들을 극복할 수 없습니다. 그래서 이 충실한 사상무장을 한 사람이 국민회조직이란 대중조직을 공산당조직보다 더 강력한 조직으로 국민회를 조직해서 이들 공산당조직을 대항하여 막아보자는 것입니다.

이 국민회조직은 앞으로 범국민조직을 펴보려는 것입니다. 즉 대한민국 국민으로 남녀 만 20세면 누구든지 국민회원이 된다는 당연회원자격을 부여해서 이 회원이 국민반國民班이란 제일 말단조직, 즉 5인회원(세대주 5인)이 하나의 반을 구성하도록 하여, 이 반이 10개가 하나의 통統이 되고, 다시 10개의 통이 분회分會가 되어서 비로소 국민회 분회가 되도록 조직을 새로 강화해보려는 것입니다. 이 새로운 국민조직이자 국민회조직인 범국민적인 조직을 이뤄가지고, 새로운 규모의 국민운동을 여기에 적은 여러 가지 목표 아래 전개함으로써 이 새 나라를 튼튼한 반석위에 세워서 건전한 성장을 이룩하도록 그 국력배양운동을 또한 전개해보자는 것으로, 다음 국력배양운동 안案의 여러 가지 내용을 포함한 구호를 내걸었습니다. 이 두 개의 운동의 큰 강령 아래 포함되는 여러 가지 부문운동도 조목조목 간단한 설명을 가하겠습니다"고 하면서 더 상세한 부문별 운동내용을 설명하기 시작하였다.

10. 건국 후의 거취

그 뒤 한 달이 지난 8월 15일에는 대한민국이 독립된 것을 세계만방에 선포했다. 다음날인 16일 국민회본부에 나온 동지들은 초대 내각에 국민회 출신이 한 사람도 끼지 못한 것을 섭섭히 여겼다. 그래서 모두들 불평과 불만을 털어놓은 끝에 어떤 동지는 말하기를

"국민회 간판은 떼어다가 이화장에 가서 총재께 바쳐야 해요. 그리고 우리는 초야草野로 돌아갑시다."

이때 명제세 부위원장이 방안에 들어와서 이 공기를 보고서 위로 끝에

"내일아침에 여러 동지들이 모여서 정부 각 부처의 무슨 자리를 골라 희망서를 써내시오. 그러면 내가 모아다가 총재께 드려서 여러 동지들의 소원을 풀어주리다."

이 말은 칠년대한七年大旱에 단비같이 보였다. 다음날 아침까지 자기가 지망하는 관직의 내용, 즉 그 자리가 국물이 얼마나 있나, 장래에 더 올라갈 희망이 있나, 근무상 특수한 애로나 고생은 없나 등등 서로 묻고 알아보느라 떠들어대고 법석을 부리는 꼴이란 마치 시골 대목장날같이 보였다. 이때에 총무부로 돌아온 최태용 선생은

"서형도 내일 나와서 지망하겠소?"

"글쎄요, 별 흥미를 느끼지 않습니다만, 최 선생님은 어떻게 하시렵니까?"

"내야 안 나오지. 무엇하러 나와요. 우리가 국민운동으로 나라를 세웠으니 앞으로 이 나라를 받들고 나갈 일이 더 중요한데, 이 큰일을 그만두고 각자 개인의 명리名利를 취해서 국민운동의 사명을 저버린다면 누가 이 일을 감당하겠소? 비유컨대 시집보낸 친정이 견실하게 살림을 꾸려나가야 시집간 딸도 마음이 든든해서 시집식구들에게 눌리지 않고 활발하게 살지, 친정집이 망해보아요, 그 딸이 얼마나 외로워하고 낙심하겠소? 그러니 우리는 시집간 딸을 위해서라도 친정을 잘 지키는 사람이 되어야 하지 않겠소?"

"나도 그 취지에 찬동입니다. 우리는 이 국민회를 지키면서 지난 7월 대회 때에 결의한 국민운동의 당면과업을 실천하기에 일로매진一路邁進합시다."

"우리의 할 일이 태산 같은데, 나 하나 잘 살고 출세해보겠다고 정부 각 부처에 들어간다면 쓰겠소? 우리는, 적어도 국민운동자는 이 나라의 주인이오. 주인은 어디까지나 주인노릇을 하여야지요. 해방 후에 자그만

치 수고했다고, 즉 정부수립에 약간 수고했다고 행정상 경험과 실력도 없는 위인들이 큰 감투만 쓰려드니 참 염치없는 사람들이여. 비위도 좋단 말이거든!"

"몇 해 독립운동의 역군으로 수고했으니 좀 품삯을 받아먹어야겠다고 해서 동지들은 감투배급을 당연히 받아야 한다고 야단들입니다."

"미군정의 비협조 밑에서 국민운동을 했지만, 이 뒤에는 정부와 우리가 손을 맞잡고 활발하게 국민운동을 전개해서 이북실지를 통합할 만한 국력, 즉 실력을 길러야 해요. 그래서 우리의 실력으로 38이북을 통합하여야 해요. 그러니 우리는 남북통일이 완성되기까지 이 국민운동을 계속 전개해야 하고, 남북통일이 된 후에도 선진국들과 어깨를 나란히 할 수 있는 일등국 국민이 되려면 그 뒤에도 몇 십 년 더 이 국민운동은 전개해야 할 것이니, 말하자면 국민운동의 앞길은 멀고, 그 사명은 높고 큰 바가 있는데, 우리들이 이 일을 저버린다면 누가 한단 말이오. 서형은 나하고 계속해서 국민운동을 합시다."

"우리와 같이 국민운동을 계속해서 할 동지가 또 한 분 있습니다."

"그런 동지가 누구요?"

"이태영李泰榮 동지입니다. 그 동안 몇 차례 같이 의논해보았는데, 이 동지도 벌써부터 국민운동을 계속해서 하기로 서로 합의했지요. 물론 일체 관직에는 안 들어갈 결심이지요."

"40년간 나라 없이 살아온 백성인지라 감투 쓰기를 원하지만, 그보다도 더 급하고 더 큰일이 남북을 통일하는 일이거든. 이 일을 하려면 국민운동의 투철한 각오를 가진 동지들이 굳은 결속을 해가지고 우리가 세운 우리 정부의 뒷받침 아래 거족적인 국민운동을 전개하도록 해야 할 것이오. 우리 이 동지와 한 차례 만나서 서로 의논해봅시다."

2, 3일 후에 나는 이 동지에게 연락해서 최 선생과 3인이 종로2가에

있는 근원다방에 모여 앞으로 국민운동을 계속 추진할 것을 토의하였다.

11. 시남의 대한국민당에 대한 태도

1949년 1월 하순에 시내 도렴동에 있는 종교예배당에서 제8차 국민회 대회를 개최하고 관민합작으로 국민운동을 전개할 것을 결의한 뒤에 본부 상무진을 개편했는데, 조직부장으로는 박재영朴栽英 동지가 선출되었다. 며칠 후 상무진 10여 명을 격려하기 위해서 동료인 김일휴金一休 씨가 초청하여 하룻밤을 즐겼는데, 그 자리에서 박 조직부장은

"지난 가을에 총재이신 이승만 박사의 영도 하에 대한국민당大韓國民黨이 창당된 바, 본부 간부들은 거의 이 당에 참가치 않았으니 유감된 일이라 생각합니다. 그러니 앞으로 본부 간부들도 입당하기 바랍니다"고 말하자 한 동지가

"정부수립 후로 국민운동을 혁신하여 새로운 출발을 하려고 이번에 관민합작까지 하게 된 바, 본부 간부들이 다 입당한다면 대한국민당은 국민회 그늘 밑에 관민합작으로 발전시킬 방침이오?"라고 물었다.

"그런 것은 아니지만 국민운동을 더 활발히 전개하려면 총재의 정치이념을 토대로 한 대한국민당에 들어와서 일함이 더 확고한 신념이 서리라고 보아서 여러 동지들의 입당을 권고합니다"고 변명 비슷하게 말하자 최태용 총무부장은

"대한국민당이 이 박사를 총재로 추대해서 일민주의一民主義를 당시黨是로 했다지만 하나의 정당이지 국민회는 아니고, 또 그 당의 하는 일이 정당의 정강정책政綱政策을 실현하기 위한 일이지 국민회에서 지향하는 국민운동은 아니므로, 이것을 염격히 분리해서 생각해야지 혼동해서는 안 됩니다. 민국정부를 지지하는 민주주의적 이념을 가진 정당이면 어느 정당이고 개인자격으로 국민회 간부가 들어갈 수가 있지 하필 대한국민

당에만 입당할 필요도 없지요"라고 반대의사를 말하자,

"우리가 이 박사의 정치이념을 중심 삼아서 국민운동을 해왔으니까, 그 어른의 영도 하에 정당을 하는 것이 한층 더 이 박사의 정치이념을 실현해서 이 나라를 바른 길로 인도하자는 것이 아니겠소. 그래서 본부 동지들의 입당을 권고합니다"고 다시 주장하자, 최 선생은

"정당은 당리당책을 가지고 다른 정당과 투쟁을 해서 정권을 잡고, 또 그것을 유지하자는 것이 아니오? 그러나 국민운동은 전 국민을 두 가지 목표(사상통일운동과 국력배양운동)를 세워서 총단결시켜 거족적으로 전개해보려는 것이니 그 운동의 성격이 엄연히 다르지 않소? 그러므로 내 생각으로는 국민운동이념 하에 일하고자 하는 사람은 본부든지 지부든지 머무를 것이오, 정당이념으로 정치운동을 하고자 하는 사람은 각기 자기 취미대로 정당을 골라서 입당해서 정치운동을 할 것이라고 생각하오."

이 말에 거개의 동지가 찬의를 표하자 대소 실망한 박 동지는

"외눈박이들만 있는 자리에 양 눈 가진 사람이 가면 병신 꼴이 된다더니 내가 오늘 밤은 꼭 그렇게 되었구려!"

이 말에 불만을 느낀 한 동지가 대번에

"그래, 박 동지는 양눈박이이고, 우리는 외눈박이란 말이여? 그런 실언이 어디 있어. 그 말 당장 취소하지 않으면 조직부장은 파면이다, 파면이여!"

"그래, 파면되어도 좋다. 내가 그 말은 취소치 않겠다. 어디 파면시켜 보라."

서로의 말이 차차 열이 오르자 최 선생은 조용한 음성으로 양쪽을 무마하면서

"오늘저녁의 이 자리는 국민운동을 앞으로 더 활발히 전개하기 위하여 여러 동지들을 위로 겸 격려해주려고 김 선생이 베푼 자리인데, 대한

국민당 말이 나와서 우리의 분위기가 깨질 염려가 있으니 그렇게 맞서지 맙시다. 그리고 앞으로 우리가 할 일이나 신중히 검토하고 협의합시다"고 하였다.

이리하여 쌍방이 날카로이 세웠던 뿔도 사라지고 앞으로의 관민합작으로 국민운동을 추진할 방안을 협의한 일이 있었다.

며칠 지난 뒤에 최 선생은 나를 보고서 말하기를

"박재영 동지가 과거에 국민운동을 해왔기에 우리가 조직부장이란 중요한 자리를 주어서 같이 일하기로 했던바, 이 사람이 요새는 정당에 치우쳐서 새로운 이념 밑에 전개해보려는 국민운동에는 등한한 듯하지 않소?" 하였다.

"작년 총선거 때 낙선된 국민회 동지들이 대한국민당을 만들었으나 우리 국민회 본부에서는 냉담하니까 배은희 씨가 총재께 천거해서 조직부장 자리를 박 동지에게 맡긴 것은 대한국민당의 당세 확장을 기도한 짓이라고 보지만, 박 동지도 금후는 본부에 와서 다시는 입당권고는 못할 것입니다."

"우리가 지금까지 이 박사를 국민회 총재로 추대해서 국민운동을 하는 동안에 이 박사를 민족의 영도자로 전 국민이 받들도록 선전해왔었는데, 그래 하나의 정당의 당수로 전락 격하하자는 것이 아니겠소? 이 박사는 각 정당에 관련을 맺지 말고 초연한 위치에 앉아서 각 정당끼리 싸움할 때에 이들을 중재 지도할만한 자리에 서도록 하여야 할 것이지, 왜 당수로 끌어내리려고들 야단법석이라우? 갑갑한 사람들이여. 그리고 내가 분명히 말하지만 현 단계에 있어서 우리가 전개할 국민운동은 최고도의 정치운동이라는 것을 인식치 못한단 말이여. 한때의 정권을 잡기 위해서 정당을 만들어서 다른 정당과 싸워서 정권을 잡았다고 가정합시다. 그 정당이 늘 정권을 유지하지는 못할 것이 아니겠소? 민주주의국가에 있어서 4년 혹은 8년이면 국민의 심판을 받아서 그 정권을 내놓고 물러서야 하지만 우리는 더 먼 장래를 지향해서 운동을 펴보려는 것인데, 정당에만 눈이 팔리니 참 답답한 노릇이오.

그리고 앞으로 각 정당끼리 혹은 집권한 정당과 야당 사이에 치열한 싸움이 벌어져서 피를 흘리는 일까지도 벌어질 때에 국민은 갈피를 못 잡고 어리둥절할텐데, 이 때에 국민의 공정한 위치에 서서 싸우는 정당의 시비를 가리고 중재해서 싸움을 말리는 일을 할 단체가 무엇이요? 국민회가 마땅히 감당하여야 할 것이 아니겠소? 그러니 우리나라의 앞날에 조선조 500년간의 당파싸움을 다시 되풀이하지 못하도록 막기 위해서도 꼭 국민회가 존속 발전하여, 언제든지 국민의 자리에서 온 국민 온 겨레의 소리를 대변할 수 있어야 할 것이고, 이 나라 이 겨레에게 화목과 번영을 가져오도록 하여야 할 것이 아니겠소? 더구나 공산주의라는 사상을 밑바탕으로 한 공산당정권을 타도하도록 민주주의사상으로 통일해서 굳센 조직, 즉 국민조직을 펴보려는 국민회의 원대한 사명감을 투철히 가지지 못한 동지들이 하나의 정당에만 눈을 팔다니 참 한심한 노릇이오."

12. 농지개혁

그 뒤 또 며칠이 지난 1월 27일 오후 4시쯤에 농림부장관 조봉암 씨가 뜻밖에 찾아왔다. 다른 부서는 거개가 비어 있고 오직 총무부에 최태용 선생과 나만이 남아서 10여일 후 행할 국민회 창립기념식 절차에 관해서 의논하고 있었다. 최 선생은 황급히

"오신다는 예고도 없이 어찌 이렇게 오셨습니까? 조용한 총재실로 들어갑시다."

"정부수립 후로 한 차례 찾아뵈옵는다고 벼르다가 이렇게 인사가 늦었습니다. 거번 대회 때는 큰 수고를 하셨습니다."(동 대회 때에 조 장관이 나와서 전국에서 모인 국민회 지방대표들에게 양곡매상을 정부에서 하니 협조해 주기를 바란다는 청탁발언을 할 기회를 조 장관에게 주었더니 그에 대한 감사의 인사인 듯)

"정무에 바쁘실 터인데 이렇게 찾아주시니 감사합니다. 이새 듣자니 토지개혁안을 곧 국회에 내놓아서 실시한다더니 잘 진행됩니까?"

"네. 관계국인 농지국에서 기안 중이지요. 강 국장[20]이 그 방면의 권위자라 잘 될 것입니다. 그런데 이 토지개혁이란 우리 정부수립 후의 행정으로는 제일 큰 사업인데 항간의 여론은 어떻습니까?"

"무엇 정부의 안을 거개 지지하지요. 아마 지주층에서는 토지값을 더 받았으면 하는 모양이지만, 그 동안 수십 년 수백 년 잘들 받아먹다가 이제는 새로 우리나라가 독립이 되었으니 그 독립 축하를 하는 의미에서도 좀 헐값으로 소작인들에게 나누어주어야지요."

"최 선생 말씀이야말로 내 마음과 꼭 같은 말씀입니다. 그러나 지주들은, 특히 지주층을 대변하는 한민당에서는 그렇게 생각합니까? 현금을 일시에 주는 것도 아닌데 땅값을 톡톡히 쳐서 받아야 민족자본을 육성할 수 있다고 주장하지요."

"한민당 측에서는 얼마의 기준으로 평가합니까?"

"그 사람들이야 지주계급을 대변해서 그 토지에서 평년작으로 거둔 생산량의 10배 내지 15배를 평가하자고 하지요."

"그러면 연부상환은 얼마 동안의 기간으로 하자고 하나요?"

"15년 내지 20년 기간으로 하자는 것이지만 실지 그리 됩니까? 오랜

20 강진국(姜辰國).

세월을 끌다 보면 5년, 10년 더 연기되어서 한 30년 지나야 끝날 테니 소작농들은 한평생동안 토지값 물다가 늙어죽을 판이지요. 그러니 그렇게 된다면 토지개혁이 아니라 개악이지요. 영구히 지주들의 노예가 될 것입니다. 그래서 정부에서는 단호한 각오 하에 소작인을 위주로 한 방침으로 개혁안을 기초했습니다. 대통령께서도 이 농림부 개혁안을 찬성하셔서 아마도 특별담화까지 발표하실 것입니다."

"신생민국의 일대경사입니다. 잘 추진해 보십시오. 국민회로서는 적극 지지합니다."

"한민당 측에서는 나를 공산당이라고 대통령께 모략하는데, 이번에 또 한 번 크게 모략할 기회가 왔지요. 그러나 아무리 모략하여도 이 토지개혁만은 저들 배때기 채워주도록은 못해주겠습니다."

"한 정당이 반대한다고 정부안을 뒤집을 수야 있겠습니까? 소신껏 해 보시지요."

"네, 고맙습니다. 앞으로 농림행정에 관해서 종종 좋은 의견을 말씀해 주시지요."

이때에 내가 말참견을 하였다.

"이 최 선생은 지금은 국민운동에 전력하지만 해방 전에는 20여 년간 기독교 목사로 일하였고, 그 전에는 농림행정을 전공했습니다. 즉 수원 농림학교를 장면 씨 등과 동기로 나오셔서 그 방면에도 보통 이상의 견해나 포부를 가지고 계시지요."

"아! 그러십니까? 앞으로 종종 농림부에 오셔서 농림행정에 관해서 지도 편달을 하여주셔야겠습니다. 그리고 국민운동도 인구의 7할 이상을 가진 농촌 농민을 위주로 하셔야 하리라고 나는 보는데, 두 분은 어떠하신지요?"

"물론이지요. 우리 국민회에서도 토지개혁을 계기로 하여 농림부와 제휴해서 농촌건설운동을 시작하려고 구상 중입니다. 앞으로 긴밀한 연락과 제휴를 우리 국민회에서 농림부에, 특히 조 장관께 부탁하고 싶습니다."

"앞으로 국민회에서 농촌건설운동을 전개해보실 계획이시라면 우리나라 농촌경제정책의 권위자들과도 자주 만나셔서 그들의 의견도 들어보시지요."

"그런 분이 있으면 소개하시지요. 누구 입니까?"

"네! 학술원에 있는 김양하金良瑕라고 있지요. 내가 그 분을 차관으로 기용하려다 그만둔 분인데, 그런 분들의 의견을 들어서 운동에 참고하시지요."

그 뒤에 조씨는 농림장관을 사임하고 그 후임에 이종현李宗鉉 씨가 취임했는데, 이씨는 나와 같이 국민회에서 1년 동안 동고동락한 동지이므로 3월 초에 축하인사차 농림부에 갔더니 이 장관은 다음과 같이 말하였다.

"서형! 내가 강원도 지사로 갈 때는 강원도에 뼈를 묻을 각오를 했었는데, 대통령께서 부르시니 중앙에 왔쇠다. 그러나 내가 농림행정에 백지이니 나를 보좌해줄만한 차관 한 사람 없을까요?"

"왜, 있겠지요. 좋은 인재를 구하셔서 소신껏 해보시지요."

"그런데 국민회에서 같이 일하던 최태용 씨가 옛날에 수원농림학교도 나왔고 해서 그 분을 차관으로 기용해볼까 하는데, 서형 의견은 어떠하오? 한번 취임을 권고해보시오. 좌우간 나와 만나도록 그 연락을 수고해 주시오."

"최 선생을 만나도록 연락은 해드리지만, 그 분이 관직에는 들어가지 않을 것입니다."

다음날 나는 최 선생을 만나서 이 장관의 의사를 전했더니 즉석에서 취임의사가 없다고 거절하므로 나는 즉시 이 장관에게 최 선생의 의사를 전달하였다. 그 후 한 달이 지난 뒤의 일이다. 4월 초에 한남동에서 식목일기념식을 처음으로 연다고 해서 나는 국민회 측 대표로 갔더니 이 장관이

"서형! 차관은 이미 다른 분을 기용했으니 최 선생을 괴롭히지 않을 것이니 내일 오후에 농림부에 들르도록 연락해주시오."

"또 무슨 감투가 남았나요? 최씨는 관직은 마다하는데요!"

"아니 관직이 아니라 좀 의논할 일이 있으니 꼭 나오도록 연락해주시오."

13. 농회 회장 취임

다음날 농림부를 다녀온 최태용 선생은 나에게 다음과 같이 말했다.

"이 장관이 나보고 농회를 맡아달라고 하기에 사양했더니, 꼭 맡아달라고 권하는 판에 마침 진헌식陳憲植 씨가 국회에서 나와서 농림부에 들렀다가 자리를 같이 해서 그 분도 나보고서 권고하기에 차마 거절은 못하고 2, 3일 생각할 시간여유를 달라고 말하고 나왔는데, 서형 의향은 어떠하오? 내가 농회 같은 곳을 맡아서 무엇을 한다는 거요?"

"우리가 앞으로 국민훈련원을 시작할 테고, 이 훈련생을 내세워서 농촌건설운동을 전개하려는 계획인데, 농회를 맡으셔서 이것을 바로잡아서 농촌건설운동에 유기적인 연결을 지으면 금상첨화錦上添花가 되지 않겠습니까? 그러니 차관은 사퇴하셨지만 농회장은 순전한 관리도 아니고 반관반민이니 취임하셔서 바로잡아보시지요."

"글쎄, 좀 생각해봅시다."

이리해서 생각하고 있는 중에 오후에 진헌식 동지가 와서 또 한 차례 농회를 맡도록 권하므로 최 선생은 취임하기로 결심하고, 다음날 그 의사를 이 장관에게 전했다. 며칠 후에 대한농회로 최 선생을 찾았더니,

"내가 평생을 두고 월급쟁이는 안 할 생각이었는데 앞으로 훈련원을 하기 위해서 농회를 맡고 보니 밖에서 보기와 안에 들어와서 느끼는 실감과는 다르거든. 별의별것들이 와서 뒤흔들고, 유혹해요. 이것도 감투라고 무슨 국물이 있나 해서 말이여. 과거에 농회를 주무르던 관계부처에서는 전과 같이 상납을 은근히 기다리고 있대요. 또한 그런 암시도 보내고."

"농회도 수십 년 내려온 기관인데 그곳이라고 부정부패가 없으란 법 있겠습니까? 오랜 세월 동안 썩은 것을 한번 바로잡아보시지요. 현재 농회의 중요업무는 무엇입니까?"

"농민들에게 배급하는 비료 조작造作과 가마니와 새끼의 수매와 축산관리 등이라나. 그 전에는 양곡매상과 관리도 했댔는데, 군정시절에 식량공사가 생겨서 그 업무는 떨어져나갔다나봐."

6월 초에 전국에서 국민훈련원의 수강생을 모집해서 한 달씩 훈련하게 되었는데, 매 기 200명을 모집하는 데에 농회 직원도 모집하였다. 몇 달 후부터는 훈련원 졸업생 중에서 다시 「농촌건설대」를 조직해서 또 한 달씩 더 훈련시켜가지고, 38선일대에서 시작하여 각 지방 농촌에 파견하여 반공계몽과 농업증산과 자립건설을 위한 선전과 실천운동을 시작하였다. 이 사업은 지방 국민회지부와 농회지부가 서로 협조 제휴하므로 일이 순조로이 되어갔다. 그런데 여름철이 되자 뜻밖에 비료조작업무를 금융조합연합회에서 빼앗아갔다. 즉 농림부 소관이 재무부로 넘어갔다. 농촌에서는 비료배급을 재촉하는데, 중앙에서는 농림부와 재무부가 서로 이 업무를 맡겠다고 싸움질을 하는 바람에 비료배급이 더 늦어졌다. 그래서 각 지방에서는 비료배급을 성화같이 독촉하였다. 7월 중순에 국민회 일로 최 회장을 찾았더니 최 회장은 말하기를

"비료조작비 수입이란 것이 농회의 제일 큰 수입원인데 금련金聯[21]에

서 이것을 먹겠다고 욕심을 내어서 작년에 정부수립한 후로 여러 차례 대통령과 국무총리와 관계부처에다가 농회가 제때 비료배급을 안 했다는둥, 조작비를 너무 받아서 사복을 채웠다는둥 허위와 과장으로 모략을 하고, 국회의원 측에도 공작을 해서 결국 이 비료조작업무를 빼앗아갔는데, 이것을 다시 되찾아보려니까 금련에서 근 1년 공작해 내려온 것을 하루아침에 꺾을 수 있나? 이것을 빼앗기지 않으려면 안 빼앗길 수도 있는데, 그렇게 싸움질만 한다면 결국 올여름은 비료배급을 못하게 될 것이며, 이 업무를 서로 맡겠다고 싸움하다가 농민에게 피해를 준다는 것은 도의적으로도 안 되겠기에 내가 농회직원들을 타일러서 비료배급에 시기를 놓치지 않도록 양보했소. 해방 후에 금련이 일이 없으니까 이것을 맡아서 그 수입을 보자고 많은 경비를 써가면서 운동했다나봐"라고 하였다.

그해 가을에 농회에서는 가마니와 새끼를 수매하려고 그 자금을 재무부에 교섭하니까 재무부에서는 괜한 트집을 잡기 시작하면서 잘 응하려 들지 않으므로, 이것마저 금련에 빼앗기면 농회는 해산할 수밖에 없다고 해서 최 회장은 발 벗고 나섰다. 그래서 국회와 정부요로에 찾아다니면서 교섭한 결과 수매자금을 마련하게 되어서 예년같이 각 지방농회에서 가마니와 새끼를 사들이게 되었다. 그런데 겨울이 되자 어느 날 최 회장은 나를 보더니

"오늘 농림부에 갔더니 국무회의에서 대통령이 말씀하기를 '농회라는 것은 일정시절에 한국농민을 착취하기 위하여 일인들이 만들어놓은 기관이래. 그러니 이것을 해산시키고자 하니 총리는 몇몇 국무위원으로 하여금 농회 정리를 위해서 연구토록 해보시오.' 이리해서 즉시 농회정리

21 금융조합연합회.

위원으로 재무, 상공, 교통 등 세 장관이 위원이 되었다는 것이여. 하필이면 농회를 정리하려는 때에 내가 이것을 맡아가지고 일도 제대로 못해보고 해산하는 꼴을 보게 되었구려."

"일정시절에 농회만이 농민을 착취하고 다른 기관, 즉 금융조합은 농민을 착취하지 않았나요? 그런 해석을 한다면 금융조합도 농회 못지않게 농민을 고리채로써 착취했다고 볼 수 있지요. 이것은 한국사정에 어두운 대통령께 농회를 해산시켜서 그 업무를 빼앗으려는 정치성을 띤 모략이 아닐까요?"

"나도 그렇게 단정하고 농회간부들도 그렇게 단정해요. 그러니 무슨 대책이 없을까 서형과 상의하려는 것이요."

"무슨 대책을 세웠습니까? 말씀해보시지요."

"그래서 대통령께서 농회에 대한 바른 인식을 가지시도록 한 차례 뵈옵고서 말씀 드리고, 국무총리와 세 장관에게도 역시 건의해서 그들의 인식을 고치도록 해야겠소. 그리고서는 국회 내 농정분과위원회의 위원들을 찾아서 그들의 양해와 협력을 요청해야겠어요. 특히 국회 농림위원들 중에는 국민회 출신들이 많으니 서형이 나서서 이분들을 붙들고 농회에 관한 바른 인식을 가지도록 설득공작을 해보시오. 앞으로 한 달 동안, 즉 크리스마스 전까지요."

이런 청탁을 받고 나는 국회 농림위원들을 찾아서 농회에 관한 설득공작을 펴보았다. 농촌출신들은 거개가 농회의 잘한 일, 잘못한 일들을 아는지라 그 이해가 빨랐다. 그러므로 농민지도기관의 창설 없이 덮어놓고 농회 해산은 무모한 노릇이라는 견해이므로 이 국회의원들의 의견을 최 회장에게 전했더니 최 회장도

"나도 과거 일정시절의 유물인 농회를 없애고 그 대신 새로운 농민지도기관을 창설해볼까 해서 이 장관과 관계국과도 절충 중이요. 그래서

대통령께도 거저 '농회 해산은 안 됩니다'고 말씀드리지 않고, 새 나라의 건국이념에 맞는 새로운 농민지도기관을 창설합시다. 그 창설할 때까지만 농회는 당분간 그대로 두도록 건의하려 하오."

최 회장이 이와 같은 건의를 대통령 이하 국무총리와 세 장관에게 하였더니 다 그 건의를 받아들였다. 그래서 최 회장은 농한기, 즉 1월에 농회 도·시·군지부의 직원을 중앙에 불러서 「대한농민회」 창설 준비를 위한 농민회창립대회 대표 선출방안과 농민회조직에 관한 강좌를 열었다. 이 강좌에서 지도받은 전국 농회직원들은 각자 자기 지방에 돌아가서 농민회창립대회에 나올 대표를 뽑도록 농민회조직을 전개하였다. 그리하여 4월 10일에 각 도·시·군·읍·면 농민회 대표 1,500여 명이 서울에 모였으며, 경기중학교 강당에서 농민회창립대회를 개최하였다. 이 대회의 결의에 따라서 앞으로 농민지도를 위한 실무기관으로 농업협동조합을 만들 것을 예정하고, 그 조합원 모집을 시작하기로 하였다. 약 1년 동안에 그 조합원을 리동里洞에서 모집해서 차차로 키워나가자는 것이다.

14. 공금횡령 모략사건

이 새로운 농민운동이 전개되고 있을 때에 호사다마好事多魔격으로 농회에는 뜻하지 않은 회오리바람이 불어왔다. 즉 6월 중순에 농회에 관한 불미스러운 보도가 도하 각 신문에 보도되었다. 즉 농회에서 2억원이라는 큰돈을 횡령해먹었다는 것이다. 물론 최 회장 이하 전 간부들도 천만 뜻밖의 일이라고 놀랐다. 그러나 농회 책임자인 최 회장은 사직당국에서 조사하게 되어서 우선 경무대경찰서에서 조사받게 되었다. 그런지 한 1주일 되자마자 6·25 공산괴뢰군의 불법남침이 터져서 농회사건은 일단 보류하고 우선 남쪽으로 피난하였다.

그런데 서울시민 100만명 중에 불과 몇 만 명이 한강을 넘어서 남쪽으로 피난했고, 거개는 서울 안에 처졌다. 최 회장도 한강을 넘지 못하고 이리저리 숨어다니다가 9월 초순에 공산군에게 발견되어 중부내무서로 끌려간 뒤로 그 행방을 모르게 되었다는 것이다.

그해 10월 중순에 우리가 부산에서 다시 서울에 올라온 뒤에 들은 바로는 최 회장이 납치된 경과는 다음과 같다. 9월 초순까지 최 회장은 잘 숨어 다녔다 한다. 복음교회 한성구韓聖驅 씨 집에 숨어 있다가 다시 김인선金仁善 씨 집에 가서 숨었는데 9월 초순에 유석동柳錫東이라는 분이 와서 자기 집이 제일 안전하니 자기 집으로 가자고 끌어서 명륜동에 있는 유씨 집에 묵은 지 며칠 후에 느닷없이 중부내무서에 있다는 내무서원들에게 주인 유석동과 그 사위 양모 청년과 최 회장이 붙들려갔다가 두 사람은 그날로 나오고, 오직 최 회장만 못 나왔다고 복음교회에서 들었다. 나는 최 회장에 관한 일을 알아볼 양으로 견지동에 있는 농회사무실에 갔더니 서무부장 안병춘安炳春 씨가 부회장 궐석 중의 직무대리가 되었는데, 내가 안씨에게 묻기를

"지난 6월에 지방에서 신문을 보니까 농회에서 2억원이나 횡령해먹었다는 기사가 났던데 어찌된 사실입니까?"

"농회에서는 그 신문을 보고 다 놀랐지요. 2억원의 1만분지 1인 단 2만원도 횡령한 사실이 없지요. 그 증거로는 내가 농회예금통장을 늘 보관하고 있습니다. 혹 농회공금을 쓸 일이 있으면 회장 도장을 가지고 내가 이 예금통장을 내주어야 은행에 가서 찾아다가 쓰게 마련인데, 나 모르게는 회장이라도 예금통장에서 돈을 찾아다가 쓰지 못합니다. 그러니 나 모르게는 누구도, 물론 회장도 단돈 1원도 횡령을 못하지요."

"나도 그 점을 알기에 지난 6월 30일 저녁에 대전 피난처에서 도지사 관사에 계신 대통령께 인사 갔더니 대통령이 '내가 누구보다도 믿던 최

태용이가 농회 돈을 많이 횡령했대야' 하시기에 내가 '최태용 씨는 총칼로 위협해도 부정한 짓은 못할 분입니다. 그가 횡령해먹었다는 말은 큰 정치적 모략일 것입니다. 일후에 흑백이 가려질 것입니다'라고 말씀드린 일이 있습니다."

"앞으로 사직당국에서 다시 조사할 것이니까 사실을 밝히겠습니다."

농회사무실에서 나온 나는 그 앞에 있던 평화관이란 단골식당에 가서 주인마담을 찾았더니 그 마담은 나를 보더니

"지난 7월달에 한 1주일 동안 최 회장님이 우리 집에 숨어계시면서 늘 선생 말씀을 하던데, 어떻게 피난 나갔다가 돌아왔습니까? 내가 그 전에는 잘 몰랐었는데 최 회장님은 예수교 목사님이시던데요. 그 1주일 동안 계시는 동안에 가만히 그 동정을 살피니까 낮이나 밤이나 기도만 해요. 특히 밤이 되면 잠을 주무시지 않고서 기도만 하더군요. 그러다가도 비행기, 미군비행기만 떠오면 마당에 나오셔서 반색을 하면서 기뻐하셔요."

중공군이 압록강을 건너 내려오므로 우리들은 12월부터 다시 서울을 떠나 부산으로 갔다가 나는 다시 제주도까지 가서 피난살이를 하다가 다음해인 1951년 1월 하순에 임시수도 부산에 가서 법무장관실로 김준연金俊淵 장관을 축하인사차 찾았다. 김 장관께 축하인사를 한 다음에

"지난 10월 중순에 서울에서 농회 부회장 직무대리 안씨에게서 들으니까 농회 공금횡령은 사실무근으로 자기네 예금통장은 그 분이 늘 보관하고 있다고 말하던데, 그 뒤에 어떻게 되었는지 혹 아십니까?" 하고 물었다.

"나도 자세히는 모르지만 농회 피해는 없다고 보고를 들은 것 같은데, 그 상세한 것은 고등검찰청에서 처리했으니 고등검사장에게 물어봅시다." 하면서 비서관을 시켜서 고등검사장을 부르는 것이었다. 10여분 후

에 김형근金亨根 검사장이 장관실로 들어오자 김 장관은 나를 김 검사장에게 소개하면서

"이 서형이 농회 횡령사건을 묻기에 내가 잘 몰라서 검사장을 청했으니 그간의 처리경과를 알려주시오."

김 검사장은 정중한 태도로 나와 인사 끝에 다음과 같이 대답하였다.

"농회 횡령사건은 사변 전에 생긴 일이기에 서울에 수복 즉시로 착수해서 관계자들을 불러서 철저히 조사한 결과 농회에는 아무 피해가 없고, 다만 회장실에 있던 양가라는 비서가 회장 도장을 훔쳐내어 최 회장 싸인 같이 필적을 위조해가지고 그 장인 되는 유석동이와 농회예금을 하는 상공은행 용산지점의 관계행원이 공모해서 따로 예금통장을 만들어가지고 1년 동안에 약 2억원을 찾아서 이 두 사람이 소비한 것이 드러났습니다. 그래서 은행직원과 유석동이를 구속하고 엄형에 처할 방침입니다."

이 놀랄만한 공문서위조와 사기횡령으로 1년간에 2억원이라는 엄청난 돈을 횡령 착복해먹으면서 뻔뻔스럽게 농회에 드나들며 늘 최 회장을 돕는 척하던 위선자 유석동의 모습이 눈에 선연히 떠올라왔다. 검사장의 이 말을 김 장관 입회하에 듣자 여러 달 안 내려가던 체증이 쑥 내려간 듯한 상쾌한 감을 느낀지라, 그길로 뛰어가서 부산시청에 있는 서울시장실에 가서 이기붕 씨와 사회부장관실에 가서 허정 씨에게 김 검사장의 말을 전달하는 동시에, 특히 이기붕 씨에게는 대통령께 상세히 보고드리도록 부탁을 하였다.

얼마 후에 나는 남포동에 있는 밀다원密茶苑 다방에서 김범부金凡夫[22] 선생을 만나서 김형근 검사장의 말을 전했더니

22 국민훈련원 강사, 제2대 국회의원, 계림대학 학장, 동방사상연구소장.

"시남是南이란 분은 우리 삼천만국민 중에서 제일가는 애국자여. 그는 보통 우리가 애국한다는 관념과는 다르게 정말 애국할 줄 아는 분이지. 그 사고방식부터가 보통인간과 다르게 애국적이거든! 그가 부정을 했다, 공금을 횡령했다, 나는 그 신문보도를 보고서 한탄하였지. 왜 우리나라가 애국자를 몰라주나 하고서 말이여."

"시남이라는 아호를 선생께서 지어주셨다고 들었는데 그게 사실입니까?"

"6·25가 터지기 1년 전에 내가 지어주었지. 그는 언제든지 남쪽이 좋거든. 남쪽이 생문방이여. 그래서 시남이라고 호까지 지어주었는데, 그가 6·25때에 남쪽으로 내려오지 않았으니 아마 그 분은 벌써 이 세상에서는 떠났을 것이여. 우리 민족을 위해서 애석한 노릇이지, 애석한 노릇이여! 특히 시남이 제창한 국가관國家觀은 그가 50평생을 기울여서 창안한 애국애족사상의 결정結晶이라고 할 수 있지!"

제2장 건국 후편後篇

Ⅰ. 여순麗順반란사건 때의 용사
Ⅱ. 이승만 대통령의 인사
Ⅲ. 해공海公과 백산白山의 대담
Ⅳ. 인촌仁村의 유머
Ⅴ. 6·25의 첫 기적奇跡
Ⅵ. 운계雲谿의 맑은 바람
Ⅶ. 지남芝南의 모습
Ⅷ. 4·19를 예언한 분

제2장 건국 후편後篇

Ⅰ. 여순麗順반란사건 때의 용사

1. 국방경비대 창설

해방된 다음해 2월에 미군정은 「국방경비대」라는 것을 창설하였는데, 우리나라 실정에 어두운 미국 군인들은 자기네 나라에서와 같은 방식으로 그 대원을 모집하였다. 즉 특별한 신원조사와 그 사람에 대한 신분보증인 없이 지원자를 간단한 면접 끝에 입대시켰다. 그리하여 해방 직후에 좌익의 빛깔을 띠고 생겨난 반군사단체인 국군준비대國軍準備隊와 학병동맹學兵同盟이 군정당국에 의해서 해산되었는데, 그 단체원의 대부분이 이 경비대로 들어왔으며, 이로 말미암아 우익 민족진영에서는 물의가 일어났다.

제1차 미소공동위원회가 결렬될 무렵인 1946년 5월 초순, 즉 신탁통치반대운동이 한창 고조될 무렵에 이 경비대 안에서는 이 신탁통치문제를 가지고 약간의 동요가 생겼다. 그래서 5월 하순에 애국단체연합회의 상임위원 중에서 연락부 책임자인 조헌영趙憲泳[1] 씨와 선전부 책임자인 나는 군정청으로 통위부統衛部를 찾아가서 유동열柳東說 부장과 경무부警務部 조병옥趙炳玉 부장을 만나서 애련의 의사를 전달하였다. 즉,

1. 국방경비대는 앞으로 국가방위라는 중대한 책임을 수행할 모체이

---

1 한국민주당 소속.

니 한국실정에 맞도록 그 대원을 모집할 것.

2. 국방경비대는 비정치단체이니 정치적 문제에는 초연하도록 하되, 공산파괴분자들의 발호와 그 준동을 엄밀히 조사해서 철저한 대책을 강구할 것.

특히 조 경무부장에게는 조헌영 씨가 다음과 같이 말하였다:

"통위부 창설을 산파한 유석維石[2]이 왜 대원모집에 있어서 소홀하게 하였소? 쌀밥에 돌이 들어가면 우리가 그대로 그 밥을 먹을 수 있소? 가려내자면 힘들지 않나요?"

이 신랄한 비유로 그 실수를 물은즉 조 부장은 못마땅하다는 듯이

"미국사람들이 저의 나라에서는 특별한 신원조사 같은 것 없이 모집해도 지금까지 아무 일 없었다면서 모집해놓은 것이 뒤에 본즉 해방 직후 좌익단체들이 대소 들어갔다고 하는 말이 있으나 염려 마시오. 우리 경찰이 뒤에서 잘 단속할 것이오."

군정청을 나오면서 우리 두 사람은 불만스러운 얼굴로 "통위부장이나 경무부장의 태도가 미온적이니 장차 큰일이구려. 미리 돌을 가려내라니까 듣지 않으니 참 두통거리요"라고 서로 말하였다. 물론 애련 상임간부들도 이 회담결과를 듣고 실망을 하면서 앞날을 염려하였다.

그 뒤 1947년 8·15해방기념일에 충청북도 충주에서 한 사건이 일어났다. 그것은 평소에 우익청년단체에 대하여 호감을 갖지 않은 국방경비대 충주대대 내의 좌익색채 있는 장교 몇 사람이 이 해방기념식장에 몰려와서 앞에 걸어놓은 태극기를 찢고, 기념식장을 수라장으로 만든 사실이 국민회 충주군지부장을 통해서 국민회 본부로 보고되었다. 본부에서는 그 진상을 조사해서 처리하기로 하여 현지인 충주에 내가 갔다. 그 기념

---

2 조병옥(趙炳玉)의 호.

식장에 참석했던 군수, 서장, 국민회 지부장(조대행趙大行), 청년단장(김기철金基喆) 기타 각 기관의 목격자와 지방여론을 조사해서 본부로 돌아온 나는 본부에 조사보고를 하고, 그 처리로서 본부 간부, 즉 백남훈白南薰 씨와 명제세明濟世 씨 등 두 부위원장을 모시고 이종현李宗鉉 총무부장, 전호엽全浩燁 정보 연락부장 등 5인이 군정청으로 가서 조 경무부장과 남산에 있는 통위부에 가서 유동열 부장에게 충주사건을 보고하고, 관련자의 처리를 요청한 일이 있었다.

2. 여순반란사건 발발

그 다음해, 즉 1948년 4월 3일에 제주도에서 공산분자들의 반란이 일어났는데, 그 뒤에 제주에 와 있는 국방경비대 제8연대 내의 공산분자들이 중심이 되어 지방의 공산당원들과 내통해서 반란에 합세하였다. 이것이 소위 제주도 4·3사건이라는 것의 시초인데, 이 사건으로 3년간에 제주도는 불과 피바다로 화했다. 제주도 역사 있고 처음으로 겪은 참담한 난리이었고, 막대한 희생이었다.

그런데 이 제주도 내 공산폭도, 즉 제주도 공산당원과 국방경비대 제8연대 무장 빨갱이가 연합해서 한라산을 근거지로 해서 낮에는 이 한라산 숲속에 숨고, 밤에는 근처 부락에 나와서 부락민의 식량을 털고 소와 말, 돼지, 닭, 개 등속의 가축을 끌어갔다. 뿐만 아니라, 민족진영 지도자와 공무원 집을 습격하여 살인·방화를 마음대로 하게 되어, 제주도는 혀와 붓으로 다 그려낼 수 없을 만큼 무지무지한 피흘리는 생지옥이 되었다. 몇 달 동안 경찰력으로 이 폭도 진압을 꾀하였으나 희생만 났지 뜻대로 되지 않아서 여수에 있는 국방경비대 제9연대를 제주도에 파견해서 반란폭도를 진압하려 하였다. 정부가 수립된 지 두 달만인 10월 20일에 여수를 떠나 제주도로 파견하려고 그 전날까지 연대병력 전원에게 전투무장을 시키고 실탄과 화약 등을 보급했다. 그랬더니 그 제9연대 내의 공산분자는 제주도의 제8연대 공산분자와 통하는 동무(빨갱이들 간의 동지만이 부르는 호칭)들인지라 저희들 손으로 동무들을 죽일 수 없다 하여 며칠 전부터 비밀리에 음모한 대로 20일 새벽에 부대 내에서 반란을 일으켰다.

제주도폭도들을 진압하기 위한 무기와 탄약은 먼저 같은 부대 내의 우익적인 장교들을 숙청하는 데 사용하고, 다음은 여수경찰서를 점령하고, 그 서원을 잡는 데 썼다. 다음은 여수시내 민족진영 지도자들을 죽이는 데에 쓰게 되었고, 각 기관과 공장을 파괴하는 데 썼다. 새벽에 반란을 일으킨 무장경비대원 1,000여 명은 불과 2시간 만에 여수경찰서를 비롯해서 각 기관을 점령하고, 지방 민청, 부녀동맹원들과 합세하여 하루 아침에 공산세계를 만드는 일방, 여수정거장을 접수한 무장군인들은 수백 명이 기차를 타고 순천까지 올라와서 아침새때에는 벌써 순천정거장을 점령하고, 시내로 쳐들어가려 했으나 순천경찰서원들이 앞을 가로막으니 그들과 대치하여 시내 동쪽을 흐르는 내의 양쪽 언덕을 서로 방어진지로 삼아서 맞총질을 하게 되었다.

경비대는 미군으로부터 물려받은 최신식 엠원총과 기관총, 박격포들을 가지고 쏘아대는데, 경찰은 일정시절에 일본경찰이 쓰던 구식 소총만을 가지고 대전하니 그 성능이 도저히 경비대의 무기를 대항할 수 없는지라 서로 교전한 지 한 시간도 못되어 경찰진은 무너지고 무장폭도들은 승승장구하여 순천경찰서가 점령되고, 시내가 몇 시간 못 가서 다 폭도들에게 점령되었다. 이 국방경비대원, 즉 반란을 일으킨 폭도들은 점점 그 지역을 넓혀서 근방 각지로 확대해갔으니, 다음날은 광양, 보성, 고흥 등지의 경찰서를 습격하여 점령하고, 그 지방도 공산화를 하면서 더 뻗어나가려 하였다.

3. 반란의 진압

이 여수, 순천에서의 놀랄만한 사실이 10월 20일 아침에 호외로 보도되고, 방송되자 국민회에 나왔던 우리들은 긴급히 애국단체대표를 국민회 본부에 모이게 하여 그 대책을 마련하도록 하였다. 그중에서도 해방 후 3년간 공산당과 제일 많이 싸워온바 있는 청년단체대표들의 분개와 폭도진압에 관한 열의는 대단하였다. 그래서 그들은 그날 오후에 자기 단체의 서울시내 각급지부장회의를 소집하여 밤까지 회의를 한 결과 다음날, 즉 10월 21일 아침에 국민회에 모인 각 청년단체는 다음과 같다.

국청(국민회 청년단, 단장 강락원姜樂遠)

독청(대한독립청년단, 단장 서상천徐相天)

청총(청년조선총동맹, 단장 유진산柳珍山)

서청(서북청년회, 회장 문봉제文鳳濟)

대청(대동청년단, 단장 이청천李靑天, 부단장 이성주李成株)

이 5개 청년단체에서 나온 간부들 10여명은 다음과 같은 결의를 하였다.

1. 5개 청년단체는 각자 단체에서 5,000명씩 동원하여 도합 25,000명의 의용군을 결성할 것.

2. 이 의용군에 무기를 주어서 24시간 이내에 반란 현지로 출발할 것.

3. 우리의 결의를 대통령 이하 정부당국에 보고하여 즉시 의용군에게 무장을 공급하도록 할 것.

이 무기공급을 받기 위한 대통령 이하 관계 장관에게 교섭할 대표로 서청의 문봉제 동지와 청총의 오찬권 동지와 국민회의 나와 모두 3인이 선출되었다. 그날 오후에 중앙청으로 우선 대통령을 만나러 갔으나 해가 저물어도 국무회의가 끝나지 않아서 그대로 오고, 다음날인 22일 오전에야 대통령실에서 우리가 대통령을 뵙고 전기 각 청년단체들의 결의를 전달하면서 다음과 같이 건의하였다.

"민국 정부 수립에 가장 많이 수고한 청년단체의 동지들이 궐기하여 신생민국을 좀먹는 폭도진압에 목숨을 내놓기로 결의하고, 무기만 준다면 즉시 출발하려고 서울시내에서만 25,000명의 의용군이 대기하고 있으니 즉시 무기를 공급해주십시오."

이때에 백발이 성성한 노 대통령이 반가워하는 모습, 그 감격의 눈물이 글썽글썽하던 노인의 얼굴을 나는 영원히 잊을 수가 없다. 각 지방경찰서가 폭도들의 수중에 들어가서 머지않아 광주 도청소재지까지 폭도가 습격오리라는 데마까지 퍼져가는 판에 25,000명의 의용군이 자진하여 궐기하고서 무장만 해준다면 즉각 출동하겠다는 결의는 대통령도 예상치 못했던 기쁜 소식이 아닐 수 없었다. 그리고 노 대통령에 대한 둘도 없는 위안의 말씀이 되었을 것이다. 그 반가워하는 모습은 나의 눈에 지금도 선연하다. 대통령은

"해방 후 각 지방에서 공산분자들을 몰아내는 일이 가장 큰 일이었었는데, 청년들이 자기 목숨을 내놓고서 그들과 투쟁한 줄을 내가 알고, 정부 수립되드락 또한 청년들의 수고가 많았으나 나라에서 아직 그들에 대한 포상도 못해주어서 늘 민망하게 생각하고 있는데, 지금같이 나라에 일이 있을 때 일어나서 목숨을 내놓겠다 하니 참 고마운 일이다. 암, 그래야지! 애국자는 이런 때 궐기하는 법이지. 그러나 지금 정부에서 경찰과 군대로써 능히 폭도 진압이 될 것 같으니까 안심하기 바란다. 만일 이 경찰이나 군대가 감당치 못한다면 그때는 애국청년들이 나서도 늦지 않으니 결심만 그렇게 하고서 대기하도록 하라"는 취지의 말씀이 있었다.

그리고 얼마 있다가 대통령은 "지금까지는 여러 갈래로 청년단체가 나누어져 있었지만 우리 정부도 서고 했으니까 한데 뭉치도록 하여야

겠어. 한 단체로 통합해서 청년으로서의 교양을 더 쌓아서 나라의 근본을 삼아야겠으니 그리 알고서 우선은 통합하는 일에 서로 의견을 모아보라"고 말하였다. 그 다음날부터 대통령은 하루에 한 청년단체의 간부를 만나도록 해서 청년단체 통합을 종용하고, 그들의 사기를 올려주었다.

며칠이 지나는 동안 과연 폭도 진압이 뜻대로 되어갔다. 그것은 전주와 이리[3] 방면의 국방경비대 제11연대가 출동해서 전과를 올린 것이다. 그러나 그 폭도를 완전 소탕하지는 못하였다. 그들 중에서 군대반란을 음모한 최초의 선봉 노릇한 몇 백 명의 폭도들은 광양군 내 백운산白雲山으로 도망갔다가 그 뒤에 또 지리산으로 숨어들어가서 6·25사변 전후까지 7, 8년간 부근 일대의 치안을 교란하였고, 그 지역은 살인·방화와 약탈 등으로 인하여 막대한 피해를 입었으며, 이를 소탕하기 위한 민국정부의 인명과 물자의 희생이란 막대하였다.

국방경비대 창설 당시 몇 달 동안에 잘못 뿌린 독초가 차차 자라서 제주도 반란, 여수 반란, 지리산 폭도들로 악화해서 3년 내지 8년간이란 긴 세월 동안에 대한민국이란 신생국가는 큰 홍역을 치른 셈이다. 앞으로 우리 겨레의 자손만대에까지 이 뼈저린 교훈을 잊지 않도록 일깨워주어야 할 것이다.

4. 김석원金錫源의 애국심

그런데 이 여순반란사건 당시에 용사로서 적어둘 만한 사실을 하나 더 보태겠다. 그것은 10월도 저물어가는 30일 오후에 나를 찾아온 50대의 신사가 있었다. 김석원씨이다. 김씨는 지난 1월에 육해공군동지회를

---

3 2020년 현재의 익산시.

만들었다. 주로 일정시절에 일본군대에 끌려가서 군대생활을 하다가 해방 전후에 귀국한 동포들로 규합된 10만 이상의 회원을 가진, 말하자면 재향군인단在鄕軍人團이다. 이 단체가 결성된 다음날 우리 국민회에 와서 나보고 사무소 걱정을 하기에 과거 중일전쟁 때 날리던 김석원 중좌가 앞장서서 건국에 이바지하겠다고 궐기할 뿐 아니라, 후배청년들을 규합해서 공산분자와 싸워나가는 것을 고맙게 여긴 나는 나의 성의를 기울여서 사무실을 우리와 같은 문안에 마련해주었으므로 다른 사람보다는 내가 임의로운 듯이 김씨가 나를 찾아주었다. 나는 반가이 맞아서

"바쁘실 텐데 무슨 일로 이렇게 찾아오셨습니까?"하고 물었다.

"이번에 여수에서 군대반란사건이 생기지 않았습니까? 나도 과거 군대생활로 늙은 몸이라 이 군대에는 늘 관심을 가졌었는데, 창설 당시부터 늘 들려오는 말에 국방경비대 내에 빨갱이가 많다 많다 하였으나 설마 설마했더니, 제주도 반란사건에서 그 빨갱이가 섞였다는 것이 사실로 입증되더니 이번 사건으로 더 증명이 되었소이다. 그래서 그 귀추를 보니까 그 폭도 진압이 잘 되지 못하는 것 같아서 우리 동지회 간부들이 매일 모여서 상의한 끝에 과거에 전투경험이 있고, 군대 통솔의 실력자들이니까 우리에게 이 폭도 진압을 맡겨달라고 진정하러 왔지요."

"그것 참 반가운 희소식입니다. 누구에게 가셨습니까?"

"국방장관에게 지난 21일부터 오늘까지 엿새 동안을 찾아가도 바쁘다는 핑계로 만나주지 않는구려. 답답해서 견딜 수 없기로 오늘은 선생에게 이러한 통사정이라도 하려고 찾았소이다."

"김 선생이 국방장관을 만나시려는 것은 무슨 감투를 쓰시고자 하는 것도 아니고, 이 어려운 판국에 나라를 염려해서 좋은 국방정책을 건의하시려는 것인데, 그 분이 선생의 충정을 몰라서 그리 되었습니다. 그러면 한 차례만 더 허행하시는 셈 치시고 내일아침 10시에 이곳으로 나오십시

오. 그러면 국방장관보다도 더 큰 어른을 만나보시도록 해드리지요.”

“그게 누군데요?”

“아, 이 나라에서 대통령이면 그만 아니요. 선생의 나라를 염려하시는 성의를 내가 대통령께 알려드리겠으니 꼭 나오십시오.”

물론 다음날 아침에 김씨가 국민회에 나왔다. 나는 전날 오후에 대통령비서실에 연락해서 그날 11시에 대통령을 알현하기로 시간을 얻어놓았다. 나는 김씨를 안내해서 중앙청 대통령비서실로 갔다. 11시 정각에 대통령실에 김씨와 같이 들어가서 내가 먼저 인사드렸더니 대통령은 낯모르는 사람을 데리고 온 나를 보더니

“이 분이 누군가?” 하고 물었다.

“제가 선생님의 승낙 없이 낯모르는 분을 안내해온 허물을 용서하시옵기 바랍니다. 이 분은 김석원이라고 합니다. 과거 일정시절에 일본군의 육군사관학교를 나와서 일본군대에서 군인생활을 하는 중에 중일전쟁 때에는 전공으로 이름을 날리던 용맹한 장교이었습니다만, 해방 후에는 자중하고 있다가 공산당분자들이 건국을 방해하니까 일정시대 일본군대에 들어가 있던 군인들을 한 10만 명 규합해서 동지회를 만들어서 지금까지 선생님의 독립노선에서 우리와 같이 일하던 분입니다. 이번 여순반란사건이 터지자 자기네 단체원은 다 과거에 군인들로 전투에 경험이 풍부하므로 무기만 내준다면 의용군을 편성해가지고 나라를 좀먹는 폭도 진압을 하겠다는 것입니다.”

내가 김씨를 소개하는 동안 김씨는 상기되어 얼굴이 붉어진 채 머리를 약간 숙이고 있다가 대통령이 손을 내밀어 악수를 청하니까 그는 황송해서 차마 손을 내밀지 못하고 주저주저하다가 겨우 악수를 하였다. 김씨는 대통령에게

“이제야 각하를 뵈오니 황송합니다. 제가 구한말에 황국육군유년학교

를 다니다가 합방 후에 동급생들과 일본에 가서 사관학교를 나온 후에 몇 십년간 군대생활을 하였습니다. 해방 후에는 교육사업에 종사하는 한편 일본군대에 있던 제 후배들을 모아서 동지회를 만들어가지고 각하의 독립노선을 받들고 나왔습니다. 이번 여순반란사건에 진압이 잘 되지 않아서 저희들도 걱정을 하고 의용군이라도 편성해서 이런 기회에 나라 위해 일해볼까 결심했기로 그러한 저희들의 미성이나마 각하께 말씀드리고자 왔습니다."

"이번 사건은 수습되어가는 듯하니 앞으로나 우리 국군의 강화를 위해서 일해주기 바라오. 고맙소이다."

나는 대통령에게 깊은 인상을 넣어드리기 위해서 다시 한 마디 덧붙였다.

"지금 우리나라에는 인물이 빈곤합니다만 그중에도 국방정책을 강력히 수행해가려는 데에는 인물이 한층 아쉽습니다. 과거 일본군대에서 수십 년간 복무했기에 그 용병작전用兵作戰에는 이 분이 우리나라에서 일인자입니다. 그러니 이 분의 역량을 발휘해서 건국 초창기에 유용토록 써주시기 바랍니다."

대통령은 나를 보고서 알았다는 듯이 미소를 지으시면서 고개를 몇 번이고 끄덕인다. 이리해서 작별인사를 드리고 나온 나는 김씨를 향해서

"오늘은 대통령을 만나뵈었으니 내일은 국방장관을 만나십시오. 내가 장관에게는 만나보도록 교섭해놓지요."

그날 오후에 나는 국무총리실로 가서 이범석 장군을 만나서

"어제 듣자니까 여수반란사건 이래로 김석원 씨가 6회나 국방장관실로 면회 갔다가 뵙지 못했다는데 내일은 좀 만나주십시오. 오늘 대통령께서도 만나보시고 앞으로 국군에 들어와서 일하라고 분부하셨습니다. 일정시절에 일본군에서 복무한 것이 흠집이면 어떻습니까? 지금 인물난

인데 과거를 개의할 것 있습니까? 그러니 한 사람이라도 아쉬우니 그 분의 충성심을 받아주시오"라고 건의했다.

이 말에 이 장군은 경쾌한 목소리로 "내가 바쁜 중에 잘 몰랐지 김석원이라고 내가 왜 안 만나겠소! 보내시오. 만나보고서 앞으로 우리 국방 강화책이나 서로 의견을 교환해보겠소이다."

다음날 김씨는 이 장관을 만났고, 자기의 소신도 개진하였다고 한다. 그래서 그 다음에 내가 김씨를 동지회사무실에서 만나

"국방장관을 만난 소감이 어떠하시오?" 하고 물었더니 김씨는 그 독특한 카이젤수염을 만지면서 자못 유쾌한 어조로

"이범석 장군을 처음 만나보니까 아주 쾌활하고 허심탄회한 분입디다. 피차간에 국군육성과 국방정책에 관해서 격의 없는 의견교환을 하였지요. 그리고 우리같은 나이 많은 연배들을 위해서 단기훈련으로 사관학교 문을 열어놓겠다면서 사관학교에 일단 입학해서 단기훈련(약 1개월)을 받으라고 권합디다."

"그래서 어떻게 대답하셨습니까?"

"하, 그거야 그렇게 하겠다고 승낙했지요. 군대에 들어가려면 정부방침대로 따라가야 하지요."

"사십문장이라더니 오십문장이시군요. 잘 하셨습니다. 앞으로 우리나라의 국군을 잘 육성해서 다시는 여순사건 같은 불상사가 없도록 함은 물론이려니와 장차 38이북의 실지회복을 할만한 실력을 양성하는 데 큰 공을 세우시기 바랍니다."

김씨는 과연 며칠 후에 사관학교에 입학하고, 2주일 훈련을 받고 나와 다음해인 1949년 2월에는 육군 제1사단장이 되어서 38선일대의 경비책임을 맡게 되었다.

Ⅱ. 이승만 대통령의 인사

1. 초대 내각 인사의 원칙

1948년 8월 15일에 대한민국 정부가 수립되어 40년 만에 독립이 되었다. 이 감격이 벅찬 역사의 날을 치루고 난 국민회 본부 간부들은 다음 날 아침에 모여서 제가끔 어제의 소감을 털어놓았다. 아침부터 오정 때까지, 다시 오정부터 오후까지 말하는 것을 통틀어서 말하면 초대 내각에 한두 자리라도 들어가리라고 기대했던 것이 장관은커녕 차관이나 차장 자리도 천신치 못했다는 실망, 나아가서 불만, 더 나아가서 불평들이었다. 동시에 초대 장관이나 차관들에 대한 칭찬이나 적임자가 잘 앉았다는 호평보다는 그 사람들의 흠점·악평·인신공격이었으며, 결국은 무자격자가 누구누구의 빽이나 이러저러한 엽관운동으로 입각했지 제 실력으로 입각된 것이 아니라는 시기와 질투에서 나오는 점잖지 못한 말들이었다.

과거 한 해 또는 두 해 동안 국민회에 들어와서 약간의 국민운동의 역군노릇 한 것을 세상에서는 대수롭지 않게 넘겨보지만, 국민회 안에서는 대단한 일을 한 줄로 피차간 올려보고 위로 추켜 주었으며, 각자 자신들을 스스로 과대평가해서 이만큼 했으면 한 자리 감투를 씀직한데 하는 어처구니없는 망상, 자다가도 웃을 공상들을 하는 무리들의 집단같이 보였다. 과거나 현재까지 뽐내던 애국심이나 민족적 의무감에서 국민운동을 했다는 것은 눈곱만큼도 찾아볼 수 없는, 감투에 주리고 이권에 미친 속물俗物들로 가득 차 있는 것 같은 인상이었다. 이날 오후에야 나온 명제세 부위원장은 이 불평불만을 듣다듣다가 귀 앞에서 한 가지 방법으로 이들을 위무하기로 하여

"동지들, 내일아침에 나와서 자기가 정부 각 부처의 무슨 자리에 들어가기를 희망한다고 의사표시를 하시오. 그러면 이것을 종합해서 곧 대통령께 보고 올리는 동시에 동지들의 소망을 이루어드리도록 힘써보겠소. 그러니 오늘 집에 돌아가서 잘 생각해가지고 내일아침에 나오시오."

명 선생의 이 말씀은 칠년대한七年大旱에 단비나 맞은 것처럼 일동에게 생기를 불어넣어주었다. 그래서 각 부의 방으로 돌아온 각 부·차장들은 제가끔 머리를 맞대고

"○부장님은 ○○부가 좋을 게야, 아니 그보다 △△처가 더 낫지 않을까?"

"○부 차장 동지는 ○○부의 △△국이 적임일 것이야. 그렇지요? 결정합시다."

제법 와글와글 시끄러우며, 파장에 물건 흥정꾼들 나부대듯 왔다갔다 야단법석이다. 그러나 이 모든 소음 속에 잠잠한 부가 있다. 총무부이다. 최 부장이나 차장인 나나 별 흥미 없다는 듯이 방에 들어가서 앉아 있다가 내가 말했다.

"최 선생님, 내일 나오시렵니까?"

"무엇하러 나와요? 감투배급신청서 내려고 나와요? 나는 흥미 없소."

"저도 별 흥미 없습니다. 내일 어데를 갈까? 오래간만인데 교회나 나가야지. 그리고 오후에는 근원에서 또 만납시다."

이러한 대화로 다음날 예정을 의논하고 헤어졌다. 그랬다가 다음다음날에야 국민회에 나가보았더니 여러 동지들이 총무부로 몰려와서

"최 선생은 왜 어제 안 나오셨습니까? 서 동지까지 같이 안 나올 것이 무엇이야!"

약간의 야유를 섞어서 전날에 나오지 않은 것을 따지러드는 동지도 있다. 그리고 제가끔 자기 이력서와 희망부처의 자리를 적어가지고 서로

의논한다. 바로 감투라도 쓴 사람같이 으스대는 친구도 있는가 하면, 자기가 그 자리에 들어가면 제일 먼저 처리할 것이 군정 3년에 그 부처가 이리이리 썩었으니까 이런저런 메스를 휘둘러야 할 것이라고 그럴싸한 공담을 늘어놓는다. 그러면서 전날의 모임을 묻지도 않는데 설명하고 나선다. 좌우간 실속이야 있든 없든 간에 그 공기만은 푸짐한 판이다. 그런데 어제 한 가지가 결정되었다는 것이다. 총무부만 불참했지 전부의 간부가 만장일치로 결의했다는 것이다. 그게 무엇이냐 하면 이미 중앙정부의 각 부처의 요직은 결정되었지만, 서울특별시와 각 도의 인사는 앞으로 곧 결정될 터이니까

1. 서울특별시의 시장은 본부의 이종현 부장이 적임이니 본부로서 대통령께 추천해서 그 실현을 기도할 것. 이 부장이 시장이 된 후에 부시장과 각 국장, 과장 등의 자리 안배는 그 뒤에 협의할 것.

2. 각 도지사는 국민회 각 도지부장을 추천할 것. 그리고 각 도지사가 취임한 후에 그 도내의 각 국·과의 인사는 도지사와 도지부 간부들과 협의할 것.

3. 각 지방의 시장·군수직도 각 도의 예에 따라서 국민회 각 시·군지부장을 도지사가 추천해서 취임되도록 본부에서 추진할 것.

특히 서울특별시장 추천서만은 그날 중으로 작성해서 대통령께 곧 제출하자는 것이다. 다른 부장 전원과 명 선생이 결의했다 하니 총무부인들 반대할 수도 없어서 총무부도 같은 보조를 취하였다. 그 추천서를 그날 석양에 남산 밑에 사는 이윤영 씨께 드려서 그가 대통령께 제출하도록 하였다. 그는 대통령의 신임이 두터울 뿐 아니라 무임소장관직에 있기도 한 때이라 그리 했던 것이다. 그런데 그 뒤 가끔 이윤영 장관에게 가서 본부에서 제출한 추천서에 관한 대통령의 태도를 알아보아달라고 했으나 한 달 두 달 아무 소식이 없었다. 가을이 다 가고 겨울이 왔다.

국민회에서는 기다리다 지쳐서 단념했다.

2. 서울시장 임명

그런데 국민운동이 정부수립 후에는 그전과 같이 활발하지 못하므로 이를 과거와 같이 활발히 전개하려면 관민합작이라야 하겠다는 것이 본부의 전체의사이므로, 이 문제를 가지고 총재께 품의하자는 중론이어서 12월 초순에 총재를 면회하려고 몇몇 간부가 경무대로 갔다. 오후 4시경이다. 최태용 총무부장이 현재의 국민운동실태를 보고하고, 이런 현상을 타개하여 그전과 같이 활발히 전개할 방략은 오로지 관민합작뿐이라고 건의하였더니, 이에 대해서는 가타부타 결재를 내리지 않고 잠잠히 있다가 우리 일동을 향해서 슬그머니 묻기를

"정부수립 후에 중앙과 지방의 인사는 교체했는데 서울시장만은 오늘까지 갈지 않았는데 세상에서는 아무 말이 없나?"

우리 네 사람은 서로 마주보면서 미소하면서 누군가가 대답하기를

"그렇지 않아도 수도의 시장을 여태껏 갈지 않는 것은 모를 일이라고 여론이 많습니다."

"그래! 그러면 누가 적임이라고들 말하는고?"

우리가 대통령의 신임을 받는 이 장관을 통해서 추천서를 낸 것을 뻔히 아시면서 우리보고서 누가 적임자라고 세상에서 말하느냐고 물으니 우리가 감히 '이 장관을 통해서 추천한 일이 있지 않습니까, 바로 여기에 동석한 이 부장을 추천합니다' 라고 말할 수는 없었다. 있다면 그것은 철면피나 정신이상자일 것이다. 그래서 서로들 얼굴만 쳐다볼 뿐 말을 못하고 있으니까 대통령도 궁금히 여겨서 속히 대답하라는 기미이다. 그래서 하는 수 없이 한 동지가

"세상에서는 윤보선 씨가 시장 감으로 적임이라고 합니다."

이 말을 듣자 대통령은 대번 희색이 가득해지면서

"나도 그런 말을 들은 일이 있는데, 내무장관[4]이 자기와 숙질간이라고 해서 선뜻 발령을 않는 모양이여. 정말 윤보선이가 적임자라고들 항간에서 말하는가?"

명랑해진 대통령이 일동을 향해서 물을 때에 "아니오"라고 반대할 수 없는 노릇이다. 그래서 서로 쳐다보면서 "네, 그렇습니다"고 대답했더니 한층 기쁜 빛을 보이면서 일어났다 앉았다 한두 번 하더니 옆방의 비서를 불러서

"내무장관보고 윤보선이를 서울시장으로 발령하라고 해!"라고 명하였다.

이 명령을 내리고 우리가 있는 자리로 돌아온 대통령은 또 한 번

"나도 벌써부터 윤보선이를 시장으로 발령하기를 기다렸더니 몇 달이 되어도 내무가 자기 체면을 지키느라고 발령치 않는단 말이야."

다시 비서를 불러오더니 "공보부장을 곧 이리 오라고 불러!"라고 명하였다.

비서가 명령을 받고 물러갔다. 한 5분쯤 지났을 무렵이다. 대통령은 다시 비서를 부르더니 "공보부장 왜 빨리 오지 않나? 올 것 없이 공보부장에게 윤보선이를 서울시장으로 임명했다고 공포하라고 해!"라고 하였다.

이 명령을 내리면서도 앉았다 일어섰다 어정어정하다 또 앉았다 그 기쁨을 참지 못하는 듯 오랜 체증이 내려간 듯 속 시원해 명랑한 빛을 주위에 발산하는 모습이 완연하다. 이 기뻐하는 노 대통령에게 작별인사를 하자 전에 없이 우리 일동에게 악수를 교환해주면서 우리가 건의하

---

[4] 당시의 내무부장관은 윤치영이었다.

러 갔던 관민합작 여부는 일언반사도 말씀이 없다. 황혼이 짙은 거리에 나와서야 일동은 앙천대소하면서 걸어나오다가 누군가가 말하였다.

"우리가 관민합작 건의하러 갔다가 윤보선이 감투 씌웠구려!"

우리가 추천했던 이씨와 내가 그 길로 안국동 윤씨를 방문한 때는 초저녁이다. 물론 윤씨는 깜짝 놀라면서 기쁨을 감추지 못한다. 국민회 동지들이 밀어주어서 시장이 된 줄 아는 듯이

"앞으로 국민회 여러 동지들과 제휴해서 서울시 행정을 쇄신하여볼까 하니 자주 연락해주시오"라고 하였다.

윤씨는 시장이 되자 새벽에 나와서 몸소 빗자루를 들고 거리를 쓸기 시작하였다. 수천 명 시청직원이 다음날새벽부터 윤 시장의 뒤를 따랐다. 이를 본 시내 남녀중학교 학생이 또 그 뒤를 따라서 새벽의 서울거리를 청소했다. 이리해서 윤 시장은 청소시장의 별명이 붙고, 백만 시민도 청소에 나섰더니 불과 한 달이 못가서 서울거리는 깨끗해졌다.

이 서울거리를 깨끗하고 명랑하게 만드는 일부터 시작한 윤 시장은 시 행정면의 부정부패를 일소하려고 나섰다. 즉 마음의 청소를 시작한 것이다. 몇 사람이 견책되고, 좌천되고, 파면되자 청내 공기는 일신되었다. 그래서 시장의 위령이 서고, 시 행정은 명랑해져서, 바르고 바르게 진섭이 된다는 여론이 돌기 시작했다. 그런데 불과 반년이 못가서 윤씨는 상공부장관으로 승차하였다. 시민들은 더 두고 일을 시켜보았으면 하고, 그가 물러나는 것을 퍽 아쉬워했다.

상공부장관으로서의 윤씨는 장관구실을 잘 하네 못 하네 별 비평이 나돌지 않았다. 1년이 넘어도 별말이 없고, 이렇다 할만한 별치적도 없이 평범장관으로서 넘어갔는데, 1950년의 5·30선거 전에 갈렸다. 나는 혼자 생각하기를

「한민당이 내각책임제 개헌안을 내어서 이것이 통과된다면 대통령의

권한이 국무총리에게 넘어가게 되고, 그리 된 때에는 한민당이 집권하리라는 세상 여론이니까 이번에 내각책임제 개헌안이 부결된 뒤의 총선거에서 만일 한민당이 국회에서 다수 의석을 차지하는 날은 대통령책임제 헌법이 국무총리책임제로 바뀌는 날이라. 이 한민당 소속 입후보자를 후원할 듯한 장관은 모조리 갈아치우는 판이니 그 정치바람에 윤씨도 도매금으로 넘어갔구나」 했다. 그때의 내무, 재무, 상공, 교통 등의 장관이 다 한민당 소속이고, 그들이 다 갈렸으니까.

3. 5·30선거 에피소드

1950년 5·30선거의 회오리바람에 말려들어서 4월 중순에야 나도 고향인 전라북도 익산 갑구에서 입후보했다. 그때 3월 하순에 생긴 대한농민회라는 새로 나온 농민단체의 이사 감투를 쓰게 된 나는 그 농민회의 추천으로 본의 아닌 출마를 했다. 고향에 내려가 보니 나를 아는 사람은 누구든지 반년 전부터 선거공작을 했으면, 아니 3개월 전에라도 출마한다고 고향에 와서 발표하지 않았느냐고 도리어 책망이다. 투표를 앞두고 한 1주일 전에 대통령이 남한 일대를 선거계몽순회를 하다가 이리에 잠간 들러서 역전광장에 모인 군중들에게 역 옥상에서 연설할 때에 나도 인사차 역에 나갔고, 역 옥상에 올라갔다. 그 바로 앞 2층 건물에 현수막이 걸렸는데, 그것이 바로 나의 선거사무소이었으니 대통령 눈에 대번에 띄었다. 이것을 본 대통령은 나를 보더니 내 손을 잡으시며,

"서군, 언제 출마했어? 잘 했네. 출마했으면 당선되도록 싸워야지, 싸워야 해!" 하시며 몇 번이고 손을 흔드시므로 나는 대통령의 손에 내 손이 쥐어진 채

"예! 예! 제 힘껏은 해보겠습니다만 원체 늦게 출마해서 고향친구들에게 가는 곳마다 책망을 듣습니다. 왜 늦게 나왔느냐고요."

물론 나는 보기 좋게 낙선했다. 개표가 끝나고 낙선이 확정된 6월 1일에야 선거사무소에 모인 200여 명 인사들에게 처음으로 박주 한잔씩을 대접했더니 마시는 사람마다 "이 술이 석 달 전에만 있었으면!"하고 쓸데없는 공담들을 벌이는 것을 듣고, 나는 바로 서울에 와서 2, 3일 후에 경무대에 가서 대통령께 낙선의 인사를 드렸다. 때도 황혼이요, 방도 1년 반 전의 그 응접실이다. 당시 국민회 동지들과 대통령을 모시고 벌어졌던 장면이 머리에 떠올랐다. 그래서 인사말씀을 드린 후에 쓸데없는 한마디를 또 하게 되었다. 즉

"선생님, 이번 선거바람에 민주당원인 장관들 감투가 다 떨어져나가는 서슬에 상공장관도 도매금에 넘어갔다고 합니다. 그게 사실입니까?"

"민주당이라고 내보낸 것이 아니지. 선거를 앞두고 정부를 개조해서 민심을 새롭게 해보자는 것이지."

4. 초대 내각의 특색

이승만 박사가 대통령으로 취임한 후에 8월 15일까지 20여 일 동안에 초대 내각을 만들어 놓고서 8월 15일 광복된 것을 선포하는 자리에서 그가 말하기를 "내가 이번에 정부를 조직하는 데 나와 친분 있는 사람들은 뒷전에 놓아두었다"고 한 말을 항간에서는 누가 이 박사와 친분 있는 사람들이냐고 수군거렸다. 그러면 거개의 인사들은 민족통일총본부의 부장급과 이기붕을 든다. 그들 중에서 한 사람, 당시 노동부장이었던 전진한 씨만이 장관으로 등용되었지만, 그가 민통 당시에도 민통 내에서 이 박사의 측근자로 지목되지도 못한 분이다. 또 이윤영 씨가 국무총리로 처음에 지명 받았지만 그도 민통 내에서 가장 측근자는 못되었다. 그러면 누가 제일 측근자이냐? 여기에는 한 가지 일화가 있다.

제3차 국민회전국대회를 9월 상순에 열었을 때에 대회 회장은 배은희

목사이었는데, 나는 해방 전 20여 년 전부터 배 목사를 전주에서부터 잘 아는 분이라서 내가 민통에서 심부름하는 것을 보고 반가워하면서 이 3차대회가 끝나고 전형위원들이 각 도에서 나와 국민회 본부 신임간부를 전형하려 할 때에 그 위원장격인 배 목사는 나를 불러서 묻기를

"오늘아침에 돈암장에 갔더니 이 박사가 이번 신임간부 전형은 허정, 윤보선 두 사람과 상의해서 하라는데, 이 두 사람을 잘 모르는데 서 동지가 일러주시오."

"그 두 분은 다 민통 협의원입니다. 또 옛날에, 즉 미국시절에 이 박사를 중심으로 한 동지회同志會의 멤버이기도 하지만, 이 민통의 운영에 있어서 민통 내의 각 부장과 동격으로 상임협의원이라는 게 있는데 이 자리에 두 분이 되어 있지요. 그래서 각 부장과 같이 매일 출근하고 있지요."

그런 일은 한 예에 불과하지만 이 박사의 대소간 정치적 동향에는 이 두 분의 영향이 컸다. 그 두 분과 이 박사와의 사이를 연결케 하는 역할에 이기붕 씨가 끼어 있다. 그래서 이 세 분이 가장 측근자로 인정을 받고, 그들을 중심으로 해서 김효석金孝錫, 이윤영 씨 등이 있다. 이들이 초대 내각에는 다 끼지 않았지만 그 해 11월에는 허정 씨가 교통부장관으로, 다음해 1월에는 이윤영 씨가 사회부장관으로, 또 김효석 씨가 내무부차관이었다가 서너 달 후에는 내무부장관으로, 그리고 앞에 말한 바와 같이 윤보선 씨가 그런 경로로 서울시장을 거쳐 상공부장관으로, 뒤에 이기붕 씨는 서울시장이 되었다가 부산 피난시절에 국방부장관으로 올라갔다.

이 박사가 대통령에 취임한 뒤로 그 자신은 어떻게 여기는지 모르나 국민으로부터의 인기, 즉 국부國父라고 존칭하던 인기는 감해졌다. 그 원인이 무엇이냐? 초대 내각을 조직하는 것을 보고서 국민이 실망을 느꼈기 때문이다. 그리고 그 뒤의 인사 처리를 보더라도 별로 신통치 않다는

것이다. 그러나 당사자인 이 박사는 이 인사 처리에 가장 머리를 쓰고 늘 염려하는 듯하다. 그 예로는 숨은 이야기가 있어서 이 박사 자신의 고충을 말해준 예이다. 즉 이 박사가 하와이에서 수십 년 망명생활을 할 당시에 가장 가까웠고 또한 은고를 입은 분을 대통령으로 취임한 후에 초청했더니 한 반년 만에 그 분이 한국에 왔다. 그는 윤병구尹丙求 씨라는 70이 넘은 목사이다. 이 분이 한국에 돌아오자 늘 경무대에 청해서 이 박사가 식사도 같이 하고 서로 회포도 풀고 했는데, 그 분보고 이 박사가 가장 심각하고도 솔직하게 자신의 심경을 말했다는 것이다. 즉 이 박사가 말하기를

"내가 대통령직에 취임한 후로 제일 어렵고도 조마조마 걱정되는 것은 국가공무원을 임명할 때에 내가 사인하는 것이오. 이 사람이 이 관직에 취임해서 정말 나랏일을 잘 해줄까 못해줄까, 다행히 그 책임을 다해서 잘 해준다면 안심이지만, 이 관직을 악용해서 협잡·부정·매국의 행동을 한다면 그 책임의 일부는 그를 임명한 대통령이 져야 할 것이니까. 그리고 둘째는 큰 죄를 져서 사형집행을 하기 전에 국가원수로서 그 사형집행장에 사인해서 한 목숨을 끊는 일인데, 그가 사실 사형당할 만한 죄를 졌나, 억울한 누명을 쓰고 횡액에 걸려서 죽는 것은 아닌가, 다행히 사형당할 만한 죄를 졌다 해도 사형하는 것은 사람으로서 못할 일인데, 만일 사형당할 죄가 아닌 것을 신이 아닌 사람이 잘못 재판했다면 사형집행도 큰 죄가 되지 않을 수 없으니, 사형수에 대한 사인하기가 마음 아프고도 큰 고통을 주는 일이오"라고 말했다고 한다.

이러한 심경표현을 김효석 내부장관이 윤씨에게서 들었다는 말을 1949년 6월에 서울대학병원에 입원 중인 김 장관으로부터 듣고, 나 혼자 헤아리기를 「세상에서는 이 박사가 인사에는 등신(병신, 즉 잘못 한다는 뜻)이라고 하지만, 자신은 각 방면의 여론을 들어서 신중을 기하고 공정

하게 하느라고 하지만, 그 속을 모르는 세상 사람들은 남의 말하기 좋아서 이러쿵저러쿵 말하는 것이로구나」고 하였다.

그런데 나는 이 대통령의 인사 처리를 잘 하도록 보필해드린다고 한 짓이 결과에 있어서 인사 처리를 그르치게 한 한 가지 실 예를 들어서 황천에 돌아가신 이 박사의 영령 앞과 우리 겨레 앞에 깊은 사과를 하려 한다.

5. 제주도지사 임명

앞에서 적은 것과 같이 정부수립 후에 국민회 본부에서 각 도지부장을 그 도의 도지사로 추천했다. 그러나 도지부장 중 한 사람도 도지사가 되지 못했다. 다만 국민운동 하던 동지가 도지사에 취임한 곳은 전남에 이남규李南圭, 전북에 신현돈申鉉墩, 강원도에 이종현李宗鉉 세 분뿐이다. 그리고 나머지 각 도지사는 다른 계열의 인사들이 새로 도지사로 교체되었는데, 경기도와 제주도만은 미군정 때의 지사가 그대로 눌러 있었다. 그래도 경기도지사 구자옥具滋玉 씨가 그대로 유임된 데에 관해서는 세상에서 아무 말이 없는데, 제일 멀리 떨어져 있는 제일 작은 제주도의 임관오 지사만큼은 유임되는 것에 대해서 시비가 많았다. 그 한 가지 이유로는 5·10선거 한 달 전에 제주도에는 소위 4·3사건, 즉 그해 4월 3일에 공산폭도들이 반란을 일으켜 한라산을 근거지로 삼아가지고 국방경비대의 일부 무장군인들과 합작해서 계속 반란을 일으키고 있으므로 이 지방의 반란을 진압한다는 것은 건국 후의 대한민국 행정능력의 한 시금석이었다. 그래서 비록 제일 작은 도이지만 국민과 정부의 가장 관심을 끄는 지방이요, 관계당국 특히 내무부장관과 대통령은 늘 두통을 앓고 있는 고장이었다.

1949년 4월 초순이었다. 나는 시내에 나갔다가 오후에 국민회 본부에 돌아왔더니 최태용 총무부장이 나에게 말하였다.

"서형, 조금 전에 이기붕 씨가 서형을 보러 왔다가 없으니까 내게 부탁하고 갔소. 이것은 인사에 관한 비밀이라 누구에게도 누설치 말아달라는 부탁인데 그렇게 해주시오."

"무슨 부탁인데요?"

"지금 제주도지사를 갈아야겠는데 두 사람이 물망에 오르고 있으니 누가 적임자인가 그 여론을 조사해서 내일 오후 2시까지 대통령실로 직접 서형이 와서 보고하라는 대통령의 분부시라고 이씨가 말하면서, 특히 인사기밀이니만큼 꼭 비밀을 엄수해서 요령껏 조사 보고하라고 신신 당부하고 돌아갔소이다. 서형, 무거운 짐 하나 졌소."

"두 사람이 물망에 올랐다 하니 누구누구랍디까?"

"하나는 국민회 제주도지부장 김충희이고, 하나는 미군정 때의 물가행정처의 무슨 국장을 지냈다는 김용하라고 하는 두 사람 중에서 누가 적임자인가 조사 보고하라는 지명指名이오. 아마도 그 두 사람이 다 도지사운동을 하고 있는 모양이지?"

"그런데 단 하루 동안에 내가 어떠한 방법으로 두 사람의 장단과 도지사로서의 적임 여부를 조사해낸단 말인가요? 더구나 지근지처 같으면 훌쩍 뛰어가서 현지의 여론을 조사도 하련만 바다건너 절해고도絕海孤島인 제주도 사람들에 관한 비밀조사를!"

정부수립 후에 크고작은 감투가 오고갔지만 변방의 도지사 따위 졸가리감투에는 통 관심과 흥미를 느끼지 않는 나는 머리가 아프게 되었다. 이 조사를 잘 한다면 모르되, 잘못 한다면 총재가 나를 종래 신임하던 그 신임을 잃게 되니, 내가 총재에게 별로 바라는 것은 없다 해도 그렇다고 있던 신임을 잃기는 싫은 것이 보통사람의 상정이니까 말이다. 그렇다고 모처럼 나에게 내린 조그마한 직무를 소홀히 할 수도 없는 노릇이다. 그래서 즉시 행동을 개시했다. 내가 아는 범위의 제주도 인사들과 제주도 관계자들을 각 정당과 국회, 청년단체, 사회단체, 심지어 종교단체까지 찾아다니면서 알아보았다. 「누가 제주도에 도지사로 나가야 반란사건도 잘 수습하고, 마비된 도 행정도 바로잡을 수 있을까?」하고 하루 동안 동분서주한 끝에 다음날 오후 2시에 양 김씨의 여론조사보고서[5]를 만들어서 중앙청으로 가 대통령실에 갔다. 마침 경무대에서 점심을 가져다가 식사를 마악 끝내시고 나를 보시더니

"서군, 어제 기붕이 보았나? 그래, 조사했어?"

"모처럼 내리신 분부인데 여론을 조사하자니 날짜가 촉박해서 충분히 조사는 못한 것 같습니다만 이와 같이 양인의 학력, 경력, 특히 해방 후의 경력과 지명인사들의 인물평까지 조사했습니다."

"수고했네. 내가 참고하지"

그날 오후에 국무회의가 있었는데 대통령은 무슨 서류조각을 가지고

"제주도지사를 그 동안 오래 갈지 못했는데 지금까지 몇 사람들이 지사물망에 올랐기로 내가 직접 조사시켜보았더니 이렇게 그 조사보고서가 되어왔소. 그래서 오늘 결정하였소. 금번 제주도지사에는 김용하金容河라는 사람으로 결정하였으니 내무장관은 곧 수속을 밟아서 내보내시오"라고 말씀했다는 것을 그 후에 김 장관에게서 내가 직접 듣고서 가슴이 덜컥 내려앉았다. 왜? 속담에 「초록은 동색이라」고 내가 국민회에 있으니까 도지부장인 김충희 씨가 선임되기를 은근히 기대했던 것인데, 이 기대가 어긋났으니까 하는 말이다.

---

5 당시 조사보고서의 개요
학력: 김충희 경성 사립 휘문고보 3년 중퇴
김용하 경성제국대학교 졸업
경력: 김충희 해방 후 일본 大阪에서 귀국하여 청년운동과 국민운동 종사
김용하 전남도 공무원으로 있다가 해방 후 미군정청 물가행정처에 국장으로 3년 근무
정당관계: 김충희는 한국독립당원이고, 김용하는 소속이 없음.

그 뒤 나는 제주도에 대한 관심이 더 많아져서 6월에는 김 내무장관과 상의해서 내가 한 차례 제주도에 내려가서 민심수습 반공계몽강연을 하기로 하였다. 표면이유는 그렇지만 실속은 서울에서 하루 동안 조사한 양 김씨에 관한 여론조사와 제주도 현지에서의 보다 정확한 실지조사를 철저히 해보자는 것이다. 이것을 아는 사람은 김 내무와 이기붕 씨 둘뿐이었다.

이름만 출장이지 제주도 내왕 여비는 내 스스로 마련해서 6월 20일에 떠났다. 다음날 제주도에 도착하여 그 다음날부터 동쪽 조천면에서부터 각 면을 순회하면서 반공계몽강연회를 7월 상순까지 하면서 각 면 유지들과 좌담도 하고, 민정도 살피고, 각 지방의 여론도 듣고 했다. 그래가지고 7월 중순에 서울에 올라오자 그날 아침 일찍이 이기붕 씨를 북아현동 그의 자택으로 찾아갔다. 그때는 벌써 이씨가 서울시장이 되어서 지난 4월의 일과는 인연이 멀게 되었지만, 내 양심상 하루도 지체할 수 없어서 이씨를 찾은 것이다. 이씨가 조반 전이라 나의 방문을 보고 깜짝 놀라면서

"제주도에 내려가셨다더니 인제 올라오시오? 그래 현지에서의 여론과 서울에서와는 같습디까?"

"천만에요. 내가 그래서 오늘 아침차에서 내리자마자 이와 같이 댁으로 달려왔지요. 지난 4월 초에 서울에서의 하루 동안의 조사와 현지에서의 20여 일 동안 각 면에서 조사한 것과는 영 틀립니다. 물론 현지조사가 훨씬 정확하지요. 그래서 그 당시 대통령께 보고서를 드린 것을 수정 보충 보고를 하려 합니다. 일간 대통령께는 내가 백배 사죄해야겠습니다."

"신이 아닌 서형이 별 수 있나요? 대통령을 뵈옵거든 실지 조사한 것을 자세히 보고하시오. 나도 기회 있으면 말씀드리지요."

그날 오후에 나는 김효석 내무장관을 방문하고 이씨에게 말한 것과 같은 말을 되풀이했더니 김 장관은

"일단 도지사가 취임해서 3개월이나 되었으니 하는 수 없지요. 그대로 눌러서 도지사의 직무를 집행케 하다가 앞으로 행정상 과오가 있을 때에는 교체하되 그 때에는 김충희 씨를 기용합시다. 대통령께는 내가 보고 드리기가 거북하니 서형이 직접 말씀드리시오. 아마도 대통령께서도 서형을 책망은 하지 않으실 것이오."

그 뒤 대통령실에 몇 차례 갔으나 시간을 얻지 못하다가 7월 하순에야 대통령을 뵙게 되어서 나는 솔직하게

"선생님, 제가 큰 잘못을 저질렀습니다. 서울에서의 하루 동안 조사와 제주도에서의 20여 일간 실지 보고 들은 바와는 딴판입니다. 대단히 황송합니다."

내가 대통령 앞에 서서 두 손을 비비면서 차마 말하기 어려운 말을 하니까 대통령은 미소를 지으면서 자리를 권하고

"내가 일전에 기붕이한테서 대강 들었네. 사람이 하는 일이란 그럴 수도 있는 법이지. 내가 참고삼아두지"라고 말하였다.

그런 뒤에 나는 제주도라면 머리가 아플 정도로 싫어져서 몇 달 동안 잊고 있었는데, 그 해 11월 중순에 국민회 제주도지부장인 김충희 씨가 국민회로 나를 찾아왔다. 나는 김씨를 보고 미안하기도 하고 반갑기도 해서

"웬일로 올라오셨습니까?"라고 물었다.

"지난 15일에 제주도 경찰국 무전을 통해서 김 내무장관의 초청을 받고 바로 올라왔소이다. 그래서 오늘아침에 내무장관실을 찾아가서 장관을 만났더니 금명간 대통령을 만나뵈오라고 하는데, 또 서형이 수고해주셔야겠습니다."

그래서 경무대에 연락했더니 그 다음날 오후로 면회시간이 작정되었다. 나는 김씨를 안내해서 관저에 갔다. 오후 4시 정각에 응접실로 들어오시는 대통령은 우리 두 사람을 보더니 명랑한 표정으로

"내가 벌써부터 미스터 김을 유의했는데 이제야 성취되었어. 김 내무를 보았소?"

김씨는 홍조된 얼굴로 머리를 약간 숙인 채

"네, 어제 아침에 만났습니다. 김 장관이 먼저 대통령 각하를 찾아뵈오라고 말하기로 어제 관저로 연락해서 오늘에야 뵈옵게 되었습니다."

"그런데 제주도는 2년 동안이나 공산분자들의 난동으로 말이 아니라면서! 행정을 해나가자면 이 공산분자들의 난동으로 좀 어려울 터인데 수고가 많겠소. 지금까지 국민운동 하던 정신으로 한층 더 분발해서 속히 도내 치안도 회복하고, 파괴된 것도 새로 재건하고 해서 도정을 바로 잡으시오."

"2년 동안에 공비들의 파괴와 살생으로 인해서 소와 말이 10여만 두 죽고, 인명피해만도 5만 명이 넘고, 집이 2만여 동이나 불타고 없습니다. 제가 도정을 맡는다 해도 지금까지의 제주도 예산을 가지고는 도저히 잿더미만 남은 제주도를 복구치 못하겠습니다. 그러니 제주도민을 각하께서 특별히 불쌍히 여기셔서 우선 한 40억 원쯤 특별 보조하여주신다면 제가 3년 이내에 완전 복구해놓겠습니다."

"그런 계획은 좋으니 우선 제주도에 내려가서 복구에 관한 계획을 세워서 공함으로 보내도록 하시오. 그러면 내가 관계부처에다가 지시해서 곧 복구가 되도록 도와주겠소."

두 분의 대화를 듣는 나도 마음이 흐뭇해져서 한 마디 곁들였다.

"제가 오늘에야 몇 달 만에 체증이 내려간 것 같습니다. 지금 대통령 각하께서 하신 말씀을 이 김 지사와 같이 가서 내무부장관과 사회부장

관에게도 전달하겠습니다.”

그 다음날 나는 김씨와 같이 내무장관에게 가서 다짜고짜로 “어떠한 사건이라도 현 지사에게 생겼나요?”라고 물었다.

“서형이 제주도에 다녀온 뒤로 늘 관심을 두고 살폈는데, 지난 10월 말에 제주도에서 여러 통의 투서가 왔기에 즉시 치안국에 명령해서 현지에 급파하여 실지 내사해보니까 그 투서와 똑같은 회계상 부정이 드러났기에, 과히 큰 사건은 아니로되 묵과할 수 없어서 도지사의 사표를 받고서 김씨를 불러올려온 것이오. 나도 제주도 인사문제는 속 시원하게 처리된 것 같아서 유쾌하오.”

“어제 석양에 대통령을 뵈오니까 이 김 도지부장보고서 제주도정을 맡으라고 말씀하시니까 김 지부장이 ‘잿더미가 된 제주도에 빈손 들고 가서는 치안도 곧 회복치 못할 뿐만 아니라 재해복구도 못하겠으니 특별보조비로 한 40억 원 주십사’라고 말씀드렸더니 고려할 테니 자세한 계획예산을 세워 올리면 관계부처에 지시해서 실현해보자고 언약했소이다.”

물론 김 장관도 적극 협력할 것을 약속했다. 그날 중으로 김씨는 도지사의 임명을 받고 나와 같이 사회부장관에게 인사를 갔다. 김 내무장관과 비슷한 인사와 요청을 해서 이 장관의 언약도 받았다. 다음 몇 군데 부와 처도 돌아다니면서 인사를 한 뒤에 김 지사는 떠났다.

그 뒤에 한 달 이내에 제주도에서 공비소탕과 재해복구에 관한 특별예산보조에 관한 공함이 중앙에 올라오고, 특히 내무부 지방국에 제주도 중앙연락처를 두어서 제주도청 직원이 파견되어서 먼 거리에 있는 제주도와 중앙정부와 직결케 했다. 그리고 관계부처의 차관과 국장들로 구성된 「제주도 재해복구특별위원회」를 구성하여 3개년 계획으로 긴급특별구호의 대책을 세우도록 하는 동시에, 우선 17억 원을 제1차 연도에 중앙에서 보조하게 되었다. 이리해서 제주도행정은 바로잡히게 된 것이다.

Ⅲ. 해공海公[6]과 백산白山[7]의 대담

1. 부산행 열차

1948년 8월 15일에 독립이 되자 「독립촉성獨立促成」이라는 네 글자를 빼버리고 「국민회」라는 이름만을 가지고 관민합작으로 새로운 규모의 국민운동을 전개한다고 해서 각 도별로 그 도내의 시·군·읍·면 대표자 대회를 1949년 3월부터 각 도마다 열게 되어 경상남도 대회는 5월 초순에 부산에서 열었다. 이 대회에는 본부에서 신익희, 지청천 두 최고위원이 그곳에 임석하기로 예정되어서 이미 통지도 냈고, 그 지방에서는 두 분이 동 대회에 내려온다고 신문보도까지 한 모양인데, 그 대회가 열리기 이틀 전에 국회의장실에 다녀온 사무국장은 실망을 하고

"신 의장께서는 국회 일로 2, 3일 동안은 국회를 비우지 못하겠다고 하니 지 최고위원만 갔다 오시도록 합시다"고 한다. 내가 이 말을 듣고

"해공 선생이 안 가시는데 백산 선생만 가십사 한다면 혼자 안 가신다고 할 것이요. 좌우간 가서 혼자라도 가시겠는지 알아보시오"라고 하였다. 과연 내 말대로 백산 선생은 혼자는 갈 의향이 없다는 것이다. 그래서 내가 오후에 국회의장실로 뛰어갔다. 의장실에 들어서자

"모레 열리는 부산대회에 두 분 최고위원이 내려가신다고 미리 통지를 해서 그 지방의 신문까지도 보도되고, 또 그 대회에 참석하는 도내 동지들도 두 분의 좋은 말씀을 들을 양으로 큰 기대를 가지고 몰려들 터인데, 만일 안 가신다면 본부 체면보다도 두 분 최고위원이 식언食言

---

6 신익희(申翼熙)의 호.

7 지청천(池靑天)의 호.

을 했다고 말할 것이니 그 미치는 영향이 큽니다. 국회야 2, 3일 안 계셔도 부의장 두 분이 있지 않습니까?"

"국회도 요 2, 3일간 꼭 내가 있어야겠는데, 그래서 아침에 이 동지가 왔기에 못가니까 못가는 대로 본부에서 응급처리해서 하라고 말했는데..."

"국회야 2, 3일 비워놓으셔도 괜찮습니다. 부산대회는 안 가시면 경남 동지나 국민들이 선생님을 실없는 분이라고 인정합니다."

이 말에 신 의장은 웃으면서 "내가 서 동지한테 졌군. 그래! 내려가지."

이리해서 신 의장이 부산에 내려가게 되었다. 지청천 선생도 이의 없이 동행하게 되었다. 부산행 차를 타려고 서울역에 나간즉 역장이 나와서 귀빈실로 안내하고, 1등 객차에 좌석을 마련했다. 그러니까 백산 선생이 "오늘은 원님 덕에 나발 불게 되었군" 하니까

해공 선생이 "백산이 부산에 내려간다기에 골치 아픈 국회를 떠나서 같이 서회敍懷나 할까 하고 따라나섰지."

이렇게 두 분이 농 섞인 유머로 시작해서 서울에서 부산까지 가는 동안, 즉 아침 10시부터 저녁 7시까지 담론풍발談論風發 그칠 줄 모르게 계속되었다. 두 분은 다 조국의 광복을 위하여 근 30년간 해외에서 인생의 황금시절을 고스란히 바쳤다. 해공은 주로 정치적인 면에서, 백산은 주로 군사적인 면에서 임시정부를 받들고, 일본 관헌의 구수한 유혹을 물리치고 그들의 악독한 박해에 항거하면서 갖은 신산고초를 겪다가 해방된 조국에 환국하였다. 두 분은 초대 국회의원이오, 국민회 최고위원으로서 민족의 존경을 받으면서 신생민국의 동량棟樑으로 활약하고 있는 것이다. 그날의 오고간 두 분의 이야기를 18년이 지난 오늘에 다 기억할 수는 없고 그 낙수落穗 몇 가지만 기억나는 대로 이곳에 적어본다.

2. 반민족행위처벌법

당시 반민족행위처벌법(반민법－친일파처벌법)이 국회에서 제정되어 일정시절 친일분자들을 검거하기 시작한 때이라, 이 반민법을 어느 정도까지 적용하느냐 하는 것이 국민의 큰 관심거리이었던 만큼, 나는 이 법을 마련하는 국회의 최고책임자인 신 의장께 "반민법을 어느 한도까지 적용해서 친일분자들에 대한 처벌을 하려는 것입니까?"고 물었더니 신 의장은

"일본 식민정치를 벗어나서 해외에 나간 사람 외에 국내에 살아온 동포로서 일본 정치세력에 머리 숙이지 않은 사람이 몇이나 되겠소? 그 친일 정도가 좀 더하거나 덜할 따름이지, 그 한계를 긋는다는 것도 어려운 일이거든. 그렇다고 건국 초에 앉아서 친일분자를 묵과한다는 것도 자손만대를 경계하기 위하여, 또 민족정기를 바로잡기 위해서 안 될 말이나, 이 법을 확대 적용한다면 민족분열과 일대 혼란을 가져올 것이고 해서 나는 법제사법위원회의 동지들보고 징일계백懲一戒百[8]주의로 그 운영의 묘를 거두라고 여러 차례 말해왔지."

이 반민법에 관한 해공의 말에 백산이 대꾸하기를

"친일을 해서 우리 민족 전체에 해독을 끼친 사람들이 한둘이 아니로되, 그 중에서 세상이 다 아는 민족에게 해독을 끼친 자들 중에서 그 수괴 될 만한 사람 하나를 처벌함으로써 몇 십 명, 몇 백 명에게 경계가 됨직한 사람들을 고르는 일도 간단치 못한 노릇이더군. 세상 사람들의 보는 눈이 각각 다르니까. 그래서 반민법을 제정한 근본정신대로 운영하자면 간단치 않단 말이여."

나는 항간의 떠도는 말을 들어서 "그런데 이 반민법을 제정한 국회의

---

[8] 한 사람 징벌해서 백 명을 일깨우게 한다는 말.

원 중에서 개인적인 친분·사정에 얽히어서 반민법에 해당되어 특위에서 체포령을 내린 사람들을 숨겨주었다는 소문들이 있습니다. 또 현 권력층, 즉 정부 장관들이나 고위층 사람들이 이 친일 거물들을 숨겨두거나 체포를 방해하는 사태가 있다고 하니 입법부 자체에도 손발이 잘 안 맞는 사람들이 있고, 행정부 내에도 있다는 말이 떠돕니다. 그러니 건국 당초에 나라기강이 잡히겠습니까?"

해공: "자유—개인의 자유를 토대로 한 민주주의국가에서는 어느 나라이든지 있는 일이지. 할 수 없지. 다만 국민 각자가 스스로 각성해서 준법정신을 가지고 실천하여야 할 것이거든."

백산: "그런데 이 반민법을 실시한 지 얼마 되지 않아서부터 이 박사가 행정부의 수반으로 앉아가지고서 반민법 시행에 관한 담화를 발표해서 이 특위(반민법 시행기관의 약칭) 검찰관들의 비위를 거슬러서 또 항간에서는 대통령이 반민법 시행을 마비시킨다는 말이 돈다고 하더군."

3. 초대 내각의 조각

나는 화두話頭를 돌려서 "정부도 수립된 지 벌써 한 해가 되어가는데 작년 7, 8월경 조각 당시에 대통령께 국민을 대표한 국회여론을 잘 반영시켜서 거국적인 내각이 되도록 건의해보시지 않았습니까?"

해공: "서 동지도 우남雩南[9]장 밑에서 몇 해 동안 일해 보았으니까 우남장 성질을 잘 알지 않나? 우남장이 누구의 의견을 잘 듣나? 안 듣거든. 이제야 말이지 우남장이 대통령에 당선되어서 2, 3일 후에 취임식까지 마친 다음에 이화장으로 찾아갔지. 당시 내가 이화장 가는 것을 각계에서는 주목할까봐 안 가려고 했더니 국회 내의 여러 동지들이 여러 차례

[9] 이승만(李承晩)의 호.

권하기를 '초대 조각인만큼 국회와 행정부와 호흡이 잘 맞도록 조각이 되어야 하니까 국회를 대표해서 두 부의장이 이 박사를 방문하라'고 말들 하기로 김동원金東元 동지보고 가보려느냐고 물었더니, 자기는 한민당 소속이라 한민당원들은 피차 자중하기 위해서 이 박사를 방문하지 않기로 했으므로 안 갈 것이니 혼자 가보라고 권하기에 할 수 없이 나 혼자 이화장을 방문했지. 그때 우남장은 정원에서 무슨 나뭇가지를 큰 가위로 자르고 있다가 나와 만나서 그 자리에서 서로 이야기를 하였지. 나는 우남장보고서

"이번에 제정한 헌법 첫머리에도 기미년의 3·1독립정신을 이어서 대한민국임시정부 법통을 계승한다는 명문을 달아놓았으니 명실名實이 상부하도록 임정법통을 이은 정부를 세워야 할 것이 아니오. 그래야 수십 년 해내외에서 독립운동을 하다가 쓰러져간 순국영령들에게도 위로가 되고, 또 현재 살아남은 동지들의 사기도 앙양케 할 뿐 아니라 현재 남북한의 국민들에게도 그 지지와 협력을 받을 수 있을 것이 아니겠느냐고 말하니까, 별로 반대는 않고 있기에 나 혼자 판단으로는 '우남장이 내 말에 귀를 기울이나보다' 했더니, 하 글쎄 7월 30일 아침에 국회에 나온 우남장은 엉뚱하게도 이윤영이를 총리로 지명하니 아마 국회의원 중의 단 한 사람도 이윤영이를 지명하리라고 예상치 못했을 것이여. 기가 막혀서 모두들 실망하였지. 그래도 국민회 출신 동지들은 그 총재 체면을 보아서 인준해주라고 말들 했지만 다른 계열들이 일소에 부치고 말을 들어주나? 결국 부결되었지. 그 뒤에 철기[10] 동지를 내놓기에 다시 실망을 했지만, 국회 안 공기가 아무나 인준해주자고 돌아가니까 인준해주게 된 거야."

---

10 이범석(李範奭)의 호.

해공은 다시 말을 계속해서 "지금도 그날의 우남장 인상이 남았는데, 영감의 이마에 흰 베를 붙였기에 내가 '선생님, 이마에 종기가 났습니까? 왜 흰 베를 붙였습니까?'라고 물어보아도 아무 말대답이 없이 딴 이야기만 하더니, 작별하고 나올 때에 경호하던 김장흥金長興이가 뒤따라 나와서 내 귀에다가 귓속말로 '어제 저녁에 장작을 쪼개시다가 나무토막이 튀어서 이마를 상해서 약을 붙인 것입니다'고 하더라니까. 영감이 가끔 장작을 쪼갤 정도로 원기가 왕성하다니까!"

동석한 백산 선생과 나도 해공 선생과 같이 따라 웃었다. 나는 조각 당시를 회상하면서

"국민회 여러 동지들은 예상하기를 해공 선생이 총리 지명을 받으리라고 했습니다. 그런데 우리들의 기대와는 전연 다른 조각방침을 총재가 가지신 것을 보고 대소 실망했지만, 제2차 지명에는 틀림없으리라고 믿었더랬는데 제2차에도 딴 분을 지명하므로 우리 동지들은 한층 더 실망했답니다."

내 말이 끝나자 백산 선생이

"우남장도 조각은 했지만 나를 보더니 좀 어색한 눈치였어. 경무대에서 8·15날 석양에 나를 보더니 여러 사람의 이목이 있어서 말은 잘 못하고, 무슨 말을 할 듯 말 듯 하다가 한번도 나를 찾아주지 않느냐고 묻기에 내가 '선생님을 찾으면 그만큼 번거롭지 않습니까?' 했더니 그래도 시간을 내서 우리 만나서 이야기나 하자고 했지만, 내가 그 뒤에 우남장을 찾지도 않았고, 무임소장관을 임명했으니 등청하라고 총무처에서 기별한 것을 한 달쯤 침묵한 후에 9월 하순에야 사의를 표명했지. 차마 8·15 전에, 즉 광복식전이 거행되는 날 전에야 내가 무임소장관이라고 사의를 표시할 수 있어야지."

4. 해공의 염복艶福

이 말에 해공은 백산을 보더니 "백산도 두 달 동안은 국무위원 감투를 쓰고서 국록을 먹었구려!" 하고 야유 비슷하게 말하니까 백산은 미소를 지으면서 말머리를 돌려서

"해공, 해공은 원래 염복이 많은 사람이니까, 요새 지내는 자미가 어떠한가? 들리는 바에 의하면 새 살림 맛이 대단하다던데. 그래, 망명시절의 항주杭州의 사謝 소저少姐 생각도 다 잊었겠구려!"

이 말에 해공은 껄껄 웃은 다음에

"백산은 기억도 좋아! 내가 사 모와 지낸 이야기를 꺼내니까 말이지 그때의 내 나이 서른아홉 남아로서 쓴맛 단맛 다 알게 된 때이지. 10여 살 때 멋모르게 초립草笠 쓰고 장가들어서 나보다 나이 많은 안해를 맞이했으니 소위 결혼 첫날밤이라는 취미도 모르게 지냈고, 그 뒤로 내외간의 정이라고는 모르게 세월 보내다가, 더구나 외지로 망명한 뒤부터는 사생활의 단란한 부부애를 모르고 20여 년을 살아왔지. 말하자면 사막의 나그네 같은 내 인생살이이었거든. 그러다가 우연히 동지로서, 혁명의 동지로서 알게 되고, 혁명운동에 같이 활동하게 되어서 얼마 동안 사귀는 동안에 그도 나의 고독을 알게 되고, 나도 그의 고독을 알게 되어서 속담에 '과부 설움 과부가 안다'는 격으로 서로 위로하다보니 그리되었던 것이여. 지금도 그때 그 시절을 회상하면 감회가 깊어지거든. 아마 내 일생의 애정생활로는 그때가 최고시절이었을 것이야! 그 뒤에 해방되어 우리가 고국에 돌아오기까지 12년이란 짧지 않은 세월이 흘렀지만 늘 그 사 모를 생각하게 되어서 누구 하나 이성에 대한 흥미를 느껴본 적이 없었지. 그래서 글자 그대로 도학군자道學君子의 생활을 했지."

이 도학군자 생활을 했다는 말을 듣자 백산은 해공의 얼굴을 빤히 들

여다보면서 "그래, 그 뒤로 해공이 도학군자이었던가?"

"암, 도학군자의 생활이었지."

백산이 미소를 지으면서 농조로 "도학군자가 다 썩어 없어졌던 모양이여. 해공 같은 풍류남아風流男兒가 도학군자 축에 들다니. 정말 도학군자가 이 말을 들으면 다 기절초풍氣絶招風하겠네."

두 분은 다 같이 박장대소를 했다. 나도 따라서 웃었다. 이때 해공이 포켓에서 여송연을 꺼내어 한 개를 벽산에게 권하면서

"성재省齋[11]장도 이 담배에 입맛을 붙였나봐. 거번에 뵈었더니 내가 보내드린 이 담배 잘 피운다고 말씀하셔."

담배 한 모금을 피워서 기분을 새롭게 한 다음에 해공은 서서히 말을 이어간다.

"내가 26년 만에 상해에서 비행기를 타고 조국에 돌아오던 날, 즉 1945년 12월 1일은 내가 잊을 수 없는 날이거든. 우리 일행이 상해에서 떠나 황해바다를 건너 인천을 거쳐 김포공항에 내리려 했으나 지상에서 내리지 말고 군산비행장으로 가서 내리라는 무전을 받고 서울을 눈 아래 내려다보면서 군산으로 가니, 해는 저물어 땅거미가 지려 할 때에야 우리 일행은 지상에 내렸지. 26년간 꿈에도 잊지 못하던 나의 조국땅에 첫발을 내디디게 되었다고 느끼게 될 때의 나의 가슴은 벅차서 만감이 솟아나오더군. 그래서 나도 모르게 땅에 엎드려서 양손에 담뿍 흙 한 줌씩을 움켜쥐고서 통곡하였지. 이제야 내가 26년이란 청춘을 고스란히 바친 조국, 그립던 조국의 땅, 조국의 흙이로구나 하고 나도 모르게 통곡이 터져나오던 감격의 순간 나뿐만 아니라 우리 일행이 다 조국땅에 첫발을 디디면서 감격의 눈물을 흘렸지. 그날 저녁 차로 서울로 와서 다음

---

11 이시영(李始榮)의 호.

날아침에야 서울역에 도착하니 내가 26년 전에 떠날 때의 정거장 풍경은 간데없고 마치 외국의 낯선 땅에 온 것 같은데, 멀리 남대문만이 옛 모습 그대로 보이고, 남산이 그 전 모습으로 푸르게 서 있어서 혼자 짐작으로 '서울에 오기는 왔구나' 했다우.

며칠 후에 소년시절의 동문학우들, 즉 보성중학 때 친구 5, 6명이 하루저녁 자리를 같이 해서 30여년 만에 쌓인 회포를 풀게 되었는데, 그날 저녁에 이 친구들이 나의 고적을 잘 아는지 입을 모아서 권고하기를 '이제 고국에 돌아왔으니 홀아비신세도 그만 청산하라'는 것이야. 1대 5의 공세로 나오니 내가 당해낼 재간이 있어야지. 그래서 부득이 수세守勢로 나오니까 이 친구들 보아요. '쇠뿔은 단김에 빼야 한다'고 그날 저녁으로 그 친구 집 별채 하나를 비워서 나의 사초방을 만들고 내게 소개한다는 색시는 바로 그날 저녁에 내 옆에 앉아서 시중들던 여성이었다니까! 뒷날 알고 보니까 내가 고국에 돌아왔다는 소리를 듣고 이 친구들이 미리미리 계획을 다 세워가지고 벌였던 연극이었다니까. 그래서 그날 저녁에 만난 색시를 오늘까지도 데리고 사는 게야."

이 달콤한 이야기를 듣고 있던 나는 말참견을 했다. "선생님이 고국에 오셔서 신방을 차리신 그 집이 바로 김병태金丙台 씨 집이지요. 제가 벌써부터 들어서 알지요. 김씨가 중신아비라고요."

"그래요. 김 동지가 제 집에다가 몇 친구들과 나를 청해놓고서 그날 저녁으로 그 집에서 장가들게 한 셈이지. 그래 그때 만나서 오늘날까지 변치 않고 사는 게야. 우리가 첫날 만났을 때나 4, 5년이 지난 오늘이나 서로의 애정이 똑같이 흐르는 게야. 세상이 다 아는 일이지만 내가 빈손으로 고국에 돌아오니 집 한 칸 있나, 살림살이가 하나 있나, 또 생활능력이 있어서 내가 생활비를 마련할 줄 아나? 그런데도 이 친구(부인을 지칭함)가 제집이 있어서 그 집으로 나를 데리고 가더니 오늘까지 처음 가던 날이나 몇 해가 지난 오늘이나 똑같이 여일하게 내 시중을 들고, 매일같이 찾아오는 그 수많은 손님들의 응대도 여일하게 하는 게야."

해공이 만족스러운 가정생활의 단면을 말함을 듣고 있던 백산이

"그러니까 해공은 염복이 많다는 게야. 나 같은 사람에게야 누가 덤비나? 더구나 제 살림 제 밑천 가지고 와서 먹여살리면서 이런 늙은이 시중해줄 사람이 어데 있느냐는 말이야. 더구나 젊은 여성으로서 이런 늙은이를!"

지나간 세월의 회고담에 웃음꽃을 피우다보니 차는 벌써 천안, 조치원을 지나서 달린다. 우리 일행은 식당차에 가서 점심을 먹고 돌아와서도 다시 이야기는 계속되었다. 나는 초대 내각에 관한 이야기를 뒤적거려보려는 듯이 말을 꺼냈다.

"이 박사가 작년 7월 30일 아침에 국회에 나와서 총리 지명을 하려해도 이런저런 사유로 인해서 지명을 못한다고 세 분, 즉 선생님과 인촌仁村, 소앙素昻을 들었는데 만일 소앙이 작년 4월에 38이북에 남북협상하러 가지 않았다면 이 박사가 소앙을 총리로 지명했을까요?"

두 분에게 던진 나의 질문에 백산은

"글쎄? 우남장이 소앙을 평소에 별로 좋아하지 않았으니까 총리지명까지 할 정도는 누구나 생각 못할 것이여. 어때? 해공의 의견은?"

이 질문에 해공이 평소의 이 박사와 조소앙 씨와의 관계를 털어놓는다.

"내가 상해시절부터 우남장이나 소앙 동지를 다 잘 알고, 알 뿐만 아니라 같이 일도 해보아서 두 분의 성질도 짐작하지만, 우남장과 소앙은 상해시절에도 이름난 고집쟁이들이거든. 누구 고집이 더 세냐? 아마 막상막하莫上莫下일 것이거든. 지금도 기억나는 일 하나는 그 구미위원부歐美委員部[12]를 임정 외무부에 예속케 하느냐, 독립된 기관으로서 임정의 지휘를 떠나서 독자적인 활동을 인정하느냐 하는 문제로 임정 제씨와

이 박사 한 분과 논쟁을 벌이지 않았던가 말이여.

그때 이 박사는 자기가 미국에 가서 구미위원부 책임을 질 테니까 임정의 시끄러운 말썽을 받지 않으려고 단독행위를 인정하라고 주장하나, 임정의 제씨가 호락호락 넘어가서 그렇게 하라고 놓아주나? 못한다고 임정 지휘 하에 예속케 하려는 것이지. 이 싸움이 자그마치 3개월 동안 벌어졌다가, 완전한 타협점을 발견 못한 채 우남은 우남대로 자기 배짱대로 주장하다가 그대로 상해를 떠났고, 우리는 우리대로 이 박사 단독행동의 구미위원부 활동은 임정으로서는 인정하지 못한다고 못을 박아 놓았지만, 그때 매일같이 수십 명 임정의 동지 선배들과 이 박사 한 사람과의 논쟁을 석 달 동안 벌여도 그 이 박사는 자기주장을 굽히지 않더라니까! 그 고집이란 말 못해요.

그런데 또 소앙의 고집도 무던하거든. 임정 국무위원회에서 의안 하나를 가지고 한 두주일 동안 소앙 대 임정 전 국무위원 대로 논쟁을 벌인 일이 있거든. 여러 사람이 아무리 논리를 밝혀서 따져도 소앙은 그 논리에 굽히지 않고 딴 이론을 세워서 반대한다니까. 그래서 우리 임정 여러 분들이 별명을 지어놓았지. 임정의 「쌍 옹고집」이라고. 그런데 두 분이 옹고집인 데다가 성격이 서로 맞지 않아서 외교부 일을 주로 두 분이 전담했지만 두 분 사이는 별로 신통치 못했었지. 그러나 그 시절의 이 박사를 생각한다면 소앙을 자기가 쓰려고 하지 않을 것이야. 남북협상에 갔다 왔으니까 정치적 과오를 청산하기 전에는 내가 총리 지명 못한다는 말은 그럴싸한 일종의 정치적 제스처에 불과하지. 해외에서 동고동락한 동지들을 기용하지 않는다는 비판을 막기 위한 구실에 불과하거든.

---

12 상해 임시정부의 미국에 파견할 외교부의 지부(支部) 격.

그리고 소앙은 정치적 문제에 있어서 줏대를 세워나가다가도 어떤 때는 형편없이 허술한 대문이 있거든. 지난번에 이북 땅에 가는 일만도 큰 실수이거든. 김구 주석의 실수는 고사하고라도 소앙만이라도 못가도록 막아보려고 내가 소앙 댁에 가지 않았겠어? 그러니까 소앙이 38이북으로 떠나기 전날이지. 아침에 내가 돈암동으로 가서 좋게 권고했지. 우리가 해외에서 수십 년 동안 그렇게도 공산당놈들에게 속고서도 공산당들과 무슨 의논을 해보겠다고 그곳을 간다는 것은, 그네들의 꾸며놓은 연극에 춤추는 것밖에 되지 못한다는 것을 내가 아무리 역설해도 듣지 않고서 가더니, 한 주일도 못 되어 되돌아와서는 우리가 속았다고 말하였으니, 그게 지도자로서 할 노릇인가 말이여. 또 갔다 와서는 소앙이 신문에다가 금후는 정계에는 일체 손 떼겠다고 성명을 내더니, 또 며칠이 못 가서 정당 하나를 해보겠다고 무슨 사회당이라나 하는 정당을 한다고 하니 이 친구의 말을 국민들이 종잡을 수 없단 말이여."

5. 독립운동가에 대한 추억담

나는 두 분께 한 가지 묻기를

"두 어른께서 해방 전 수십 년 동안 망명생활하시면서 같이 독립운동을 전개하실 때의 여러 선배나 동지들 중에서 특히 인상이 남는 분들이 계시겠지요. 혹 추억담이라도 해 주시지요."

이 제안에 해공이 답하였다.

"내가 상해시절부터 접촉한 분으로는 임시정부 초대 주석이었던 이동령李東寧 선생이시지. 지덕이 겸비하시고 통솔역량이 있고 해서 가히 정부 주석으로서 손색없는 분이었지. 그런데 단명해서 수를 못하신 것이 유감이었고, 내가 상해시절에 선배로서 동지로서 깊은 교분을 갖기는 계원桂園[13]이었지. 늦은 봄이었어. 하루는 궂은비가 내리는 황포강黃浦江 가에서 조그마한 주점에 들어가서 온종일 둘이서 술잔을 기울였지. 조국을 그리워하면서 임정의 가시밭길을 서로 호소하고 개탄하면서 서로 권커니 자커니 온종일과 그 밤을 새워가면서 통음通飮을 했지. 아마 나도 말술을 먹었지만 계원도 내 술에 밑지지 않을 정도로 마시더군. 내종에는 은근히 누가 술을 더 마실 수 있고 취하지 않나 하는 피차의 주호酒豪내기가 된 셈이었어. 그 뒤에 계원이 술자리에 앉으면 여러 동지 앞에서 '해공의 주량은 무량無量이여'라고 말했으니까. 나도 무던한 주량이지만 계원의 주량도 나 못지않은 대주호이거든.

그리고 임정의 상해시절에 각 도 사람이 모였고, 소위 망명정부이니 모든 가지가 조건이 구비치 못하고, 일에 차질과 역경이 가끔 생겨서 국무위원회의 때나 사무집행에서나 피차간 의견이 엇갈린다거나 파벌이 배태하여서 임시정부가 분열될 우려가 있을 때에 동지간의 튕겨나가려는 뿔다귀를 무찌르고 파벌의 태동을 미연에 막아서 임정 전체 공기를 봄바람과 같이 온화하고 화목되게 하는 일에는 도산島山이 제일이거든. 여기서 불뚝 저기서 불뚝하다가도 도산이 나서서 그 능숙한 구변으로 조리정연하게 사리를 가려서 말하면 누구나 그 도산의 인격 앞에, 그 온화한 얼굴을 대해서 싸울 사람이 없어지거든. 말하자면 임정을 지탱하는 주석柱石이었지. 불행하게 그 분이 왜놈의 관헌에 붙들려서 국내에 들어와 옥고를 겪다가 해방도 못 보고 떠나니 늘 섭섭했지."

백산도 과거를 회상하면서 광복운동에 주로 남북만주에서 활약하던 무관武官 출신들에 대한 회고담을 하였다.

"내가 만주시절에 같이 동치서구東馳西驅하던 분들 중에서는 이동휘李東輝 씨가 인상 깊거든. 그가 군대를 이끌고서 일본군과 결전한 일은 별

---

13 노백린(盧伯麟)의 호.

로 없으나 남북만주에 흩어져서 각 방면으로 싸우는 우리 독립군대의 사기앙양에는 그 분의 주전主戰 속결速決 속전速戰을 주장한 주장이 큰 힘이 되었지. 그리고 적과 결전하는 데 있어서 일선 사령관으로서는 김좌진 장군 같은 장재將材는 드물지. 홍범도洪範圖 장군 같은 부하장졸을 아끼고, 수고를 같이하는 소박한 인자스럽고 유덕한 장군도 드물고.”

일생을 군인생활로 늙으신 백산은 평소에 말이 드물다. 그래서 독립군의 거두들에 대한 회고담도 간단하다. 잠시 후에 해공이 다시 망명시절의 회고담 중에서 말하였다.

6. 손문孫文에 관한 일화

“내가 20여 년 간 주로 중국 땅에서 지내는 동안에 여러 중국 인물들을 만나보았는데 그 중에서 제일가는 인물은 손문孫文이거든. 중국의 5억 인구 중에는 대소 인물이 많고, 청조淸朝 300년 사직을 때려엎고 소위 중화인中華人의 나라로 민주주의국가를 이룩하는 데 삼대같이 많은 인물 중에서 역시 손문이 지도자로서, 그 나라와 민족을 위하는 정성에 있어서 과연 닭의 무리 중에 뛰어나는 학鶴이거든. 왜 그가 수천 수만 명의 인물 중에서 그 덕망과 그 포섭력이 가장 많은 인물이냐? 거기에는 다 이유가 있단 말예요. 내가 중국 근대혁명사에 제일 큰 신해혁명에 활약한 여러 인사들을 만나보았고, 그 신해혁명이 성공된 원인도 알아보았는데, 이게 모두 손문의 덕망, 즉 인물을 포섭하는 아량에서 이루어진 것이라고들 하더군.

신해혁명에 참가했던 인사들에게서 내가 들은 손문의 일화逸話 한 가지를 말하면, 손문은 사람을 쓸 때에 세 번은 그 사람에게 속는 셈 친다는 게야. 그게 손문의 용인容人하는 원칙이라는 게야. 그게 무슨 소린고 하니 그 사람을 쓸 때 그가 와서 일에 대해서 계획을 말하고, 그 계획

실현을 위한 금품金品을 요구하면 손문은 아무 말 하지 않고 그 요구에 응한다는 게야. 얼마 후에 그 사람보고서 그 결과를 물어보면 그가 협잡해먹고서도 사실을 토하지 않고, 교묘한 거짓말로 손문을 속여서 먼저는 이러이러한 실수로 실패했지만 이번에 다시 한 번 이러저러한 방법으로 계획을 고쳐서 해보겠다고 그럴싸한 말을 하면 손문은 두말 않고서 그렇게 해보라고 또 그 비용을 대준다는 게야. 그러면 이 사람이 또 협잡은 하되, 그도 양심은 있어서 다 협잡을 하지 않고 그 중 얼마는 그 사람 계획대로 쓰고서 얼마만을 협잡한다는 게야. 그렇게 되어도 손문 자신은 그 사람의 뒤를 밟아서 그 약점을 탐색하지 않고 있다는 게야. 다음에 또 만나서 제2차로 가져간 돈으로 어떻게 일을 했느냐 물을 때에는 그 사람이 얼마는 사실을 말하고, 얼마는 속인다는 게야. 그러면서 그 사람이 다시 새로운 계획을 말하지 않고서 이제는 두 차례나 실패했으니 면목이 없어서 다시 비용을 요구하지 못한다는 게야. 그때에 보통사람은 그 사람에게서 손을 떼는데, 손문은 다시 그 사람을 찾아서 지금까지의 경험을 거울삼아서 다시 한 번 해보라고 하면서 또 비용을 마련해준다는 게야. 그도 사람인지라 아무리 협잡 잘 하는 놈이라도 그 아량에 항복하지 않을 놈이 없다는 게야. 그래서 제3차에 가서는 협잡을 하지 않고 충실하게 계획대로 일을 하게 되고, 손문의 지도방략대로 절대복종하는 심복인心腹人이 되고 만다는 게야. 그때부터는 이 손문을 위해서 목숨을 내놓고 일하게 되는데, 이러한 심복지인이 세 사람만 있으면 대소사를 성공 못할 바 없다는 게야. 그래서 지금도 중국의 여러 지도급 인물들이 '로순老孫(존칭), 로순' 하고, 그 인격과 혁명가로서의 아량을 추모한다는 게야."

"주자朱子가 북해와 남명南溟 같이 호호무애浩浩無涯한 국량局量을 가져야 한다고 말했다더니, 손중산[14]이 그런 국량을 가진 인물이니까 오늘날에도 국부國父라는 칭호를 듣는가봅니다."

급행차는 벌써 부산 가까이 달리고 있고, 해는 이미 천마산天馬山에 져서 황혼이 되었다.

Ⅳ. 인촌仁村[15]의 유머

1. 9·28수복 후 서울행 열차

1950년 9월 28일에 서울이 탈환되고, 10월 5일에는 중앙청 안에서 국회가 열리게 되니 부산에 피난왔던 우리들은 너나할 것 없이 서울로 돌아오려고 법석이었다. 나도 다행히 10월 9일에야 계엄사령관이 내주는 승차특인증을 1장 얻어서 밤차를 타게 되었는데, 부산역에 나가니까 전호엽全浩燁 동지가 동행하게 되었으나, 그가 좌석 없는 차표를 가졌기에 내가 한 꾀를 내어 우리의 객차담당 수송관을 졸라서 나와 한 좌석을 같이 쓰기로 하였다. 그때는 객차는 고사하고 화물차에도 타기가 힘드는 때인데, 내가 타는 객차는 2등 차인데다가 더구나 2등 침대차이니 화물차 안과 지붕 위에까지 올라탄 일반승객들에 비교하면 극락세계처럼 호강이었다. 이 차 안에 들어와서 전 동지와 배낭을 내려놓고 땀을 씻으면서 차안을 살펴보니 우리가 앉은 바로 앞줄에는 인촌 선생이 신태익申泰益[16] 씨와 동석했고, 그 뒤에는 김정호金正皓 대령이 있으며, 우리의 뒷줄에는 배은희[17] 씨와 함태영咸台永[18] 씨가 동석하였다. 그 외에 국회의원

14 손문의 호.

15 김성수(金性洙)의 호.

16 당시 법제처장.

17 당시 고시위원장.

18 당시 심계원장.

몇몇과 군인(장교 급)들 몇몇으로 만원을 이루고 있다. 그래서 나는 전 동지에게 "이번 여행은 심심찮게 되었구려! 말벗할 만한 분이 여러 분이신데."

"보통 때 같으면 이 차가 내일 아침에는 서울에 도착할 것인데 이런 전시라 며칠이나 걸릴는지? 6월 27일 저녁에 잠간 문안까지 다녀오마 하고 나왔다가 서울역에서 그날 저녁 최종열차라는 바람에 겨우 타고 남하한 뒤로 석 달 하고도 보름동안 집안 소식을 모르니 속이 타서 죽을 지경이여."

"이번 피난살이를 남포동에서 하다가 몇 주일은 대신동에서 방치규方致規 동지와 같이 하고 있었는데, 방 동지도 당신과 같이 27일 저녁에 돈암동에서 시내에 나왔다가 그날 밤차로 대전까지 내려오고 말았다는데, 매일 아침 4시만 되면 북쪽을 향해서 가족 이름을 부르면서 눈물을 흘리고 푸념을 하였소. 그 방 동지는 일전에 국회의원들이 서울로 떠나던 10월 4일 새벽에 떠났지."

서로 서울을 빠져나와서 그 동안 정부를 따라서 대전, 대구, 부산까지 100여 일간 피난살이하던 날의 쓰고 단맛 다 보았다는 그 이야기에 얼마의 시간을 보내다가 지쳐서 침대를 걸어놓고 잠자리에 들었다.

우리가 탄 차는 한 정거장 가서 한 시간, 두 정거장 가서 두 시간씩 정차한다. 전쟁물자를 부산에서 북쪽으로 실어가느라고 선로가 빈 때에만 객차가 통과하려니까 그러하다. 그래서 밤 9시에 탄 차가 이튿날 아침에야 겨우 대구에 닿았지만 누구 하나 불평이 없다. 얼마를 정거하는 동안 우리는 차에서 내려가지고 역전 음식점에 가서 새로 아침밥을 지어먹고 다방에 가서 차를 마시고와서도 얼마 있다가 차가 떠났다. 이리해서 그날 저녁에야 김천에 도착하고, 다음날 아침에야 영동에 이르렀다. 도중에 왜관정거장 일대가 파괴된 것이 제일 참혹했다. 성한 집은 1

채도 없다. 낙동강을 사이에 두고 양쪽에서 한 달 동안 치열한 싸움을 했다는 이 근방의 산은 폭격 맞은 자리가 패여서 소나무가 없는 황토만 드러난 곳이 수없이 많고, 들판의 논과 밭은 묵어 자빠졌는데 여기저기 푹 패여서 그 자리는 푸른 물이 담겨 있다. 이 광경을 보는 우리들은

"지난 8월 16, 17일에 대구 십리 뒤까지 밀고 온 공산군을 분쇄하기 위해서 1톤짜리 폭탄을 10미터에 하나 정도로 퍼부었다더니 바로 이 근방이로구먼."

"글쎄올시다. 무엇 B29폭격기가 1만 톤의 폭탄을 잠간동안에 퍼부었다더니 아마도 이 지대이었던 모양이군요."

저마다 감탄하고 서로 손가락으로 가리키면서 지난날의 싸움터의 생생한 모습을 상상하였다. 다음날 날이 막 새어서 밝아오자 차는 영동역을 채 못 들어가고 정거하였다. 우리들은 밖으로 쏟아져 나와 개천가로 가서 골짜기에서 내려오는 맑은 물에 낯을 씻으려고 물에 가서 바로 철교 밑에 이르렀더니 소머리가 뿔이 달린 채 있지 않나, 소 앞뒤다리뼈가 여기저기 흩어져 있지 않나. 이를 보고 모두들 깜작 놀랐다. 누군가가 "공산군들이 소를 잡아먹고 도망간 흔적이다"고 하였다.

느릿느릿 소걸음으로 서울에 올라온다고 해서 지루하다거나 갑갑하다는 사람은 하나도 없다. 마치 외국 전쟁터에 구경 간 관광객들과 같은 호기심으로 차창 밖의 풍경을 내다보면서 황폐된 촌락과 정거장 부근의 묵어 나자빠진 논과 밭, 들판을 멀리 바라보며 저마다 한숨과 탄식을 쉴 새 없이 계속하였다. 그러다가도 신작로 한 모퉁이에 탱크가 찌부러져 있으면 부지중에 소리를 치면서 구경거리나 난 듯이 눈들이 몰린다. 이렇게 해서 우리들은 10월 13일 낮까지 나흘 동안 천릿길을 올라와서 겨우 시흥정거장에 도착하였다. 지난 석 달 동안 우리 국군과 유엔군이 거룩한 피를 흘려서 되찾은 산과 들, 거리와 촌락, 내 조국이 공산 붉은

오랑캐의 검은 구름에 싸여서 무고한 우리 겨레 수백만이 피 흘린 자취를 보며 올라온 것이다.

더구나 대전에 와서는 지난 7월 초에 두 주일 동안 임시수도로 정해서 서울사람들이 잠시 피난한 곳인데, 그 망가진 역청사와 그 주변의 크고 작은 집들이 성한 것 없이 다 회진되었으며, 정거장에서 도청까지의 큰길을 중심한 화려했던 시가지가 황량한 벌판이 되었고, 군데군데 팽겨서 개구리 떼가 득실거리는 것을 보고서 여기에서 유엔군과 공산군과의 싸움이 얼마나 치열했던가를 짐작하고도 남음이 있었다. 북으로 올라오면서 각 정거장이 온전한 곳은 통 볼 수 없지만 그 중에도 평택과 오산 정거장은 정거장이었다는 흔적조차 볼 수 없으며, 그 정거장 언저리도 모두 망가져서 그 참상이 말할 수 없었다. 그런데 대전에서부터 서울 근방까지 올라오는 동안 자주 눈에 띄는 것은 철도연변의 신작로에 파괴된 탱크였다. 그 육중한 것이 혹은 비스듬히 누웠거나 마구 거꾸러졌거나 혹은 그냥 앉아서 움직이지 못하는 놈이 무수히 보이는 것이 마치 자라가 육지에 나왔다가 작살에 맞아서 죽어 넘어져 있는 것 같은 모습이다. 특히 수원에서 서울까지 100리 사이는 그 광경이 더 많이 보여서 서로들 아군의 전공을 찬양하느라 입에 침이 마를 지경이었다.

이 나흘 동안의 여행은 마치 중학시절에 수학여행 가서 옛날 싸움터를 두루 살피면서 그 전쟁의 광경을 상상하듯이 서로들 혀를 차고, 한숨을 내쉬고, 개탄하여 마지않는 품이 저마다 감상시인이요, 무대 위에서 대사를 외우는 배우 모습이다. 이 나흘 동안에 동행한 여러 선배 동지 중에서도 나는 인촌 선생과의 대담, 그 유머가 오고 간 장면을 추억할 때에 한층 선생을 추모하는 정이 새롭다. 여기에 그 한 토막을 적기로 한다.

2. 인촌의 유머

인촌 : "내가 서 동지를 보니 한 가지 기억나는 게 있어."

"무슨 기억이 나십니까?"

"연전에 밤 11시가 다 되어서 우리 당사에 찾아와서 야단법석이던 때 말이여."

"네, 네. 이 박사가 미국 가신다고 발표하기 이틀 전날 밤 말씀이지요? 그때 참 실례했습니다. 그러나 그때의 판국에 누구를 붙들고 이 박사 여비문제를 통사정합니까?"

"그때 보니까 서 동지의 고조된 열정이 마치 깡패두목 같더라."

"아, 그러시면 그날 저녁에는 좀 떨으셨겠네요?"(그때는 11월 하순이었다.)

"암, 떨고말고. 속뿐 아니라 날이 급자기 추워져서 겉으로도 떨었지."

"그날 저녁에 보니까 선생님은 시골서 갓 올라온 촌부자村夫子 같습디다."

"왜, 내가 촌놈같이 보여? 이래 보여도 내 딴에는 장안의 멋쟁인데!"

"속으로는 멋쟁이신지 몰라도 겉보기에는 시골티가 조르르 흐르는 영감이시더군요."

나는 옆에 앉아서 이 대화를 들으면서 웃고 있는 김 대령과 신 처장을 향해서 "글쎄, 내 말을 들어보시오. 그날 저녁에는 인촌 선생이 시골서 짠 명주두루마기 – 푸른빛 돋는 짙은 옥색 명주두루마기에 은급 붙은 수십 년 된 모자를 쓰고 나오시니 누가 보아도 시골서 벼 백석이나 받는 지주영감님이시지요. 그 격에는 꼭 흰 고무신을 신으셔야 할 텐데 그날 저녁은 구두를 신으셨더군요."

이리해서 좌석은 한바탕 웃음이 터졌다. 잠시 후에 나는 정색을 하고 "서울에서 피난 온 사람들이 할 일이 없으니까 모략만 하고 다니는 모양입니다. 그래서 언젠가는 한차례 이 모략을 규명하려고 했는데 마침 기회가 좋습니다.”

“왜, 무슨 모략에 걸렸단 말이오.”

“일전에 들으니까 지난 9월 하순에 이 박사에게 가서 모략하기를 ‘서모가 한민당 비밀당원으로 이번 전쟁시기를 이용해서 국민회를 약화해서 없애버리려고 음모합니다’고 이 모라는 자가 말했다니 제가 한민당의 비밀당원입니까? 이것 참 억울합니다. 그러니 한민당의 최고책임자이신 선생님이 해혹解惑하여 주십시오.”

“왜 아닌가? 비밀당원이지. 옳게 말했군, 옳게 말했어.”

“언제부터 비밀당원이 되었던가요? 제 자신 통 기억이 없는데요.”

“작년 가을에 어느 날 우리 집에 와서부터지. 그때 같이 온 분이 바로 증인이지.”

“네, 네. 윤병호尹炳浩 씨와 같이 댁에 갔을 때 말씀이지요? 그때는 윤씨가 지청천 장군을 소개하면서 한민당에 입당토록 청탁하였지요. 무슨 비밀당원이 되었나요? 그런데 가소로운 것은 제가 한민당의 기밀비를 받아먹고 국민회 해소운동을 음모한다 하니, 그래 이런 음흉한 모략이 있습니까?”

“왜, 내가 주었지, 주었어.”

“얼마나 주셨나요? 주신 분이 있으면 받은 사람이 있을 텐데 저는 통 받은 기억이 없는데요?”

“하따, 이 사람아 내가 그때 300만원 주었지. 그새 다 잊어버렸나?”

“이 박사 미국 가실 때 여비를 좀 마련해 줍시사고 100만원을 요구했던 일은 있는데 아마 선생님이 그때의 100만원 요구한 것을 가지고 혼동하시는 것 같습니다. 그러나 좋습니다. 이렇게 공개된 자리에서 비밀당원 증명을 하셨으니 앞으로는 제가 비밀당원노릇을 해야겠는데 그러려면 기밀비는 듬뿍듬뿍 주셔야 합니다.”

"암, 주고말고. 언제든지 요구하면 주고말고. 그런데 서 동지에게 하나 물어볼 말이 있어. 그 국민훈련원이라는 것이 무엇인가? 내가 식전에 삼청공원을 산책하려 올라가 보면 이 훈련원의 젊은 청년들이 나와서 노래도 부르고, 체조도 하고 하기에 그곳을 들여다보니까 그 전날 일제 시절의 무슨 훈련소 하던 곳이더군. 그곳에서 자고 먹고 하면서 장기간 훈련 받는 모양이여."

3. 정부정책 건의

"이 박사가 대통령으로 취임한 지 열흘 후, 즉 8월 24일 오후에 대통령실에서 이 박사가 대통령에 취임한 후 저는 처음 만나뵈었지요. 그때에 세 가지를 가지고 건국 후의 정부시책에 반영토록 건의했지요. 그 3개 건의사항 중의 하나가 그 뒤 1년 만에 실현되었는데 그게 바로 국민훈련원입니다."

"그래, 그 세 가지 건의는 무엇인데?"

"첫째, '민족개조운동을 건국 초부터 곧 시작합시다'라고 건의했지요. 그 이유는 지금 정부공무원이 중앙과 지방 합해서 20만여 명인데, 이 공무원이란 거개가 일정시절에 일본사람 밑에서 식민지백성으로 그네들 노예노릇만 했지 내 나라 내 살림을 한다는 정신은 없이 지냈고, 내 나라를 위하여 희생한다는 정신보다도 일본놈에게 아첨해서 제 일신의 안락이나 누려보자는 용열한 인간들만이 관직에 들어가서, 그네들 밑에서 눈속임질이나 배웠지 정말 국가를 위해서 일해보지 못한 사람들입니다. 그렇다고 이 공무원을 당장 내보낼 수도 없으니까 점진적으로 교체하는데, 1년에 1만 명씩 10년 한정하고 10만 명만 건국이념에 투철한 사람들을 훈련해서 내보내가지고 이 사람들로 하여금 새 나라를 이끌고 나가도록 합시다. 그리고 군정 3년에 들어온 사람들도 미군들에게서 좋은 점보다도 좋지 못한 것을 배웠습니다. 즉 사바사바법이라는 것, 돈 쓰면 당선된다는 것, 황금만능의 정신을 넣어주어서 무엇이든지 돈이면 다 해결되고, 돈 쓰지 않으면 관청의 허가나 인가도 안 해주려드는 그런 배금주의 사상에 물들었으니, 이 사람들도 새로운 건국이념에 훈련시켜 놓아야 쓰겠다고요. 그 말씀을 드렸더니 이 대통령이 국민훈련원이라고 당신 수첩에 적어 넣으시더군요. 그 뒤로 여러 차례 문서와 구두로 말씀드려서 다음해 6월에야 이 국민훈련원이 발족되었지만 저의 생각으로는 법적 근거를 세워서 국가사업으로서 국가예산으로 하기를 건의했는데, 이 박사가 재정 가진 민간인 백씨에게 부탁해서 그가 한 달에 100만원씩 희사해서 하게 되니 저의 계획이 어긋났지요. 말하자면 범을 그리려다가 개를 그린 결과이지요. 그래도 이 훈련원을 중앙에 두어서 훈련받은 동지들이 각 지방에 내려가서 그 지방에 분원을 차리고 훈련생을 모집하여 훈련시켰는데, 과거 1년 동안에 중앙에서 1,500명, 30여 개의 분원에서 8,000여 명, 모두 1만 명이나 훈련시켰습니다. 이번 동란이 나지 않았으면 이 국민훈련사업을 최초의 계획대로 본격적인 규모, 즉 국가사업으로 하려고 했는데 그만 중단되었습니다."

"그러나 이 박사가 민간운동으로 하도록 한 것은 이 운동 자체로 보아서는 잘한 일이 아닐까? 서 동지 안대로 국가에서 법을 제정해서 국가예산으로 한다면 관제인데, 이 관제로써 민족개조운동이 지속될까? 오히려 이 박사 생각이 더 깊은 데가 있는 것 같은데."

"저희들도 그래서 이왕 발족했으니까 순수한 민간운동으로 전개해 보기로 하였지요."

"그 다음은 무엇을 건의했지?"

"'원로원元老院을 창설하십시오'라고 말했지요. 그 이유는 우리 민족이 해방 후에 좌우로 갈라지고 독립정부수립운동 3년간에 같은 우익이 또 갈라졌으니, 앞으로 남북통일대업을 지향하려면 대통령께서 청나라 초창기의 건융乾隆, 강희康熙 황제들이 오족五族을 통합하듯 대 아량을 가지고 현재 민족의 원로급 인물 10명 내지 15명 정도로 원로를 추대해서 그들로 원로원을 만들어서, 대통령이 한 달에 1, 2차씩 그들을 초청해서 국가시책도 자문하고, 정무보고도 하면 분산된 민족의 단결과 신생민국의 권위가 오르리라고 본다고 건의했더니 대통령이 '그것도 좋은 의견이다'고 말씀하면서 또 수첩에 원로원 석 자를 적더군요."

이 말을 듣자 동석한 신 처장이 "건국 초에 대통령이 원로원을 하나 만들어볼까 한다고 신문기자들에게 말한 적이 있었는데, 그 뒤 그만 말이 없더군요."

인촌은 흥미를 가지고 다시 재촉하였다. "그 다음은 무슨 건의를 하였소?"

"이것은 군사적인 면, 국방정책의 하나로 건의한 것인데, '불원간 ***맥아더*** 원수의 초청으로 동경에 가셔서 ***맥아더*** 원수와 신생민국의 국방정책을 말씀하실 제 앞으로 일본인구가 팽창해서 갈 곳이 없게 되면 그네들이 또 우리 강토를 넘겨볼는지 모릅니다. 그러니 아예 미리 이를 막기 위해서도 중국대륙이나 소련 연해주로 공산군을 상대로 전쟁이 발생한다면 일본민족은 기를 쓰고 그 공산군을 치려고 또 대륙진출을 하려 할 것이니, 그때에 만일 우리 영토를 통과한다거나 전략적 근거지로 한다거나 한다면 국가의 장래에 후환이 되니까 절대로 일본인이 우리나라에는 오지 못하도록 미리 당부해놓으십시오'라고 말했더니 이 건의안은 별로 흥미 없는 듯이 수첩에다 적지 않았습니다."

"그런데 서 동지가 이 박사에게 훈련원문제만 여러 차례 건의했나? 원로원문제도 자주 건의해서 그것이 실현되었더라면 정치적으로 이 박사의 무게가 더 나가고 또한 작년에 백범이 그런 최후를 마치지도 않았을 것 아니여?"

이 예리한 추측과 판단에 나는 놀랬다. 그래서 솔직한 나의 심경을 표명하기를 "훈련원 창설문제도 저 같은 무명 졸도卒徒가 건의했으니까 의심 많은 이 박사라도 제가 무슨 정당을 만들어서 앞으로 정치할 놈은 못된다고 판단을 내려서, 그가 저 같은 놈의 건의를 받아들여서 한 달에 100만원씩이라도 비용을 마련해서 이 사업을 시켜보았지, 이 박사 밑에 있던 사람들 중에서도 해공이나 다른 분들이 건의해보십시오, 안 들었을 것입니다. 그리고 원로원 창설문제는 정치적인 큰 문제이지요. 훈련원문제는 국민운동에 속하니까 제가 건의하기도 수월하고 담당할 수 있는 분야의 일이지만, 원로원문제는 당당한 정치적인 문제이기에 1차 이상 더 건의를 못했지요. 또 자주 건의하면 그 어른이 듣기 싫어하실 듯도 하기로 그 뒤에 더 건의하지 못한 것입니다. 이런 일이 있습니다. 지금도 잊어지지 않는 일이 하나 있습니다."

"무엇이관대 그렇게 잊어지지 않나?"

"작년 1월 12일에 제가 대통령실에서 단독으로 면회하게 되어서 국무위원 중의 한 분이 일처리를 잘못 하는 것을 제가 비난했더니 이 비난을 들으신 대통령은 '그런 말은 자네가 말할 처지가 못되야. 자네는 국민운동에 관한 일만 나 보고서 말해. 그런 문제는 정치적인 문제이고, 또 정부기관에서도 밝힐만한 기관이 있으니까 그 기관이 밝힐 것이야'라고 말씀하시기에 저는 대번 항복했지요. '황송합니다. 다시는 정치적인 문제 가지고 말씀드리지 않겠습니다'고 말을 마치자 이윤영 씨가 들어오더니 대번에 사회부장관 감투를 쓰라고 말씀하시더군요. 그때의 제가 이 박사께 책망을 당한 것이 처음이자 최후이었는데, 그 뒤로는 정치적인 문제는 감히 건의하지 못했지요. 그러니 원로원 같은 문제도 건의하지 못했지요."

4. 상해 독립운동의 후원자

"참, 내가 서 동지에게 물어볼 것이 하나 있지. 작년 가을에 내게 데리고왔던 윤병호 씨 말이야. 그 분이 지청천과 제일 가까운 분으로 자기 말로 북경에서 오래 살았다는데, 그곳에서 어떻게 지냈기에 지청천을 많이 후원해주었다는 게야?"

"예, 거기에는 기막힌 긴 사연이 있습니다. 그 윤씨 제씨弟氏가 바로 윤병희尹炳喜 씨라고 지금도 연희대학교 중국어과 교수이지요. 벌써 10여 년 전부터 그 학교 중국어 교수노릇을 한 분인데, 이 윤 교수가 갑신정변 때 암살당한 시종무관장 윤태준尹泰駿 씨에게 양손養孫든 분이지요. 이 윤태준 씨는 그 당시 청국공사로 와있던 원세개袁世凱와 결의형제를 맺은 한국에 유일한 친분 있는 사이이었거든요. 그리고 이 윤태준 씨는 바로 서재필徐載弼 씨의 외삼촌이 되고요. 그래서 일설에는 이 청년 서재필이가 자기 외삼촌 얼굴을 잘 아니까 도부수에게 눈짓해서 궁 안에 들어오는 윤씨를 암살케 했다는 말도 있지 않습니까?

그 뒤에 원 공사는 본국으로 돌아가고 윤씨의 유가족은 퇴락했었는데, 한일합방이 된 후에 윤씨가 들으니까 원세개가 청국을 뒤엎고 한족이 중심이 된 혁명, 즉 신해혁명辛亥革命에 공을 세워서 초대의 대총통大總統이 되었다는 소문을 듣고, 이 윤병호 씨가 당시 나이 20여세이었는데 그 아우(윤태준 씨 양손으로 간 분)와 의논해서 이들 형제가 괴나리봇짐을 해가지고 수천리 길을 떠나서 북경의 대총통부를 찾아갔더랍니다. 가서 접대관을 찾아보고 말하기를 '우리 형제는 대총통과 결의형제를 한 조선 구신 윤태준의 손자인데, 합방 후 일본놈의 등쌀에 살 수가 없어서 찾아왔소' 했더니 조금 있다가 총통부로 들어오라고 하더랍니다.

들어가니까 그 원세개가 나와서 윤태준 씨 손자인 소년 윤병희를 붙들고 낙루落淚까지 하면서 반가워하고, 대번 자기 친손자 같이 대우를 하더랍니다. 그래서 이 원 총통이 이 형제들을 총통부 안에 별실을 마련하고, 가정교사를 두어서 중국말과 글을 배우게 해서 2, 3년 배우니까 중국사람들보다 재주가 뛰어나는지라 연치한데도 관직을 주어서 녹祿을 먹게 하고, 그 형 되는 병호 씨는 관직을 높은 자리를 주어서 그 뒤 10년 동안 고관을 지냈는데, 그가 중국정부의 고관노릇을 하니까 북경에 오는 독립운동하는 동지들, 특히 지청천 장군과는 서울에서 같이 자랐던 죽마의 친구라 한집안 식구같이 지냈다 합니다. 그 외에도 조성환曺成煥 씨, 유동열柳東說 씨 외 여러 혁명지사들을 많이 후원도 하고 피신처도 마련해주고 했답니다."

"그 윤씨는 보기 드문 신사이더군. 지청천과는 자별한 사이인가봐."

"그 윤 선생의 말을 들으니까 작년 초가을에 지청천 장군이 윤씨를 찾아와서 말하기를 백범이 세상을 떠난 후로 한독당 사람들이 찾아와서 한독당을 재건해보자고 권하더랍니다. 그러나 남북협상에 날뛰던 사람들하고는 정치를 논의할 흥미도 없고 해서 사퇴했다고 하니, 윤씨가 지 장군보고서 그것은 잘했지만 기왕 국회에 들어가서 정치생활을 할 바에는 무소속으로는 일을 못할 것이니 정당을 선택해서 국사를 해보라고 말했답니다. 그러니까 지 장군이 그러면 무슨 당을 하겠느냐고 묻기에 정당을 하려면 야당을 해서 집권자를 감시 편달함이 좋으니 한민당을 해보라고 했더니, 자기가 인촌 선생을 찾기가 거북한 양을 보여서 그 윤 선생이 중간역할을 한 것이지요. 그 뒤에 해공과 같이 들어오게 되니까 귀당에서도 과거를 떠나서 새로운 야당으로 발전한다고 해서 민주국민당이 된 것이 아닙니까? 하여간 지청천 장군이 대동청년단을 전국에서 규합해서 귀당에 들어온 것은 귀당으로서도 잘 된 일이지요."

"그러니까 서 동지가 우리 당의 비밀당원이지. 안 그래?"

옆에 있던 김 대령이 "이 박사에게 모략한 것이 아니라 사실을 정확하게 보고했군요!"라고 참견했다.

다시 좌중은 웃음의 꽃이 피었다. 얼마 후에 누군가가 말하기를 "이 박사 밑에서 5년이나 따라다닌 분이 감투 하나 못쓰는 것이 이상하다 했더니 한민당 비밀당원이기에 감투를 못 쓴 게로구먼."

5. 앵견목鶯鵑鶩 편

이 말이 나오자 인촌이 그 말을 받아서 "서 동지가 감투 못쓴 것은 한민당 비밀당원이라서 그런 것이 아니라 개구리가 없어서 감투를 못 썼지, 개구리를 못 잡아서!"

"그게 무슨 뜻입니까? 개구리가 없다니요?"

"개구리가 있어야 벼슬줄에 든다는 것은 유명한 고담古談 하나가 있어요. 내가 이야기해줄까? 숙종肅宗대왕이 평복을 하고 밤에 장안을 돌아다니면서 민정을 두루 살펴보다가 밤이 깊어서 인왕산 밑에 간즉 만호장안은 고요한데 멀리서 불이 반짝거려서 그 불빛을 찾아가본즉 젊은이 하나가 글 읽는 소리가 낭랑하게 들려오는지라. 이 임금이 호기심을 가지고 들으니 그가 글을 읽는 것이 아니라 외우는 거라. 자세히 들으니 경서經書라. 들어가서 수인사를 하고 그 경서에 관한 문답을 해보니까 그 해박한 지식이 보통선비가 아니므로 숙종이 묻기를

'그대는 그만한 학문으로 왜 이제까지 과거를 보지 않았소. 만일 과거를 본다면 단번에 급제할 만한 자격인데요' 했더니 그 젊은이가 한숨을 내쉬면서

'과거만 보면 무엇 합니까? 개구리가 없으니 급제하지 못합니다.'

'개구리가 없어서 급제하지 못한다는 말이 무슨 뜻이요?'하고 물으니까 그 청년이 대답하기를

‘손님은 앵견목편이란 글을 못 읽으셨습니까?’

‘앵견목편이란 글은 어데 있는 글인가 내가 읽지 못했소’라고 말하니까, 그 젊은이가 자리를 고쳐 앉으며

‘제가 앵견목편 가운데 이야기를 대강 하지요. 하루는 꾀꼬리와 두견새(일명 접동새 또는 소쩍새)와 까마귀가 한 자리에 모였는데, 꾀꼬리와 접동새가 입을 모아 까마귀를 공격하기를 ‘너는 생김생김은 까맣게 된 놈이 소리마저 멋없이 까옥까옥 짖을 줄밖에 모르는 놈아. 그 소리 좀 작작 짖고 다녀라. 네가 짖고 날아가면 세상 사람들이 재수 없다고 너를 내쫓지 않더냐?’ 이 비웃는 소리를 들은 까마귀는 잔뜩 화가 났으나 어떻게 분풀이할 방법이 없다가 한 꾀를 내기를 ‘너희들 울음소리가 좋고, 내 소리가 듣기 싫다 하니 제3자로 하여금 판단을 내리도록 울음소리의 경쟁을 해보자’고 하였더니 이 제안에 두 놈은 다 쾌히 승낙하고서 누구를 데려다가 판정을 내리게 할까 의논한 결과 따오기를 청하기로 했습니다.

이때에 까마귀가 생각하기를 나는 원래 소리가 좋지 못하니까 저놈들과 경쟁하면 질 것은 뻔한 노릇이니 내가 이기려면 따오기란 놈을 잘 구워삶아야겠다고 한 꾀를 냈지요. 무슨 꾀인고 하니 그 따오기란 놈이 개구리를 제일 좋아하니까 이 개구리를 진상으로 바쳐서 내 청을 들어주도록 해야겠다고 생각하고서, 따오기가 좋아하는 큰 개구리를 잔뜩 잡아가지고 가서 실컷 먹인 다음에 까마귀가 청하기를 ‘아무 날 꾀꼬리와 접동새와 내가 울음소리경쟁을 하기로 해서 그대에게 우열의 판단을 내리도록 결정했으니 내 울음소리가 제일 좋다고 판정을 내려주기 바란다’고 했더니, 이놈 따오기는 배부르게 얻어먹은지라 쾌히 승낙을 해주었다우.

작정한 날에 세 놈이 모여서 울음소리 경연을 하게 되어서 꾀꼬리가 그 아름다운 목소리로 울어대니까 따오기가 듣더니 판정하기를 ‘너의 울

음소리는 아름답기는 하다만 간사한 계집의 목소리니 군자君子는 취할 바가 못된다'고 낙방을 주었고, 다음에 접동새가 그 처량한 목청을 뽑아서 슬프게 울어대니 이 울음을 들은 따오기란 놈이 '너의 울음소리는 처량하고 슬픈 과부의 눈물이나 짜냈지 군자가 취할 바가 못된다'고 또 낙방을 주었고, 그 다음 맨 나중에 까마귀가 나와서 통명한 울음소리로 까옥까옥 울어대니까 이 소리를 듣던 따오기가 무릎을 치면서 '그렇지! 네 소리가 웅장하다. 그 웅장한 울음소리야말로 영웅의 상이니 군자가 취할 만하다'고 1등으로 판정을 내렸다우. 그래서 두 놈은 아무 말도 못하고 까마귀 앞에서 사라져갔다는 것이지.

그 따오기란 놈으로 하여금 그런 판정을 내리게 한 것이 무엇이냐, 즉 개구리 진상 덕이란 것입니다. 그러니 이 우화의 뜻이 과거줄에도 통하는 진리이고 보니 개구리를 마련하지 못한 놈은 아예 과거에 응하지 않는 것이 현명하다고 생각합니다.'

이 말을 들은 숙종은 궁으로 돌아와서 과거법을 고쳐서 인재를 등용하기에 힘썼다는 이야기거든."

이 구수한 우화를 듣고 있던 신 처장이 "어제 저녁에 제가 한 이야기를 그새 재탕하십니다. 재탕을 하시려거든 재탕 값이나 톡톡히 받고서 하셔야지요."

이리해서 좌중에는 또 웃음꽃이 피었다.

V. 6·25의 첫 기적奇跡

1. 6·25전쟁 발발 — 서울 함락

1950년 6월 중순에 제주도 김충희 지사로부터 소식이 왔다. '다시 한 번 제주도에 내려와서 각 면 순회강연을 해달라'는 것이다. 그래서 나는 즉시 서울을 떠나 제3차 반공계몽강연 차 제주도에 갔다. 15일부터 22일까지 도내 각 면을 돌고 23일 떠나려 한즉 김 지사가 '6월 27일부터 도지사회의가 있어서 25일에 서울로 떠나게 되니 그날 같이 갑시다'고 권유하였다.

그리하여 나는 25일 김 지사와 동행으로 제주도 산지부두에서 목포로 떠나는 배를 탔다. 김 지사와 나는 선장실로 안내되어서 들어가 낮잠을 자고 있으니까 오전 11시경에 선장이 우리를 깨운다. 선장이 "지사님 큰일 났습니다. 지금 무전이 들어왔는데 38선 일대에서 이북 공산군이 38선을 넘어 이남으로 쳐들어오고 있다 합니다. 벌써 개성, 포천, 춘천, 강릉 지대에는 공산군이 물밀듯 들어오고 있다는 보도입니다."

조금 있다가 일본방송을 들으니 뉴스로 이 소식이 나온다. 즉 '38선 일대에서 전면적으로 이북 공산군 30만 명 이상의 병력이 이남, 즉 대한민국 국군을 향해서 25일 영시를 기해서 전투를 개시했다'는 것이다. 우리가 탄 배는 추자도 앞을 가고 있었다. 선장에게 물으니 배는 예정대로 목포까지 간다는 것이다. 황혼에야 우리는 목포에 내려서 여관에 가서 하룻밤을 자고 다음날인 26일 아침차를 탔다. 종일 차를 타고 오니 그날 밤 9시에야 서울 용산역에 도착하였다. 역원이 나와서 승객을 전부 내리게 한 후에 역 앞에 있는 방공호 속으로 집어넣고서 하룻밤을 새우라는 것이다. 서울은 벌써 계엄령이 내려서 민간인의 자유활동이 금지되고 있었다. 비좁은 방공호 속에서 뜬눈으로 밤을 새우고 아침 4시 반에 해제되어 김 지사는 시내로 나는 용산역 북쪽 굴다리를 지나 원효로1가 내가 거처하는 집(중형 집)으로 왔다.

아침밥상을 받고 있으니까 이웃집 과장(시경찰국 사찰과장 최운하崔雲夏) 집에서 그 부인이 찾아와서 형수씨에게 귓속말로 "적이 이미 청량리까지 왔으니 오전 중으로 서울을 떠나 남쪽으로 피난하시오. 우리도 곧 떠납니다"고 하였다.

나는 형님에게 "내가 시내에 들어가서 정부의 동태를 살피고 올 것이니 12시까지 피난 갈 준비나 차리고 기다리시오"라고 말하고 거리에 나가보니 시민의 눈동자는 바뀌고, 얼굴들은 사색이며, 교통은 일체 두절되어서 보행밖에 못하게 되어 있다. 군인들만 각종 차량을 휘몰아서 더러는 남쪽으로, 더러는 북쪽으로 전속력으로 달린다. 만일 차도로 나갔다가는 어느 귀신이 잡아가는 줄도 모르게 차에 치어서 죽겠다. 나는 되도록 뒷골목길을 택해서 우선 국민회 본부에 갔다. 용산서 이곳까지 이십 리가 멀다. 11시이다. 몇몇 동지들이 나와 있다. 애국단체대표자회의를 전날(26일) 소집해도 잘 나오지 않아서 오늘로 연기했는데 통 나오지 않으니 다시 다음날(28일)로 연기하자는 것이다. 나도 그렇게 하자고 합의하였다. 그런데 11시뉴스에 나오기를 '적이 청량리까지 왔다가 아군의 격퇴에 의해서 적은 의정부까지 후퇴했으니 시민은 안심하시오. 정부와 국회도 서울을 사수하기로 했으니 시민은 동요되지 말고 각 직장을 사수하기 바라오.'

이 방송과 호외신문을 보고 12시 안으로 용산으로 전화했다. "피난은 잠간 중지하고 정부의 다음 지시를 기다리자고." 나는 다시 걸어서 남산밑 후암동으로 빠져나와 최 선생(최태용)을 찾았으나 외출 중이시다. 다음날 만나자는 메모를 적어놓고 용산으로 돌아오니 저녁때이다. 저녁상을 물리고 나니 저녁때부터 시작한 이슬비가 큰비로 변해서 요란한 소리를 내는데, 간간이 멀리서 대포소리가 들린다. 한밤중이 되니 그 포 소리가 잦아지면서 소총소리까지 들린다. 비는 점점 억수같이 쏟아지는데 이에 장단 맞추듯이 그 빗소리 이상으로 총소리가 사방에서 잦아진다. 가끔 포 소리도 더 확실하게 들린다. 나는 2, 3일 잠을 못잔 탓인지 피곤이 온몸을 휩싼데다가 그날 5, 6십리를 걸은 탓으로 지칠 대로 지쳐서 자리에 쓰러진 채 곤히 잠들었다. 얼마를 곤히 자다가 요란한 폭음, 세상 처음 듣는 그 굉장한 폭음으로 집안 유리가 깨어져 날고 기둥과 벽이 진동하는 바람에 잠이 퍼뜩 깨었다. 나뿐 아니라 온 집안식구가 다 깨고, 가만히 듣자니 이웃에서도 소리소리 나는 품이 동리사람들도 다 깬듯하다. 그래서 집안에서 누군가가 '천지개벽하는 소리여. 무슨 큰일이 난 모양이여. 아까 그 큰 폭음으로 귀청이 막혔어.'

포 소리, 총소리, 기관총소리는 점점 가까이 들린다. 분명히 큰일이 났다. 서울이 뒤집어진 모양이라고 직감한 나는 날이 새기가 무섭게 거리에 나가보았다. 여기저기서 사람들이 나온다. 남영동에서 서울역까지 걸으면서 보니까 군데군데 부서진 차, 흩어진 가마니조각이 즐비한 나뭇가지, 그 사이에 넘어져 뒹구는 시체들이 보였다. 어제까지도 붐비던 서울역은 인기척 하나 없는데, 그 주변의 거칠은 모습은 마치 불타고 남은 집안 같다. 남대문을 지나 시경찰국이 있는 태평로 쪽을 가니 경찰국 문은 열려 있고, 유리창은 다 산산조각인데 텅텅 비었다. 다시 시청 앞까지 가보니 시청 정문이 열려 있고, 유리창이 다 깨어졌는데 그 안에도 인기척이라고는 없다. 그 주변의 황량한 모습이란 형편없다. 그런데 느닷없이 적의 탱크 1대가 광화문 쪽에서 내려오면서 포를 쏘아댄다. 나는 다른 사람과 같이 집모퉁이로 은신했다. 더 갈 기력도 없다. 기운이 떨어지고 맥이 풀렸다. 눈앞이 캄캄하다. 그렇다고 당장 쓰러져서 공산군 총알을 기다릴 수도 없어서 이를 악물고 용산 쪽으로 다시 돌아섰다. 더 볼 것이 없다. 서울은 완전히 적의 수중에 들어갔다. 남산, 인왕산, 용산 뒷산, 마포 앞산에서 포 소리, 기관총소리가 간간이 들린다. 아마도 그런 곳에 남은 국군과 공산군들이 서로 맞불질을 하는 듯싶다.

원효로에 돌아오니 식구들이 아침밥상을 내어온다. 밥커녕 물도 못 마시겠다. 물을 마시려 하나 어찌된 셈인지 물이 목구멍을 넘어가지 못한다. 속은 타고 가슴은 갑갑한데 물은 넘어가지 않는다. 자리에 누우니 혼란된 내 머릿속은 피가 더 모이는지 띵하니 견딜 수가 없다. 앉았으니 또 어지럽다. 이리해서 나는 앉지도 못하고 눕지도 못하고 마치 정신 나간 사람 모양으로 안절부절 왔다갔다 허둥대기만 하다 보니 오정 때이다. 가족들이 와서 피난 갈 차비를 하자고 서둔다. 얼마 있으니까 아이들이 와서 말하기를 "새벽에 한강이 끊어져서 길이 막혔습니다"고 한다. 조금 있으니까 또 한 아이가 와서 "한강 둑에는 인산인해를 이루었는데 배는 적고 탈 사람은 많고 해서 생지옥입니다"고 한다.

2. 피난길

저녁때까지 기다려서 강둑에 사람이 줄어든 후에 한강을 건너자고 했는데 마포에서 서빙고까지 사람이 더 모여서 설 자리도 없다는 것이다. 밤에나 피난 가자고 했는데 밤이 되니 또 비는 쏟아지고 한강 둑은 여전히 사람사태라는 것이다. 그래서 우리는 다음날에나 피난 가기로 하고 뜬눈으로 그날 밤을 새웠다. 물론 마시지도 먹지도 못한 채 뜬눈으로 밝힌 다음날(29일) 식전에 나는 운동복에 밀짚모자를 쓰고 다시 시내를 걸어보았다.

서울역, 남대문, 경찰국, 충무로, 상공부, 시청, 덕수궁, 한국은행, 상업은행, 그 외 크고작은 건물과 상점 문에는 똑같은 문구 「인민해방군 만세」, 「조선인민공화국 만세」, 또 각 전신주마다 이 두 마디를 써 붙였다. 하루 사이에 이렇게도 세상이 변할까? 나는 대한민국 백성인데 이 나라는 어디로인지 자취를 감추고, 인민공화국이란 딴 세상에 홀로 남은 것 같은 외로운 느낌이 뼈에 사무친다. 이 광경을 보니 더한층 우리 대한민국이 그립다. 대한민국 백성들이 보고 싶다.

동행하던 현종(나의 조카)이에게 "오늘은 죽는 한이 있어도 한강을 넘

자. 그래서 대한민국을 찾아가자"고 말하고 집에 돌아오니 인도교 방면에 보낸 아이는 빈틈없이 인민군이 강둑을 지킨다는 것이다. 그런데 마포로 보낸 아이가 달려와서 "지금 막 둑을 지키던 인민군이 아침 먹으러 들어가는 것을 보고 왔으니 놈들이 나오기 전에 강을 건넙시다"고 한다. 이 말에 기다리던 우리 가족 일행은 즉각 출발했다. 쏜살같은 걸음으로 강둑에 가니 다행히 수비하는 군대는 없는데 배 한척을 지키는 사공이 강을 건너지 못한다는 것이다. 그 이유는 인민군이 아침 먹으러 들어갈 때 저희들 허가 없이는 누구라도 건너주지 말라는 엄명이라는 것이다. 우리 일행이 아무리 사정사정해도 뱃사공은 들은 척도 않는다. 시간은 5분, 10분 흐른다. 초조하기 이를 데 없다. 운명은 5분, 10분 이내에 결정되려는 순간이 다가오고 있다고 생각할 때 우리는 사색이 되고, 눈앞이 캄캄해진다.

이때에 한 소년이 한 노파의 손을 끌고 도강하려고 왔다. 우리 일행 중에서 현종이가 그 노파의 손목을 붙들고 인사하더니 그 소년을 데리고 사공에게 가서 "아저씨, 이 분은 우리 할머니인데 그저께 영등포에서 우리 집에 오셨다가 어제 병환이 나셔서 오늘 우리가 모시고 영등포로 가지 않으면 도중에 돌아가실듯하니 한시바삐 모시고 가야겠으니 어서 배를 대주시오. 선가는 갑절을 드리지요" 하면서 2,600원을 내주었더니 그 사공이 옆에 있는 사공을 보고서 "저 노인 사정을 보아서 건너드릴까?"하고 물으니 그 옆에서 담배를 피우던 다른 사공이 "인민군들이 돌아온 뒤에 떠납시다"고 한다. 다른 사공이 "이 분 말이 저 안노인 병환이 대단하다고 하니 건너드려요"라고 하니 "뒷일은 아저씨가 담당하시우"라고 대꾸한다.

이리해서 두 사공이 천천히 배를 대어서 우리 일행은 먼저 그 노파와 소년을 태우고, 그 둘레에 탔다. 두 사공이 노를 저으므로 배는 수월하게 나간다. 5분도 못되어 배는 벌써 강 복판쯤 왔는데 강둑에 한 머리 허연 노신사가 나타났다. 자세히 바라보니 틀림없이 구자옥具滋玉(경기도 지사) 씨이다. 5분만 일찍 왔으면 나와 이 배를 탈 수 있었는데 하고 혼자 한탄하였다. 더욱이 해방되던 해 겨울에 반탁대회 집회허가를 미군 헌병대장에게서 얻으려고 나와 같이 갔다 올 때의 기억이 새로워지면서 안타까운 마음이 솟아난다. 그런데 이 배가 이쪽 강가에 닿기도 전에 인민군들은 저편 강둑에서 공포를 쏘면서 소리소리 친다. "왜 허가 없이 배를 띄웠느냐, 배를 다시 돌리라"고.

위기일발로 우리 일행은 인민군들에게 붙들릴 뻔했다가 하늘이 도와서 그 앓는 노파가 나타났기에 재빠르게 우리가 그 노파를 업은 것이다. 배에서 내린 우리 일행이 여의도비행장 가까이 가니까 국군이 5미터 거리로 북쪽을 향해서 방어진을 치고 있다. 이들 용사를 보니까 그제야 '나도 대한민국에 따라가게 되었구나, 이제야 살았구나' 하고 한숨과 눈물이 한꺼번에 터져나온다. 이때 우리 머리 위로 비행기 1대가 지나가더니 한강철교에 폭탄을 던져서 폭파한다. 남산 용산 주변의 고사포진지에서 일제히 포를 쏘아댄다. 하루 사이에 이렇게도 공산군이 짜여서 서울 상공을 지키나 하고 놀랐다.

영등포, 시흥, 안양 가는 길에는 피난민이 늘어섰다. 저녁때에 안양에 이르러 보니 여기저기 밤나무 밑에 서울에서 어제 나왔다는 피난민들이 즐비하다. 정부의 이사관급 사람들도 더러 보인다. 물론 기차는 없다. 정거장도 텅텅 비었다. 그런데 이때 나는 비로소 허기가 느껴졌다. 한 걸음도 걸을 기력이 없다. 온 가족이 거리를 헤매면서 찾았으나 빵 한 쪽, 사이다 한 병 구할 수 없다. 얼마동안 찾아다니던 가족들은 낙심하고 길가에 주저앉았다. 맥이 풀린 것이다. 그들은 아침은 먹고 왔다는데 나만 이틀을 굶고 나왔으니 기운이 뚝 떨어졌다. 석양이 되었다. 정거장 남쪽의 어느 집 우물에 가서 타는 목을 축이려고 집안에 들어가니 그 집 식구가 방에 남아 있어서 막 식사를 하고 있다. 나는 불고염치하고 먹을 것을 좀 팔라고 했더니

"우리도 지금 피난길을 떠나려고 집에서 기르던 개를 잡아서 먹고 있습니다. 남은 개국은 몇 그릇 되니 드리지요"하였다.

그들의 따뜻한 인정에 나는 한 걸음 다가서면서 "기왕에 인심을 베푸시니 쌀이 있으면 밥을 지어주시오. 내가 이틀을 굶으니 초면에 이렇게 염치없게 청을 합니다."

이 말에 주인 부부는 서로 한두 마디 의논하더니 그 부인이 곧 나가서 피난보따리 속에서 쌀을 꺼내어 밥을 지었다. 반시간도 못되어 우리 일행은 요기를 하고 기운을 차렸다. 고마운 치하를 하고 나오는데 마침 기관차 하나가 남쪽에서 올라오더니 영등포 방면으로 달려간다. 그래서 정거장에 가보니 아까 없던 역장이 나와서 몰려온 피난민들과 문답을 하고 있다. 나는 역장실에 들어가서 역장이 들어온 뒤에 초면불고하고 기관차에 편승할 것을 요청했다. 그랬더니 역장은 기다려보라는 것이다. 그래서 기다리는 중에 근처 밤나무그늘에 앉아 있으니 그 옆에 노년부부가 우리와 같은 간단한 행장으로 피난 나온 분이 있다. 무심코 나는 그 분들에게

"어디서 피난 오셨나요?"

"노량진에서 왔소이다."

"그러면 어제 새벽에 인도교 폭파할 때에 단단히 놀랬겠습니다."

"말도 마십시오. 우리도 그때에 놀래가지고 나와서 여태 돌아다니지 않습니까?"

"인제는 괜찮으니 돌아가십시오."

"우리뿐 아니라 동리사람들이 다 피난 나갔는데요."

"노량진 일대는 어제 새벽 인도교폭파 때에 유리창이 많이 깨어졌지요?"

"우리는 본동에 삽니다. 내 이웃집은 약간 고가이기는 하지만 2간장방의 중보가 부러져서 천장이 내려앉는 바람에 그 밑에서 잠자던 가족들이 다치고 혼이 나갔답니다."

그러자 그 부인이 곁들여서 말참견으로 "그뿐인가요? 우리 집 앞집에는 젊은 내외가 사는뎁쇼, 어제 새벽 그 폭파소리에 자다가 놀래서 두 내외가 맨발로 뛰어나올 때에 그 옆에 뉘었던 어린아이를 안고 나와서 얼마를 달음질치다가, 날이 훤하게 새어서 앞을 보니 관악산이 앞에 가로막혀서 그때에야 제정신이 들어서 안고 온 어린 것을 그 어미가 보니까 그게 어린아이가 아니라 저희가 베고 자던 긴 베개더래요. 그래서 둘이 서로 탓하다가 집에 되돌아오는데 날은 활짝 샜다우. 제집 방에 돌아와 보니 그때까지 어린아이는 잠을 자고 있더라나요. 아주 동네에서 이게 소문이 되었다우."

저마다 난생 처음 당한다는 어제 오늘의 자기네들이 보고 들은 일이며, 겪은 일을 털어놓는다. 땅거미가 질 무렵에야 아까 갔던 기관차가 기관차 하나를 더 끌고 내려온다. 수백 명이 몰려온다. 너도나도 기관차에 편승해서 남쪽으로 가자는 것이다. 나는 역장과 헌병의 호의로 편승케 되어 우리 일행이 다 올라타고 수원까지 왔더니 수원은 초저녁인데도 남대문시장과 같이 사람사태이다. 역장실에 가서 알아보니 정부는 오늘 낮에 대전으로 떠났다는 것이다. 그래서 남하하는 차편을 물으니 새벽에 화물열차가 빈차로 가는 게 있으니 그 차에 편승해보라는 것이다. 이에 역 구내를 두루 찾아서 화물차에 가보니 초만원이다. 물론 우리도 그 차에 타고 다음날 새벽에는 대전에 도착했다. 10여 명 가족들은 일단 호남선 방면 차에 타고 고향으로 내려가게 하고, 나만 대전 시내에 떨어졌다.

나는 도청으로 달려갔다. 재무부장관실을 찾아가서 최순주崔淳周 장관에게 "한국은행은 어떻게 처리했기에 그 많은 지폐뭉치를 하나도 못 가지고 나왔습니까? 28일에 공산군이 들어오자마자 그 산더미 같은 돈뭉치를 다 화물차에 싣고 어디로인지 달아나더랍니다. 그 달아나는 차가 자그마치 20여대라니 이 돈이 그놈들 손에 들어가서 폭탄 이상의 효력을 내서 우리 대한민국을 파괴할 것 아니겠소?"라고 물었다.

그는 "지난 26일 계엄령을 선포하자 한국은행에 있는 화물자동차 4대도 모조리 국방부에서 징발해가서 지폐를 수송할 차가 없었습니다"라고 대답하였다.

"그게 될 말입니까? 같은 국무위원으로서 국방부장관에게 한국은행이나 다른 은행은 지폐와 중요서류를 가지고 가야 할 것이니 공용차를 전부 징발하지 못하도록 할 수 있지 않아요. 또 그리고 설사 차를 징발당했다 합시다. 그렇다 해도 27일까지 한국은행을 비롯한 각 은행원은 매인당 얼마씩 지폐를 수원까지 운반하도록 책임을 지워서라도 이 지폐와 중요문서를 운반하여야 할 것이 아니요? 맨주먹들만 쥐고 자기네 목숨만 살겠다고 도망하다시피 이렇게들 나와서 무엇을 하자는 것이요?"

흥분된 나는 자연히 소리소리 높아갔다. 그러나 풀이 죽은 최 장관은 변명도 못하고 한숨만 쉬고 있으니까, 그 옆에서 딱한 광경을 지켜보던 김유택金裕澤 차관이 나를 향해서

"기위 그리 된 것을 이제 와서 말한들 무슨 소용입니까? 다행히 지금地金만은 한은금고 속에서 내어가지고 남하했으니 그리 아십시오. 그리고 이런 정부 실수를 떠들어대면 민심만 더 동요되고 해서 관민 이간만 될 것이니 이 이야기는 아예 발설치 마십시오. 서 선생 혼자만 알고 계시면 되지 않습니까?"

"아무리 처음 당하는 일이라 해도 대소 냉정성을 유지하면서 국사를

처리해야지요. 이게 소위 국가재정을 맡았다 하는 분들의 일이요? 그래 당신들은 맨주먹 쥐고 피난 나왔나요? 개인생활에도 노자 없으면 어디 못가거늘 하물며 국가적인 처리에 있어서 맨주먹으로 나와요?"

최 장관은 묵묵부답인데 김 차관이 나와는 친숙한 사이라 나를 향해서 그만 해두라는 눈치이다. 나도 공격해봤자 죽은 자식 나이 셈하기지 별로 신통치도 못하고, 더 속만 상하고 입만 아플 따름인지라 그 방을 나와서 다음은 공보처를 찾아가 이철원李哲源 처장을 향해서

"지난 27일 아침 혹은 낮에 당신네들 정부 고관들과 국회의원은 살살 빠져나오면서 공보처는 무엇이라고 발표했소? '정부와 국회는 서울을 사수할 것이니 시민은 안심하고 각 직장을 사수하라.' 왜 '우리도 한강을 넘어서 남하하니 시민은 각자 자유 행동하라'고 못했소? 그래 100만 시민은 한강 인도교를 폭파해서 도강하여 남하하지도 못하게 가두어놓고 자기네 몇 백 명, 몇 천 명만 살겠다고 몰래 빠져나와서는 멀찍이 서울을 바라보면서 공산지옥 속의 형편이 어떠하냐고 물으니 그게 동포로서, 공무원으로서, 더구나 정부의 입인 공보처로서 할 일이오?"

"할 말이 없습니다. 27일에 나올 때는 1, 2일만 지내면 도로 서울로 돌아간다고 국방장관이 말하기에 그 말을 믿고, 서울시민을 놀래지 않고 민심동요를 못하게 하기 위해서 그리 취해진 일인데, 이제 와서 전쟁이 장기화할 기미가 보이니까 모든 것이 무모하고 경솔했던 것이 후회되고 국민께 죄송할 따름입니다."

"그리고 무슨 대통령의 녹음방송까지 몇 시간을 계속해서 국민으로부터 거짓말쟁이 영감이란 원망과 별명을 사게 했소? 이 뒤에 대통령이나 정부각료, 특히 국민을 속인 책임자인 이 처장은 무슨 체면으로 서울에 돌아가겠소?"

해방 후 3년간 탁치를 받는 동안에 빨갱이세상을 만들려던 공산당과

군정을 연장하려 드는 같은 우익과도 싸워가면서 독립정부를 세우는 데에 피와 땀을 흘렸고, 그 뒤에도 이 나라를 반석 위에 올려놓으려고 국민운동을 2년간 계속하다가 6·25란 난리를 만나고 보니 이렇게 무책임, 무계획, 무능한 사람들에게 이 나라를 내맡겼던 국민이 억울하고 원통하며, 그런 사람들을 데리고 이 신생민국을 이끌고 나아가는 8순노인 이 대통령이 가엽기도 하고, 원망스럽기도 한 심정이 한결 더함을 참으려 해도 참을 길 없이 여기는 이가 한두 사람이 아니다. 호소할 곳조차 없는 이 억울함, 이 분통을 가슴 가득 담은 채 복도를 나와 도지사실, 즉 임시로 대통령실로 정한 방으로 가다가 뒤에서 '교장 선생님!'하고 부르는 소리에 돌아보니 손익수孫益壽 군이다(이 사람은 내가 해방 전 만주에 있을 때 그 지방 농장에서 살던 충북 진천 출신 동포이다). 나와 손군은 해방되기 닷새 전에 만주 몽고사막에서 헤어진 후 6년 만에 만났다.

나는 "손군도 피난 왔소? 어찌 이곳에 왔소?"

"아니요. 해방 후 대전으로 왔지요. 그래서 이 도청 앞에서 여관업을 합니다. 저의 여관으로 갑시다."

손군 안내로 나가보니 도청 앞에 2층 큰 건물에 「국민여관」이란 간판이 붙었다. 내가 들어가니 손군 가족이 다 나와서 나를 맞아줄 뿐 아니라, 20리 밖에서 농사짓는 그 부모까지 즉시 오게 해서 나와 만나게 해준다. 그뿐이랴! 2층의 제일 큰 방을 치운다, 라디오를 가져온다, 모기장을 마련한다, 무엇을 마련한다 야단이다. 6조방 하나에 열두 명씩이라도 좋다고 몰려오는 피난민사태에서 나만 8조방 하나를 독차지하다니 과분한 것이다. 그런데 아래층 4조방에는 전 육군총참모장 신태영申泰英 씨가 들어 있다. 두말할 것 없이 내 방으로 와서 나와 하룻밤을 지내면서 서로 가슴을 털어놓고 이야기하게 되었다. 창밖에서는 끊일 새 없이 줄지어서 올라가는 미군 트럭의 소음을 들으면서 나는 신씨에게 "어느 날 한강을 건느셨나요?"하고 물었다.

"28일 새벽에 한강을 건너왔지요."

"아니 그날 새벽에 한강인도교가 폭파되었는데 어떻게 해서 새벽에 넘어오세요?"

"그런 게 아니라 25일 아침에 38선이 터진 것을 알고서 종일 각 방면으로부터 들어오는 전황과 정보를 듣고 다음날인 26일 아침에 국방장관실에 몇 분이 모였지요. 미리 연락도 없이 모였지요."

"누구누구 모였습니까?"

"이범석 장군[19], 유동열 장군[20], 김홍일金弘壹 장군[21], 김석원金錫源 장군[22], 신태영[23], 다섯이 모여서 신성모 국방장관을 같이 앉게 한 다음에 내가 '적이 벌써(26일 오전 10시 현재) 38선 일대에서 30km 내지 50km 밀고 왔는데 이를 막을 만한 대책이 섰습니까?'하고 물으니까 장관이 화를 벌컥 내면서 '국군의 실력을 누구보다도 잘 알면서 내게 질문이요? 남 속 타는 줄도 모르고 구경들 하러오셨나요?'라고 대답했습니다.

무안당한 나는 진지한 태도로 장관에게 '그러니까 서로 지혜를 짜내어서 한 시간이라도, 단 하루라도 더 적을 막아볼 전략을 강구하자는 것이 아니요?' 하니, '모르겠소. 나는 국무회의에 나가야 하니까 여러분들이 잘 의논하셔서 채 총참모장에게 지시하여주시오' 하고 자리를 떴습니다.

장관을 떠나보낸 다음에 서로 의견교환을 해보았으나 서로 신통한 전략이 나올 까닭이 있나요? 원체 우리보다 우세한 군대이니까 싸움이 되

19 전 국무총리 겸 국방장관.
20 전 통의부장, 독립군 장군이요, 의혈단장.
21 전 육군사관학교 교장.
22 전 제1사단장.
23 전 육군총참모장.

지 않는 게 아니라 싸움을 할 수 없게 되어 있으니까.”

“6·25 당시 우리는 실력이 어떠한가요?”

“미군정으로부터 국방경비대를 인수 받은 직후 8개 사단을 목표로 건군하기로 해서 불과 1년 남짓한 짧은 시일 내에 병정 수만은 한 사단에 1만여 명씩 8만 여명을 채웠으나 이 군인들을 전투할 만큼 훈련도 못시켰고, 또한 군대장비도 아직 완비되지 못해서 미군으로부터 군대장비를 보급 받고 있는 중이었지요. 그러니 중장비重裝備는 고사하고 경장비輕裝備도 채 다 못 갖추고 있는 현상인 데다가 중화기 즉 중기관총, 각종 대포와 탱크는 1대도 없고, 소총과 경기관총과 약간의 수류탄 등 미군이 남겨놓고 간 군대장비이었지요. 각종 정보와 탐색으로 조사한 것을 종합하면 적은 충분히 군대전투훈련을 받고 무장을 완비한 군인이 30만 명과 소련에서 보급해준 중화기와 300여 대나 되는 대형·중형의 탱크, 그리고 공중에서는 이 지상군을 엄호할 만한 몇 백대의 전투기까지 있는데, 우리는 비교도 안 되는 허약한 군대장비이니 이런 허약한 군장비를 가지고 전쟁을 한다는 것은 어른과 어린아이와의 싸움과 같은 싸움이었어요.”

“국방부장관실에서 군 원로급 다섯 분이 무슨 의논을 해서 채병덕 총참모장에게 지시하셨나요?”

“한 시간이라도 빨리 미군이 와서 우리 국군을 원조해서 적을 막도록 할 것과 그 동안 현 국군의 방어력을 서울 근방으로 집결해서 서울을 방어할 것, 만일 서울을 방어하지 못하게 될 때에는 서울을 포기하고 후퇴하되 시민 희생이 없도록 시가전을 벌이지 말 것, 그리고 일단 서울을 포기하면 한강을 방어선으로 하기 위해서 철교와 인도교를 폭파하고 한강 일대의 대소 선박을 소개할 것, 특히 인도교 폭파에는 통행 시민을 차단해서 희생이 없도록 할 것 등을 의논해서 채병덕에게 전달했지요. 그랬더니 27일 오전에 육군총참모장실에서 총참모장과 참모들이 긴급회의한 결과 서울을 포기하고 한강을 방어선으로 해서 적을 남하하지 못하도록 방어진을 치기로 결정하고, 그날 오후 2시까지 인도교를 폭파하도록 공병감 최창식 대령에게 지시했답니다. 그래서 인도교 폭파장치를 끝내고 인도교에 몰려오는 시민을 교통차단하고 있는데, 전방에서 소식이 오기를 적이 의정부 방면으로 후퇴하니까 서울 포기를 중지하고 다시 서울을 방어하기로 긴급작전계획을 변경했다나요.

3. 한강 인도교 폭파

그런 관계로 인도교 폭파는 중지하고 있었으나 밤이 되어 비가 내리기 시작하자 적이 이 기회를 틈타서 갑자기 서울을 3면으로 포위하여 공격해왔지요. 그래서 밤 12시에는 동북방 미아리고개, 서북방 무악재의 아군 방어진이 무너지면서 국군은 한강 이남으로 후퇴하게 되었지요. 나는 집(육군본부 근처 관사)에서 총참모장실에 나와의 연락병을 머물게 하고 시시각각으로 총참모장에게 들어오는 전황보고를 나에게 연락 보고하게 하고 있었는데, 새벽 2시까지는 아군의 주력 즉 수도사단과 제7사단, 제5사단(27일에 광주에서 긴급 응원 온 군대) 군대가 다 한강 이남으로 후퇴하였다는 보고이고, 적의 탱크부대를 선두로 한 적의 주력부대는 새벽 2시경에는 시내 동대문, 명륜동, 서대문까지 침투했다고 하더니 2시 반에는 적의 탱크 선두가 서울역을 지나서 한강로로 내려온다는 첩보를 총참모장이 받고서 즉시 육군본부를 포기하고 한강로로 향했다고 그 연락병이 집에 달려왔기에 그 차에 나만 뛰어오르고 가족은 하나도 편승치 못했지요.

그래서 채병덕이가 탄 차와 내 차와는 한 10미터 거리를 두고 인도교에 와보니까 인도교는 피난시민으로 꽉 차서 어떤 차량도 통과하지 못하고 있었으나 다행히 교통정리하는 헌병이 아직도 남아 있어서 그 헌병들이 길을 열어주어서 내 차도 겨우겨우 빠져나가는데, 채병덕이가 인도교를 다 건너서 노량진 파출소에 이르자 차를 탄 채 뒤를 향해서 몇 번 손을 들어 흔들더군요. 그러자 그 뒤를 따라오던 공병감 최창식이가 공병들에게 지시해서 스위치를 넣으니까 1분도 못되어서 폭파장치가 폭파하는데 내 차도 겨우 노량진 파출소 앞에 도착했는데, 이때의 폭파하는 폭풍으로 내가 탄 지프차가 전복될 뻔하고, 근방 피난민들이 일시에 넘어졌지요. 그때 내가 손목시계를 보니 2시 40분 조금 지났더군요.

나는 앞에 가는 차를 따라서 일로 수원까지 왔지요. 그런데 내가 제일로 유감으로 생각하는 것은 총참모장이 공병감에게 폭파지시를 내리기 전에 인도교 상에 몰려든 수백 대의 차량과 수천 명의 피난민을 일단 소개시키지 못했느냐는 것이요. 적이 바로 뒤쫓아오지 않으니 2, 30분 혹 1시간이라도 시간여유가 있음에도 불구하고, 공병대와 헌병을 총동원해서 긴급히 피난민을 소개시키지 않은 채 자기가 통과하니까 그 뒤에 남아 있는 시민들이야 희생되거나 말거나 폭파신호를 해서 즉시 폭파케 한 것은 무모하고 경솔하고 잔인한 조치이지요.

내가 채병덕이에게 대해서 유감되게 생각하는 또 한 가지는 내가 지난 3월에 총참모장직을 인계할 때에 신신당부하기를 대대장이 그 대대를 파악하려면 1개월 걸리고, 연대장이 그 연대병력을 장악하려면 3개월 걸리고, 사단장이 그 사단병력을 파악하려면 6개월간이란 긴 시간을 소요하는 것이 군대상식이니 이 점을 고려해서 당분간은 각급 지휘관 즉 연대장이나 사단장을 교체하지 말 것, 그 이유로는 지금 38선 일대에 공산군이 동요되어서 그들의 이동이 잦다는 정보를 보면 무슨 흉계, 혹 이남을 침공할 우려가 있으니 만일 일조유사시에 군지휘관이 그 소속부대의 병력을 완전히 장악하지 못한다면 적과 대치하여 용병작전用兵作戰함에 그 완벽을 기할 수 없을 것임을 고려할 것을 요망했습니다. 그런데 채병덕이는 그 의견을 존중 답습한다 하더니 그가 총참모장직에 취임하자 나와의 약속을 헌신짝처럼 저버리고 한 달 안에 각 사단장, 연대장 등 일선지휘관을 전부 교체하므로 이번 사변이 발생하기 직전에는 각급 지휘관이 그 소속부대를 적절하게 지휘 용병할 만한 역량을 갖추지 못한 허탈상태이었지요. 이것이 이번 사변이 일어난 후에 일선에 배치되어 있는 각급 사단부대병력이 그들의 방어진을 고수하여 적의 공격을 막아내지 못하고 무너지게 된 중요한 원인이지요. 물론 무기와 장비에 있어서 적보다 열세이었지만, 이 부대통솔력의 부족이 또한 큰 원인이 되었단 말이요."

"그런데 이 대전에 와서 들으니까 지난 6월 24일, 즉 토요일 저녁에는 육군본부 내에서 무슨 구락부를 창립한다 해서 일선지휘관들이 거개 모여서 밤새도록 장교회관에서 마시고 뛰고 하다가 새벽에야 헤어졌다는 소문이 들리던데 그게 사실입니까?"

"이번에 이러한 사변이 있으리라는 것은 벌써 오래 전부터 추측했던 것이고, 국방당국 특히 일선 책임자들은 거의 다 공통적으로 인정하던 일이지요. 그러므로 일선을 방어하는 책임자들을 잠간동안이라도 그 책임지구를 함부로 떠날 수 없는 것이 상례常例이고, 더구나 며칠 전에 미국에서 미국방성 간부와 덜레스 씨까지 와서 38선 지대를 시찰하고 일선의 긴장상태를 그들이 충분히 인식하고 간만큼 일층 일선경비를 엄중히 하기 위해서도 일선지휘관들이 근무지를 이탈해서는 안 될 것인데, 그날 모였다는 것도 실수라고 하지 않을 수 없지요. 모든 것을 돌이켜보면 한심스럽고 딱한 것뿐으로 국민 앞에 면목이 없습니다."

4. 전시의 대처

"내가 29일에 마포에서 한강을 건너서 여의도비행장에 오니까 국군들이 5미터 거리로 진지를 파고 그 안에서 한강을 사이에 두고 방비하던 데 누가 총지휘했습니까?"

"지난 28일 오후에 수원에서 채병덕이가 김홍일 소장에게 서울에 들어온 적이 서울에서 한강을 넘어서 진출하지 못하도록 한강연안을 방어해달라고 위촉했지요. 그래서 김홍일 장군은 한강연안방위사령관이 된 셈이지요."

"그러면 그 사령본부는 어디에 두고, 몇 명이나 가지고 방어했나요?"

"작전상 기밀이니까 확실한 것은 모르겠으나 나의 추측으로는 아마 시흥에 있는 보병학교에 본부를 두고 제7사단은 사단장 유재흥劉載興 대령으로 하여금 그 사단병력을 가지고 대방동에서 동북방 뚝섬, 광나루, 덕소 방면까지를 맡게 하고, 수도사단은 사단장 이종찬李鍾贊 대령으로 하여금 그 사단병력을 가지고 대방동에서 서쪽과 남쪽으로 영등포, 김포 방면 한강 하류까지를 방어하도록 맡겼을 것이요. 그러면서 한강 이북에서 넘어오는 국군들을 장교나 사병을 막론하고 이 김 소장이 집결하게 해서 이 양 사단병력에 보충했을 것입니다. 그런데 이 김 소장은 육군사관학교 교장으로 사관학교 창설 이래 2년간 근무하면서 우리 국군장교 양성에 힘써온 만큼 그가 각 사단장이나 그 예하 장교들을 제일 많이 아는 분이고, 또한 해방 전에 중국 중앙군(장개석 장군 군대) 중장까지 지내면서 역전의 전공을 세운 분이라 이번의 방위사령관 보직은 적재적소로 잘된 인사이지요."

"그러면 한강연안 방위가 잘 되겠습니다."

"29일에 ***맥아더*** 장군이 수원에 와서 국방장관에게 3일간만 적이 한강을 못 넘어오도록 막아준다면 그 안에 일본에서 24사단병력을 가져다가 방어진을 치겠다고 약속했는데, 이때에 동석했던 김 장군은 자신만만했으니까 염려 없을 것이요."

"운계雲谿[24] 선생은 앞으로 무엇을 하시겠습니까?"

"오늘 오후에 김석원 군이 와서 의용군을 모집하자고 하더군요. 그래서 같이 해보기로 의논중이지요."

"김씨야말로 중일전쟁 때에 경험이 많은 역전의 용사이고, 용병작전에 뛰어난 분이니까 같이 일하시면 손발이 맞을 것입니다. 의용군 모집 대상은?"

"주로 학생층이지요. 20세부터 25세까지의 고등학교, 대학교의 학생과 그 외의 청년들로서 자원하는 사람들을 모집해서 국군의 부족을 조금이라도 보충하기로 하지요."

"과거 임진왜란 때에도 도처에서 관군이 패하니까 조국을 지키겠다고 자원하고 나선 의용군들이 각 지방에서 일어나 그들이 큰 전과를 올리고 왜적을 많이 무찌르지 않았습니까? 그중에도 절간의 승려들이 또한 서산대사西山大師, 사명당四溟堂 같은 영걸들의 인솔 아래 큰 공을 세웠지요."

"운하雲河[25]는 앞으로 무엇 하시겠소?"

"오늘에야 대전에 와서 아직 작정된 바는 없지만 과거 국민운동하던 동지와 선배들을 규합해서 총후銃後 국민의 민심수습과 일선장병의 뒷받침이나 하도록 하여야지요. 이런 초비상시국에 거저 앉아서 있겠습니까?"

다음날(7월 1일)부터 신 장군은 대전에 피난 온 장성將星들 김석원 씨 외 여러분들과 의용군 모집에 나서서 매일 동분서주하다가 7월 4일에 전라북도 계엄사령관이 되어서 전북지방으로 떠났고, 김석원 씨 외 몇 분은 의용군을 모집해서 일선국군과 같이 밀고 내려오는 적을 막아내기에 수고했고, 우리 동지들은 7월 4일에 대전시공관에 모여서 40명 발기인이 중심이 되어 「구국총력연맹」을 결성해서 국난극복을 위한 총후 국

---

24 신태영의 호.

25 필자의 호.

민 지도에 나섰다. 위원장에 조병옥趙炳玉 박사, 부위원장에 배은희裵恩希, 김도연金度演 양씨를 선출하고 총무, 선전, 섭외, 구호 등 각 부서를 두어서 일을 시작했다. 나는 선전부에 들어가서 주로 방송국과 제휴하여 민심수습, 총후 국민의 결속과 일선장병 후원을 호소하는 방송을 매일같이 하였다.

5. 한강방어선 사수

우리가 서울을 포기한 후에 한강을 방어선으로 한 국군용사들의 그 뒤는 어찌 되었던가? 제7사단은 대방동에 있는 서울공업학교에 사단본부를 두고 사단장 유재흥 대령의 지휘 하에 그곳에서부터 덕소, 팔당까지 80리 거리를 지켜서 매일 저녁의 어둠과 빗속을 뚫고 침투하는 적을 막아내기를 이레 동안, 즉 7월 4일까지 버티었고, 최후는 흑석동 뒷산의 고지에서 치열한 전투를 벌여서 적을 막아낸 후에 수원까지 후퇴했다. 수도사단은 영등포 동양맥주 공장을 본부로 하여 사단장 이종찬 대령의 지휘 하에 영등포 일대에서 한강하류까지를 지켜서 적의 공격 남하를 막다가, 그들도 7월 5일 후에야 수원으로 후퇴하였다. 다시 말하면 6월 29일 수원에 왔던 ***맥아더*** 장군과의 약속, 3일간 버텨서 미군이 수원에 와서 방어진지를 쌓을 동안 그 시간의 여유를 달라는 부탁을 우리 국군은 김홍일 장군의 작전계획과 용병 지휘 아래 유재흥, 이종찬 사단장의 적절한 임기응변하는 선전선투 끝에 그 3일의 3배인 9일 이상 10일간이나 한강을 막아내어서, 응원 미군 제24사단 병력이 일본에서 혹은 비행기로 혹은 배로 우리나라에 와서 수원, 오산 지구에서 적을 막을 만한 진지를 쌓고, 물밀듯이 내려오는 적을 우리 국군과 같이 이곳에서 막을 수 있는 충분한 시간의 여유를 그들에게 만들어주었다. 이리하여 미군은 우리 국군을 비로소 신뢰하게 되어 그 뒤 우리 국군과 UN군의 긴밀한 연락과 협조 아래 적을 막을 뿐만 아니라, 적을 물리쳐서 압록강과 두만강까지 그들을 내쫓았던 것이다.

서울을 공산군에게 사흘 만에 빼앗겼는데, 38선에서부터 200리 거리를 불과 3일 만에 돌파해서 대한민국의 수도 서울까지 온 적을 한강 하나를 사이에 두고 3일간만 막아달라는 ***맥아더*** 장군의 요구는 요구한 ***맥아더*** 장군뿐 아니라, 그 요구를 받아들인 우리나라 관계당국자들도 자신 없는 일인 줄은 피차 서로 말하지 않더라도 스스로 깨닫고 있었다. 그만큼 그 당시 우리 국군의 전력戰力이 적에 비해서 너무 약했었다. 서울에 들어온 공산군의 수효는 약 20만인데 비해서 이 한강연안을 방어한 국군은 불과 2만 명이었다. 도저히 싸울 만한 정도가 아니었다. 그런데도 3일이 아니라 10일이란 길고 긴 시간을 우리 국군이, 즉 대한민국 측이 가질 수 있었다는 일은 우리 국군용사나 지휘관들보다도 미군관계자들과 세계 전쟁전문가들이 놀라며 감탄하는 세계전쟁사상에도 통 없는 기적 중의 기적이다. 물론 여기에는 인도교와 철교와 광나루다리 등을 폭파한 용단이 따른다. 그러나 밤이면 이 부서진 다리를 고쳐서 어둠과 폭우를 이용해서 뚫고 들어오는 수많은 적을 24시간 1분 1초도 적에게 틈을 주지 않고 막아낸 우리 국군용사와 그 지휘관들의 귀신같은 전략은 그들의 왕성한 사기와 넘치는 조국애에 근원한 임전무퇴臨戰無退하는 화랑정신이 넘쳐흐르고 있기 때문이었다.

Ⅵ. 운계雲谿의 맑은 바람

1. 운계와의 만남

1948년 5·10선거가 끝나고 국민회에도 한가한 시간이 있는 5월 중순경이다. 국청國青 단장 강낙원姜樂遠 씨가 나에게 와서 "해방 후 청년단체가 여러 개 생겨서 경향각지에서 청년운동을 한다고 하지만, 지금까지 그들의 운동실상은 공산당 타도라는 일에만 치중했지 청년으로서의 교양과 사회봉사 등에는 소홀하니 유감된 일이 아니겠소? 그런데 이 청년교양문제를 여러 해를 두고 연구하여 그 지도방략을 자상하게 기록하고 있는 분이 있소. 그리고 특히 앞으로 세워질 대한민국의 국군을 창설함에 있어서도 철저한 방안을 연구하고 있는 분이니 한 차례 만나 보시겠소?"

"그게 누구시오? 꼭 만나게 해주시오."

"그의 이름은 신태영이라는 분이니 그 분을 만나려거든 나와 같이 갑시다."

이리해서 나는 강씨의 안내로 창덕궁경찰서 안에 있는 무도관까지 가서 신씨와 초대면을 하였다. 그리고 그가 쓰고 있는 청년지도안의 줄거리도 듣고, 초잡고 있는 글도 보았다. 내가 가회동에 하숙하고 있기 때문에 국민회를 내왕하려면 으레 이 창덕궁경찰서 앞을 지나게 되므로 나는 가끔 저녁때에 그 무도관에 들러서 신씨와 만나서 피차에 의견교환을 하였고, 달 밝은 밤에는 저녁 먹고 산보삼아서 이곳 원서동까지 내려와서 무도관에 들렀다. 대개 신씨뿐 아니라 강씨도 동석하게 되었다. 두 분은 나보다 10년 이상 나이 더 드신 분들이고, 신씨는 일정시절에 중학교의 군사훈련 교관노릇을 오래 한 분이고, 강씨는 체육방면, 특히 검도와 유도에 우리나라 최고 유단자로 각 중학교와 청년회관에서 체육지도에 다년간 종사한 분이다.

그리하여 두 분이 청소년지도에 관해서, 특히 해방 후 우리나라의 청년단체가 비온 뒤 죽순같이 많이 생긴 때를 당해서, 그 청년들을 지도한다거나 교양한다는 문제에 관해서 큰 관심을 가지고 있었으며, 그 방면에는 상당한 좋은 의견을 가지고 있었다. 한편 두 분들과 나는 과거의 직업이 비슷하고, 걸어온 길이 같으므로 이 문제에 관해서 서로 말씨름을 할 만하였다. 더구나 두 분은 애주가이어서 기분만 좋으면 한 되 술을 거뜬히 다루는 정도이다. 나는 술을 마시지 못하는 체질이지만 술 마신 후 얼근히 취흥이 올라서 기분을 내는 호연의 기를 보기 좋아하므로, 비오는 날 저녁이나 달 밝은 밤에 한 되짜리 술병을 들고 이 분들을 찾아가거나 또는 쇠고기 몇 근을 사가지고 가서 한때를 즐겼다.

7월 17일이다. 이날 오전 중에 국회에서는 헌법이 비로소 통과되었고, 또한 석양에는 국회 내의 무소속대표들 5, 6명을 청해다가 국민회 몇 동지들과 한자리 해가지고 대통령 선거문제를 협의하고 헤어져 나오니 나의 기분도 웬만큼 올라갔다. 하숙으로 돌아가다가 무도관으로 갔더니 신씨와 강씨뿐 아니라 창덕궁경찰서장 변종현邊宗鉉 씨도 와 있다. 내가 안주로 소고기를 사오고, 변 서장이 비장한 술을 가져왔다. 넓은 무도관 한가운데에서는 조촐한 술자리가 벌어지고 오늘의 국회에서 통과 제정된 헌법과 무소속대표들 윤석구, 조봉암, 이문원 등의 이야기가 나왔다. 얼마 안 되어 밤은 깊어가기에 제일 집이 먼 내가 일어서려 하니까 신씨가 일어서는 나를 만류하면서 "서 선생, 오늘이야말로 우리나라를 세운 날이 아니오? 그러니 우리가 오늘을 기념하기 위해서 무엇을 하나 결정합시다"고 하였다.

"좋으신 제안인데 오늘을 기념할 좋은 계획이 있으면 말씀하여 보십시오."

이 말에 강씨가 말을 받아서 "신 선생은 오래 전부터 특기를 하나 가지고 있어요. 그러니 그 특기를 발휘해서 우리 네 사람이 오늘을 기념하는 것이 좋을 것이요."

"그게 무슨 특기이신데 말씀하십시오."

"신 선생의 특기는 이름 짓는 것이요. 그러니 우리가 오늘 저녁에 호를 하나씩 지읍시다. 어떠시오? 신 선생 좀 특기를 발휘하시면…"

"좋습니다. 그러면 내가 나부터 오늘을 기념하기 위해서 내 아호雅號부터 짓겠소."

이리해서 동석한 우리들은 신씨가 짓는 이름을 사용하기로 작정했다. 그래서 약간 취중에도 정신이 맑은 신씨는 세 사람의 아호를 짓기 시작하였다. 다음과 같은 아호를 차례차례 짓자 우리들은 만족하였다.

운계雲谿 신태영 – 후에 국방부장관

운곡雲谷 강락원 – 후에 호국군사령관

운소雲沼 변종현 – 후에 서울시경찰국장

운하雲河 서재권 – 필자

며칠 후의 일이다. 나는 저녁을 먹은 다음에 단장을 휘두르면서 원서동으로 내려와 무도관에 들렀다. 운곡과 나는 그날 하루의 본 일 들은 바를 운계에게 보고하는데, 운계 밑에서 서역書役을 하면서 그 분 시중을 들고 있는 오 중위(일정 때의 일본군대 계급)가 한 청년을 안내하여 왔다. 굉장히 몸집이 뚱뚱한 사람이다. 운곡과 나는 자리를 비켰다. 그 청년은 운계 앞에 큰절을 한 다음에 무릎을 꿇고 공손히

"선생님, 오래 적조했습니다. 오늘은 대통령 취임식날이라고 해서 저희들 하루저녁 자유로운 시간이 있어서 이와 같이 찾아뵙게 되었습니다."

"경비대에 들어간 여러 동지들은 다 무고한가?"

"네, 다들 무고합니다."

"앞으로 정부가 서면 경비대는 어떻게 된다는 말이 없던가?"

"네, 그거야 물론 국군으로 편성되어서 국가방위의 임무에 당하겠지요. 저희들 경비대는 주로 육군으로 편입된다는 말이 돕니다."

"물론 그리 되겠지. 앞으로 해군과 공군도 새로 창설되겠으니까 경비

대는 육군으로 편성되는 데 중심이 되겠지."

"어떻습니까? 우리나라가 서게 되면 선생님 같은 분이 우리 군에 들어오셔서 지도를 해주셔야 할 것 아니겠습니까?"

"글쎄, 나야 이제는 늙은 몸이라 폐물이 되었으니 뒤에 앉아서 젊은 사람들이 일하는 것을 후원이나 해주어야지."

"그게 될 말씀입니까? 저희들은 앞으로 선생님 같으신 분이 우리 군에 들어오셔서 지도하여 주시기를 기대하고 있습니다. 이것은 저 한 사람의 희망이 아닙니다. 저의 동지들의 공통된 의견입니다."

피차에 이런 이야기를 하다가 가지고 온 한 되짜리 술 한 병을 내어놓으면서

"변변찮습니다만 이것을 가져왔으니 받아주세요. 저는 물러가겠습니다."

"근무에 지장이 없는 대로 놀러오소."

이리해서 그 청년이 물러간 뒤에 운곡이 그 청년이 누구냐고 물으니까 운계가

"그게 바로 채병덕이라는 경비대에 다니는 청년이여. 아마 지금 경비대 계급으로 대령쯤 될 걸. 일정시절에 부평에 있는 군수공장에 배속되어 와서 일보았지. 그때에 일본육사 출신으로 육군 소좌少佐이었지."

"운계는 일정시절에 일본군대에서 근무하던 군인 중에서는 최고참最古參이 아니요? 그러니 앞으로 군에 들어가셔서 우리 국군 창설을 바르게 하도록 하여야 될게 아니겠소? 지금의 국방경비대같이 되어서는 쓰겠습니까?"

"나 같은 게야 이제는 다 폐물이지요. 더 젊고 유능한 분이 나와서 일해야지요."

"운하, 어떠시오. 운계 같은 분이 군에 들어가야 우리가 신뢰할 수 있

는 군대가 될 것이니 그리 아시고 대통령께 추천하시오."

"운계만 각오가 서서 승낙하신다면야 내가 추천하는 일쯤이야!"

"물론 운계는 벌써 각오가 섰지. 그러니까 지금까지 1년 반이나 걸려서 청년지도안이다, 국군창설안이다 하는 글을 쓰고 있지 않나요? 지금 누가 이런 글을 자기 심혈을 바쳐가면서 쓰는 분이 있나요? 없어요. 오직 운계뿐이지요. 그러니 운하가 우리나라의 군대발전을 위해서 깊이 생각하시오."

다음날 저녁에도 나는 운곡으로부터 운계를 추천해서 새 나라에 운계가 들어가야 국군이 바르게 커나가지 그렇지 않으면 또 경비대 같은 꼴이 된다는 말을 들었다. 그래서 나로 하여금 운계를 꼭 대통령께 추천하도록 권유하는 것이다. 그리고 그 동안 1년 반이나 걸려서 초 잡은 두 가지도 7월말까지는 그 정서가 끝나서 복사로 쓴 4벌의 책이 완성되니 이것을 대통령께 가져다가 드리라는 것이다.

2. 운계의 발탁

1948년 8월 3일 이른 아침에 나는 묵정동에 있는 이범석 씨 댁을 방문했다. 전날에 국회에서 국무총리 인준이 되었으므로 축하인사를 간 것이다. 문 앞에는 벌써 수십 명의 방문객이 몰려와서 붐비고 있었다. 목비서의 안내로 이 장군을 만나자 나는 "총리의 대임을 맡으시게 되니 대단히 반갑습니다. 평소에 가지신 포부와 그 신념으로 노 대통령을 보좌하셔서 새 나라를 이끌고 나가시기 바랍니다."

"그동안 국민회 여러 동지들이 나를 밀어주셔서 감사합니다. 앞으로도 잘 부탁합니다."

"오늘 축하하는 인사보다도 앞으로 대임을 수행하시는 데 도와드릴 수 있는 좋은 인사를 한 분 추천하겠습니다. 재작년 여름에 장군께서 입국하신 이래 청파동에 계실 때부터 늘 국방경비대의 발전에 관심을 가지시고 그 건전한 발전을 위하여 많은 심려를 하셨는데, 앞으로 새 나라의 군대 창설과 그 육성의 중요한 과업을 감당할 만한 인물이 있으니 한 차례 만나보시겠습니까?"

"그게 누구인가요?"

"신태영이라는 분인데, 이 분은 일정시절에 일본육군사관학교를 지청천 장군과 같은 해에 나온 분입니다. 일본육군에서도 드문 군사통이라 합니다. 앞으로 우리 국군 창설과 그 육성에 관해서 또는 일반 청소년 지도에 관해서 수년 동안 자기의 정력을 기울여서 글을 썼습니다. 그러니 그 글도 보시고 그 분도 만나보시도록 하시지요. 이것이 내가 장군을 도와드리는 최선의 길인 줄 알고 오늘 축하인사에 겸해서 말씀 드립니다. 깊이 들어주십시오."

"평소에 나를 후원해준 서 동지가 어련하시겠소이까? 내일 아침에 출근하기 전에 그 분을 만나보도록 수고하여주시오."

이리해서 나는 다음날, 즉 8월 4일 이른 아침에 신씨를 동반하고 보슬비가 내리는 거리를 택시를 타고 묵정동에 가서 신씨와 이 총리와 초대면을 시켰고, 2, 3일 후 일요일에 신씨가 완성한 청소년지도안, 국군 창설과 그 육성안 각각 600여장씩 되는 두툼한 책을 가져다가 이 총리에게 주었다. 이 책은 8·15가 지난 후에 이 대통령과 국회의장 신익희 씨에게도 한 벌씩 전달했다. 두 분 다 그 책의 표제를 보고서 그 내용을 잘 읽어보겠다고 말씀하였다.

이 총리가 국방부장관을 겸하게 되어 국방부가 시내 을지로2가 전 신한공사 자리로 정해지자 신씨는 장관고문으로 들어와서 얼마 후에 제1국장(군무국장)으로서 국군 창설에 관해서 평소의 소신대로 일하게 되었다. 1년이 지난 1949년 가을에는 제2대 육군총참모장이 되었다.

3. 국군 창설과 국가방위 논의

나는 운계가 육군을 키우는데 무거운 짐을 진 것을 축하하고, 앞으로 그 책임을 완수토록 격려해드리기 위하여 11월 중순 토요일 저녁을 같이 하기로 하여 시내 다동의 조용한 집으로 초청했는데, 유·김 두 보좌관을 대동하고 밤 7시 지나서 왔다. 나는 국민훈련원장 최태용 씨와 동원 강사인 김범부金凡父 선생을 초청해서 이 자리를 같이 하였다. 초면인사가 교환된 후에 최 원장은 신 총참모장을 향해서

"작년에 국군 창설 때부터 군에 들어가셔서 큰 수고를 하신다는 말씀을 지상보도로 알고 있어서 평소에 한 차례 뵙고 경의를 표하려고 하던 참에 오늘저녁에 바쁘신 중에 시간을 내주시니 감사합니다. 우리가 다 아는 사실이지만 과거 국방경비대라는 것은 우리나라의 실정을 잘 모르는 미군들이 만들었던 관계로 우리 국민이 기대하는 군대가 되지 못했습니다. 제주도 반란이나 여수 군 반란사건 등이 다 국방경비대원 중에 공산분자가 끼어있어서 그리 된 줄 아는데, 현재는 어느 정도로 군내부의 불순분자 숙청을 하고 계신지요?"

"작년 4월에 제주도에서 반란이 일어났었는데, 한 달 후에 제주도 주둔 경비대원들이 공비들과 내통한 원인을 조사해보니까 경비대원 중에 상당수가 공산당원이었다는 것을 알게 되었습니다. 그리하여 정부 수립 직후에 경비대 내부 수술을 하려고 계획을 세워가지고 실천단계로 들어가려는 판에 여수에서 군대반란이 일어났습니다. 국민 앞에 유감된 일이지만 우리가 미군으로부터 행정이양을 받은 지 한 달쯤 후에 그런 불상사가 일어났지요. 그래서 군 간부들이 합심해가지고 과거의 경비대의 숙청공작과 건국 후의 국군을 건전하게 국민이 신뢰할 수 있는 군대를 만들어보려고 노력을 하고 있습니다."

이때 나는 일전에 축하인사 갔다가 운계의 가족으로부터 들은 것을 상기해서 "신 장군이 작년에 군에 들어가신 후에 지금까지 매일 밤에 3시간 이상을 잠을 잔 일이 없다 합니다. 그러니 국가를 위한 수고도 좋지만 자신의 건강을 고려해서 앞으로는 충분한 수면을 가지도록 하십시오"라고 충언을 하였다.

"나는 원래 무슨 일에 골똘하면 그 일을 끝내기 전에는 잠이 잘 오지 않고, 식사 때도 제대로 음식을 못 먹는 버릇이 있습니다. 그래서 가족으로부터도 가끔 잔소리를 듣지요. 요 몇 달 전부터 위장을 좀 상해서 음식을 많이 먹지 못 합니다"고 말하면서 술만 마시기에 나는 술은 그만하고 저녁식사를 권했다. 여섯 사람이 반주를 하면서 저녁을 먹은 후에 범부 선생이 천천히 말을 시작했다.

"나라가 선지 얼마 되지 못한데 나라의 안팎으로는 어려운 일이 일어나고 있어서 이 어려운 일을 처리하려면 먼저 군민의 나라 일에 대한 언론을 통일하여야 하겠는데, 이 국론통일을 하려면 우리나라의 긴박한 현정세로 보아서는 국방정책에 대한 언론, 즉 국방언론 통일을 모름지기 먼저 이루어놓아야 하리라고 믿습니다. 그런데 이새 국회와 민간에서까지 국방언론의 통일을 방해하고 나서는 사람들이 있으니, 국민 된 우리로서는 여기에 관심을 안 가질 수 없습니다. 신 장군께서는 이 문제에 대해서 많은 심려를 하고 계시리라고 믿습니다만. . ."

당시 공산계열과 중간파에서 부르짖기 시작해서 점점 그 소리가 커져 가더니 국회 안에서까지 이 소리에 장단을 맞추어서 나라를 혼란케 하려 들고 있으니, 즉 그것은 「미소 양군 철퇴안」이란 것이다. 범부 선생의 이 원칙론에 신 장군은

"국방언론 통일을 이룩하기 위한 소관사무는 국방부로서는 정훈국이 있지요. 그래서 이 정훈국이 그 기능을 발휘하여 국방부 산하 각 군(육해

공군)의 장병들의 정신면에 대한 교양 지도를 하고 있습니다. 이 국방부 내부 장병에 대한 정훈과 외부 즉 일반국민에 대한 정훈도 하여야 할 터인데, 국방부가 일을 시작한 지 얼마 되지 못한데다 할 일은 많고 해서 미처 그 방면에 손이 돌아가지 못하고 있습니다. 사회지도층에 계신 여러분께서 앞으로 많은 지도와 편달을 해주시기 바랍니다."

"그리고 정훈과도 깊은 관련이 있지만 군인들 상하간이나 같은 계급 군인들 간에도 일상생활에 제일 관계가 깊은 것은 용어用語인데 그 동안 내가 보니까 군인들의 용어가 일반 사회인들과 다른 점이 있더군요. 이 용어를 주의하여 좋은 말 고운 말을 쓰지 않으면 상하 군인 간은 물론 동료 군인 간에도 피차간 의사소통과 감정의 융화에 있어서 중요한 영향이 미치리라고 보는데, 이 방면에 어떠한 계획이나 대책이 있습니까?"

"영어나 중국어에는 별로 말에 상하차별이 없는데, 우리나라말이나 일본말에는 상하계급의 차별이 있어서 이 용어에 대한 문제를 늘 고려하고 있습니다. 그런데 내가 군에 들어가서 그 동안 한 1년간 보니까 고급장교가 그 하급 장병에게 존칭어를 쓰면 상관으로서의 권위가 떨어지는 줄 알고 있는 폐단, 그릇된 인식을 가지고 있더군요. 이 인식을 시정하도록 노력 중이지요. 그래서 내가 늘 관심을 기울이는 것은 군인들이 사용하는 용어에 표준이 될 만한 용어를 제정할까 합니다만, 이 말이라는 것은 오랜 세월에 관습이 되어서 내려오므로 일조일석에 변경한다거나 개선한다는 일도 간단치 않습니다."

"평상시는 물론 일조유사시에 전쟁터에 나가서 용어로 인해서 피차간 감정이 대립되고, 쓸데없는 오해를 사서 군인의 사기에 미치는 영향이 제일 큰 것이니, 미리 근본적인 용어대책을 세우셔야 할 줄 압니다."

"좋은 의견입니다. 군에서도 이 용어문제를 신중히 다루고 있습니다. 군인들 간에 사용할 표준말, 기준 될 만한 말을 선택해서 그 말로써 군대용어를 통일해볼까 하는 의견도 있습니다."

당시는 38 이북에서 자주 공산군이 38선을 불법침범해서 우리 국군과 충돌하여 우리 국군에서 10용사가 장렬한 죽음으로써 38선을 사수한 직후인지라, 최 선생이 묻기를 "근일에는 38선 일대를 침범하는 이북 공산군이 좀 줄어들었습니까?"

"웬걸요! 여전히 계속해서 불법침범하지요. 그런데 지난번에 아군에서 10용사가 나올 정도의 치열한 집단공격은 없고, 2, 3명씩 가끔 침범해서 우리 국군의 신경만 괴롭게 하는 게지요."

나는 10용사가 생겼다는 말이 신문에 보도된 당시의 기사내용을 회상하여서 "거번에 옹진, 개성지구의 38선상에서 일선을 지키다가 적의 토치카에 접근해서 토치카를 분쇄한 대담하고 용감한 군인들은 과거 일정 시절에 상해의 일본군에서 나타난 3용사의 전공 정도가 아닙니다. 그 당시의 일본인들 기록을 보면 육탄 3용사들은 그 소속부대장들이 며칠 전부터 권유 모집하였는데 여러 날 만에 겨우 세 사람을 얻었다는 이야기인데, 우리나라에서 거번에 생긴 10용사는 누구의 권유나 모집이 아니라 적을 막기 위해서 자원해서 적의 토치카를 폭파하려고 뛰어들어 갔으니까요. 그런 죽음을 무릅쓰고 적진에 뛰어들겠다는 용감한 군사가 10명이 훨씬 넘었으나, 그 부대장이 만류해서 10명만이 그러한 장렬한 죽음으로써 적의 간담을 서늘하게 하였으니까요. 아마 이러한 용감한 군사는 세계 각국에도 없을 것입니다."

최씨 : "우리가 지난 6월 이래 전국적인 국민운동으로 방위강화운동을 벌여서 100만 무장을 미국에 호소하고 있습니다만, 미국 측에서 얼마의 성의를 가지고 우리 국군을 어느 정도 무장시켜서 국토방위를 하게 해주려는가요? 혹 근일에 미국으로부터 우리 정부에 통첩이라도 없습니까?"

"해방 후에 일본군대의 무장을 해제하기 위하여 남한에 상륙한 미군이라는 것이 얼마 되지 않지요. 불과 두어 사단 병력이었으니까. 그들이 3년간 우리나라에 머무르고 있다가 작년 가을에 한미협정을 맺어가지고 미군이 철수하는 자리는 한국군이 들어가서 방위임무를 맡게 되어 있는데, 그것만으로 국토방위는 완전치 못하다 해서 우선 2년 계획으로 8개 사단, 약 10만 명의 보병과 이 육군 비율에 따르는 해군과 공군도 창설하기로 해서 지금 착착 그 장비를 갖추고 있지요. 독립정부가 서고 국군 창설이 된 지 1년 남짓한 이때에 있어서 우리나라 자체방위도 힘이 겨울 정도입니다. 그리고 민간에서 100만 무장을 호소하고 있으나 미국에서는 별로 관심을 기울이지 않고 있지요."

최씨 : "그래 앞으로 1년만 지나면 국군만으로써 38선을 능히 지킬 수 있다고 보십니까?"

"현정세로서는 38선뿐 아니라 국내의 국방정책은 완수하리라고 봅니다. 이 국방군을 창설해서 유지한다는 것은 말로는 쉽지만 막대한 경비가 드니까 나라의 재정이 넉넉지 못한 나라, 우리나라와 같이 가난한 나라로서 10만의 육군과 몇 만의 해군, 공군을 창설해서 유지한다는 것도 말과 같이 쉬운 일이 아니고, 또한 미국 측으로부터 약간의 원조를 받자니 그 애로가 이만저만한 것이 아닙니다. 말이 100만 무장이지 우리나라의 형편으로는 100만 명의 군인을 유지하려면 다른 국가예산은 하나도 쓰지 않고 국방비에 다 써도 오히려 부족할 정도이니까요."

김범부 : "신 장군께서는 어떻게 보십니까? 38이북의 공산당에서 이남을 산발적으로만 침범해서 대한민국을 괴롭게 하는 소위 「신경전술神經戰術」만 쓰리라고 봅니까?"

"지금까지 우리가 수집하고 있는 정보와 조사로는 그 정도 이상은 추측하지 못합니다. 그렇다고 안심하고 있는 것은 아니지요. 만일을 대비해서 늘 경계는 소홀히 하지 않고 있습니다."

김범부 : "그 만일이라는 것을 예상해서 공산군이 38이남을 침공하여 올 때에 적을 막아낼 만한 실력이 아직은 없지만 1년 후엔 넉넉하다는 말씀인데, 그 1년이란 시간을 38이북에서 우리에게 준다면 모르되 주지 않을 경우를 생각해보았습니까?"

"글쎄요, 앞으로 1년이란 시간이 와서 우리의 국방력이 충실하게 되기 전에 적이 침범하리라는 예상 하에 세울 수 있는 대책, 말하자면 비상대책도 세워야겠지요. 우리가 현역군인은 8개 사단만을 우선 보유한다 할지라도 그러한 비상사태에 대비해서 호국군護國軍이라는 예비병 같은 것을 다시 만들어보려고 준비 중에 있습니다. 그 수효는 현역군인과 비슷한 정도로 – 지금까지의 각 청년단체원 중에서 우수한 청년을 뽑아서 소정의 훈련을 시켜가지고 이 호국군대에 편입하여보려고 합니다."

최씨 : "내가 국민훈련원을 가지고서 단기훈련을 시키고 있습니다. 전국에서 국민운동을 하는 청년과 각 직장에서 일하는 청년들을 200여 명씩 모집해서 훈련시키는데, 신 장군께서 시간을 내셔서 직접 나오셔서 강화를 해주시거나 부하 장교들을 보내주셔서 매 기에 몇 시간씩 정훈에 관련된 말씀을 해주셨으면 좋겠습니다만."

"해방 후 용산에서 「건국실천원양성소建國實踐員養成所」라는 것을 몇몇 유지들이 한 일이 있는데, 내가 그곳에 가서 근 1년간 훈련, 주로 군사훈련 비슷한 체육을 겸한 훈련을 한 일이 있지요. 시간만 낼 수 있다면 앞으로 더러 나가서 이야기도 해주고, 내가 못 나가면 부하 장교들을 내보내도록 고려하겠습니다."

일찍이 지청천 장군은 신익희 씨와 같이 앉은 자리에서 신태영 장군을 평하기를 '일본육군 내에서도 손꼽는 군사통인 말하자면 군사 사전辭典 같은 분으로 건국 초에 신군이 국방부 군무국장에 들어갔기에 나는 안심했다'는 격찬을 한 일이 있는데, 이 신 장군과 우리나라에서 철학, 특히 정치철학계에서 손꼽는 김·최 두 선생이 한자리해서 새 나라의 국군창설과 국가방위를 논의했다는 일은 의의가 깊은 일임을 서로가 인식하고 밤늦게야 헤어졌다.

그 뒤 피차간 바쁜 공사생활로 인해서 다시 이런 자리는 못 가졌다가 6·25란 난리가 났다. 말하자면 대한민국이 제 나라를 막을 수 있는 힘을 미처 기르기도 전에 이북 공산군이 우리의 허약한 틈을 타서 도적같이 몰래 뛰어든 것이다.

나는 6월 29일 아침에 겨우 한강을 넘어서 30일 저녁에 대전에서 우연히 신 장군을 만났다. 하룻밤을 같이 지내는 동안에 그가 세운 국방정책을 채병덕이가 모조리 휴지로 만들고, 38선의 긴박을 알면서도 그 경비와 방위대책을 소홀히 한 탓으로 서울을 손쉽게 적에게 빼앗기고 말았다고 말하며, 그가 비분강개하는 모습을 보았다.

4. 부산 피난길

7월 13일에 딘 장군의 후퇴명령으로 우리는 대전에서 다시 남쪽으로 내려가게 되었다. 구국총력연맹 간부들을 위해서 세천역에 2등 객차를 마련했기에 동지들이 전부 그날 오후에 그 차를 타려고 떠나는 것을 본 나는 고향에 보낸 가족들을 그대로 두고 나만 남하할 수가 없어서 수중에 한 푼도 없지만 용기만을 밑천삼아서 걸어서 고향을 향해 떠났다. 차가 있으면 타고, 없으면 걷고, 목마르면 동리에 들어가서 물을 마시면서 밤낮 이틀만에, 즉 15일 낮에야 250리 길을 걸어서 금마金馬(전북 익산군)에 도착했다가 하룻밤을 쉴 사이도 없이 달밤을 이용해서 아해들을 앞세우고 전주로 갔다. 운계가 계엄사령관으로 있기에 그 수고함을 치하하려고 찾았다. 다음날 다시 부산방면으로 떠나려 한즉 운계가 말하기를 전라북도도 우리가 철퇴하는 것이 시간문제이니 2, 3일 같이 있다가 같이 떠나자는 것이다. 그래서 나는 친분이 있는 김 장로의 집에 가서 2, 3일간 기다렸다가 7월 19일에 다시 전주를 떠나 남원, 순천으로 내려갔다. 순천역에 와보니까 의외에도 철도경찰대장으로 전세걸全世傑 총경이 이곳에 와있다. 온 지 두 달이라는 것이다. 전 총경은 내가 제주도에 몇 차례 반공계몽강연 차 갔을 때에 도경찰국 사찰과장으로서 공비소탕에 큰 공을 세운 분인데, 그가 모범경찰관으로 뽑혀서 서울 용산철도경찰대장으로 와있다가 다시 이곳으로 왔다는 것이다. 그 분의 친절을 거절할 수 없어서 하루를 쉬고 우리 일행은 광양, 하동, 진주, 마산을 거쳐서 7월 27일에 부산에 도착해서 피난살이를 시작했다.

다음날 전북지사 김가전金嘉全 씨를 만나서 운계가 있는 숙소를 알게 되어 동래 온천장에 갔다. 조그만 민간 집의 방 하나를 얻어서 부관 한 사람과 기거하고 있다. 당시 국회가 대구에 있었고, 정부도 거개가 대구에 있었는데 국회에서 인도교 폭파문제가 상당히 까다롭게 되었다. 국방부장관은 당시의 총참모장 채병덕에게 책임을 돌리니까 채는 공병감에게 모든 책임을 돌렸다. 그래서 세상에서는 공병감 최창식 대령이야말로 동란 이래 제일 큰 죄인으로 전 국민이 알게 되었었다. 그래서 나는 이 인도교 폭파책임자 최 대령이 구속된 데 대한 운계의 소감을 물었더니

"폭파 순간 내가 채병덕이의 바로 뒤를 따라가고 있었는데, 그가 뒤에 따라오는 최 대령을 향해서 손을 들어서 폭파하라고 신호를 하였소. 그러므로 최 대령은 상관의 명령에 의해서 부하 공병들에게 스위치를 넣으라고 명령했소. 이때 폭파를 하느냐, 다리 위에 가득한 자동차와 사람을 정리하고서 폭파하느냐 하는 문제는 공병감이 결정할 권한이 없소. 그 권한은 오로지 채병덕이만 가지고 있었지요. 그때 그가 경솔하고 잔인하며 무모하게도 즉시 폭파하라고 명령한 것인데, 그 뒤에 말썽이 일

어나니까 자기는 발뺌을 하고 모든 책임을 공병감에게 둘러씌운 것은 군인답지 못한 처사요. 그것을 장관이 잘못 판단해서 채병덕이 의견과 그 주장에 동조했다는 것도 장관으로서도 있을 수 없는 과실이라고 말하지 않을 수 없지요. 명령한 상관이 그 명령을 집행한 하관에게 책임을 돌리다니 될 뻔이나 한 일이요?

그래서 우리나라의 인재가 귀한 이때에 공병과 출신으로는 둘도 없는 좋은 인물을 사형에 처하다니 그 잘못 된 큰 허물－불교에서 말하는 응보應報는 그들이 당연히 받아야 하지요. 그리고 또 한 가지 내가 통탄스럽게 생각하는 것은 무슨 기계나 무기, 예를 들어서 군함이나 비행기나 탱크 같은 물건이야 얼마의 물자를 들여서 며칠이라는 시간만 가지면 얼마든지 만들어내지만, 사람이란 인간문화재는 적어도 30년 혹은 50년이란 긴 세월이 걸려서 완성되는 것인데, 이것을 생각지 못하고 자기가 살기 위해서 나라에 둘도 없는 인재를 희생시킨다는 그 정신, 그 사고방식을 국가의 장래를 위하여 슬퍼합니다"라고 하면서 그는 인도교 폭파 당시를 목도한 만큼 책임의 소재를 분명히 해서 그 시비를 가렸다.

5. 운계의 국방부장관 취임

그 뒤에 우리들은 서울에 돌아왔다가 또다시 부산까지 피난 갔다. 나는 제주도까지 가서 지내다가 다음해 봄에 부산에 와서 시청에 들렀더니 서울시장실이란 좁은 방에 10여 명의 인사들이 꽉 차있다. 내가 들어서자 이기붕 씨는 반가워하면서 나를 끌고 밖으로 나와 윗층 베란다로 올라가서 하는 말이 "어제 신성모가 국방장관 사표를 냈소. 오늘 아침에 관저에서 연락이 와서 들어갔더니 대통령께서 후임자는 누가 적임인가 여론을 조사해오라는 분부이신데, 내가 그 여론을 잘 모르니 선생이 또 수고해주시오."

"연전에 제주도지사에 관한 여론조사에 실수한 나보고 또 과오를 범하라는 말씀이니 제발 그만두어주시고, 국회의원들 중에서 여론조사 잘하는 사람들 많으니 그 분들에게 부탁하시오. 지금 그 방에도 몇 분 있지 않습니까?"

"아니, 그래도 나는 그 분들에게는 일체 비밀이오. 그러니 시간이 걸려도 여론을 잘 조사해주시오."

"이번은 며칠 동안이나 시간을 주시는지?"

"모레까지요. 모레 오후 3시까지요. 내가 4시에는 관저에 들어가서 보고를 드려야 하니까."

나는 무거운 짐을 진 듯 거리로 나와서 계엄사령부로 찾아가서 운계의 숙소를 알아냈다. 그래서 다음날 아침에 충무로 모퉁이 6조 셋방에서 그 자부, 손자까지 온 가족이 고생하고 있는 집을 찾아가서 거두절미 "어제 이기붕 씨로부터 긴급한 부탁을 받고 이렇게 총총히 찾아왔습니다."

"무슨 부탁이요?"

"그저께 국방부장관이 사표를 냈는데, 대통령이 이씨에게 적임자를 조사해오라는 분부를 받고 나와서 나를 붙들고 여론조사를 해오라 하니 내가 누구와 이런 중대사를 의논합니까? 그래서 어제부터 계신 곳을 찾아서 오늘 아침에야 이렇게 뵙고 의논하려 합니다."

"나도 며칠 동안 다른 곳에 가 있다가 오늘 아침에야 돌아왔소이다. 며칠 전에 군내부의 정보에 밝은 친구가 내게 비밀히 와서 말하기를 군부의 원로급 다섯사람을 제거하려는 음모가 있으니 곧 피신하라고 해서 그 동안 피신했다가 어제 신문보도로 신이 사표냈다기에 안심하고 돌아왔소."

"내일 오후까지는 이씨가 대통령께 보고해야 할 것이니 누구를 추천할까요? 적임자를 골라주시오."

"우리 군부 내에서 전략가로서 작전에 제일인자는 김홍일 씨요. 그가 아니었더면 작년 6월 28일 서울이 함락된 후 한강연안 일대를 지켜서 적의 남하를 1주일이나 막지 못했을 것이요. 만일 그때 ***맥아더*** 장군 말대로 사흘만 막아달라고 했다고 사흘만 막았어도 그 3일간에 미군이 수원, 오산에 와서 방어진지를 구축하지 못하고, 한국동란은 이만큼이라도 되지 못하고 더 비참했을 것이요. 그러니 앞으로 국방부장관으로는 김씨 이상으로 그 중책을 완수할 만한 인물이 없어요. 군부 내의 일이야 누구보다도 내가 손바닥 들여다보듯 하니 김홍일 씨를 추천하라고 하시오."

"나는 운계 선생을 추천할까 해서 내가 독단으로 하지 않고 합의를 본 후에 하려고 이렇게 찾아왔는데요."

"아니요. 지금이 어떠한 때라고! 사심을 떠나서 공정한 양심으로 국사를 처리하여야지요. 그러니 꼭 김씨를 추천하라고 하시오. 행여 나를 추천해서는 안 되오."

시청에 갔더니 이씨가 없다. 그래서 그 옆방에 있는 사회부장관실에 들렀더니 허정 씨가 반가이 맞아주면서 "언제 제주도에서 나왔소?"하고 물었다.

"그저께 나왔습니다. 나와 보니 후방도 꽤 어수선하군요. 신씨가 무던히 버티더니 할 수 없이 사표를 냈군요. 작년 7월에 대전에서 혹은 10월에 서울 수복 후에 사퇴했어도 자기 개인으로나 나라를 위해서나 그 피해가 덜했을 것인데 참 통탄할 일이오."

"일선에서는 치열한 전투가 벌어지고 있는데 후방에서는 군의 기강이 무너지고, 썩을 대로 썩었으니 후임자를 잘 골라서 뒤처리를 잘 해야 할 것인데 대통령도 골치 아프게 되었소. 서형이 관저에 한 차례 찾아가 뵈이시오."

"들으니 일체 면회 사절하고 계시다는데, 나 같은 것이 무슨 일로 가서 뵈어요? 그런데 후임 장관은 누가 물망에 올랐나요? 여론으로는 누가 적임이라고 하나요? 섬살이하다가 갓 올라오니까 정세를 통 모르겠습니다. 어떤 믿을 만한 정보에 의하면 신씨가 사표 낼 형세에 몰리니까 군부 내에서 국방장관 물망에 오를 만한 사람 몇을 테러하려고 음모했는데, 그 음모가 발각되어 테러당할 염려 있는 분들은 며칠씩 피신했다가 신이 사표 낸 뒤 즉 어제부터야 안심하고 나왔다는 말이 있더군요."

"나도 못 들었는데 어디서 그렇게 빨리 들었소? 좌우간 이번에 국방부를 맡는 장관은 철저히 숙군肅軍을 해서 군부의 기강을 바로잡아야 할 것이요."

나는 작별하려 했더니 오래간만이니 점심이나 같이 하자고 해서 그 자리에서 간단한 점심을 날라다 먹은 다음에 나오려 한즉 또다시 관저로 가서 대통령을 찾아뵈라는 부탁이다. 장관실을 나오니까 김 비서가 뒤따라 나와서 귓속말로 "장관께서 선생을 관저에 가보라고 수차 말씀하시는 뜻을 아십니까?"라고 물었다.

"글쎄, 그 전에는 허 장관이 나보고 대통령을 만나보라는 말을 한 일이 없는데, 두 번씩이나 부탁하는 뜻을 모르겠소."

"국방장관 후임에 허 장관님을 추천해주시라는 뜻입니다."

"그러면 왜 솔직히 나보고 그렇게 말하지 않고, 덮어놓고 대통령을 만나보라고 말하니 내가 그 뜻을 알 수가 있나?"

"장관께서 직접 말씀하시기 거북하시니까 제가 선생님께 말씀드리지 않습니까?"

"허 장관이 국방을 맡으시면 철저히 숙군을 해낼까?"

"그거야 각오가 섰으니까 그런 뜻을 가진 것이 아니겠어요?"

"알았소. 장관께 내가 선처하마고 전하오."

그날 오후에 나는 남포동 입구에 있는 황혼다방과 도청 앞에 있는 한림다방에서 여러 사람들, 주로 국회의원들을 만나서 국회 안의 공기를 들었고, 신문기자들을 만나서 항간의 여론을 들었다. 그래서 다음날 오후에 시청으로 가서 이기붕 씨를 만나서 운계를 만나서 오고간 이야기와 허장관의 의사를 말한 다음에 6·25당시 적이 200리를 단 3일 만에 밀고 와서 서울을 손쉽게 점령한 것이 장관과 총참모장의 무능·무식의 소치이었다. 그러나 적의 10분의 1 병력으로 한강 하나 사이를 두고 7일간이나 지탱한 원인이 작전의 신기와 용병의 기묘에 있었음을 상기 고찰해서 다시는 국방정책에 무식 무능한 사람을 기용치 말 것을 건의하도록 강조하였다. 다음날 이씨를 만났더니 나와 합의한 대로 김홍일 씨를 추천 건의했다는 것이다. 그런데 뜻밖에도 며칠 후에 이기붕 씨가 장관이 되었다. 도청으로 가서 취임식을 보았다. 기자회견이 끝난 다음 나는 이씨를 보고서 "장관을 추천하시더니 자신이 장관이 되셨군요. 어떻게 되어 그리 되었나요?"하고 물었다.

"말도 마시오. 대통령이 연 사흘을 말씀하시기에 부득이 수락하고서 집에 갔더니 내 자친께서 식음을 전폐하시고 말리시는군요. 그래서 내가 석 달 동안만 해가지고 시끄러운 문제만 처리하면 물러날 터이니 염려 마시라고 하룻밤을 두고 누누이 말씀 드려서 겨우 양해하셨어요. 몸은 약한 놈이 큰일 났습니다. 잘 좀 보아주시오."

"항간에서는 신성모의 세력을 꺾는 데에는 이 선생이라야 한다고 말합니다. 그러니 용기를 내시고, 국방부 내의 인사나 정책은 신태영 씨와 김홍일 씨를 자주 만나셔서 그들과 협의해서 하시면 수월하게 일이 될 것입니다."

그 뒤에 이씨는 난마와 같은 국방부 내 모든 사건을 쾌도로써 과감하고 용기 있게 처리해서 국민의 기대에 응했다. 그리고서 1년이 채 못 되어 후임으로 신태영 씨를 추천했다. 신씨는 취임을 수락하기 전에 일선과 후방의 각급 부대를 순회해서 군대실정을 충분히 파악해가지고 취임하였다.

신씨는 장관이 되자 지금까지의 피난살이 집에서 다른 왼 채 집으로 셋집을 하나 마련하였다. 축하인사 간 나는

"국방의 대임을 맡으셔서 수고가 많으시겠습니다. 건강에 유의하셔서 무리는 마십시오."

"그동안 몸도 쉬고, 좋아하는 불경도 읽고 했는데, 이제는 그리 못하게 되니 좀 아쉽구려. 외부의 여론이나 종종 들려주시오. 내가 이 자리에 있는 동안 내 사생활에 관련되는 일가친척은 통 출입금지를 시켜놓았고, 내 가족도 내가 부르기 전에는 내 방을 출입하지 못하도록 일러놓았소."

"사람은 기계가 아닌데, 너무 긴장하시면 오히려 해로울 터이니 때로는 휴식도 가지세요."

운계는 평소에 근엄하여 아무리 기뻐도 소리내어 웃어본 일이 없고, 아무리 화가 나도 얼굴빛을 달리해서 큰소리치지 않는 마치 가을호수와 같이 고요하고 싸늘한듯하나, 늘 그 표정은 부드러워서 유머도 있고 낭만도 있다. 뿐만 아니라 남의 속도 자상하게 헤아리고 염려해주는 따스한 마음씨의 소유자이다. 그가 제일 싫어하는 것이 있다면 과장일 것이요, 제일 좋아하는 것이 있다면 그것은 꾸미지 않고 자기 본색을 그대로 털어놓는 일이다. 세상 사람은 거개가 서울에 가는 길을 걷기보다 타고 가려하고, 타고가기보다 날아가려한다. 그 욕망을 채우기 위해서, 목적을 이루기 위해서 그 수단과 방법을 가리지 않는 것이다. 그런데 운계는 남이 날아가려하면 자기는 타고가려하고 남이 타고가려하면 자기는 걸어서 서울길을 가려는 노력의 사람이다. 말없이 묵묵히 계속해서 거북이 걸음으로 한 발자국 한 발자국 대지를 힘차게 딛고 걸어가는 분이요, 기

적이 없는 기적을 싫어하며, 평범을 한평생의 밑바닥으로 해서 걸어가는 그가 일생일대에 쌓은 경험과 모은 정력을 기울여서 이 나라와 이 겨레를 위하여 최후의 봉사를 하려는 철석鐵石의 굳은 각오를 한 것이 들여다보인다.

6. 정치파동

정부수립 후 한국에 국난이 두 번 있었다. 하나는 밖에서 쳐들어온 난리 즉 1950년의 6·25동란이요, 다른 하나는 안에서 일어난 난리 즉 1952년의 정권싸움(세상에서 말하는 정치파동)이다. 그런데 6·25난리는 나라 밖에서 침범한 적이 있기에 국방장관이 온 국민의 협력과 지지를 받아가면서, 더구나 UN우방 여러 나라의 원조를 받아가면서 막아내려니까 할 맛도 나고 수고하는 보람도 있었다. 그렇지만 1952년의 나라 안에서의 정치파동 때의 상황은 공산외적은 6·25때와 같이 물밀듯 밀려와서 일선의 전쟁이 치열한데, UN우방국군대는 처음에는 열렬히 싸워주었지만 2년이 지난 요즈음은 그들도 전쟁에 만성이 되어서 차차 꽁무니를 빼려든다. 적은 휴전회담에서 흥정을 하기 위해서 점점 더 치열하고 집요하게 공세를 취하는데, 나라 안에서는 또 다른 규모–정치투쟁–정권을 빼앗으려는 패와 빼앗기지 않으려는 패와의 싸움이 치열하게 벌어져서 국방장관으로서는 안팎의 적, 즉 내우외환을 막기에 골몰하지 않을 수 없게 되었다. 그리하여 할 수 없이 5월 하순에 임시수도 부산일대에 계엄령을 선포하였다. 정권을 빼앗으려는 야당은 민주국민당을 중심으로 한 세력이요, 잡은 정권을 빼앗기지 않으려는 여당은 자유당을 중심으로 한 세력인데, 그 여야 싸움이 일선에서 적과 싸우는 것 못지않게, 오히려 그보다도 더 장관을 괴롭게 한 것이다. 계엄령을 선포한 다음날 아침 일찍이 내가 장관 댁으로 찾아갔더니 운계는

"운하! 잘 왔소. 내가 지금 이러지도 못하고 저러지도 못하오. 사표 한 장 써내고 안 나가면 그만인데, 그렇게 하면 나를 밀어준 이기붕 씨를 비롯한 여러 동지들의 후의와 노 대통령의 신임을 저버리는 배신자가 되겠고, 이 자리를 지켜서 일을 처리하자니 내 마음이 한없이 괴롭구려. 외국 사람들이 주시하는 이때에 외적도 잘 막지 못하는 주제에 내부에서 정권싸움을 하다니 참 남부끄러운 일이 아니겠소? 내가 매일 한두 시간밖에 잠을 잘 수 없으니 건강상에도 막대한 영향이 미쳐와요. 어떻게 하면 좋겠소? 통사정할 사람도 없고, 벙어리 냉가슴 앓는 격이요."

그 침통한 모습, 진지한 얼굴은 지금도 내 눈에 선연히 떠오른다. 그때 나는

"장관님! 이때야말로 장관의 일생일대 최대의 시련기요, 그 온축한 역량을 발휘하실 때입니다. 용기를 내십시오. 만일 운계 선생이 이 자리를 내놓는다면 누가 이 중책을 감당해서 원만하게 처리할 수 있으리라고 생각합니까? 내 생각으로는 없다고 봅니다. 그러니 자유당과 그 주변의 폭력도 적당히 조종하시고, 야당의 모략과 선전도 적당히 피해서 온건하게 처리 수습하십시오.

정부수립 전에 나에게 이런 일이 있었지요. 바로 1947년 7월의 일입니다. 민족대표자대회의 서기국장 노릇할 때인데, 전날 회의상황을 보고차 총재실에 들어가서 전날의 보고를 하고나니까 기분이 좋은 총재(이승만 박사)는 나를 쳐다보면서

'서군, 자네 기운 있나?'고 묻기에

나는 태연히 '네 있습니다. 무슨 기운 쓸 일이 생겼습니까?'라고 반문했더니

총재 말씀이 '그 기운 한번 써먹세. 오늘 당장에 몽둥이 하나 가지고 입법의원에 들어가서 그 의원놈들 모조리 대가리를 한 대씩 때려

주소. 선거법은 제정하지 않고 쓰잘 데 없는 짓들만 하는 놈들은 정신 차리라고.'

그래서 나는 미소를 지으면서 '네, 선생님. 명령은 시행하겠으니 저 혼자로는 백여 명을 칠 수 없고 한 열 명쯤은 칠 수 있을 것이니 저 외에 한 아홉 명 더 데려다주시고, 자동차 3대는 있어야 타고 도망질칠 것이니까 그 자동차 3대나 마련해주시지요. 그러면 제가 앞장은 서겠습니다만 저 혼자야 어디 되겠습니까?' 이러고서 총재와 웃음의 꽃을 피운 일이 있는데, 그 어른의 비위를 잘 맞추어서 적당히 잘 처리하시기 바랍니다."

그 뒤에 여야의 싸움은 더 치열하게 벌어져서 나라의 앞길이 암담하게 되었다. 6월 초순 어느 날 나는 다시 운계 댁을 방문했더니 반가워하면서 같이 아침을 먹자는 것이다. 겸상을 해왔는데 보니까 작년 피난살이 집에서 먹던 때의 반찬이나 별반 다른 것이 없는데, 다만 운계의 밥이 그전보다 더 줄어들었기에 나는 그 적은 밥을 가리키면서

"이 정도라면 4, 5세 어린애가 먹는 식량인데 그것을 자시고서 어떻게 국사를 하시겠습니까? 이 정도의 식량과 영양을 섭취하시고서는 건강을 지탱치 못할 것이니 더 관심을 가지고 유의하십시오"라고 말씀드렸다.

2, 3분 만에 운계는 식사를 끝내고 담배를 피우는 사이에 나는 운계의 밥보다 배가 더 많은 밥그릇을 처리하기에 분주한데, 운계는 나직한 목소리로 "대통령이 일선에서라도 군대를 더 동원해서 부산일대를 더 단속하라고 하는데, 내가 그 뜻을 다 받들 수도 없고, 가만히 있자니 영감님이 가만히 있지 않으시니 내가 진퇴유곡이오."

"거번에 내가 한 이야기 기억하시지요? 그 어른 말대로 하려다가는 큰일입니다. 그러니 적당히 온건하게 시간을 끌어서 영감님의 올라간 성미도 가라앉혀드리면서 잘 처리해나가십시오."

"그래, 만일 영감님 말씀대로 일선에서라도 군대를 동원해서 군대가

와보지! 그때는 정말 큰일일게야. UN군들은 철수해간다고 할 것이야. 그때는 이미 늦거든. 그러니 무슨 방도로든지 영감님 성미를 가라앉혀드려야겠는데, 이기붕 씨 좀 만나서 의논해보시오."

"이씨도 나와 비슷한 의견일 것이요. 그 밑에서 일해 본 사람인데 모르겠어요? 그렇다고 그 어른 말에 맹종한다면 그 어른 자신이 그 사람을 기역자 놓습니다."

그 뒤에 보니까 부산에 군대를 동원하라는 대통령의 요구는 장관이 육군참모총장 이종찬李鍾贊 소장에게 미루고, 이 총장은 또 군대 동원권은 UN군 측, 즉 미8군사령관에게 통수권이 있으니 자기가 못한다고 서로 미루었다. 대통령은 참모총장을 갈아치우라고 호령호령하였으나, 장관은 적당한 이유를 만들어서 늘 회피해왔다. 계엄령을 선포한 날부터 장관 사표는 늘 지니고 다니면서 일을 하였다고 한다.

정치회오리바람도 7월 4일 밤을 고비로 고요해졌다. 발췌개헌안[26]을 마련한 것이다. 한 달 후에는 이 법에 따라서 대통령과 부통령 선거를 하였다. 며칠 후(8월 15일)에 부산에서 제2대 대통령 취임식이 거행된 후에 운계는 건강이 좋지 못하다는 이유로 사표를 냈으나 대통령이 즉석에서 반려하였다. 다음 해 3월에 또 사표를 냈더니 대통령은

"신 장관보다는 내가 나이를 더 먹고 또 늙었어도 이 직무를 감당해 나가는데 건강이 좋지 못하다니 할 수 없지. 그러면 누구를 후임으로 앉히면 될까 추천해보구려."

"미처 후임은 생각지 못했습니다. 후임을 작정하지 못하면 제 사표는 수리하시지 않으시려는 것입니까?"

"그래요. 그러니 후임자를 잘 골라서 추천해보구려."

26 그 골자는 대통령을 국민이 직접 뽑도록 하는 개헌안.

이 대통령의 인사조치를 보면 여러 가지 형태가 있는데, 그 사람의 의사를 묻지 않고 후임자를 발표하는 것은 파면과 같은 인사니 제일 하급의 대접이요, 다음은 그 자리를 물러날 것을 암시해서 그가 자진사퇴하도록 기회를 주는 것이 있는데 이는 권고사직이니 중급의 대접이요, 후임자를 그 장관보고 추천하도록 특전을 주어서 얼마의 시간을 끌다가 인사하는 일이 있으니 이는 제일 상급의 대접이다. 이 제일 상급 대접을 받은 장관은 흔치 않으나 한 사람만 그 예를 든다면 이기붕 국방장관이다. 그가 장관이 된 후에 3, 4개월만 하기로 하고서 나오기로 했으나, 대통령이 놓아주지 않으니 할 수 없이 머무르다가 그가 후임자를 추천해서 겨우 1년 만에 그만 물러나가게 한 것이었다. 운계에게도 이씨와 같은 제일 상급 대접을 한 것이니, 3월에는 사의를 표명했다가 며칠 후에 후임자로 W씨를 추천했더니 대통령이 "그 W는 내가 일 잘하는 사람으로 인정하나 덕이 부족한 줄로 아니 안 돼" 하고 거절하였고, 또 며칠 후에 S씨를 추천하니까 "그 사람은 장관감으로는 아직 이른데" 하고서 완곡히 거부하였다 한다.

그런데 6·25 세 돌을 맞아서 정부의 장관급은 대통령을 따라서 서울에 와서 중앙청에서 기념식을 하였는데, 이 날 기념식을 마치고 오후에 경무대에서 국무회의를 한 다음에 별실에 들어가서 다시 사의를 말했더니, 대통령은 또다시 후임 장관을 골랐느냐고 묻기에 다시 S씨를 추천하니까 반대를 하지 않고 대통령은 "내가 생각해보지. 며칠 기다려요" 하기로 며칠 기다렸다가 그 달 29일에 국무회의가 있어서 회의를 마친 다음에 또 대통령께 사의를 표하니까 대통령은 "그렇게 건강이 나쁜가? 그러면 물러가서 건강을 회복하시오. 그리고 S를 데리고 같이 오시오" 라고 하였다.

7. 민병대 창설

이리해서 사의를 표명한 지 몇 달 만에야 운계는 장관직에서 물러나게 되었다. 나는 이런 사실을 7월 중순에 서울에 올라와 사간동 법륜사에서 조용히 불경을 읽고 있는 그를 만나서 담담한 그의 심경을 들었다. 그런데 9월에 고질화된 위장병을 치료하고 있는 운계를 대통령이 불러서 말하기를

"민병제도는 내가 건국 초부터 구상하고 있었으나 전란통에 이 제도를 시작하지 못했는데, 이제는 휴전도 되었고 하니 이것을 좀 시작해볼까 하는데 이 일을 맡길 사람이 없구려. 생각다 못해서 또 수고를 하여 보라고 불렀는데 그래 요새 건강이 좋아졌소?"

건국 초부터 운계도 민병제도를 늘 구상해서 호국단을 창설했다가 전란이 터져서 못했더니 후임자들이 이와 비슷한 국민방위군이라는 것을 만들어서 한때 세상을 떠들썩하게 만들었던 것인데, 그리 된 원인이 이 제도가 나쁜 것이 아니라 이 일을 감당할 사람이 없어서 그리 된 것이다. 대통령이 이 나라의 국방정책을 누구보다도 염려하는 것을 누구보다도 잘 살피고 아는 운계는 그 노 대통령 앞에서 다시 건강이 좋지 못해서 못하겠다고 사퇴할 수가 없었다고 한다. 자기의 지병인 위장병도 아직 회복되지 못했는데, 그렇다고 건국 초부터 늘 현안으로 둔 민병제도를 모처럼 시작하려고 해서 이같이 부르시는 그 나라 위한 정성을 생각하니 저절로 눈물이 흐르고 감격이 되어서 "제가 아직 완전히 건강이 회복되지 못했으나, 각하보다도 훨씬 젊은 몸으로 어찌 각하의 분부를 회피하겠습니까? 건강이 지탱되는 날까지 해보겠습니다"고 하였다.

1953년 9월에 민병대를 창설하게 되어서 내가 운계를 방문하니 그 심경을 이와 같이 말하였다.

민병대는 국군과 다르니 민간인 중에서 사령관의 협의대상이 될만한 인사를 추천해달라는 부탁을 받은 나는 언론계에서 이관구李寬求, 주요한朱耀翰, 정계에서 강세형姜世馨, 김범부金凡父 제씨를 골랐다. 다음해 봄에 사령관실에 이 분들을 초청해서 민병대 발전에 대한 토의와 시정책을 논의한 일이 있고, 여름에 각 도의 민병대 간부 훈련 때 초청해서 강연도 의뢰하였다. 그런데 그 다음해 즉 1956년 대통령선거전에 정치바람에 휘말려 들어서, 다시 말하면 자유당의 열성당원-나라의 먼 장래보다 코앞의 이해만 볼 줄 아는 소인들의 한때 착각으로 인해서 민병대가 해체되고 말았다. 그 이유는 단순하다. 신태영 씨가 평산 신씨로서 민주당 대통령후보인 신익희 씨와 동본이니 신 사령관은 앞으로 민주당 후보인 일가를 후원하리라는 어리석고 얕은 생각으로 모략하였고, 그 모략을 물리칠 만한 과단성이 이 노약해진 대통령이나 병에 허약해진 이기붕 씨에게 없었다. 사령관이 야당 입후보자와 같은 신씨라고 해서 그 민병대를 해체하지 않고서 사령관만 갈아치우면 되지 않느냐는 여론도 있었다. 그래도 민병대 발족으로 인해서 각 지방에서 대소 폐단이 생기고 각 도 병사부사령부와 마찰이 있어서 육군본부와 민병대 사이도 미묘한 공기가 도니까 당시 국방장관도 자유당원인지라 해체에 동의하였다.

8. 운계의 사저私邸

이 민병대를 창설해서 건전한 발전을 이룩하여 나라를 튼튼한 반석위에 올려놓고자 노골老骨의 최후봉사라고 그 심혈을 3년간이나 바쳐서 일한 탓으로 고질인 위장병은 불치병이 되어서, 이것을 고쳐보려고 동서의 갖은 명약은 다 구하여 보았으나 다 신통치 못하였다. 어느 여름날 위문차 간 나를 보고서 "운하! 모레는 우리 마누라 생일이라 저녁이라도 같이 할까 하니 범부 선생과 같이 와주구려"라고 하였다. 자기 생일을 내가 물어도 일러주지 않던 운계가 갑자기 그 부인 생일을 찾아서 나와 범부 선생을 초대하는 마음을 고맙게 여긴 나는 그날 저녁에 범부 선생을 안내하여 신당동 그의 자택으로 갔다. 적조했던 두 분의 사이에는 얼마 동안 인사말이 오고 갔다.

범부 : "내가 연전에 부산에서 들으니까 장관을 그만두니까 집세를 낼 길이 없어서 집을 비워주었으나 다시 집을 못 구한다는 말을 들었는데, 용하게 서울에서 이런 집을 마련하셨습니다."

"부산에서 셋집을 쓰다가 내가 장관을 사임하고서 서울에 올라와 사간동 암자에서 정양하게 되니 우리 식구들이 다시 그전에 피난살이하던 집 단칸방으로 갔지요. 그랬더니 어떤 신문기자가 신문 가십에다가 내가 들어갈 집이 없다고 헛소리를 썼답니다. 그런데 이 기사를 본 부산진의 박모라는 사업가가 내 보좌관하던 김귀암金貴巖 군을 찾아와서 자기가 집 하나를 마련해주겠다 하여 김군이 내게 상의하기에 나는 즉시 거절했지요. 그랬더니 그 박씨가 기어코 내놓은 돈을 도로 가져갈 수 없다 하여, 김군 자의로 우리와 상의도 없이 서울에 올라와서 신설동에 한식 와가를 한 채 사서 두었다가, 얼마 후에 나도 모르게 마누라 이름으로 명의이전을 하였다나요. 그래서 내가 그 집에 가지 않았으나, 가족이 서울에는 올라와야겠는데 올라오려니 집이 없고 해서 나도 모르는 사이에 가족들은 다 그 집에 이사 와서 살더군요. 그래서 그 후에 나도 할 수 없이 그 집에 따라 들어갔지요. 그래서 그 집에 살다가 그 집을 팔아서 후암동에 좀 싼 집을 사서 고쳐가지고 살다가, 또 팔아서 그 집값의 얼마는 생활에 보태 쓰고, 신당동 집을 헐값으로 사서 또 고쳐서 살다가 또 팔아서 얼마는 생활비에 쓰고, 또 헐값으로 이 집을 사서 사는 꼴이 이렇습니다."

두 분은 다 불교에 조예가 깊은 만큼 서로 불경에 관한 청담淸談을 하면서 여름밤을 즐겼다.

그 뒤에 운계는 시외 조용한 곳을 찾아가서 과원이나 가꾸고 가축을 기르면서 시끄러운 서울을 피해보겠다고 해서, 나와 몇 차례 시외를 두루 돌아다니다가 안양에 가서 몇 군데 근사한 장소를 물색해보았으나, 적은 자본으로 마음에 드는 곳을 구하지 못하고 세월만 보냈다. 다음해(1957년) 8·15광복절도 지나고 이틀만인 17일은 일요일인데 남은 더위와 작별하기 위하여 하루 동안 수석水石이 그럴싸한 산간에 가서 때 묻은 몸과 마음을 씻어보기로 하였다. 그래서 나는 범부 선생과 운계를 모시고 도봉산 깊숙한 골짜기를 찾아가 만장봉의 절벽을 가까이 바라보면서 맑은 바람을 쏘였다.

9. 도봉산 한담閑談

골짜기 물에 담가두었던 맥주병을 비우고 도시락 속의 안주를 골라먹으면서 나는 말문을 열었다. "몇 해 전 늦은 가을날 시내 다방에서 범부 선생을 모시고 당시 국회에서 벌어졌던 사사오입 개헌파동의 이야기를 하였지요. 세상 되어가는 일을 개탄하다가 '이러한 혼탁한 세상을 어느 때나 면해 볼까요?' 하고 물었더니 선생께서 '머지않아서 잘 되겠지. 그리 걱정할 것 없을 것이여' 하시기에 내가 다시 묻기를 '어떠한 사람들이 나와야 이러한 혼탁이 없는 민주주의가 바르게 시행되는 선진국가와 같이 될까요?' 하니까 '아마도 젊은 사람들이 나올 것이여'라고 대답하셨는데, 이새 젊은 사람들이라면 군인들밖에 더 사람이 있습니까? 그래서 오늘은 젊은 군인들을 가장 소상히 아시는 운계 선생께 물어보고자 합니다. 앞으로 이 나라 국방을 담당할 만한 믿음직한 사람은 누구입니까?"

"내가 건국 후 10여년간 군에 들어가서 여러 젊은이들을 접촉해보고 일도 같이 해본 경험을 통해서 본 사람 중에서는 강영훈姜英勳이가 그 중에서 제일 나은 사람이라고 보아요."

"어떠한 점을 들어서 그런 판단을 내리시는지요?"

"나는 군인생활에 일생을 보낸 사람인만큼 군인으로서의 생활신조를 굳게 지켜보려고 늘 노력해왔고, 노력하는 사람을 보았는데 그 사람이 바로 강영훈이지."

"운계 선생의 생활신조는 무엇입니까?" 나는 거침없이 근본문제로 파고들었다.

"다른 것이 아니지요. 군인은 군인다워야 한다는 것이지요. 평소에 내가 신념으로 간직하고 있는 것은 '중이 고기맛을 보면 수도修道는 다했지.' 고기맛을 본 중은 도를 닦을 수 없듯이 군인이 정치맛을 보면 군인 노릇은 다한 것이거든. 그래서 군인노릇을 옳게 하려면 정치에 물들지 않아야 한다는 것이지요."

"운계 선생이 강씨를 칭찬하시는 뜻을 이제야 알겠습니다. 연전에 김용우金用雨 씨가 국방장관이 되어서 강씨에게 차관 취임을 교섭하니까 응하지 않고 군인노릇만 하겠다고 고사한 일이 있는데, 그 일로 미루어서 하시는 말씀이군요."

"군인이 정치맛을 보면 안 된다는 신념이 서지 않고는 안 되는 것이요. 그러니까 강영훈의 군인다운 생활신조를 내가 높이 평가하지요."

범부 : "기회 있으면 그 강씨라든지 다른 몇몇 장래가 촉망되는 젊은 군인들을 만나보도록 하여주시오."

운계 : "그렇게 하겠습니다. 강군 외에 두서넛 더 만나보시도록 기회를 만듭시다."

그날 두 분은 현대무기의 발달을 이야기하고, 그 무서운 무기위력도 크지만 그 무기를 사용하는 군인정신 – 철저한 사상적 근거에 입각한 정신무장에 관한 의견교환이 있었다. 정훈政訓을 올바르게 하여야 한다는 것은 군대소관의 말이지만, 운계는 일반국민에게도 정훈사업은 확대되어야 한다는 결론을 내렸다. 또한 앞으로 이 나라의 앞길을 개척할 사람은 젊은이들인데 그들은 지금 등장한 사람들과 같이 부패 부정이 없도록 하여야 할 터인데, 어떻게 하면 이 거창한 국가사업을 완수할 수 있을까 하는 문제를 가지고 대소 의견교환이 있었다. 시흥詩興이 넘치는 범부 선생은 몇 구절의 한시를 읊었으나 무식한 나는 다 외우지 못하였다.

10. 운계의 은거隱居

그 해 가을에 운계는 안양에서 3km쯤 떨어진 서남쪽 마을 근처에서 한 포도밭을 구했다. 그는 벌레 먹은 포도와 복숭아를 소독하고 잘 가꾸었다. 쓰러져가는 집도 수리해서 사람이 살게 만들고, 새로 닭장도 짓고, 돼지우리도 만들어서 조촐한 농가집을 꾸며놓았다. 일본에 가 있는 자제로부터 보내오는 각종 일본서적, 주로 원예방면, 즉 채소와 과수원 가꾸는 데 참고될 만한 책을 보내오는 것을 모조리 읽어가면서 실지로 채소와 과수를 다루었고, 닭 키우는 것, 돼지 기르는 방법을 연구하였다. 날만 새면 등산모자에 단과바지를 입고 햇볕에 나와 일하므로 본래 검은 얼굴이 더 검어졌다. 내가 다음해 봄에 찾았더니 북덕갈구리가 된 손을 내밀어 악수하고 나서

"여기 와서 있으니까 서울에서 마냥 나를 찾아와서 괴롭히는 사람이 없어 마음 편하고 조용해서 마음에 들어요. 그러나 자연히 귀는 어두워지거든."

"귀가 어두워지기 원해서 이런 곳을 찾아온 것이 아닙니까?"

"그렇기는 하오만 어릴 때부터 일을 해서 일이 몸에 배지 못한 탓인지 낮에 일을 좀 하면 저녁에는 온 삭신이 아파요. 얼치기 농사꾼이란

별 도리 없나보지?"

이런 푸념도 하고 닭장에 가서 모이를 주기에 나는 그 많은 닭을 가리키면서 "웬 닭을 그렇게 많이 기르시나요? 아주 양계업을 시작하실 참입니까?"고 놀렸더니

"무어 이것 한 100마리쯤이야. 그런데 양계전문가들은 닭 우는 소리를 듣고서 닭의 건강과 병종을 알아서 치료해준다는데, 나는 아직 닭의 우는 소리를 분간치 못하니 아직 멀었어요."

포도밭 한가운데에 높직한 막을 지어놓았기에 "웬 정자를 그렇게 높게 지었습니까?"하고 물었더니

"여름이면 올라가서 선선한 공기를 마시기 위해서 높게 지었다우. 그리고 기회가 닿는 대로 범부 선생을 모시고 오시오."

"전에 도봉산에서 말한 바와 같이 강씨 외에 몇몇 젊은 군인들을 청해서 한 자리 같이하도록 합시다."

나와 이같이 약속했으나 위장병을 늘 앓던 운계는 결국 위암초기라는 의사의 진단을 받고, 그들의 권고로 위 수술을 해서 위의 4분의 3을 잘라냈다고 한다. 나는 이 말을 듣고 4분의 1만 가지고 어떻게 살아갈 수 있느냐고 퍽이나 섭섭해 하였다. 그러나 당사자이신 운계는 태연하였다. 그래서 나는 여러 차례

"4분의 1 위를 가지셨으니 그전보다 영양을 섭취하지 못할 것이 아닙니까? 그러니 그전의 일하시던 분량의 4분의 1만 일을 하시도록 하고, 술과 담배는 일체 끊으십시오"라고 권했다.

"그게 말대로 되지 않거든! 그리고 술은 끊을 수 있어도 담배마저 끊을 수가 있나. 담배마저 끊는다면 사람 살맛이 있어야지."

"그러면 담배를 현재 피우시는 분량의 4분의 1로 줄이십시오."

"그거야 어디 노력해봅시다."

하루에 3갑, 즉 60개비나 피우는 담배를 그 4분의 1인 15개비로 줄인다는 것도 여간한 노력이 아닌 듯싶었다.

나는 기회 있으면 안양으로 내려가서 포도밭이나 닭장 안에서 서울소식을 말하면서 담배 피우는 분량을 검사했다. 그러면 의례히 "또 담배조사 나오셨군" 하면서 한 달 동안에 이만큼 절약했다는 자랑을 하였다. 그 해도 저물고 새해를 다시 맞았다. 정월 초사흗날 나는 신당동으로 운계 선생을 찾아갔다. 몇 달 못 만난 사이에 그 얼굴이 대단히 수척해졌다. 나는 어떠한 불길한 예감이 들어서 새해인사 끝에 영양섭취와 음식물의 범위를 묻고, 하루 중의 일과를 따져가면서 정력소모의 분량을 살펴보았더니 영양섭취 정도는 나의 3분의 1 정도인데 매일 소모하는 정력은 나보다 더한 것 같아서 놀랐다.

나는 옛날 교편 잡을 때에 생도들에게 타이르는 것과 비슷한 태도로 자꾸만 수지균형, 즉 수입과 지출을 알맞게 하지 않으면 언제 파산할 지 시간문제라고 설명하였다. 다른 일을 가지고서는 내 말을 귀담아듣지 않아도 건강문제에 있어서는 내 말을 반대하지 않는다. 그것은 내가 그보다 건강한 탓이다. 그날도 귀에 혹이 돋을 정도로 이 수지를 맞추시라고 권고했고, 꼭 그렇게 실천하기로 약속했다. 작별인사를 하고 나온 후에 나는 운계 선생 모르게 그 부인께 특히 주의해서 보건에 특별주의를 당부했다. 다시 1주일 후에 그를 찾았다. 먼저와 같은 수지균형인 섭생을 권고하고 실천을 다짐받고, 그 부인께 또 주의를 부탁하였다. 그 뒤에 전화했더니 안양으로 떠났다기에 틈을 타서 안양까지 가서 섭생 감독을 하려 했으나 나의 사생활에도 별로 시간이 나지 않았다.

그러다가 한 달이 가고 두 달이 갔다. 늘 마음에는 '내가 안양에 가서 운계의 섭생생활 감사를 한번 해야 할 텐데'하고 있는 참인데 뜻밖에도 운계의 부고를 받았다. 장례가 끝난 며칠 후에 범부 선생을 만나서 운계

의 장례경과를 알려드렸다. 그랬더니

"운계야말로 화랑花郞 중의 화랑이지. 일본인들이 말하는 무사도武士道의 사무라이(전형적인 무사)이지. 운계를 이을만한 군인이 우리나라에 몇이나 있을까?" 하면서 그의 서거를 아쉬워하였다.

그의 자제 되는 신응균申應均 중장이 또 선친의 뜻을 이어서 장례 때 들어온 부의금 일체를 상이군인의 원호사업에 기증하였다. 세월은 빨라서 운계 1주기가 되었다. 3월 6일이다. 운계 유가족들이 생활방도를 마련하기 위해서 신당동 집을 팔고 그 자제 집으로 합산하여 사는 곳으로 문상 갔더니 그 집 현관 위에 운계 생전에 그 거처하던 방에 걸어놓았던 액자가 걸려있다. 그 액자는 운계청풍雲谿淸風이란 넉자이다. 나는 지난날의 운계가 걸어간 발자취를 더듬으면서 이 액자의 글뜻을 음미하였다. 군인다운 군인, 화랑 중의 화랑을 목표로 68년을 진실로 성誠자 하나로 일관한 운계의 일생, 그가 남긴 것이 있다면 오직 운계청풍일 것이니, 이 나라의 겨레 위에 이 운계의 맑은 바람이 불어서 모든 더러운 냄새를 쓸어버리고, 그 맑고 향기로운 바람으로 이 강산 이 겨레에게 가득 차주었으면 하는 염원 간절하였다.

Ⅶ. 지남芝南[27]의 모습

1. 지남과의 만남

내가 지남을 알게 된 것은 1946년 겨울이다. 이승만 박사가 외교사절로 미국으로 떠난 후에 내가 전라북도지구를 맡아서 각 군을 돌아다니면서 외교후원회 군지부를 결성할 때, 무주에 가서 국민회 무주군지부를

27 신현돈(申鉉燉)의 호.

찾아갔더니 그곳 지부장이 바로 지남이었다. 12월 중순이라 과히 춥지 않을 때인데도 금산, 무주 일대에는 눈이 꽤 내려서 금산에서 무주로 가는 버스가 못간다는 것이다. 그날 오후 2시에 내가 무주에서 시국강연회를 하기로 예정을 짜놓았으니 안 갈 수가 없다. 만일 그 예정이 변경되면 다음날 예정이 틀리게 되니 변경을 못한다. 그래서 나는 할 수 없이 걸어서 80리길을 떠났다. 여관에서 버스정류장으로 국민회지부로 돌아다니다보니 벌써 10시가 지났다. 눈은 꽤 쌓이고 바람은 몹시 불어서 신작로에는 한 사람도 없고, 트럭이나 우마차도 안 다닌다. 이런 때야 말로 나의 체력을 시험해보는 기회라고 생각하고 걸음을 재촉해보았더니 1시간에 20리를 걸을 만하다. 예정대로 2시에 무주에 도착해서 점심을 먹고 나니 3시이다. 나는 신현돈 지부장의 안내를 받아서 강연장에 나가서 그날 모인 청중 앞에서 「국내외정세와 우리 민족의 갈 길」이라는 제목으로 2시간을 떠들었다. 저녁에는 군내 각 면대표들, 즉 국민회 각 면분회장들과 좌담회를 가지고, 외교성금을 모아서 중앙에 보내는 일을 의논하였다. 다음날 아침에는 버스를 타고 장수 방면으로 떠났다. 즉 무주에서 머무른 것은 불과 열 칠, 팔 시간인데도 20년이 지난 오늘에도 각 군을 순회한 기억 중에서 무주가 제일 내 머리에 뚜렷이 떠오른다.

금강의 맑은 물이 흘러가는 아늑한 산골짜기에 1,000여 호 모여 있는 무주의 풍치는 별것이 아니다. 내가 일정시절 광산 탐광 차 이곳에도 몇 차례 들러보았던 평범한 산골 모습이다. 그런데 추운 겨울날인데도 외투를 안 입고 거무스름한 신사복만을 입고 군청에 들어가서 군수실로 나를 인도해서 군수에게 나를 소개하고, 다시 경찰서·읍사무소까지 잠깐잠깐 나를 안내하는 겸손한 품에 비해서 그곳의 공무원들이 신 지부장을 대하는 태도라든지, 그곳 기관장들이 신씨를 대하는 태도는 각별한 친밀과 경의를 표하는 것을 보고 만족했다. 더욱이 저녁에 각 면대표들이 먼 곳은 사오십리 험준한 산길을 쌓인 눈 속에도 군내 각 면에서 빠짐없이 모였다는 것을 볼 때, 이곳의 국민운동이 완전히 신씨 중심으로 잘 되어가고 있는 것이 여실히 나타나서, 이 고장의 주인은 과연 지남이로구나 하는 느낌을 가졌다. 더구나 며칠 전에 서울운동장에서 외교사절 이승만 박사 환송 국민대회에 나온 김구 선생이 수만 군중 앞에서 당신이 입으신 외투[28]를 벗어주면서 주최 측에게 "이 외투를 팔아서 외교성금에 보태 쓰라"고 말씀하셨다는 신문기사를 보고 감격한 신씨가 그날부터 외투를 벗어버리고, 독립운동을 더 열렬히 전개하기로 맹세하고 나섰다는 것이다. 그래서 독립이 된 후라야 그 벗은 외투를 다시 입겠다는 것이다.

부드러운 목소리, 늘 봄바람이 감도는 미소 짓는 얼굴은 퍽이나 온순한 촌부자村夫子같이 평범하게 보이나, 자세히 보면 빛나는 눈동자 그 속에서 지혜와 패기가 넘쳐흐르고 있어 비범한 모습을 찾아볼 수 있다. 그 뒤에 몇 차례 국민회전국대회가 있을 때마다 보면 겨울에도 외투를 안 입고 다닌다. 누구도 그 이유를 묻지도 않거니와 자신도 말하지 않는다. 그만큼 언행이 일치하고 외유내강[29]을 간직한 인물이다. 내가 그때부터 신씨를 비범한 인물로서 나라에 큰일을 할 수 있는 재목이라고 은근히 기대를 가졌고, 남달리 대접하였다. 그러나 특별히 사귈 기회가 없이 지내다가 다음해 여름에 민족대표자대회에 무주 대표로 나와서 두어 달 동안 서울에 머무는 동안에 국민회와 그가 묵고 있는 여관에서 자주 접촉하고, 피차 의견교환을 하는 사이에 나는 그가 보통내기가 아니고 역시 비범하다는 것을 절실히 느꼈다. 그래서 국민운동에 관한 상의나 앞으로 독립이 된 후의 전망에 관해서, 민국정부의 시책에 관해서 피차간

28 망명시절에 장개석 총통이 선물로 드린 그 귀중한 외투.

29 겉으로는 부드러우나 속은 강철같이 굳은 신념(信念).

격의 없이 간담을 털어놓고 이야기할 수 있는 지기知己가 된 것이다.

2. 지남의 도지사 부임

지남은 1948년의 5·10선거에 무주에서 국회의원으로 당선되었다. 국회 안에 국민회 출신 의원 중에서는 우리와 제일 잘 통하는 분으로 국민회 출신 의원들과의 연락에는 신씨가 자주 등장되었다. 그래서 앞으로도 국민운동의 한 첨병尖兵으로 기대를 걸고 있었는데 9월에 일선행정의 책임자, 즉 전북 도지사로 떠났다. 물론 우리들은 아쉬워하였다.

그런데 그가 한 달쯤 뒤에 도지사회의가 있어서 서울에 올라왔다가 그 회의를 마치고 떠나기 전에 나를 찾아주었다. 그래서 종로2가 단골다방에 가서 다짜고짜로 "들으니 전북도청은 종만 달면 예배당이라는 소문입디다."

"아닌 게 아니라 전주에서도 그런 소리를 들었습니다. 그뿐 아니지요. 도청이 아니라 국민회 도지부라고 비웃기도 한답니다."

"신생민국의 초대 도지사로 가보신 소감이 어떠시나요?"

"가기 전에는 도지사 감투가 근사하리라고 예상했는데, 가보니까 옛날 봉건시대의 감사監司 시절이나 일정 때 도장관과는 영 달라서 웬 말썽부리는 시어미 같은 사람들이 그리도 많은지 모르겠습니다. 그래서 하루 종일 사람싸개에 시달리다가 지쳐서 집이라고(지사 관사) 돌아오면 여기에도 사람 공세攻勢는 있어서 밤 12시라야 내 시간이 되니 도지사가 아니라 도지사到至死(죽을 지경에 이르렀다) 올시다."

"군정 3년의 모든 행정을 혁신해보시려고 무던히 애쓰신다는 소식을 들었습니다만, 이번에 각 도지사 중에 국민회 출신이 세 분이 나왔는데, 그 중에서도 전북이 제일 국민회 출신을 군수로 많이 등용했다고 칭찬이 자자합니다."

“그게 칭찬이 아니라 욕이지요. 대다수 민중들은 또 얼마나 시기와 질투의 눈초리를 가지고 흠잡아보려고 벼르는데요.”

“제가 현지인 전북에 가보지 못해서 그곳 여론은 잘 모르나, 도내 군수 중에서 반수 이상이나 국민회 출신을 등용했다는 것은 우리 국민회로서는 쌍수를 들어서 환영하는 바이지만, 그 중에서도 특히 이채로운 것은 고창군의 군수로 오의균吳毅均 씨를 기용한 것입니다.”

“그 나이 많은 노인을 왜 기용했느냐고 지방에서나 서울에서 묻는 사람이 많습니다만, 그 어른의 과거 3년간 독립운동에 하루같이 꾸준히 수고해주신 공로를 생각해서 기용했지요. 더구나 작년 민족대표자대회 때 중앙에 올라오실 때뿐 아니라, 국민회대회에 참석차 서울에 올라오실 때에는 꼭 사당에 가서 제사를 지내어 조상께 ‘이러이러한 일로 서울에 갑니다’고 고하고 떠났다 합니다. 물론 돌아와서도 사당에 들어가서 ‘돌아왔다’고 고했다니, 그만큼 경건한 정성을 바쳐서 독립운동에 헌신한 것이거든요. 아마 전국 각 군지부장 중에서 중앙대회 때 자기 조상에게 제사지내고 출석하는 분은 이 오 선생뿐일 것입니다. 그런데 이 어른이 군수가 된 뒤에 근무상태를 내사해보니까 출퇴근시간이나 집무성적이나 또 관내 행정을 처리하는 품이 젊은 사람들 못지않게 잘 하시거든요. 그래 나는 요샛날 군수라기보다 옛날 구한국시대의 원님으로 존경해서 모시는 셈이지요.”

3. 시국대책비 징수(잡부금 금지 대책)

이런 이야기로 웃음의 꽃을 피웠다. 그 뒤에도 그는 서울에 공무상 출장오면 틈을 타서 나와 만났고, 만나면 종로 뒷골목의 부벽루라는 음식점에 가서 간단한 식사를 하면서 피차간 서회敍懷를 하였다. 한번은 1월인가 또 도지사회의에 왔다가 나와 같이 만났을 때에 신 지사는

"소위 공무원이라면 생활보장이 될 만큼 월급을 주어야 할 것인데, 나라살림이 넉넉지 못하다고 적게 주니까 이 사람들이 살 수가 있어야지. 그래서 자연히 부정과 부패가 따라다니기 마련이라. 이 공무원들이 여러 가지 명목을 붙여서 백성으로부터 거둬들여가지고 그 얼마의 생활보충을 하니 이 폐단이 이만저만한 것이 아니고, 또한 국가공무원으로서의 위신도 땅에 떨어져 있는 실정입니다. 그런데 각 지방마다 대소 차이는 있으나 이 잡부금이 무시하지 못할 만큼 되어 있어요."

"대개 몇 종류나 되나요?"

"그게 각 지방마다 대소 다르지만 많은 곳은 10여 종류가 되고, 적은 지방도 5, 6종류 되지요. 그래서 나는 우리 도만은 이 잡부금을 전폐하자. 그 대신 매호 당 얼마씩을 재산 유무로 등급을 매어서 가을 추수 때에 세금 부과하듯 매호당 공공연하게 추수곡식으로 거두자는 방침을 세웠지요. 그래서 이번에 올라와서 내무부와도 절충한바 그 양해가 되었습니다."

"그러면 호별세 외에 추수 때에 얼마씩 거두겠습니까?"

"그렇지요. 그 대신 무슨 명목으로든지 민간인으로부터 잡부금을 못 거두지요. 단 춘추 두 때씩 길 부역하는 것만은 그전과 같이 부역 나가되 다른 방면에는 일체 전폐하도록, 특히 경찰관서에서 거두어들이던 잡부금을 전폐하고, 각 면단위로 거둔 시국대책비 중에서 제일 많이 경찰관들에게 돌아가게 마련했지요."

"그러면 다른 도에서는 이 시국대책비를 거둬서 공무원 생활보조로 주는 곳이 없나요?"

"내가 알기에는 아직 없지요. 그래서 나는 내가 지사로 있는 동안이라도 공무원들이 최소한도의 생활을 보장하여 「굶어죽지 않을 정도로 살면서 부정부패만 말아다오. 관리로서 그 위신을 세워다오.」 이것이 내가 우리 도 내의 공무원들에게 누누이 이르는 주의이지요."

"신 지사의 현명한 도정쇄신으로 전북은 서광이 비쳤습니다. 그러면 도민 전체도 관공리들에게 덜 시달리겠습니다."

4. 도지사 면직

그런데 다음해인 1949년 5월에 국회에서 이 시국대책비를 전북도만 공공연히 징수했다고 세금 아닌 잡부금을 도지사령으로 도민에게 매겨서 거둔 것을 논란했다. 마침 내무장관인 김효석金孝錫 씨가 병원에 입원 중이라 이 전북도의 특수사정을 장관이 알면서도 미처 설명을 못한 탓으로 문제가 되었다. 저간의 사정을 모르시는 대통령은 잡부금을 도지사가 공공연히 징수했다는 국회의 논란을 들으시고, 그러한 도지사는 파면해야 한다고 선언까지 했다. 이 대통령 발언에 깜작 놀란 김 내무가 대통령실에 들어가서 전후사리를 설명해서 대통령도 양해는 되었으나, 공공연히 발표한 대통령의 파면조치하겠다는 발언은 취소할 수 없게 되어서, 결국 신 지사는 6월에 그 자리를 물러나게 되었다. 이때 내가 서울대학병원으로 문병 갔더니 김 장관이

"서형, 내가 신 지사를 볼 면목이 없게 되었소. 나는 전북도의 1년간 시험으로 그 결과가 좋으면 신년도부터는 각 도가 다 전북도와 같이 시국대책비를 거두어서 공무원의 생활비 보충을 하게 하는 대신 독직瀆職, 직권남용 기타 부정부패를 일소하려고 단단히 별렀는데, 이렇게 시험 도중에 와해되고 보니 참 유감이로군요."

"그런데 내가 신 지사로부터 전에 들은 일이 있는 만큼 나도 전주 사람들에게서 그 뒤에 들은 말에 의하면 지난번에 국회내무위원회에서 도청 감사반이 전주에 갔을 때에 신 지사가 긴급한 일로 정거장에 마중 나가지 못했고, 저녁에 환영연을 다른 도에서는 다 베풀었는데 전북도는

해주지 않았답니다. 그리고 사무감사가 끝나고 떠날 때 국회의원뿐 아니라 그 일행, 심지어 수행 온 신문기자까지라도 금 1봉씩 전별인사를 차려야 하는데, 관계직원이 신 지사에게 그런 귀띔을 했는데도 신 지사가 불응했답니다. 이리해서 도지사와 감사반 사이가 미묘하게 되어서 결국 이 시국대책비 부과가 결과적으로는 도민 부담도 줄고, 공무원 부패도 미연에 방지되고, 다 좋은 줄 알면서도 자기네들을 정중히 융숭하게 대접하지 않고 소홀히 대접했다는 감정이 내재되었다는 이면이 있으니 이것의 사실 여부를 내사해보십시오."

"그런 것 내사해보나마나이지요. 속담에 과공이 비례라는 말이 있는데, 자기네 국회의원된 직무로서 도정감사 나가는데 무슨 놈의 환영이며, 또 출장비도 나라에서 넉넉히 받고 다니는데 또 웬 놈의 전별금이요? 다른 도에서 그런 짓을 했다면 내가 내사해서 그 사실 유무를 캐내어서 이러한 폐단이 건국 초부터 싹트지 못하도록 뿌리째 뽑겠소." 병상에서 일어나서 약간 흥분하였다. 나는 병중 위문이 도리어 폐문된 듯해서 죄송스런 생각이 들었다.

5. 신현돈 지사의 청렴성

8월 초순 어느 날 오후에 나는 고시위원장실로 배은희 씨를 찾았더니 배 위원장은 대뜸 "이새 신 지사 못 만났소?"라고 물었다.

"만나지 못했습니다. 왜 그러시오?"

"신 지사께 내가 면목이 없어요. 일전에 무주 사람들이 와서 하는 말이 '배 목사는 신현돈 씨를 국회나 다니게 두지 않고 왜 도지사로 추천해서 수십 년 살던 그의 집까지 팔아먹게 하였느냐'는 공격이여. 그래서 그게 무슨 소리냐고 물었더니 신 지사가 열 달 동안 도지사노릇을 하는 바람에 매월 10여만원씩 빚을 졌다가, 지사를 내놓으니 빚만 100여만 원

처져서 할 수 없이 그가 살던 집을 팔아서 빚을 갚을 수밖에 없게 되었다는구려!"

"그가 도지사로 취임해서 공무원의 부정부패를 뿌리 뽑고 관기官紀를 확립하려고 하여 솔선수범하기 위하여 청렴결백한 생활을 하고 보니 3만원의 월급(쌀 1가마에 8,000원) 가지고는 지사관사용 쌀값도 다 못되었겠습니다. 그러니 한 달에 10여만원씩 빚질 수밖에 없겠지요. 그런 점을 들어서 기회 닿는 대로 대통령께 말씀드려서 그런 유능한 분을 놀지 않도록 염려해주시지요. 배 목사님, 또 신씨에게 큰 빚을 지셨습니다."

"아, 그래요. 나도 늘 미안하게 생각해요. 기회 닿는 대로 대통령께 말씀드려야겠소."

당시 신 지사는 전북에서 올라와서 용산구 내 삼각지 언덕 위에서 우울한 날을 보내고 있었다. 내가 휴일에 한두 차례 심방했더니 늘 명랑한 낯으로 나를 맞아주었고, 조용히 독서와 산책으로 영기를 기르고 있었다. 그러다가 10월 어느 일요일에 찾아간 나를 보고 그는 "이새 대통령이 꽤 바쁘신 모양이여. 내가 지난 7월에 서울로 올라와서 그간 3, 4개월간에 여덟 번이나 경무대로 혹은 대통령실로 면회를 청해도 비서들 말이 여가가 없다는 게야."

"신 선생의 고충을 내가 상상하고도 남음이 있소이다. 내가 혹 대통령을 뵙게 되면 시간을 내주시라고 청 드리지요."

그 후 11월 중순에 제주도 김충희 씨와 경무대 관저에 들어갔을 때에 김씨와의 요담을 마친 다음에 다음과 같이 말씀드렸다.

"신현돈이라는 국민회 동지가 작년에 전북도지사로 부임해가서 공무원의 최저생활 유지와 부정부패를 뿌리 뽑고자, 내무장관의 양해 아래 시국대책비를 걷는 대신 10여 종목의 잡부금은 일체 폐지하게 한 것을 도민은 물론 듣는 사람은 다 잘 되었다고 환영했는데, 오직 국회의원들이 이것을 가지고 생트집을 잡아서 나라에서 표창을 하지는 못할지언정 파면까지 하게 했답니다. 이 분이 지난 7월부터 10월까지 여덟 번이나 각하를 뵈오려고 왔다가 갔다 하오니 각하를 알현할 기회를 주십시오. 그는 또한 10달 동안 도지사 하는 바람에 3만원 월급 가지고는 생활유지가 못되어서 그간 매월 10여만원씩이나 빚을 지고 살다가 이번 사임할 때는 자기 고향집을 팔아서 그 동안 진 빚을 청산하였다 하는 말을 들었습니다."

이 말을 듣더니 대통령은 측은한 얼굴로 "내가 전북도지사가 억울하게 된 사연을 김 내무에게서 듣고 유감되게 여겼네. 나를 만나러 다시 오라고 하게. 내가 위로라도 해주어야겠어."

그래서 나는 신씨에게 이 고마우신 대통령의 의사를 전달해서 다시 대통령을 찾아보도록 권고했더니 신씨는 "나의 부덕한 소치로 노 대통령에게까지 심로心勞를 끼쳐드려서 황송스럽다는 말씀이라도 드려볼까 했으나, 비서진이 나의 미지微志를 몰라주므로 내가 대통령께 인사 가려던 생각은 버린 지 오래이오. 이제 와서 나의 마음을 다시 뒤집어서 대통령을 찾아볼 뜻은 없소이다."

6. 지남의 피난생활

그 뒤 몇 달이 못 가서 6·25가 터졌다. 나는 대전에 피난 가서 7월 1일에 배은희 목사를 만났더니 신씨 소식을 묻기에 모른다고 대답했다. 부산에 내려가서도 배 목사만 만나면 서로 신씨 소식이 궁금하다고 말하였다. 그러다가 10월에 우리가 서울에 올라와서 용산에 도착하자마자 삼각지에 있는 신씨 집을 찾았더니 중병을 앓고 난 사람과 같이 쇠약해진 신씨를 만났다. 그는 한강에서 멀지 않은 곳에 있으면서 6월 27일 방송만 듣다가 남하를 못하고, 숨었다가 7월 초순에야 샛길로 샛길로 빠져서 북쪽으로 50리를 올라가서 마석에 갔다고 한다. 북쪽으로 간 동기는 남쪽으로 가는 사람은 조사가 심해도 북쪽으로 가는 사람은 묻기는커녕 쳐다보지도 않는 공산군이나 치안대원들의 심리를 이용했다는 것이다. 내가 석 달 동안의 피난 소감을 물으니까

"자유가 좋다 좋다 해도 강 건너 화재를 바라보는 것이었지만, 내가 공산치하에 꽉 갇혀서 내 발등에 불이 붙고 보니 과연 자유가 얼마나 좋은가, 그 자유가 얼마나 소중한가 하는 것을 절실히 느꼈습니다. 그래서 이 자유를 그리워하는 마음을 무엇이라고 표현할까, 청춘남녀가 한창 연애에 빠졌을 때에 이성을 그리워하는 정도가 이보다는 못하리라고 생각했어요."

"신 선생은 젊었을 때 연애해본 경험이 없나봅니다. 연애하는 사람의 심정을 모르시는구먼."

"나는 중매결혼한 사람이라 연애해본 경험이 없어서 잘 모르지만 그렇게까지는 이성을 그리워하지 못할 것이여."

"그래, 자유와 연애하느라고 저렇게 쇠약해졌구려!"

"그렇다면 그렇지요. 평생에 연애 한번 못해본 내가 이번에 석 달 동안 대한민국과 자유라는 것과 톡톡히 요 꼴이 되어 말라빠지도록 연애한 셈이지."

앙상한 얼굴과 상금 밀지 않아서 텁수룩한 노란 수염이 한 치 이상 자란 그 수염을 매만지면서 서로의 농담을 계속하였다.

7. 경북지사 취임

그 후 두 달이 못 가서 우리는 또 부산으로 내려갔다. 지남도 무주를 거쳐서 부산으로 왔다가 다음 해, 즉 1951년 여름에 경상북도 도지사로 가게 되었다. 나는 작년 여름에 부산 피난 갈 때 데리고 갔던 큰아이가

부산에서 제1차로 학도병으로 자원입대했다가 팔공산전투에서 부상당해서 육군병원에 입원치료를 받은 후 후방 군대근무지가 대구라고 해서 한 차례 찾아보러 갔는데, 그 기회에 축하인사차 도지사실을 방문했다. 찌는 듯한 대구 더위가 한창인 7월이다. 지사실에 들어서니 모시노타이를 걸치고 서류결재를 하기에 바빠서 내가 들어간 줄도 미처 모른다. 한 1분 동안 넓은 방에 창문을 등지고 선선한 바람 앞에서 결재서류에 도장 찍기에 여념 없는 그 모습을 보니, 전해 가을에 서울 자택에서의 그 초췌하던 모습과 대조되어서 감개가 자못 무량하였다. 반가운 악수가 교환되고 축하인사말이 오고간 다음에 나는 그 순간의 감상을 털어놓았다.

"내가 이 방에 들어서자 서류결재에 여념이 없는 그 모습을 바라보니 마치 신선이 하강해서 글을 읽는 것 같구려. 선풍도골仙風道骨이 되셨구먼. 감투가 좋기는 좋은 모양이요. 작년 가을에 마석에 피난 갔다 오셨다는 그때를 회상하고, 그때의 지남 모습과 대조하니 과연 신선의 모습이여."

"선경仙境에라도 들어가서 수양해보려고 했는데, 또 이렇게 속세의 시궁창에 빠졌구려. 속담에 '배운 도적질'이라더니 몇 달 경험 있다고 또 영감님이 호출하시니 요새 말로 군대징용당한 심경으로 나왔지요. 아마도 망신살이 아직도 남은 모양이여."

이러한 명랑한 대화로 시작해서 "참, 신 지사 고향이 안동 땅이지. 금의환향하셨으니 한 차례 안동 땅에 가보셔야지!"

"아직 못 갔소이다. 추석 때나 되어서 다행히 여가가 난다면 산소 성묘 차 근친을 할까 하오."

"어떻소이까? 경북은 고향이시니까 전라도와 같이 시국대책비의 서리는 맞지 않겠소?"

"한 번 맞지, 두 번 맞겠소? 아무리 된서리가 온다 해도 두툼한 옷으로 무장하면 괜찮듯이 미리 옷을 입지요."

"이제는 지남도 풋내기 도지사가 아니니까 어련하시려고?"

이런 농담을 하다 보니 결재서류를 가지고 들어오는 분들이 있어서 나는 사퇴하였다.

그 뒤에 다시 대구에 갔을 때는 초가을 9월, 능금밭에 사람이 더러 보이는 시절이다. 지사실을 찾았더니 신 지사는

"마침 잘 오셨소. 내가 막 가까운 거리에 있는 훈련소에 가보려고 하는데, 동행해서 훈련생들에게 좋은 이야기라도 해주시오."

"내가 오늘은 원님 덕에 나발 불게 되었구려. 가봅시다."

이리해서 나는 지사 차에 동승해서 대구 동촌 방면에 있는 무슨 학교로 갔더니, 그 훈련소를 맡은 분은 나와 옛날 사범 동창인 이봉업李鳳業 군이라 한층 반가웠다. 그 이군에게서 들으니 신씨가 도지사로 온 뒤에 무주에 있는 자기를 청해서 농촌청년 중에서 지도자 됨직한 사람을 골라 뽑아서 한 달씩 훈련시킨다는 것이다. 그래서 첫 번째 훈련을 시작해서 지사가 강화를 해주려고 왔다는 것이다. 나는 동란 전에 서울에서 국민훈련원을 해보던 기억이 나고, 그 당시의 원장 최태용 선생이 연상되어서 감회가 깊었다.

다음 해는 대통령의 임기가 끝나고 다시 선거를 하는 해이다. 국회의원들이 가지고 있는 권한 중에서 제일 큰 것이 대통령을 자기네가 선거하는 것이라고 단단히 한 목 볼 셈이었는데, 이 대통령은 그것을 박탈해서 국민에게로 돌려보내라고 하니 국회의원들이 순순히 돌려주려 하지 않는다. 그러니 자연히 대통령과 국회 측과는 대립되고 말썽이 생겼다. 이것이 소위 부산정치파동이라는 것의 실마리이다. 이 파동이 한창일 때인 6월에 공무출장 왔다가 나와 만난 신 지사는 도청 앞 다방에서 잠간 차 한 잔을 나눌 시간을 가졌다. 그 다방 앞 길 건너의 무도장 즉 임시국회의사당 앞 광장에는 3백여 명의 민중자결단원이 거적대기를 깔고 퇴

약별에 앉아서 소위 연좌데모를 벌인 지 10여 일 동안 「국회의원은 대통령직선제를 통과시켜라!」, 「직선제개헌 반대는 매국이다!」, 「국회의원은 물러가라!」 등등의 구호를 외치는가 하면, 머리에 수건을 동인 청년들이 몇 백 명씩 몰려와서 소리소리지르면서 국회의원들을 위협 공갈하였다. 이 웃지 못 할 넌센스극을 구경하기 위해서 시골에서까지 구경꾼들이 와서 득실거리므로 다방은 초만원이다. 밖에서 들려오는 군중들의 외치는 소리와 무수한 발자국의 소음을 들으면서 나는 신 지사에게

"어떠시오? 부산은 임시수도로서 경기가 매우 좋지요? 구경거리도 꽤 되지요?" 하고 말을 꺼냈다.

"글쎄, 우리 같은 시골뜨기는 얼떨떨해서 무엇이 무엇인지 잘 분간도 못하겠구려."

"조심조심 걸어다녀야 합니다. 깔따구(각다귀)도 오뉴월이 한창이라는데, 저 제철 만난 깔따구떼에 걸리면 하루아침에 벽보 한 장으로 역적도 되고 애국자도 되는 판이요. 그리고 그뿐인가요! 그 역적이라고 눈초리를 던지는 사람들과 같이 앉기는커녕 걸어가기만 해도 장관 모가지가 파리모가지같이 달아나는 판이라오. 하물며 도백道伯쯤이야!"

"그런데 저 사람들은 언제부터 저렇게 애국자가 되고, 이 대통령께 충성을 다하는 충신들이 되었소?"

"모르지요, 언제부터인지. 작년에 나같이 초개같은 인간 보고서도 자유당에 들으라고 몇몇 친구들이 끌고 갔으나 도망쳐나왔었는데, 이제 와서 보니 저러한 연극들을 꾸미기 위해서 그랬던 모양이오. 그때에 내 멱살을 잡아끌던 친구들이 지금 한창 날리는 애국자, 정치가들로 금시 발복한 사람들이라우."

"서형은 그런 축에도 못 드는 바보구려!"

"바보도 배는 불러야 살겠는데, 이 사이는 배고파서 바보노릇도 제대

로 못할 지경이오. 누가 나를 저 데모대들과 같이 하루 품삯이라도 주면서 소리지르라 하면 하겠는데, 나같은 놈은 그도 써주지 않는가, 요새는 내 멱살을 잡아서 끄는 사람도 없다우. 이만큼 나같은 놈은 시세가 없다우."

"속담에 하인下人이 똑똑해야 양반질도 한다는데, 이 대통령 같은 머리 좋은 분이 왜 저런 사람들을 데리고 저게 무슨 연극일까? 저런 짓들을 안 해도 얼마든지 헌법은 뜯어고칠 수 있을 것인데. . ."

"아, 그런 공명 같은 계략이 있으면 대통령께 직접 건의해보시오."

"내가 어제 저녁에 배 목사를 만나서 이런 활극을 벌이지 않아도 얼마든지 순리대로 잘 해결될 방법이 있다고 하면서 내가 그 방법을 설명하니까 그런 방법을 몰라서 그러는 게 아니라 우리 삼우장三友莊에서 몇몇 분들이 그런 의견을 가지고 저 사람들보고 말해도 듣지 않고, 대통령께 건의하려 해도 그 길마저 막혀서 우리도 답답증이 솟아오른다고 말합디다."

"도시 이것이 다 국운이요. 멀리 내다보면 민주주의가 자라나는 데 한 단계의 시련이구요. 그러니 하루아침에 로마가 이루어지지 못했듯이 우리나라 민주주의도 시련도 겪고 피도 흘리고 해야 되는 모양입니다."

8. 지남의 이기붕 씨와의 악연

그 해(1952년)도 지나가고 다음 해에 우리들은 다시 서울로 수복했다. 가을도 초가을 9월 중순이었다. 산과 들의 나뭇잎이 아직도 그 푸름을 자랑하고 있을 때 자유당이란 세 살 난 나무는 청천에 벼락을 맞아서 그렇게도 푸름을 자랑하던 잎들이 우수수 소리도 못 내면서 오동잎보다도 먼저 떨어졌다. 그것은 그 총재인 대통령이 현 자유당을 해산하고 이기붕 씨로 하여금 다시 자유당을 재건하게 한 것이다. 다음 해인 1954년 총선거에 대비해서 지금까지 휩쓸던 자유당원들은 자취를 감추고, 이기붕 씨를 중심으로 한 자유당이 다시 시작되었다.

선거가 있기 몇 달 전인 3월 초순에 한미재단 사무실에서 이기붕 씨를 만났더니 "내가 이번 선거에 무주에서 출마하려 하니 나와 같이 무주에 가셔서 응원연설을 해주셔야겠소"라고 나에게 말하였다.

"무주는 이 선생과 무슨 연고라도 있습니까?"

"특별한 연고야 없지요. 그 지방에 사는 자유당 인사들이 그곳으로 나오라고 권고하니까 그래볼까 하지요. 아직 결정은 안 했지만 그런 계획을 세워보려고 하지요."

"내가 듣기는 우리 동지로서 신현돈 씨가 그곳에서 다시 출마하려고 경북도지사직을 그만둔다는 말을 들었는데, 만일 이 선생이 그곳으로 출마하신다면 내가 후원해드리기가 좀 거북한데요."

"내가 한 차례 무주에 가서 현지 공기를 알아본 다음에 결정을 지으려 하오만."

"현지에 가신다면 이 선생께 아첨하는 무리들에 둘러싸여 그 지방의 공정한 여론이나 공기를 타진하기가 어려울 것이요. 그런데 내가 듣기로는 신씨와 대립되는 세력권에서 그 분을 떨어뜨리기 위해서 이 선생을 업으려 한다는 말이 있습디다. 하필이면 그런 곳을 왜 택하려 하시오? 서대문구로 나오시오. 그러면 내 힘자라는 대로 미력이나마 후원해드리지요."

"실은 내 내자가 무주에서 출마하겠다고 해서 그것을 막기 위하여 내가 그곳으로 출마해볼까 하지요."

"내가 듣기로는 신씨와 다년간 대립되어 있는 그룹에서 자기네로서는 승산이 없으니까 이 선생을 업으려 한다니 그러한 싸움판에 이용당하지 마십시오. 내가 좀 심한 비유를 하나 들까요?"

"무슨 비유요?"

"화내지 마세요. 떡이 아무리 맛있는 떡이라 할지라도 구정물통에 들어갔다가 나온 것이라면 누가 먹겠습니까? 사람으로서는 못 먹을 게 아니겠어요?"

"알았소. 내가 신중히 검토하지요."

이 구정물통에 들어갔다 나온 떡이란 비유를 말하니 이씨의 안색이 조금 나빠졌다. 그러나 나로서는 그러한 비유로써 남의 싸움판에 끼어드는 것을 막으려는, 신씨보다도 이씨의 명예를 위한 솔직한 나의 충고였다.

다음날 나는 삼각지에 있는 신씨 집에 가서 전날 이씨를 만났던 사실과 나와 이씨 간에 오고간 이야기를 한 끝에 나는 신씨에게 "이씨가 무주로 나오든지 안 나오든지 신 지사는 이번 선거에 출마를 하지 말고 도정이나 더 배우시오. 그게 자신을 위해서도 또는 앞날에 이씨와 교분을 유지하는 데에도 좋으리라고 생각합니다"고 권고하였다.

며칠 후에 중앙청 임시의사당 뒤에 있는 삼우장 휴게실에 들렀더니 배은희 씨가 나를 보고 "서 선생, 용기가 대단합니다."

"무슨 용기가 있다는 말씀이신가요?"

"아, 일전에 이기붕 씨보고 구정물통에 들어갔다가 나온 떡이라고 비유까지 하면서 무주 출마를 만류하였다면서?"

"누구에게서 들으셨나요?"

"신 지사에게서 들었지."

"이씨에게 아첨하는 무리들은 감히 그런 입바른 소리는 못할 것입니다. 그러나 이씨가 무주 출마한다는 것에 관한 비유로서는 가장 적절한 비유이지요. 아닌 게 아니라 이씨도 그 말은 너무 심하다는 표정으로 그분 안색이 나빠집디다. 그러나 나로서는 귀에 거슬리는 비유라도 들어서 충고한 것이지요."

이리해서 배씨는 껄껄 웃고서 자기도 신씨 출마를 만류하겠다고 내 의견에 찬동하였다. 그런데 그 뒤에 들으니 이씨가 한 차례 부부동반으로 무주에 갔다가 와서 무주 출마를 단념했다고 하며, 신씨 역시 도지사직을 계속하게 되었다고 하는데, 그 두 분 사이는 원만치 못하다는 것이다.

9. 신현돈 지사의 사직

다음 해인 1955년 늦은 가을이다. 나는 우연히 시내 명동에서 신 지사를 만났다.

"출장 오셨나요?"

"지금 내무부에 들어갔다가 나옵니다. 오늘로 월급쟁이생활도 그만 청산했습니다. 졸가리감투라도 벗으니까 어깨가 거뜬합니다. 우리 어디로 바람이나 쏘이러 갑시다."

그래서 나는 신씨와 가까운 덕수궁으로 가서 떨어지는 낙엽을 바라보면서 석조전 앞뜰에 있는 벤치에 앉자마자 "무슨 일이 있기에 4년간이나 쓰던 감투를 벗었습니까?"

"며칠 전에 내무장관이 올라오라고 기별했기에 올라왔더니, 아무 말도 않고 관저에 가서 대통령을 만나보라고 하기에 내가 관저에 갔더니, 대통령께서 '신 지사가 그 동안 경북에서 수고를 많이 한 줄 아는데, 왜 이 의장과 원만치 못한가? 도정을 해나가는 데는 이 의장과 서로 원만하게 지내는 것이 좋을 듯하네. 그러니 이번에 내가 권고하는 것이니 앞으로 이 의장과 자주 만나고 원만히 지내소'라고 하시었소. 대통령의 이 권고를 듣자 나는 속이 언짢아져서 대통령께 항의조로 '저는 행정의 일선 책임자 아닙니까! 행정상으로 저는 내무장관이나 국무총리와는 관계가 있고, 그 지휘도 받기 위해서 서울에 올라오면 공무상 만납니다만, 국회의장이야 입법부의 장인데 바쁜 입법부의 의장을 찾아볼 공무상의 일이 없어서 찾아보지 못했습니다. 또 앞으로도 찾아볼 용무가 없는 줄로 압니다'고 말씀드렸지요."

"공무상의 용무는 없다 해도 이번에 꼭 찾아보소. 그리고 앞으로 도정을 해나가는 데도 이 의장과 협의해서 피차간 원만히 일해나가소."

"이 의장이 자유당과 국회의 책임을 지고 있어서 대단히 바쁜 모양인데, 구태여 찾아보지 않아도 과거에 제가 자유당 방침을 따라서 경상북도 자유당 발전에도 도지사로서의 협조할 만한 일은 했습니다. 국회의원이 아닌 제가 의장의 지휘를 받을 일이 없어서 그간 찾아본 일이 없습니다만, 각하께서 저보고 의장을 만나보라는 분부는 그 이유를 제가 깨닫지 못하겠습니다."

"이유야 별다른 것이 없어. 그저 앞으로 의장과 원만히 지내기 위하여 내가 권고하는 것이지."

"'지금까지 저와 이 의장 사이가 원만치 못하다는 전제 아래 말씀하시나, 저와 의장 사이는 원만할 것도 없고 원만치 못할 것도 없습니다. 책임분야가 다르고 소관사무가 달라서 각자 자기 소관사무를 책임껏 해나가면 되지 않습니까? 그래서 제 생각으로는 구태여 이 의장을 찾아보고 별다른 원만을 도모할 일이 없다고 봅니다.' 이렇게 항변조로 말해도 대통령은 명랑한 얼굴빛으로 아이를 타이르듯 이 의장을 이번에 꼭 찾아보고 앞으로 그와 협조해서 일을 해나가라고 부탁하시기에 대접으로 '각하의 말씀을 알아들었습니다. 제가 생각해서 선처하겠습니다'고 대답하였습니다."

그가 나와서 하룻밤을 생각해보아도 자기의 처세신조인 권력가에게 머리숙여가지고 아첨하면서까지 도지사 따위 졸가리감투를 쓰고 싶은 생각이 나지 않아서 그만 사직할 각오를 가지고 내무장관에게 사표를

내고 나왔다는 것이다. 그래서 나는 신씨보고

"기왕 벼슬줄에 나와서 경북에서만도 4년간이나 경험을 쌓았으니 내무행정에는 누구에게도 양보하지 않을 만큼 자신이 섰을 것 아니겠소! 그러니 내무장관까지 한번 해보아야 할 것이 아니요? 이제라도 사표를 철회하고 이 의장을 만나고 앞으로 있을 내년의 정부통령 선거에 협조한다면 선거 전이나 선거 후에 내무장관은 따 놓은 당상인데 그래 장관감투를 마다하시오?"

"서형에게 솔직히 말하지요. 이번에 내가 사표를 낸 근본이유는 내가 더 이상 사생활에 희생을 하면서까지 도지사노릇을 못하겠다는 것이요. 즉 지사월급 가지고서는 검소한 생활을 아무리 해보려 해도 못합니다. 그래서 그 동안 대전에서 개업하고 있는 내 큰자식과 의논해서 그 애가 매달 10만원씩 보조해주어서 유지해왔는데, 더 자식 신세지기도 거북하고, 또한 이기붕에게 머리 숙여서까지 내 긍지를 굽혀가면서 희생을 할 생각이 없어서 그만둔 것이고, 다른 한 가지는 내가 대통령은 존경하고 그 밑에서 졸가리감투라도 써가면서 일해왔지만, 이기붕이 밑에까지 들어가서 구구스럽게 감투 쓰겠다는 생각은 없어요. 대통령이 좋은 말로 나를 권유하시지만, 아무리 생각해보아도 내 마음이 내키지 않는 데는 별도리가 없어서 그만 물러나는 셈이지요."

"그 심경은 나와도 공통됩니다. 내가 세 번 이기붕 씨의 청을 거절했소. 즉 재작년에 족청자유당(이범석 씨의 민족청년단이 중심이 된 자유당)이 해체되고 이씨가 재건하려할 때에 나보고 자유당에 들어와서 자기를 도와달라고 하기에 국민운동은 내가 하지만 정당에는 흥미 없다고 거절했고, 다음은 무주에 같이 가서 후원해달라는 것을 거절하고 입바른 소리만 했고, 작년에 당선되었다기에 서대문 안 이씨 자택에 축하인사 갔더니 반가워하면서 나직한 목소리로 '대한민국에 별사람 없소. 우리가 하면 무엇이든지 다 할 수 있으니 앞으로 같이 일해봅시다'고 간곡히 말했지만, 어쩐지 내 마음에 선뜻 납득이 안 가요. 그래서 '어디 생각해봅시다'고 미지근한 대답을 한 후에 다시는 그 집에 가지 않았지요. 그 뒤 그 분 비서일을 보던 오일규 군 보고서 이씨가 '서모가 한 번도 내게 안 온다'고 말하면서 자주 찾아가보라고 말하기에 내가 오군보고서 '내가 이 의장을 찾지 않는 것이 의장을 돕는 일이라'고 전하라고만 말했지요."

10. 제2공화국에서의 활약

그 뒤에 신현돈 씨는 야인생활을 하다가 민주국민당이 재야세력을 규합하기 위하여 해체하고 범야세력 규합을 하여 민주당으로 발족한 후에 무주에서 동지를 규합하여 그곳 민주당 군당부를 만들었다가 4·19 후에 총선거가 있자 출마해서 당선되어가지고 8월에는 서울에 올라왔다. 제2공화국의 보건사회부 장관이 되었다가 두어 달 후에 그만두고 무임소장관을 두어 달 하다가 내무장관이 되었다. 몇 달 후에 들으니 신병으로 서울대학교 부속병원에 입원했다기에 문병 차 갔더니, 약간 경과가 좋아서 일어나 앉았다. 나는

"무슨 병으로 입원하셨나요?"하고 물으니

"신년도 내무부 소관 예산심의를 둘러싸고 월여동안 과로했더니 소화가 잘 안 되더니 대번 혈압이 올라가서 정양과 안정을 해보려고 입원했소이다."

"무슨 예산심의가 그렇게 병이 들 정도입니까? 경찰행정은 치안국장, 지방행정은 지방국장에게 맡기면 되잖아요?"

"그렇게 간단치 않습니다. 이번 예산통과에는 여당 내에서나 신민당(야당)에서나 다 같이 내 주장과 맞서서 대소간 마찰이 있었지요. 그래서

내무부예산 원안이 대폭 삭감되었습니다. 이에 대한 나의 정신적 충격으로 혈압이 올라갔지요.”

“신년도에 무슨 사업을 해보시려고 했기에 예산삭감으로 충격을 받았단 말이요?”

“이것은 내무부 안에서도 치안국장 외 2, 3명의 간부만 아는 일이오만, 내가 내무장관이 되어서 보니까 치안국 안에서 일 잘하던 사찰계통의 유능한 관리들이 자유당 몰락 바람에 다 떨려나가고, 정보·사찰방면에 생소한 사람들만 데려다 앉혀놓으니 그 방면이 진공상태란 말이요. 더군다나 내가 입수하는 정보로는 소장군인들의 동태가 수상해서 군정보기관에 조사를 의뢰해도 신통치 않고, 국방장관이나 육군참모총장은 덜 좋아하고 해서 치안국의 정보·사찰진을 강화해서 민간인뿐 아니라 군내부의 정보까지라도 수집해보려 하니, 그런 중책을 감당할 만한 사람이란 예산과 기구가 구비되어야 할 수 있거든. 그래서 4·19 후 퇴직한 이 방면의 유능한 사람들 중에서 한 2,000명 증원해서 다시 정보·사찰진을 강화해가지고, 민간이나 군인들의 동태를 철저히 사찰해보려고 예산을 세웠더니 이 내무부 원안이 모조리 깎였습니다. 장면 총리에게도 내가 여러 차례 건의했으나 듣지 않을 뿐 아니라, 장도영이가 내 일가인데 무슨 걱정이냐고 군대 내의 정보나 사찰업무는 장 총장에게 일임하고, 경찰인원 증원은 보류하라 하니 내가 이렇게 면목이 깎여서까지 장관자리에 앉아 있을 필요가 없어서 사의를 표명해도 내 사표를 수리하지 않고 있는 실정이요.”

“작년 3월에 진해에서 소장 군인 10여명이 수상한 행동을 하였다 해서 일부 인사들은 여러 가지로 추측과 해석을 하였었는데, 그런 것과 무슨 관련이라도 있나요?”

“지금 우리나라는 현역이 60만이고, 제대군인이 200만이 넘지요. 우리

나라 같은 나라로서는 굉장히 많은 군인들이요. 그런데 현역, 예비역의 장교들만도 몇 만 명이 넘으니 그들이라고 정치운동을 하지 않으리라는 법이 있어요? 이 데모사태 속에서 진해에서 일어났던 군인음모는 그 뒤에 끝난 것이 아니라 계속하고 있어서 그것이 중앙까지 파급될 염려가 있어서 철저히 조사하여 단속하려면 군대정보만으로 안 되겠다고 하니까, 여야 간에 경찰국가로 다시 돌아가려느냐고 야단들이니 내 속이 터질 지경이요. 글쎄, 누가 경찰국가를 만들겠다나, 나라를 안전케 하기 위한 최소한도의 경찰만은 확보하자는 것이지."

평소에 경찰이 너무 많다는 견해를 가졌던 분이 4·19 후에 10,000여 명 줄였다고 하더니 다시 2,000명 늘려서 정보·사찰 경찰진을 강화하자고 주장하나 그 안을 묵살하려는 집권자들의 심정도 이해할 수 있지만, 나라 안의 치안을 책임진 내무가 늘 불안을 느껴서 저렇게 화병이 나는 것도 그 자리에 앉지 못하면 모를 일이로구나 하고 대소 의문을 가졌었다. 그런데 3월 하순에 신씨는 소신을 이루어보지 못한 채 내무장관직에서 물러났다. 두 달이 채 못가서 5·16군인쿠데타가 일어났다.

11. 지남의 누명

민주당정권에 참여한 사람들 중에서 제일 호되게 다루어진 분이 있다면 오직 신현돈 씨뿐이다. 그 두드러진 죄명은 용공적이었다는 것과 2억 원 이상이나 공금을 먹었다는 누명이다. 다른 장관들은 다 나왔으나 신씨만은 몇 해가 되어도 풀리지 못한 채 옥고를 겪고 있었다. 어느 좌석에서 우연히 신학진申鶴鎭 박사를 만났다. 이 신 박사는 신씨와 같은 고향의 일가 되는 분으로 신씨 소개로 내가 아는 분이므로 대번 신씨 소식을 물었더니, 그가 병보석으로 집에서 치료하고 있다 하기에 그 주소를 물으니 용산구 효창동이라고 한다. 내가 사는 곳에서 멀지 않기로 바로 다음날 나는 그를 위문하려고 찾았더니 조그만 2층집에 세 들어 있었다. 나는 신씨를 보고 깜짝 놀랐다. 10여년 전 6·25때에 마석으로 피난 갔다 왔을 때와 비슷한 모습, 조금 달라졌다면 그 수염이 희여지고 그 머리가 더 빠졌다고나 할까. 그는 나를 보더니 눈물이 글썽글썽하면서 반가워한다. 나도 무엇이라고 위로할 말문이 막혀서 얼마간 침묵이 흘렀다. 피차간 감개무량한 순간이었다. 얼마 후 나는

"진즉 위문인사를 하여야 할 터인데, 원래 무상한 놈이 되어서 이렇게 늦어서 죄송합니다."

"세상에서 제일가는 죄인을 위문하시다니 될 말씀이요?"

"무슨 말씀이요? 세상이 아무리 떠들어도 나는 믿소이다. 총칼로 위협한대도 지남은 부정부패가 절대 없다고요."

"그것은 과찬의 말씀이요. 나라고 그러한 부정부패가 없으란 법이 있나요? 그러나 내가 이것을 제일 미워하고 막아보려고 나섰던 것이지요. 목당牧塘[30]은 나를 아시겠지만, 내가 해방 직후 무주에서 공산청년들의 테러로 갈비뼈가 두 대나 부러져가지고 기절했던 사실, 간신히 내 사백의 위엄과 완력으로 내가 그놈들 몽둥이 속에서 살아나와서 지금도 두 대 부러진 갈비뼈가 없으며, 어느 한 때 이 공산당에 대한 분노가 사그러져본 일이 없는데, 내가 공산당을 용납해서 대구에서 민족일보신문을 발간케 했다니 될 말이요? 또 2억원을 먹다니 그 돈은 치안국장의 그 직무상 기밀비로 내가 국장에게 주었다고 주장해도 준 증거를 대라 하는데, 치안국장 박씨가 나타나지 않으니 내가 다 먹었다고 씌우는 판이라, 이 억울함이란 내가 생병이 날 수밖에! 반공과 결백 두 가지를 빼버린다면 이 신현돈이란 인간은 없어지는데, 내가 이 두 가지 일로 죄명을 쓰

30 필자의 새로 정한 아호.

다니! 그래서 지금부터 한 1년 전에는 옥중에서 자결을 하려고 결심하고 무슨 방법이든지 마련해서 세상을 하직하려고 결심하고 한 달 동안 그 자결할 방법만 구하고 있는데, 하루 저녁은 계시가 꿈속에 나타납디다. 그래서 그 계시로 인해서 자결을 포기했지요."

"자결할 결심을 포기하다니 하나님께서 내리신 계시로군요. 말씀해보십시오."

"꿈에도 평상시와 같이 내가 살던 무주의 강가에 서서 보니까 강 가운데에서 내가 다니는 예수교회 전도부인 한 분이 있는데, 그 부인이 빨래를 하다가 그 위에서 농짝 같은 큰물이 몰려오니까 그 부인이 빨래하다 말고 자기 치마를 머리 위까지 둘러쓰고서 그 자리에 꽉 엎드려있어요. 얼마를 지내니까 그 큰물이 다 흘러간 뒤에 그 부인이 다시 일어나서 머리까지 둘러썼던 치마를 내리고 빨래를 계속합디다. 이 꿈을 꾸고 나서 내 영감靈感으로 '나에게 닥쳐온 풍랑을 좀 더 참고 견디면 미구에 풍랑이 물러갈 것이니 조금만 더 참고 있어야겠다'는 자각이 생겼어요. 그래서 자결은 하나님 앞에 죄짓는 일이라고 절실히 느껴지고 해서, 기도하는 중에 내가 결심했던 것을 뉘우치고 자결을 포기했지요."

"하나님의 은혜로 그런 계시가 왔군요. 천만다행입니다. 차차 세월이 가면 모든 누명이 벗겨질 것입니다."

"그리고 내가 이제야 말하지만 내가 내무부에 들어가서 한 달도 못된 어느 날 H의원이 나를 보고 경북도에 국장자리가 비었으니 하나 소개하겠다고 해서, 다른 사람보다도 그는 전직 장관이기도 해서 내가 대접해 드리려고 대번 승낙했더니 2, 3일 후 아침에 그 분이 소개한 국장후보자가 내 집에 찾아와서 이력서를 내놓기에 받아서 펴보니까 그 이력서 속에 100만원짜리 보증수표가 하나 들어 있어요. 그래서 즉시 수표와 이력서를 그 분에게 돌려주면서 취직도 거절했지요. 그랬더니 다음날 H의원이 내게 찾아와서 왜 거절했느냐고 다시 받아두라고 권하기에 내가 사절함과 동시에 취직도 거절하고 말았는데, 내가 나라의 재정을 먹다니 될 말이요?"

"그거야 지남의 청렴결백은 세상이 다 아는데, 어찌 장관의 성질도 모르고 그 밑에 와서 취직하려던 것이었군요."

"그리고 내가 내무부에 있을 때에 내가 조사한 정보로는 그때에 군인들이 쿠데타를 음모하고 있어서 이를 미리 막기 위해서 군대만 믿을 수 없으니 경찰진, 특히 사찰진을 강화해서 철저히 단속하자고 주장하다가 내 뜻을 관철하지 못하니까 그 자리를 물러나왔지요. 그때 나는 짐작이 가서 한 일인데 그 당시 장 총리나 그 주변 인사들은 태평세월만 노래하더라니까! 내가 그들과 정치를 한다고 나섰던 것이 잘못이지요."

"지남이 내무를 그만둘 때의 심경이 바로 초한楚漢시절에 옥두玉斗를 부수며 항우를 떠나 돌아간 범증范增의 심정이로군요."

"글쎄요, 그때의 내 심정도 퍽 불안 불안하였던 것은 사실이지요."

뜰에 가꾸어놓은 상추를 뜯어다가 쌈을 싸먹으면서 세상을 등진 우리 두 사람은 그간 막혔던 가슴을 풀면서 얼마동안 시간을 보냈다.

Ⅷ. 4·19를 예언한 분

1. 서화西化[31] 선생

1959년 늦은 가을이다. 종로1가에 있는 대광다방에서 우연히 낭산朗山 김준연 씨를 만났더니

"내가 한의사 한 분을 만났는데 30여 년 앓던 내자의 병을 몇 첩의

31 돈암동에서 '서화한의원'을 운영하던 박경석(朴炅碩)의 호.

한약으로 고쳤어요. 그러니 서형이 이기붕 씨에게 말해서 그 한의사를 한번 대보았으면 좋겠소.”

“그런 용한 분이 어데 있습니까? 만나 본 다음에 한번 치료받도록 해 줍시다.”

“그 분 고향은 광주光州이고요, 지금 돈암동에서 한의원 간판을 걸고 있으니 만나보고서 한번 상의해보시오.”

이리하여 나는 낭산 선생의 소개로 돈암동 돈암교 옆에 있는 서화西化 한의원을 찾았다. 초대면의 인사가 끝난 후에

“들으니 낭산 선생의 부인이 30여 년간 신경통으로 앓고 있어서 매일같이 그 분 따님(여의사)과 큰 서랑 조 박사(의사)에게서 치료를 받아도 못 낫던 병을 몇 첩의 한약으로 고치셨다는데, 그 부인의 병은 무슨 병입니까?”고 물었더니 주인 박경석 씨는

“내가 그 부인을 진찰해보니까 30여 년 전 그 부인이 소시절 때 여름에 서체暑滯에 걸려서 그 놈이 안 낫고 고질이 되어서, 그 서체가 원인으로 다른 병이 생겼기에 다른 병을 고치기 전에 근본원인인 서체를 고치니까 자연히 다른 지엽의 병이 나았습니다.”

“환자는 신경통을 앓고 있었다는데 어떻게 해서 30여 년 전의 서체를 진단하셨습니까? 지금은 체기가 없었다는데.”

“그거야 나의 진찰로써 대번 판단하였지요. 환자를 보면 대개 그 병의 원인을 진찰할 수 있습니다. 그 원인을 진찰하지 못하고서 지엽으로 생겨난 병만 가지고 주무르니까 잘 낫지 않고 오래 고생합니다. 한방의학은 이 병원病源을 포착하여 치료하는 것이 원칙인데, 요새 서양의학은 현증세만 가지고서 진찰해서 고치려하니까 내가 보기에는 한방의학, 동양의학이 훨씬 진보된 의학이라고 생각합니다.”

나는 어려서 한의사의 아들로 자란만큼 한방의사가 병의 원인을 캐어

가지고 그 원인을 진찰하지 않으면 약을 쓰지 않는 것을 보았고, 나의 외우畏友인 신길구申佶求 씨로부터도 동서의학을 평하기를

"한 사람이 서울역에 와 있는데 그 사람이 무슨 동기로 어데서 출발해서 서울역까지 왔느냐를 묻는 것이 동방의학東方醫學이오, 서울역에 와 있는 현재의 사람만을 다루는 것이 서양의학이니 동방의학이 학문으로서는 훨씬 진보했다"는 말을 들은지라 이 박 선생의 말이 납득이 갔다. 그래서 나는

"박 선생이 이기붕 의장을 진찰해보면 그의 병의 원인을 포착해서 치료방법도 나오겠습니까?"고 물었더니 박씨는 그렇다고 하였다.

그래서 나는 이기붕 씨 댁에 연락해보았더니 병이 악화되어 자유당 간부(당무위원)들도 면회를 잘 못한다는 것이다. 그리하여 조직위원장 이존화李存華 의원을 찾아서 의논해보았더니, 이 의원이 말하기를 "의장의 병은 미국이나 일본에 가서도 고치지 못한 병인데, 이름 없는 한국인으로서 고친다는 것은 나의 상식으로서는 이해가 가지 않으니 치료받으라고 권고할 수 없습니다. 그러나 누구 한 사람, 가령 인 의원 같은 분의 병도 한국의료계에서는 못 고치는 병이니까 그 분의 병을 고친다면 내가 자신을 얻어서 권고해보지요."

이런 결론을 얻었기에 나는 여러 달 병으로 신음 중인 인 의원에게 전화했더니 즉시 차를 타고 나와서 나와 종로 1가의 양지다방에서 만났다. 인 의원은 내 말을 찬동해서 곧 문 앞에 대기하고 있는 차로 돈암동에 가서 박씨의 진찰을 받았다. 진찰결과는 풍병인데 풍 중에도 비풍痺風이라는 것이다. 이 비풍이 생긴 원인은 술을 여러 해 과음하고 속을 많이 상해서 간장이 상했기 때문에 풍병이 된 것이니까 먼저 간장 치료를 하여야 한다는 것이다. 이 설명에 인씨도 수긍해서 그 진단이 옳다는 것이다. 그래서 그가 화제和劑를 내주어서 한약을 다려먹는 동시에 간을

외부로부터 치료해주기 위해서 소통고라는 붉은 가루약을 붙이도록 하였다. 그 뒤에 한 두어 주일 한약도 먹고 약도 붙인 결과 효과를 보았다는 것이다. 그러나 여러 해 앓던 병을 완쾌하려면 2, 3개월 걸리리라는 것이다.

2. 이기붕 의장 치료

이와 같은 치료효과를 확인한 이존화 의원은 이 의장에게 박씨를 추천할 자신이 서게 되었다. 그리하여 광주 출신 박흥규 의원과 이씨가 협의해서 의장비서 김 모가 박 선생을 의장 차로 안내하여 매일 병을 다루게 되었다. 2, 3일 후에 돈암동에 가서 박 선생에게 "이 의장의 병은 무엇입니까?"고 물었더니

"이 의장의 병도 풍입니다. 그러나 보통 풍이 아니라 역시 비풍입니다. 그런데 의장의 비풍은 인씨의 비풍과도 다른 비풍인데 내가 보기에는 매독성 비풍입니다. 이 매독성이 어데서 왔는지는 의장에게는 차마 묻지 못했으나, 나는 처음 진찰하고서 그러한 진단 아래 화제를 해주었는데 그 약을 2첩 먹은 후에 효과를 보았다고 해서 자신을 얻었지요. 그러나 나의 진단은 누구에게도 말씀 마십시오."

나는 이 진단을 듣고 놀랐다. 이씨가 매독병이 잠재해서 그 매독이 원인이 되어 비풍이라는 풍이 생겼다고 보고, 그런 증세로 약을 쓰니까 효과가 났다 하니 그 진찰이 보통이 아님을 알게 되었다. 그 후에 나는 가끔 박씨를 찾아서 매일매일 의장 집에 갔다 온다는 것으로 보아서 신중히 치료한다는 것을 알았다. 그런데 이씨의 병은 다른 사람과 달라서 한 가지 약으로 한 1주일쯤 치료해서 어느 정도의 효과가 나면 다음에는 효과가 없어지고 딴 병이 터진다는 것이다. 그래서 또 다른 처방을 내려서 화제를 만들어서 약을 먹으면 듣다가 며칠 지나면 그 병은 우선해서

안심되는데, 또 다른 병이 터져서 앓게 된다는 것이다. 그래서 박씨가 두 달 반 동안, 즉 70여일을 매일 왕진하면서 처방 변경을 6, 7번 했다고 한다. 그런데 나는 이 의장을 방문하지 않고 이존화 의원의 말을 들으면 박씨의 치료를 받은 후에 자기 힘으로 단장을 짚고 변소 출입을 하게 되고, 말도 남이 알아들을 수 있을 만큼 분명해졌다는 것이다. 그래서 3월 초부터는 이 의장이 당무회의의 사회를 하게 되었다고 대단히 기뻐하였다.

나는 박씨에게 묻기를 "이 의장은 앞으로 완쾌될 것입니까?" 하였더니 그는

"이제야 겨우 병줄을 끊어놓은 셈이지요. 그러나 완쾌되려면 적어도 반년(6개월)간은 정양하여야지요."

"어떠한 방법으로 정양을 하여야 할까요?"

"첫째로 사람을 피해서 그로 하여금 근심 걱정되는 원인을 막아주어야 하고요, 둘째로는 그 분의 몸에 알맞은 보약을 적당한 분량으로 먹어서 차차 건강을 회복하여야지요."

"그렇게 하려면 지금과 같이 집에서 치료해서 되겠습니까? 더구나 조금 나았다고 해서 당무회의에 출석하고, 그 사회를 본다는 말을 들었는데"라고 말했더니 박씨는 깜짝 놀라면서

"이제야 겨우 병줄을 잡았는데, 그러한 과도한 일을 한다면 병이 낫기는 새로(커녕) 도로 도집니다. 속담에 10년 공부 나무아미타불이라더니!"

"그러면 그 분의 건강에는 가장 발언권을 가진 박 선생이 권고를 하십시오. 절대 정양하라고. 모든 사람을 피해서 멀리 떠나가라고."

이리해서 다음날 박씨는 의장 집에 가서 앞으로의 정양을 말한 다음에 결론으로 "만일 조금 낫다고 안심하고 사람을 대하고 정치상 모든 문제를 생각하게 되면 다시 병이 도지는데, 그때는 백약이 무효로 나도

다시 고칠만한 자신이 없습니다."

"그러면 어떻게 하여야 할까요?" 하고 이 의장이 물으니까 박씨는 대번에

"서울을 떠나셔야지요. 그래서 반년 이상 조용히 정양하셔야지요."

"내가 이번 선거에 부통령으로 입후보했는데 서울을 떠난다면 되겠습니까?"

"부통령 입후보해서 당선되는 것보다도 의장님의 건강을 회복하는 일이 더 중요하다고 생각합니다."

"나는 이미 동지들을 위해서 내 생명을 내놓은 사람이요. 내가 건강을 회복키 위해서 서울을 떠날 수는 없고, 또한 부통령 입후보도 포기할 수는 없고요."

"그렇다면 나로서는 이 이상 더 치료해드릴 자신이 없으니 다른 의원을 청해서 치료를 받으십시오."

그러자 이 의장과 주위 사람들이 계속해서 병을 보아달라고 간청했으나 사양하고 나왔다고 한다. 그렇다고 그만 말 수가 없어서 정양할 때 먹을 약(보약)의 화제를 내주었더니 그 약을 늘 보약으로 먹겠다고 약속했다고 한다.

나는 불안감을 가지고 묻기를 "결국 이기붕 씨가 부통령 출마를 포기하고 한 반년 동안 멀리 서울을 떠나서 정양에 전력하여야 완쾌된다는 것은 정치적으로도 중대한 문제인데요?"라고 하였다.

"자기 생명이 아까운 줄 알면 부통령 아니라 대통령 출마도 포기해야지요. 나의 제안한 정양생활을 듣지 않고 병이 조금 나았다고 해서 그 생활을 계속하면 두 달 반 치료한 것이 한 주일도 못가서 도로 악화됩니다. 악화되면 나도 다시 고칠 자신이 없습니다. 그래서 정양을 권고했지요."

"요는 정계를 떠나라, 부통령 출마도 그만두라는 말입니다."

"그렇지요. 내가 그 분을 두어 달 동안 겪어본 결과로 그 분을 평하자면 그 분은 정계를 그만두어야 삽니다. 그리고 그의 사주四柱나 관상으로 보아서 부통령 자리는 물론 지금의 의장 자리도 과분합니다. 과분한 자리에 앉으면 못 견디는 것이 천리입니다. 이 천리를 어기니까 병이 생기고 생명이 위태하지요."

"그러면 그 분의 사주나 관상으로는 앞으로 부통령이나 현재의 국회의장 자리도 과분하니까 정계를 떠나야 한다는 판단이로군요."

"말하자면 그렇습니다. 그러나 지금 자유당에서 이씨를 자유스런 몸으로 놓아주지 않을 것이니, 그의 병을 완쾌한다는 것은 나무 밑에 가서 고기를 구하려는 것과 같은 일입니다. 그래서 내가 손을 뗀 것이지요."

"다시 잘 연구해보시지요. 지금까지도 집에 있으면서 치료를 받았으니까 계속해서 치료할 수 있도록 좋은 약을 마련하시면 되지 않습니까?"

"나로서는 그러한 자신이 없습니다."

3. 4·19 유혈의 예언

이러한 일이 있기 얼마 전, 그러니까 2월 15일이다. 입춘이 지나고 따스한 일기이기에 박씨와 나는 좁은 방속에만 처박혀 있을 수가 없어서 모처럼 바람을 쏘이러 나와서 무교동 향진음식점에서 점심을 먹고 남산공원에 올라갔다. 그곳에서 장안을 내려다보고 이리저리 거닐었다. 그런데 박씨는 전에 없이 침울해져서 말도 잘 하려들지 않는다. 때마침 나는 초대 국회의원이었던 최운교崔雲敎 씨를 만나서 오랜만에 반가워하며 서로 인사말을 주고받다가 한 10분 후에야 헤어져서 박씨에게로 갔더니 아까와 같이 계속해서 침울한 낯빛이기에 나는 "서화 선생, 어찌 그리도 침울하십니까? 이 따사한 봄날씨에 이 좋은 기분을 잊으셨습니까?" 하고 물었다.

"목당, 큰일 났습니다. 내가 오늘 이곳에 올라와서 서울시내를 두루두루 내려다보니까 살기가 감돌고 있습니다. 그래서 이 살기를 감도는 곳을 자세히 바라보니까 바로 저기서 저리저리 흐르고 있습니다"고 말하면서 북악산 밑에서 중앙청으로 세종로 주변을 가리켰다.

"그 살기가 감돌면 어떠한 일이 일어날까요?"

"살기가 저렇게 뻗치면 피를 흘리지요."

"어느 때쯤 그러한 피를 흘릴 일이 생겨날까요?" 하고 물었더니 박씨는 잠간 손가락으로 셈을 하더니 "꼭 두 달 후쯤 되겠군요. 그래서 목당도 그때쯤은 서울을 떠나서 시골로 피신하시오. 그래야 안전할 것 같습니다."

"또 6·25와 같은 난리가 터질까요?"

"아니요. 그러한 큰 난리 같이는 보이지 않습니다만, 좌우간 좀 시끄럽고 피깨나 흘리겠습니다."

"정·부통령 선거는 한 달 후인데 그때에 좀 시끄러우려나봅니다. 한 달 후가 아닌지 잘 살펴보시지요."

"아니요. 틀림없이 두 달 후입니다. 인제 두고 보십시오."

당시는 여야 간에 정·부통령 선거준비에 바빴으나, 별반 여야 간에 충돌될 만한 일도 일어나지 않고 있었다. 다만 야당인 민주당의 대통령 후보인 조병옥 박사가 병을 고친다고 미국에 건너가서 치료경과가 좋다는 신문보도가 있을 때이므로 더욱 나는 선거로 인한 시끄러운 일이란 별로 생각해보지 않았다. 우리 둘이는 이 박사 동상 뒤에 있는 벤치에 앉아서 내가

"서화 선생, 속담에 백기白氣가 떠돌면 병란이 생기고, 청기青氣가 떠돌면 세상이 어지럽다고 하는데 이번에 떠도는 기운은 무슨 기운입니

까?"라고 물었다.

"글쎄요. 백기는 아니고, 청기에 가까운 살기란 기운이 떠돕니다. 그러니 전란은 아니나 흉악한 살기로서 꽤 피를 흘리겠습니다. 이러한 말은 목당 혼자나 아시고 이 뒤에 징험해보시지요. 이러한 말도 세상을 소란케 하는 말이라고 당국에서 취체하면 곤란합니다."

4. 수양과 도통道通

"그런데 수양을 하면 눈이 열린다고 하는데 그 개안開眼이 되려면 몇 해나 도를 닦으면 되나요?"

"글쎄요. 나는 조금 수양하다가 그만두어서 얼치기라 잘 모릅니다만 사람에 따라서 다 다르지요. 석가여래 같은 어른은 6년 동안에 6통을 다 한 분이고, 우리 같은 소인들은 5년, 10년 아니라 일생을 수양해도 1통도 못하지요. 나도 계속해서 참고 잘 했으면 1통쯤, 즉 천안통天眼通쯤은 하는 것인데 중간에 떨어졌습니다. 지금 생각해도 후회막급입니다만."

"천안통이란 무엇입니까?"

"소위 개안이지요. 천지간에 모든 것을 다 볼 수 있는 밝은 눈이지요. 보통 우리는 망원경을 통해야 멀리 보고 현미경을 통해야 미생물을, 보지만 개안이 되면 그 정도가 아니고 더 밝게 볼 수 있을 뿐 아니라, 빛깔을 잘 분별해서 사람의 길흉화복이나 천지운수의 변화도 판단하지요. 내가 이 서울시내 위에 감도는 기운을 보고 살기가 있다는 것도 내가 조금 수양해서 약간 눈이 밝아져서 보는 것이지 내가 무슨 점쟁이같이 점쳐서 말하는 것이 아닙니다."

"그러면 개안이 되면 산천을 보아서 땅속도 짐작이 되겠습니다. 즉 묘자리가 되나 안 되나, 또는 땅속에 물이 흐르나 불이 통하나, 또는 땅속에 광물이 있나 없나 하는 것 등속입니다."

"그렇습니다. 그러나 소위 풍수風水를 아는 것은 좀 쉬우나 땅속의 광물을 알아보는 것은 더 어렵습니다. 내가 전에 들은 이야기로는 300년 전에 이서구李書九 씨가 평양감사로 나가기 전에 남대문에서 남산까지 오르면서 보니까 성곽 속에 금덩이가 하나 있는 것을 보았는데, 평양감사를 살고서 과만瓜滿이 되어 서울로 돌아와서 다시 그곳에 가서 보니까 그 금덩이가 보이지 않더랍니다. 그리하여 이상히 여기고 다음날 다시 와서 아무리 보아도 안 보이기에 어떤 놈이 그 금덩이를 훔쳐갔나 하고서 슬슬 남산 쪽으로 올라와서 보니까, 남산 밑 골짜기에서 움막을 치고 사는 사람이 있어서 가서 보니까 신을 삼고 있는 품이 꼭 그 금덩이를 훔쳐간 사람같이 보이기에 잔뜩 의심을 두고서 그 사람의 동정을 살피니까 그 신 삼던 늙은이가 힐끗 이씨를 한 번 쳐다보고서 혼자말로 말하기를

'제 눈이 어두워가지고 남을 의심해, 허참 별꼴도 다 보겠다'고 하였답니다.

이 말에 깜짝 놀라서 얼굴이 화끈해가지고 집에 돌아와서 곰곰이 생각하니까 그 노인 말이 옳다고 생각하게 되었다나요. 즉 평양감사로 몇 해 지내는 동안 세상 물욕에 싸이고 주색에 물들어서 전과 같은 맑은 정신이 없이 잔뜩 흐려졌다는 것을 깨닫게 되어서, 조용한 곳에 들어가서 100일이나 수양, 즉 도를 닦으니까 눈이 밝아지고 정신이 맑아진 뒤에 다시 남산 밑에 와서 보니까 몇 해 전과 같이 금덩이가 환하게 보였다는데, 그게 소위 천안통이 되는 것이지요. 그런데 그 남산 산골에서 신 삼던 노인은 도인道人입니다. 이씨가 자기를 의심하는 것까지 아는 것은 소위 타심통他心通인데, 이씨보다도 훨씬 수도한 도인입니다."

"서화 선생, 오늘은 일기도 좋고 한가하니 모처럼 수도에 관한 이야기나 해보시지요."

"천안통이 된 다음에 더 수도를 하면 천이통天耳通이 되지요. 이 지경에 이르면 천지간에 모든 소리, 각 나라 사람의 소리뿐 아니라 짐승, 동물의 소리까지도 알게 되지요. 가까운 곳에서 나는 소리뿐 아니라 우리가 듣지 못하는 먼 곳의 소리도 지척과 같이 알아듣게 됩니다."

"내가 전에 들으니까 고려조 때의 강감찬 장군은 동물의 소리도 다 알았다는데, 그래서 그가 전라감사로 왔다가 성안에서 개구리가 요란스럽게 우니까 방을 써 붙인 다음에는 일체 개구리가 성안에서는 울지 못하게 되었다고 합니다. 그래서 전주 성 안에서는 지금도 개구리가 울지 않는다는 말이 있는데 그때 강 장군도 천이통이던 모양이지요?"

"천이통이 되어서 다시 수도를 하면 타심통他心通이 됩니다. 이 경계는 남의 마음을 자기 속과 같이 환하게 아는 것이니, 이런 도인 앞에서는 속이지는 못하지요. 아까 말한 남산골 신 삼던 노인은 타심통을 한 도인이니까 이서구 씨가 마음먹는 것을 알고서 이씨를 꾸짖은 것이지요. 다음에 더 수도를 하면 숙명통宿命通이 됩니다. 이 경계에 이르면 자기나 다른 사람의 전생을 다 알 수 있습니다. 동물, 즉 소나 말 같은 것도 보면 그 전생은 무엇이었던가도 환하게 알게 됩니다."

"내가 전에 김범부金凡夫 선생에게서 동양철학강의를 들을 때에 인도의 한 도승道僧은 자기나 다른 사람의 전생을 1대만 아는 것이 아니라 그 사람의 3,000대까지 아는 숙명통이었다는 말을 들었는데 그게 바로 숙명통의 경계로군요."

"그렇습니다. 그 다음에 또 수양을 잘 하면 신족통神足通이 됩니다. 이 신족통이란 귀신의 발같이 되어가지고 어디로든지 자기가 마음먹는 대로 자유자재로 왕래할 수 있게 되는 경계지요. 축지縮地[32]나 도해渡海[33],

32 축지는 땅을 주름잡는다는 것, 즉 50보나 100보 되는 거리를 한 발짝으로 가도록 한다는 것.

33 도해는 바다를 건넌다는 것.

월령越嶺[34]도 우리가 한 발자국 옮기는 것과 같이 쉽게 다니지요."

"내가 어렸을 때에 들은 말인데 전주 봉서사鳳棲寺에서 불도를 닦던 진묵대사震默大師는 자기 몸은 절에 두고 혼만 날아서 서천 서역국으로 불경佛經을 가지러 갔다는 말이 있는데 이것도 신족통의 하나일까요?"

"혼만 가는 것이 아니라 육신까지도 가는 것이지요. 그래서 이 우주간을 제 맘대로 오고가는 것이지요."

"그 다음은 여섯 번째의 도통道通한 경계는요?"

"최후의 도통경계지요. 누진통漏盡通입니다. 지금까지의 다섯 단계에 이르는 데에는 오방신장五方神將이 막지만 이 경계에 이르면 막지 못해서 정말 자유자재로 행동하는 것이지요. 여기에 이른 사람은 오직 석가여래뿐입니다. 다른 사람은 누진통이 된 분이 없습니다. 이 경계에 이르면 무소불능이 되어서 무슨 일이든지 제 맘대로 하는 것이지요."

"내가 전날에 김범부 선생의 동양철학강의를 들을 때에도 이런 말을 들었고, 또 일불이 살육통이란 말을 들었지요. 즉 하나를 실패, 즉 잘못하면 여섯 가지가 다 통하지 못한다는 말도 이 도를 닦는 사람들을 일깨우는 말이라고 들었지요."

"6통까지 올라가다가 대개 몇 단계까지 가고 마는 것이 보통이지요. 그런데 나 같은 사람은 첫 단계, 즉 천안통에서 주저앉았지요. 그도 완전히 천안통이 되지도 못한 채 주저앉았으니 내 스스로 부끄럽고 후회막급입니다."

"보통사람은 몇 십 년, 일생을 수양해도 천안통 하나에도 이르지 못한다는데 몇 해 공부로 그 지경에 이른 것도 큰 성공이지요. 그런데 그 수도를 하게 된 동기나 내력을 말씀해주시오."

34 월령은 산을 넘어간다는 것.

"해방되던 해에 내 나이 40이오. 마흔 살까지 장사—광주에서 화신和信연쇄점이란 백화점을 경영해서 대소 생활토대가 섰는데, 해방 후 세상이 시끄럽기에 절에 가서 조용히 글이나 읽고 수양이나 할까 해서 근방의 절에 가서 한문공부를 하면서 불경도 읽었고, 설법說法도 들었지요. 순천 송광사, 구례 화엄사, 장성 백양사, 해남 대흥사 등지에 다니면서 몇 해 수양하는데, 즉 참선을 하고 있는데, 하루는 온몸에 불이 확 붙더군요. 그래도 눈을 꼭 감고서 불경만 외우니까 그 불이 내 뱃속으로 들어가는데, 뱃속이 뜨거워서 못 견디겠지요. 이 뜨거움을 참고 얼마동안 불경을 일심으로 외우니까 그 불이 뱃속에서 끓는데, 내 생각에는 내 배위에 무엇을 놓으면 다 타버릴 것만 같더군요. 그런데 내 입에서는 단침이 흘러서 물을 마시지 않아도 목마르지 않고, 음식을 먹지 않아도 시장하지 않아요. 그 입속에서 나오는 것을 감로수甘露水라고 하는데, 이 감로가 나와서 자꾸 삼키니까 먹지 않아도 허기가 들지 않으니 이상한 노릇이지요. 그리고서 하루 이틀씩 앉았지만 잠도 안 오고, 시간 가는 줄도 모릅니다. 마치 달콤한 꿈을 꾸는 것과 비슷하지요. 나도 한창 참선될 때에는 4, 5일씩 먹지도 마시지도 않고 잠도 안 자고 있어보았지요. 그래도 기운이 솟고, 양기가 충만해서 훨훨 날을 것만 같습니다."

"그때에 잡수시는 음식은 무엇이요?"

"고기 즉 동물성은 무엇이든지 먹지 않는데, 그 고기냄새가 맡기 싫어져서 보통사람이 똥, 오줌 냄새를 맡기 싫어하듯 고기냄새를 맡기 싫어지더군요. 자연히 그렇게 되지 내가 억지로 그런 지경에 이르지 않습니다."

"그러한 수양을 하실 때는 어느 절이었습니까?"

"순천 송광사에서 몇 달 참선하는 동안이지요. 그때의 나는 혹 거울을 들여다보면 내 얼굴에 화색이 가득하고, 내 눈이 빛나는 것을 내 스스로 알게 되었지요."

"그러한 수양을 하시다가 천안통에 이르셨습니까?"

"이 참선을 하기를 여러 달 하니까 자연히 눈이 밝아져서 무엇을 보면 그 전에 못 보던 것도 잘 보게 되고, 산을 바라보면 그 산이 어떻다 하는 것을 알게 되고, 사람도 보면 대소 그 사람됨을 짐작하게 됩디다. 그런데 그 수양을 하다가 중간에 그만두니까 다시 봉사(장님)같이 몰라 집디다."

"병든 사람을 보고 병의 증세를 옳게 진단하는 것도 참선하신 후의 일인가요?"

"그렇습니다. 내가 언제 의학을 공부한 것도 아니요, 약학을 연구한 것도 아닌데 자연히 깨달아져서 의술책을 읽어보고, 약에 관한 글을 읽어보니까 내가 마음속에 깨닫는 것과 똑같아져서 그 글을 읽는 재미가 납디다. 그래서 젊은 사람들이 연애소설을 재미나게 읽는 것과 같이 의술책이나 약에 관한 책도 재미나게 읽지요. 그뿐 아니라 불경도 읽어보면 내가 참선으로 깨닫는 것을 적어놓은 것이 불경이라고 봅니다. 다른 중들은 불경을 많이 읽음으로써 불도의 이치를 알게 된다는데, 나는 불경을 읽어보면 마치 내가 전에 알던 길을 찾아가는 것과 같은 기쁜 마음으로 읽게 됩니다. 그러니까 남이 몇 해 읽었다는 불경도 나는 한번만 읽으면 그 불경 속의 이치를 깨닫게 되지요."

"이 의장의 병을 보시면서 진단이나 약화제 내는 것도 참선의 덕입니까?"

"내가 참선하지 않았으면 어떻게 그 분의 병을 본다고 나섰겠어요. 또 약화제도 낼 수 없지요. 내가 의장 집에 갔을 때 그의 비서가 벽장문을 열고 내게 보여주는데 수백 첩의 약이 쌓였습디다. 한 첩, 두 첩만 먹고 말았다는 약들이지요. 내가 그 분의 병을 보고 매일 한약을 두 첩 이상

자시는 것도 한번이라도 그 효과가 없어보십시오. 그 분이 그 약을 또 먹나요? 안 먹지요. 또 내가 화제 낸 약을 비서들이 가서 지어다가 달여서 그 비서나 의장 부인이 맛본 다음에 의장이 마신다는데, 만일 그 약을 먹고 해를 보았으면 나는 벌써 감옥에 갔을 거요. 특히 며칠 동안 약을 쓰다가 그 약이 듣지 않을 때에 내가 진찰해서 새로운 병증세를 잡고, 또 다른 약으로 화제를 바꿀 때에는 내가 한 시간 혹 두어시간씩 참선하는 중에 영靈기운으로 하는 것이지, 과거 내가 이러한 병인病人을 치료해본 경험으로서 하는 것이 아니라오."

이러한 말을 할 때의 박씨의 눈은 유달리 빛나고 있었다. 그로부터 두 달 후인 4월 18, 19일부터 며칠 동안에 부정선거를 규탄하는 데모－젊은 학생들의 의거義擧가 전보다 맹렬히 벌어졌다. 각 지방은 그만두고 서울에서만 1,000여명의 젊은 학생들이 피를 흘렸는데, 그 중 200여명이나 이 의거제단義擧祭壇에 숭고한 희생을 바쳤다.

5월 초순에 나는 돈암동으로 박씨를 찾았다. 그 옆집 다방에 가서 차를 마시면서 나는

"서화 선생, 과연 지난 2월 15일에 남산에서 하신 말씀이 꼭 두 달 후에 들어맞았습니다."

"이승만 박사는 내가 직접 보지 못해서 모르지만, 이기붕 씨는 두 달 반 동안이나 내가 늘 접촉했고, 그 분의 사주도 뜯어보았지만 너무 과분한 영달을 하였어요. 그러니 그 최후가 그렇게 비참하게 되었지요."

"내가 전에 들은 바로는 이 박사도 너무 오래 집권을 해서 화를 받은 것 같습니다. 그것은 내가 해방되던 해 가을에 이리裡里에 사는 김병희金丙熙[35] 씨 댁에서 하룻밤을 자면서 서로 10여 년 간 쌓인 회포를 푼 일이

35 김병희 씨는 김재인(金載寅) 군의 엄친이오, 이춘기(李春基) 의원의 장인.

있었는데, 그때 김씨의 말이 '서 선생, 이 말은 꼭 유의하시오. 10여 년 전 다산多山[36]이 살았을 때에 그가 나에게 비밀히 말하기를 박영효朴泳孝[37] 씨가 나보고 꼭 전해줄 유언이라고 하면서, 자기가 여러 해 전에 우리나라에서 제일가는 사주쟁이 백인이를 불러다가 해외에 망명하고 있는 사람들 10명을 골라서 그 사주를 보였더니, 이승만 박사 한 사람만 10년 동안 정권을 잡을 운이 있대. 그러니까 우리나라도 장차 독립이 될 것이니, 참고 때가 오기를 기다리라고 내게 신신 당부했네'라고 한 말이 지금도 내 귀에 쟁쟁한데, 아직 이 박사가 미국에서 돌아오지 않았지만 이 분이 돌아와서 대통령이 되어서 박영효 씨의 말대로 10년은 정권을 잡을 것이라고 말한 것을 내가 기억합니다. 그 사주가 맞는다면 10년만 정권을 잡았으면 될 것을 12년이나 잡으니까 그 뒤가 처량하게 되지 않았나 생각됩니다."

"이 박사가 2대까지, 즉 8년만 대통령노릇 하고 물러섰으면 국부國父 소리를 들을 것인데 참 안 된 일이지요."

5. 이승만 대통령에게 하야를 권고한 학생대표

그 뒤에 나는 과거 정부수립 전에 같이 국민운동을 하던 동지 몇 사람과 무교동에 있는 서울다방에서 모였는데, 같이 앉았던 이중근李重根 동지가 말하기를

"오늘이 5월 26일, 이 박사가 하야한 지 한 달 되는 날인데, 지난 4월 26일 아침에 데모학생과 군중대표로 5명이 뽑혀서 이 대통령께 하야 권고하러 갔던 그 대표들 중에 세 사람이 여기 와있으니 내가 여러 동지에게 소개하오" 하면서 세 청년을 소개하므로 우리들은 초면 인사를

36 박영철(朴榮喆)의 호. 박씨는 상업은행 두취(頭取, 은행장).

37 박영효 씨는 갑신정변 때의 5인 중의 1인. 고종황제의 매부.

했다. 우리 동지들 중의 하나인 장대희張大熙 씨가 "하야 권고 갔던 소감이나 말해보시오"라고 요청하니 3인 중의 하나인 김기일金基日 군이 대답하였다.

"4월 18일에 의사당에 데모 갔다가 돌아오는 고려대 학생 3,000여명이 종로4가 근처에서 집단테러를 당한 그날 저녁에 저희들은 서울시내 각 대학 대표들 100여명이 고려대학교 강당에 모여서 앞으로 할 일을 의논했지요. 그래서 그날 저녁부터 투쟁본부를 고려대학교 안에 두고, 그 강당에 농성籠城하기 시작해서 26일까지 했습니다. 하야권고대표 다섯 사람(학생대표 3명, 일반대표 2명)도 그곳에서 뽑았지요. 그래서 26일 새벽에 계엄사령관 송요찬 씨에게 교섭했더니 경무대까지 자기가 동행해 주마고 말해서, 저희들 다섯 사람은 송 사령관 차에 편승해서 경무대의 삼엄한 경비망을 무사히 통과해서 대통령 앞에까지 갔습니다. 그날 대통령에게 하야권고를 할 대표 중의 대표는 이 동지입니다. 그러니 구 동지가 말하시오" 하면서 구경서具景書(일반대표) 군을 가리키니까 구군이

"제가 대통령에게 하야권고를 말하기로 네 동지들의 추천을 받은 사람입니다. 그때까지의 저희들 다섯 대표의 흥분된 감정이란 최고도로 올라서 죽음을 각오하고 나온 터이지만, 특히 저는 원래가 다혈질인 놈이라 성이 나면 물불을 헤아리지 않는 성미인데다 그날까지 10여일을 밤낮 잠을 못 자고 뛰어다녔고, 저희 동지들 몇 십명이 데모에 앞장섰다가 피를 토하면서 쓰러지는 것을 내 눈으로 목도한 판이라, 내 속으로는 대통령에게 처음에는 좋게 하야권고를 하여도 듣지 않을 때에는 '너는 삼천만 민족의 원수다'라고 소리를 지르면서 내 철권으로 한 대 치려고 했지요. 물론 옆에서 경호하는 놈들로부터 권총세례를 맞아서 그 자리에서 쓰러지더라도, 또 그렇게 해서 쓰러져 죽어 넘어져야 앞에 간 우리 동지들에게도 면목이 서고요. 그래 우리 일행이 관저에 들어가니까 대통령은

뜰 앞에서 화초를 가꾸시며 한가히 계셔요. 송 사령관의 뒤를 따라서 그 뜰 앞에 갔더니 송 사령관이 저희들을 가리키면서 '이 청년들이 각하를 만나보려고 왔습니다'고 소개하자마자 대통령은 미소를 지으면서 우리를 반가이 맞아주어요. 그 온화하고 인자스러운 표정에 저뿐 아니라 우리 일행의 흥분된 감정이 사라져서 마치 할아버지 앞에 나온 손자와 같은 분위기가 되더군요. 그래서 제가 한발 나서면서 '박사님, 저 시내의 고함소리가 들리십니까?' 하고 물었더니

'아까 내가 이 사람들(경호원들) 보고서 웬 소리가 저렇게 요란스럽게 들리느냐고 물었더니 선거 다시 하라는 소리라고 그래. 그래서 내가 아 선거는 다시 하라고 공포했는데, 또 소리는 왜 지르느냐고 나가서 단단히 알아보고 오라고 했어.'

'박사님 그게 아닙니다. 선거를 다시 하라는 소리를 웨칠 때는 이미 지나갔습니다. 이 데모를 하다가 서울과 지방에서 수천 명의 젊은이들이 피를 흘리고 넘어졌습니다. 이 사실을 아십니까?'

'나는 그러한 자세한 일은 모르고 있었는데, 그것 안 되었군.'

미처 말을 못하고 언짢은 표정을 하면서 얼굴빛이 변하는 것이 과연 금시초문인 듯이 우리들은 느꼈습니다. 그러시더니 대통령은 나를 향해서 진지한 낯으로

'그래, 선거를 다시 하라는 소리가 아니면 무슨 소리인가?'라고 물으시기에 나는 용기를 내어서

'말씀드리기 황송하오나 대통령직을 내놓으시라고 웨치는 소리입니다'고 분명히 말했더니 대통령은 태연한 태도로 예사로운 듯이 그 주위 사람들, 특히 계엄사령관과 경호책임자(곽영주)를 돌아보면서

'아, 그러면 진즉 그렇다고 말을 내게 전해주어야지. 선거를 다시 하라는 소리라고만 하는게야. 내가 언제 대통령을 하고 싶다고 했나? 특히

이번에는 내가 대통령선거에 안 나오고 그만 늙은 몸이나 쉬어야겠다고 해도 국민들이 한사코 원한다고 해서 승낙했는데, 국민이 저렇게 함성을 지르면서까지, 또 지금 이 사람들에게서 듣자니 수천 명 청년들이 피흘려가면서까지 웨쳤다니 어째서 그런 사실을 똑바로 내게 보고해주지 않고서 귀머거리를 만들었나? 국민이 원한다면 내가 대통령직을 내놓고말고. 지금 당장 내놓지! 그리고 내가 이 사실을 즉시 국민 앞에 선포해서 저 사람들에게 알려주어야지!'

그 표정과 하시는 말씀이 하나도 꾸민 것이 없고 천진난만하게만 보여서, 내 스스로 생각하기를 저러한 착한 노인을 속여가면서 집권에 눈이 어두운 놈들이 꾸며낸 짓이 부정선거요, 이 대살상이로구나 라고 생각되면서 백발이 성성한 이 90 노인을 괴롭히는 것이 황송한 마음으로 가득차서 저절로 내 눈에서 눈물이 흐르더군요. 둘러보니까 다른 동지 네 사람도 눈물을 흘리고 있으며, 송 사령관은 고개를 숙이고 침울한 표정이었고요. 그래서 다시 더 말을 하려 해도 내 가슴이 감격에 벅차서 더 말씀을 드릴 수도 없어서 눈물을 닦을 사이도 없이 작별인사를 드리고 나왔는데, 즉시 대통령 하야의 방송이 나오고, 곧 이어서 신문 호외가 나돌더군요. 그때의 역사적 순간이 벌써 한 달이 되었습니다만 역시 이 박사는 위대하신 어른인데, 그 어른을 받들어서 모시는 간신배들 때문에 그 양반이 망신당했다고 생각되어서 지금도 그 분이 불쌍한 생각만 듭니다. 그리고 진즉부터 우리 젊은이들의 외치는 소리를 이 할아버지께 직접 알려드렸으면, 과거 한 달 동안에 서울과 지방에서 피 흘리는 일이 일어나지 않았을 것이 아닌가 하고 후회도 되더군요."

이 말에 김성환金晟煥 동지가 "그게 다 국운이오. 우리 민족이 민주주의를 배우고, 그 민주주의를 실행해나가는 과정을 비싼 값을 내면서 살아가야 한다는 엄숙한 역사적 교훈이니 할 수 없는 일이지요."

이중근 : "그런데 가관인 것은 이번 4·19때 학생들의 비난대상이 되었던 자유당 간부나 정부의 장관, 차관 중에 과거에 우리가 해방 후 이 박사를 모시고 국민운동, 반탁운동을 하던 동지들은 한 사람도 끼어 있지 않다는 것을 알아야 해요. 세 분 젊은 동지들도 알아야 할 것은 우리가 과거에 무슨 운동을 했다고 해서 정부수립 후에 무슨 벼슬줄에 들어가려고 소위 엽관獵官운동한 사람은 없으니까, 또 그런 재주도 없고. 대통령께나 누구에게나 아첨할 줄을 모르고 살았으니 벼슬을 할 수가 있어야지. 그러니 또 고생문이 훤하고요."

필자 : "이번에 정부 고관으로 있다가 물러난 사람이나 자유당 당무위원 중에 과거 일정시절이나 해방 후 군정시절에 민족운동－독립운동을 한 사람은 하나도 없다는 것은 깊이 관찰해보아야 할 문제라고 봅니다. 구태여 들어본다면 각 지방장관, 즉 도지사 10명 중에 두어 사람은 지방적으로 국민운동을 한 사람이 있을 뿐이지요. 그리고 이 박사나 이기붕이나 다 자기네에게 고분고분 비위맞추는 아첨 잘 하는 사람들만 추려서 썼지, 정치가의 기백이나 과거 혁명운동 공로자는 멀리했어요. 왜? 그들은 입바른 소리나 탕탕 하고, 고분고분 머리숙이지 않으니까 부려먹기가 힘들거든요. 좀 심하게 말하면 일정시절에 일본인 이상으로 소위 황민화皇民化운동에 앞장섰던 사람들이 거개가 등용되었지요. 그 예로는 함경도 경찰국 보안과장 하던 사람, 평안도 지방과장 지낸 사람 또는 경찰서장 지낸 사람, 충청도 시학관 지낸 사람, 총독부 무슨 과장하던 사람 등등 그런 사람들이 자유당이나 이 박사 정권에 참여해서 판쳤으니, 그들이 얼마나 두드러지게 나라와 겨레를 사랑했을까 염려되지요. 그러한 사람들이 결국 이 박사 같은 위대한 인물을 망신케 한 것이고, 또한 이 박사도 과거의 그 사람 행적을 조사하지 않고 국사를 맡긴 것이 실수 중의 실수지요."

김성환 : "지금 서형의 말은 중앙의 이야기지만 각 지방을 살펴보아도 그래요. 각 지방에서도 자유당 하는 사람이나 지방관리 중에 해방 전과 해방 후에 독립운동한 사람은 통 볼 수 없어요. 과거 일본놈들에게 아첨 잘해서 출세하던 그 사람들이 다시 그때의 처세하던 방식, 즉 권력층에 아첨 잘하는 방법대로 해서 자유당도 잘 해먹고 관리노릇도 잘 해먹었지요."

이중근 : "나는 이번 4·19가 일어난 후 이런 생각도 해보았어요. 만일 국민회가 각 정당을 초월해서, 말하자면 우리가 최초 국민회를 창설할 당시와 같은 초연한 위치에 서서 각 정당의 정치싸움을 말리고 책망하는 공정한 국민의 소리를 할 수 있는 기능을 발휘했으면 3·15부정선거도 일어나지 못했을 것이 아닌가, 또 일어났다 하더라도 곧 이것을 시정토록 국민의 소리로써 부르짖어서 4·19같은 피를 흘리지 않을 수 있지 않았을까 하는 것도 생각해보았지요."

필자 : "6·25사변 전에 국민운동 하던 동지들이 중심이 되어서 대한국민당을 만들 때에도 국민회 본부에서 개인자격으로는 몇 동지가 그 창당에 참가했지만 본부로서는 초연한 위치에 섰었지요. 부산 피난시절에 이승만 박사가 1951년 광복절기념사 중에서 정당을 하나 만드는 것이 좋겠다고 말씀한 뒤에, 국민회 본부의 동지들이 신당을 만든다고 할 때에 나같은 사람도 허정 씨 이하 몇몇 인사들이 신당에 가담하라고 권고했지만 내가 참가하지 않았고, 수복 후에 이기붕 씨가 자유당 수습에 협력해주기를 바랐으나 응하지 않은 것은, 내 평소의 신념으로는 '국민회는 최초 창립 당시의 이념대로 정당 정파를 초월해서 순수한 국민운동만을 지향해야 한다'는 것을 고수하려는 것이었지요. 말하자면 정당, 즉 자유당에 초연해서 그 시시비비를 가려서 이를 대소고소大所高所에서지도 편달할지언정 자유당의 시녀가 되어서는 안 되어야 할 것인데, 결

국 자유당의 시녀로 떨어졌으니 말하자면 국민회의 가치가 없어졌다고 보아야 할 것이거든. 이도 국민운동하던 동지들만이 가지는 일종의 향수라고나 할까요? 자유당과 그 운명을 같이하게 된 국민회가 과거에 빛나는 업적과 그 순수성을 회고할 때 참 애석한 일이요, 감개무량하외다."

이중근 : "그러니 우리가 다시 국민회 창설 당시로 돌아가서 이를 재건할 생각은 없소? 나는 그런 생각을 하는데, 다른 동지들은 어떠하시오?"

김성환 : "우리나라의 현 정세가 국민회 창립 당시와 다른 만큼 간단히 생각할 문제가 아니니까 충분히 검토합시다."

장대희 : "자유당 앞잡이, 그 시녀노릇 하다가 죽은 국민회를 재건한다는 것은 간단한 문제가 아니니 우리가 시일을 두고 더 연구합시다."

필자 : "우리 동지들이나 젊은 세 분 앞에 내가 분명히 해두고자 하는 것은 3·15부정선거를 누가 주동이 되어 실시했느냐? 앞으로 사직당국이 규명해서 밝히겠지만, 이는 자유당이 한 것이 아니라 경찰이 주동이 되어 경찰 직권을 남용해서 저지른 민주선거를 반역한 천추의 죄악이었소. 3·15선거 전후에 자유당 간부들에게 들은 이야기로는 2월 하순에 모 신문지상에 '경찰이 무더기투표를 계획한다'고 폭로해서 그날로 당장에 서대문 이기붕 씨 집에서 자유당 당무회의가 열려서 논란 끝에 내무장관 최인규를 갈아치우기로 결의했답니다. 그랬더니 최가 대번에 쫓아와서 당무위원과 의장 앞에서 눈물을 흘리면서 절대로 부정선거를 하지 않겠다고 맹세하였는데, 그 뒤 도지사와 경찰국장 사직서를 미리 받아놓고, 그들에게 '누구의 명령이나 권고나 내 명의의 글도 믿지 말고, 오직 내 육성肉聲만을 들어서 그대로 실행하되, 내 육성으로 명령한 것을 어기는 자는 이 사직서대로 즉시 처리하겠다'고 위협해 놓았답니다. 그리고 선거에 임박해서는 각 도 경찰국장에게 최인규가 전화를 통해서 직접 육

성으로 무더기투표를 감행하라고 지시했답니다. 그래서 각 지방에서는 자유당 간부들과 경찰당국과 충돌되지 않은 곳이 별로 없을 정도로 전국적으로 충돌이 벌어졌답니다. 그러니 경찰이 선거를 망쳤고, 자유당과 이 박사도 망쳐놓은 셈이지요."

이중근 : "그러나 자유당도 나쁘지요. 3·15 뒤에 그런 부정선거한 줄을 알고도 왜 그대로 깔아뭉개요? 우리 같으면 자유당 당무회의나 전당대회를 곧 열고 3·15선거는 부정선거이니까 취소한다, 다시 선거하자고 하지 못하고 그 부정을 알면서 그 부정을 시인하고 들어가느냐 말이요. 그러니까 자유당도 나쁘다고 국민의 심판을 받아야지요."

필자 : "과거에 혁명운동을 한 기백 있는 사람들이 모인 단체－정당이라면 그렇게 하지요. 그러나 일정시절에 그 사람들 밑에서 아부하던 기백 없는 용렬한 졸장부들이 그런 생각을 낼 수도 없고, 또 한 가지는 자유당 집권에 도취해서 국민을 얕보는 교만심이 있어서 그런 생각은 엄두도 못 냈다는 것을 관찰할 필요가 있습니다."

김성환 : "3·15부정선거를 경찰이 주동이 되어서 했다 하지만 부정선거가 이번만이 아니거든. 우리나라 선거사상에 처음으로 부정선거가 생긴 것은 제3대 총선거, 즉 1954년 5·2총선거 때부터이거든. 그 동안 자유당이 경찰을 앞잡이 삼아서 부정선거를 늘 해내려오다가 이번에는 그 길러놓은 경찰의 손에 자기네가 먹히고 말았으니 자업자득이었지. 자유당으로서도 그 책임을 면할 도리가 없어요. 모든 것을 국운으로 돌리면 그만이지만, 그 근원을 검토한다면 자유당의 과거에 저지른 과오를 국민 앞에 심판받지 않을 도리가 없다고 보아요."

이중근 : "앞으로나 이런 민족적 불행이 다시 되풀이되지 않기 위해서 당신들 같은 씩씩한 젊은 동지들이 일어나주어야겠소이다. 또 이번의 의거에 유종의 미를 거두기 위해서도."

6. 김범부 선생의 한시(漢詩) 2수

며칠 후에 나는 김범부 선생을 만났더니

"목당, 우리나라도 소망이 있는 나라여! 죽음을 두려워하지 않는 용감한 젊은 사람들이 법의 테두리 안에서는 못할 일을 해놓았어. 말하자면 혁명이란 중대한 역사를 이루어놓았고, 또 그런 큰일을 이루어놓은 다음 순간 깨끗이 물러나서 학생의 본 자세로, 청년은 청년의 제자리로 물러나서 정치는 정치인들에게 맡긴다고 하는 대결단을 순간에 과감히 결정하는 품이 아름답거든. 지금까지 한 달 동안 싸운 것 못지않게 훌륭한 행동이거든. 아마도 우리나라의 이번 학생들이 이뤄놓은 큰일을 보고 세계 각국 학생들이 가진 한국학생에 대한 인식이 달라질 것이여. 세계인이 다 높이 평가할 것이거든."

"과거 수십 년 동안에 일본 제국주의와의 싸움에 늘 앞장섰던 민족의 엘리트였던 학생들의 뒤를 이어받아서 손색이 없을 뿐 아니라 오히려 더 빛났습니다. 2·8동경유학생 독립선언과 6·10만세와 광주학생사건에 비교할 정도를 훨씬 넘는 위대한 업적입니다."

"내가 믿음직한 이 젊은이들의 진퇴가 깨끗한 것을 보고 한시漢詩를 하나 읊어보았어" 하시면서 다음과 같은 한 구절을 내놓으셨다.

熱血紅顔競捨身 피 끓는 젊은 양재 다투어 몸 바치니
열 혈 홍 안 경 사 신

風流一脈舊精神 한 가닥 풍류스럼이 옛날의 그것이라네
풍 류 일 맥 구 정 신

死如諸子元非死 그대들 같은 죽음이야 원래 죽음이 아니어니
사 여 제 자 원 비 사

義氣干霄日月新 하늘을 치솟는 의기 해와 달이 새로워라
의 기 간 소 일 월 신

그 후 1년 쯤 지나 5·16군사쿠데타가 일어난 뒤 얼마 지난 음력 5월 5일, 즉 단오날 종로1가 자유다방에서 나는 범부 선생을 만났다.

"선생님, 전날에 말씀하시기를 '앞으로 젊은 사람들이 나올 것이라'고 하시더니 이 군인들을 지칭하신 것입니까?"

"그렇게 보아도 괜찮겠지. 군인들이 되어서 하는 일이 좀 서투를 것이여. 그러나 젊으니만큼 기백이 있어서 무엇을 해보려고 할 것이거든."

"이 군인들이 정권을 잡은 뒤에 그 소감으로 지으신 한시라도 없습니까?"

"목당, 오늘은 마침 단오절이기도하니까 내가 한 수 읊을 터이니 받아 써봐."

이리해서 다음 한시 하나를 읊으시는 것을 곧 받아 적었다.

五代中原最亂世 중국에서 제일 어지러운 때는 오대시절인데
오대중원최난세

馮道歷仕八姓君 그때에도 풍도란 사람은 오대가 바뀌는 동안에도
풍도역사팔성군 늘 새 나라에서 벼슬아치를 했다

古今亂世看同轍 어지러운 세상이란 옛날이나 지금이나 같은 수레
고금난세간동철 바퀴자국 같이 볼 수 있는데

滿眼英傑摠狐群 세상에서 영웅호걸이라 뽐내던 놈들이 알고 보니
만안영걸총호군 다 여우떼들이었다

經國濟民屬杞憂 나라를 다스리고 백성을 건져낼 생각은 다 쓸데
경국제민속기우 없는 근심이니

孔明草堂晝齁齁 공명 같은 정치가도 대낮에 코골고 잠자게 되었다
공명초당주후후

天下大計示諸掌 천하를 요리할 큰 꾀가 마치 손바닥 들여다보듯이
천하대계시제장 환한데

知士聞之只點頭 아는 사람은 듣고서 다만 머리만 끄덕끄덕할
지 사 문 지 지 점 두 따름이로다

7. 서화의 예언

4·19를 미리 말하던 박씨는 돈암동 한의원을 집어치우고 시골에 내려갔다가 8월에 다시 올라와서 인사동 파고다공원 뒷골목에 다시 한의원을 차렸다. 그래서 나는 가끔 그곳으로 놀러 갔다.

7·29선거도 끝나고 8·15광복절이 와서 제2공화국이 수립되었다. 나와 박씨는 종로2가에 있는 금원다방에서 차를 마시면서 세상 되어가는 이야기를 나누었다.

"서화 선생! 자유당 시절에 민주당이 여러 해 동안 내각책임제를 주장하더니 이제야 그들이 정권을 잡았으니까 소신껏 잘 할까요?"

"내가 서울에 올라오기 전에 시골에서 가끔 천기를 보았고, 또 서울에 와서도 몇 차례 천기를 보니까 아직도 우리나라는 안정이 못되고 있어요."

"그러면 다시 시끄럽겠다는 말씀이요?"

"4·19때 같이 시끄럽다는 것은 아니되, 정계는 좀 안정되지 못할 것입니다. 두고 보시오."

"그러면 안정되지 못한다면 이 민주당 정권이 오래 가지 못한다는 말씀인가요?"

"안정되지 못한다는 말은 여러 가지 의미가 포함되어 있는데, 일도 제대로 잘 못한다는 뜻도 있고, 또 하나는 이 정권이 오랫동안 계속되지 못한다는 말도 되지요."

"오래 계속되지 못해도 다음 선거 즉 4년 동안은 유지될 것이 아닙니까?"

"아니오. 4년이 다 무엇입니까? 어림도 없습니다."

"그러면 몇 해나 계속될까요?"

이때 박씨는 주위를 돌아보고서 나직한 목소리로 "이 민주당 정권-장면 정권이 1년을 못갑니다. 두고 보시오."

"무슨 근거를 가지고 그러십니까?"

"그저 내가 천기를 보고서 내린 판단이지요."

"그럴까요? 나는 도무지 믿어지지 않는데요."

"인제 두고 보시오. 1년 이내에 무너집니다."

천기를 보아서, 즉 저녁에 나오는 별들을 보아서 세상일을 미리 짐작한다는 것은 어떠한 과학적 근거도 없는 말이기에 내 귀에는 씨가 먹히지 않는다. 그래서 내 속으로만 '어디, 두고 보자'고 벼르고 있었다.

그럭저럭 또 몇 달이 지났다. 그런데 5월로 접어들어 반 달이 지난 16일 새벽에 느닷없이 총소리가 요란했다. 동리사람들이 수군수군 대면서 거리에 쏟아져 나왔으나, 길목을 막고 있는 군인들, 얼룩덜룩한 군복을 입은 국군들에 의해서 통행이 제지되고 있었다. 모두들

"무슨 일이 일어났군, 일어났어!"

"6·25같은 것은 아닌가?"

"그건 아닌 모양이여. 우리 국군들뿐인 것을 보니까."

그래서 안심하고 집에 다시 돌아가 라디오를 틀어놓고 무슨 소리가 나기만 기다렸더니, 날이 샐 무렵에야 육군참모총장 장도영의 이름으로 군인 쿠데타를 보도하므로 비로소 우리들은 마음이 놓였다. 그날 오후에 나는 시내로 들어가서 인사동에 갔다. 나를 본 박씨는

"목당, 놀래셨지요? 올 것이 왔어요."

"군인들이 일으킨 모양인데 성공이 될까?"

"성공되고 안 되고가 있소? 벌써 다 쥐었는데. 이러고서 물러나갈 군

인들이 어데 있어요?”

“누가 정권을 잡든지 외국놈들은 아니니까 설마 일본놈들보다야 낫겠지요. 그런데 선생이 전에 말씀하던 말이 또 들어맞아서 경의나 표하려고 왔소이다.”

“이제 세상이 좀 조용해질 것이요. 매일 일어나던 데모사태도 끝나고, 국회에서의 쌈질도 멈추게 될거요.”

“그래, 선생이 요새 천기를 좀 보셨나요?”

“보고 안 보고가 있어요? 민주당 정권은 1년도 못 가리라고 내가 말할 때에 목당은 내 말을 곧이듣지 않았지만 이제 이렇게 되어도 내 말을 믿지 못하겠소?”

“과거사는 그렇고, 앞으로 이 군인들이 몇 해나 정치를 할까요?”

“글쎄요. 내가 무엇을 알랍딩가요? 그러나 내가 보기에는 10년 이상 계속되지 않을까요?”

“아니, 그렇게 10년 이상 군인들이 정치를 한다면 우리나라 민주주의는 숨 막히게? 그리고 해방 후 10여 년간 날뛰던 정치가들이 가만히 있겠어요?”

“가만히 있지 않으면 별 수 있나요? 이 박사가 10여 년간 꾹 누르고 정치를 했으니까 그래도 나라가 조용하고 백성이 안정되어가더니, 그 분이 물러간 뒤의 나라꼴 좀 보시오. 어른 없는 집안의 아해들 모인 것같이 같은 민주당끼리 갈라져서 쌈질만 했지 무슨 정치를 했나요? 참, 장면이란 사람 무능해요.”

“그 동안 10여 년간 이 박사의 호령에 일본놈들이 우리를 넘겨다보지 못하더니, 이새 매일 동남쪽 바다에서는 평화선을 뚫고 고기 잡으려고 밀려드는 일본어선의 수효를 보시오. 그리고 일본자본을 끌어오려고 누구누구 실업가들이 날뛰지요. 그뿐인가요? 이북의 공산당은 38선을 타고 오는 전법을 바꾸어가지고 한 다리 건너 일본으로 마수를 뻗쳐서 재일교포를 통해서 간접으로 우리나라에 들어오고 있지 않아요? 앞일을 내다보는 사람들이 걱정해쌓더니 결국 올 것이 왔군요."

"소위 구정치인들이 이 군인들에게 혼이 좀 나야지요!"

부록 이승만 박사에 대한 인상

이승만李承晩 박사에 대한 인상印象

I. 서 언

내가 보통학교 1학년 때 일이다. 제3학기 말, 즉 1919년 기미년 3월에 독립만세가 사방에서 터졌다. 그 뒤 한 달쯤 지나서 전주고등보통학교에 입학한 형님이 공일날 집에 와서 내게 하는 말이 "청국 상해에 가정부假政府가 서고, 이승만 박사가 대통령이 되었다 한다." 이 말은 어린 나에게뿐 아니라 당시 학교에서 신문화를 흡수하는 청소년 학생은 물론 전국 2,000만 동포에게 주는 새로운 큰 소식이요 희망이었다. 그 뒤에도 나는 형님에게서 혹은 다른 어른들에게서 이 이승만 박사에 관한 소식을 알고자 늘 궁금히 여겼다. 그러나 한 해가 가고 두 해가 가고 10년이 가고 20년이 가는 동안에 이 이승만 박사에 대한 기억은 감감히 사라져서 어린 시절에 듣던 신화같이 가물가물해졌다.

태평양전쟁이 한창이던 1942년 1월에 내가 겨울방학으로 고향에 내려왔다가 전북 이리에 사는 김병희金丙熙 씨를 찾았더니, 그분이 하루저녁 놀다 가라는 권고로 그 댁에서 하루저녁을 지내는데, 밤늦게 조용한 틈을 타서 김씨가 하는 말이 "다산多山[1]이 생전에 나에게 신신당부한 말이 있소. 그것은 금능위錦綾尉 박영효朴泳孝[2]가 '당시 해외에 나가 있는 망명지사들 20여 명 중에서 이승만 박사만이 10년간 국권國權을 잡을 천운을

---

1 박영철(朴榮喆) 씨 호. 당시 강원도지사, 상업은행 두취(행장) 역임.

2 박영효 씨는 고종황제의 부마(駙馬). 갑신정변 시 5 지사 중 1인.

타고났으니, 장차 우리나라도 독립될 천운이 있는 나라이거든. 그러나 나는 조국이 독립됨을 못보고 죽더라도 다산은 연부역강하니 생전에 독립되는 것도 보고, 또한 이승만 박사가 국권을 잡는 것도 보라'고 유언같이 말하더라는 것이요." 이때부터 나는 이승만 박사에 대한 소년시절부터 간직했던 꿈이 되살아났다.

Ⅱ. 해방과 이승만 박사의 환국

1945년 8월 15일 저녁때 만주 안동역전 여관에서 일본이 항복한 소식을 듣자 그 큰 충격으로 그 밤을 지새우면서 조국의 앞날을 그려보기도 하였다. 이틀 후인 8월 17일 저녁때 서울에 돌아온 나는 해방 후의 서울에서의 감격과 혼돈 속에서 한결 더 이승만 박사에 대한 소식이 궁금했었는데, 9월 초에 신문지상에 조선인민공화국(人公) 주석이 되었다는 발표가 있자 전 국민은 주목을 하게 되었다. 그러나 며칠이 못가서 인공은 좌익계열에서 꾸며낸 연극이고, 이 좌익 측의 연극에 속아 넘어갈 이 박사가 아니니 두고 보라는 말이 우익 측에서 나왔다.

그러던 어느 날, 즉 10월 16일 저녁뉴스시간에 뜻밖에 이 박사의 환국하심이 전해지자 장안인심, 아니 전 국민은 환호성을 올리고 감격은 고조되었다. 그러자 다음날에는 이 박사께서 친히 방송을 통하여 전 국민에게 귀국인사를 하였다. 그 방송 중에서 인공에 대한 이 박사의 태도는 분명해졌다. 동시에 해방 후 조국을 붉은 구름 속에 몰아넣으려들던 좌익공산계열들의 어두운 구름이 차차 사라져가고, 우리 겨레에게는 한 가닥 밝은 빛이 비취기 시작하였다.

Ⅲ. 신탁통치 반대운동

1945년도 저물어가는 12월 28일에 모스크바로부터 신탁통치안이 전해지자 우리나라는 한층 혼란의 소용돌이 속에 휘말려들었는데, 이승만 박사는 겨레의 선두에서 반탁의 깃발을 드높이 쳐들어서 우리 민족의 나아갈 길을 밝히셨다. 그 뒤 1946년 5월 초순 제1차 미소공동위원회가 결렬되고 무기휴회로 들어가자, 반탁자주독립을 부르짖는 전 민족은 그 달 12일에 서울에서 독립전취국민대회를 개최한 것을 효시로 전국에서 각 도·시·군마다 이 모임을 가졌으며, 중앙에서는 전국애국단체연합회(애련)를 강화하기로 하여 애련 100여 단체 중 큰 단체 10개 단체를 상임단체로 선정해서 이 10개 단체대표가 매일 한 차례씩 모여 우리 민족의 독립투쟁을 한층 군세고 효과 있게 펴나가자고 결의하였다.

애련 상임 10개 단체명

1. 대한독립촉성국민회 대표 노동부장 박문희朴文憙
2. 대한애국부인회 대표 총무부장 이경채李瓊茝
3. 대한독립촉성청년연맹 대표 부위원장 한민홍韓旻洪
4. 대한노동연맹 대표 위원장 홍윤옥洪允玉
5. 한국민주당 대표 연락부장 조헌영趙憲泳
6. 한국독립당 대표 연락부장 유동붕柳東鵬
7. 신한민족당 대표 연락부장 손공린孫公麟
8. 미소공동위원회대책총연맹 대표 총무부장 서재권徐載權
9. 문화단체총연합회 대표 총무부장 김의준金儀俊
10. 서울시동회총연합회 대표 사간동회장 이태영李泰榮

이 상임대표들은 매일 9시에 국민회본부에 한 차례씩 모여서 정오까지 애련단체행동을 통일보조로 나가는 일에 관해서 협의해갔다.

Ⅳ. 모략사건

그런데 며칠이 지난 5월 17일 아침 서울시내에 괴상망측한 삐라가 살포되어 있었다. 그 삐라는 농민조합총연합회 명의로 된 것인데, 그 내용은 다음과 같다.

1. 우리나라 광산권을 이승만 박사가 미국에다가 팔아먹었다.
2. 우리나라 외교권을 김구 씨가 중국에다가 팔아먹었다.

이 삐라를 놓고 각 대표들이 의논한 결과 우선 피해를 당하신 두 어른, 즉 이승만 박사와 김구 선생에게 이 삐라를 보여드리고, 그 어른들의 지시를 기다려서 애련으로서도 행동을 개시하자는 결론을 내렸다.

그리하여 이 두 분께 애련대표를 파견하기로 하였는데, 나는 다른 대표 두 사람과 함께 6월 18일 오전 10시에 먼저 돈암장으로 가서 난생처음으로 이승만 박사를 만나뵈었다. 내가 소년시절부터 들어서 존경과 동경의 상징이었던 박사님을 30년 만에 뵙게 된 감격은 말과 붓으로 다 나타낼 수 없을 정도이었다.

이 박사는 인자스런 자부慈父가 그 자녀를 대하듯이 따스하고 자연스럽게 악수를 청하시고, 자리를 권하시면서 애련대표에 대하여 수고한다는 인사말까지 하시는 모습은 마치 여러 해 동안 사귀어서 친숙한 사이같이 다정스럽고 순수한 것이었다.

좌익계열의 삐라를 보여드리면서 찾아뵙게 된 용건을 말씀드렸더니, 별로 놀라거나 불쾌한 표정도 지으시지 않고 한귀로 듣고 한귀로 흘리시는 표정이시며, 무상심상하신 표정이시다. 마치 동네를 지나다가 개가 컹컹 짖어대는 소리를 듣고 무표정하게 평온한 심정으로 귀넘기듯 태연자약하신 금도, 이러한 대금도이시다. 대표들 중 누군가가 "선생님의 분부 여하에 따라서 저희들 애련으로서는 무슨 대책을 세우기로 작정했습니다. 분부만 내려주십시오"라고 말씀드렸더니, 이 박사께서는 "공산당이라는 것은 소련이나 예나 다 일반일 게야. 무슨 소리든지 떠들어대고, 모략하고, 음모하고, 욕하는 것이 그네들의 상투요 생리여. 내버려두게 내버려두어"라고 대답하셨다. 이 무관심과 방치하라는 말씀에 일동은 어처구니없이 작별인사를 드리고 돌아왔다.

대표들 세 사람은 다시 경교장으로 임시정부 주석이시었던 김구 선생을 찾아가 뵙고서 돈암장에서와 같이 삐라를 보여드리면서 말씀드렸더니, 김구 선생 역시 태연자약하시면서 "이 박사께서 무엇이라고 말씀하시던가?"하고 물으셨다. 이에 "네, 그까짓 공산당들의 거짓부리 삐라에 관심 쓸 것 없다고 귀담아 듣지도 않으십니다"고 대답하니, "나 역시 상대하지 않을 것이니 애련동지들도 그까짓 놈들 소리 상대하지 말게"라고 말씀하셨다.

다음 날 아침에 애련상임대표들은 이 보고를 듣고서 두 어른들의 대금도에 경탄했다.

그날 돈암장에서 나올 때에 윤석오尹錫五 비서가 집 앞 뜰에서 우리들에게 하는 말이 "박사님을 모시고 경상도 일대를 돌아갈 때 경주에서 박사님이 한시 한 수를 지으셨는데 참 잘 지으셨어요. 그 지방 인사들도 명작이라고 감탄하더군요" 하면서 나에게 보여준 한시는

少小已聞佛國名 젊은 시절에 이미 듣던 불국사를
소 소 이 문 불 국 명

登臨此日不勝情 오늘에야 와보니 기쁜 마음 한량없네
등 임 차 일 불 승 정

群山不語前朝事 사방에 둘러 선 산들은 전 나라 일을 말 않는데
군 산 불 어 전 조 사

流水猶傳故國聲 흐르는 시냇물은 오히려 옛 나라 소리를 하누나
유 수 유 전 고 국 성

半月城中春草合 반월성 안에는 봄풀이 무성하고
반 월 성 중 춘 초 합

瞻星臺下野花明 첨성대 아래 들꽃이 만발하였구나
첨 성 대 하 야 화 명

只今四海風情息 지금 세상은 조용하게 바람이 그쳤는데
지 금 사 해 풍 정 식

城外古壘臥戍兵 성 밖에 옛(무덤) 숫자리들이 누웠구나
성 외 고 루 와 수 병

Ⅴ. 공산주의자들의 독립운동 방해

1946년 6월 12일 국민회전국대회에서 국민회 회장이 되신 이시영李始榮 선생께 축하인사를 올리고자 이삼일 지난 뒤에 나는 낙원동으로 가서 인사를 드린 뒤에 지난달에 있었던 일, 즉 공산계열의 모략 삐라사건에 대한 이승만 박사님과 김구 선생의 도량 넓으신 처사에 관해서 말씀드렸더니, 이 회장님은 "공산좌익분자들에게 우리가 해외에서 당한 뼈저린 통분한 사건이 한두 가지가 아니지만, 그 중에서도 최근에 있었던 일 하나를 들어보소" 하시면서 자못 감회가 깊은 듯이 긴 한숨 끝에 말씀하신다.

"벌써 한 5년 전 일이 되었구먼. 태평양전쟁이 일어나서 한 반년동안은 미군 측이 일본군에 밀려서 태평양 안 각지에 있던 미군들이 고전했지. 그때에 이 박사가 미국정부에다가 건의하기를 '중국 내 각지에는 한국독립군, 즉 광복군이 산재하고 있어서 지금도 장개석 총통 산하에 들어가서 일본군과 싸우고 있으니, 만일 미국 측에서 우리 독립군을 연합국교전군대로만 인정해준다면, 조속한 시일 안으로 우리나라 독립군을 모아서 한 교전단체로 만들어서 일본군에 대해서 선전포고를 한 다음에 연합군의 일원으로 일본군과 싸우겠으니, 우리 독립군을 인정하여주시오' 했더니 *루스벨트* 대통령 이하 각 관계관들이 승낙하므로, 이 박사는 한국이 일본의 기반에서 벗어나 독립될 기회가 왔다고 기뻐하면서, 중국에 있는 임시정부 김 주석에게 이 기쁜 소식을 알려서 조속한 시일 안으로 우리 독립군을 모아서 한 개의 군대를 편성하여 대일선전포고를 하라는 내용의 편지를 써서, 미국에 와 있는 중국 대사 안혜경顔惠卿 박사가 중국 정부로 가는 편에 그 편지를 김 주석에게 전해달라고 부탁했다는 것이여.

이 박사는 김 주석으로부터 회답이 오기를 기다려도 1년이 지나가도 소식이 없어서 그 안 대사에게 뒷날 알아보았더니 김 주석에게 전할 편지를 직접 전하지 못하고, 임시정부 국무위원 중의 하나인 김약산金若山[3]에게 맡겨서 그 전달을 부탁했다는 것이여. 그런데 그 약산은 국제공산당원으로 임시정부 국무위원이지만, 그 실상인즉 중국공산당과 통하므로 그 편지를 공산당들이 김 주석에게 가지 못하도록 방해놓았다는 것이여. 이 사실이 1년이 훨씬 넘어서 알려진 다음에야 임시정부 측에서 허둥지둥 바삐 서둘러서 독립군을 긁어모아서 광복군을 편성한 다음 대일선전포고를 하였지만, 그때는 이미 좋은 기회를 놓친 뒤라, 즉 일본군에게 밀려서 한창 다급한 때가 아니라 일본군에게 일대 반격작전을 벌여서 태평양 일대에서 일본군을 내몰아가지고 일본 본국까지 쳐들어가고 있는 판국이어서, 대일전에 참가한다고 그리 반가워하지도 않을 때가 되었을 때이니 우리나라를 위해서는 좋은 기회, 하늘이 내린 천재일우의 기회를 놓친 셈이거든."

나는 이 사실을 듣고 흥분한 감정을 억누를 길 없어서 바로 그 길로 돈암장으로 뛰어가서 이 박사를 뵈었다. 때는 석양 황혼빛이 사방에 퍼

3 김원봉(金元鳳).

져가는 때라 면회오는 사람도 없어서 마침 조용한 기회이었다. 앞뜰에서 이 박사를 뵙기는 두 번째인 고로 구면이라 말씀드리기가 다소 부드러웠다.

"선생님 저는 오늘 낙원동에 가서 이시영 선생님을 찾아뵈었습니다. 그 어른 말씀을 들으니 태평양전쟁 초기에 선생님께서 미국 측에 교섭하셔서 중국 내에 산재한 우리 독립군을 모아서 한 개의 군단을 만들어서 대일선전포고를 하도록 임시정부 김 주석에게 편지를 보내셨는데, 그 편지가 좌익계열 손에 새어들어감으로 말미암아 김 주석 손에 들어가지 못하게 되었다는 사실을 들었습니다. 어찌 좌익계열에 새어들어갔을까요? 참 통탄할 노릇입니다."

"그 말을 성재[4]가 하던가?"

"네, 성재 선생께서 말씀하시면서 긴 한숨을 쉬셨습니다. '무한히 애석한 일이었다'고 하시면서 몇 번이고 긴 한숨을 내 쉬셨습니다."

"내가 그때 김구 주석에게 편지하기를 앞으로 3개월 안으로만 대일선전포고를 한다면 교전국가군대로 연합국 측에서 승인을 받을 터이니, 빨리 서둘러서 우리나라 군대가 선전포고를 하도록 비밀부탁을 했는데, 안혜경 박사가 김 주석께 직접 주지 못하고 약산에게 부탁한 것이 잘못되어 김 주석에게 들어가지 못하였다는구려. 나는 김 주석께로부터 무슨 기쁜 소식이 오나 하고 한 달 두 달 석 달 동안을 기다려도 도무지 소식이 없어서, 그 뒤 몇 달 동안 그 편지 행방을 찾다가 1년 이상이나 지낸 무렵에야 안혜경 박사가 약산에게 준 것을 알고서, 아차 실수했구나 라고 느꼈을 때는 이미 늦은 때라 교전국으로 인정을 받을 기회는 이미 놓친 때였어. 안 박사야 약산이 국제공산당원인 줄을 모르고 그 편지를

[4] 이시영 선생의 호.

맡겼던 모양이여. 겉으로는 임시정부 국무위원이라니까 한 정부요원으로만 알았지 그 실상은 국제공산당원인 줄이야 알지 못했지. 내가 그때의 일을 생각하면 밤에 잠을 이루지 못할 지경이여" 하시면서 박사의 왼쪽 볼의 근육에 경련이 일어나서 실룩거리시는 것을 볼 수 있었다.

나는 박사님이 흥분되셔서 괴로워하시는 것을 보고서 놀라고 죄송스런 생각이 들어서 더 말씀드릴 용기도 나지 않으므로 작별인사만 드리고 물러나왔다. 그 뒤에 몇 해 동안 공사석에서 이 박사께서 흥분하실 때 발작되는 안면근육의 실룩거림을 보았지만, 이날 같이 심한 경련은 보지 못했다. 이로 인해서 내가 받은 쇼크도 컸던 모양이라, 그 뒤 여러 해를 지냈지만 그때의 박사님의 그 모습을 잊을 수가 없다.

다시 며칠 후에 나는 경교장에 가서 김 주석으로부터 편지를 받지 못하게 된 사연을 듣고 놀랐으며, 그 해 가을에 청파동 임시숙소에서 광복군 참모총장이던 철기鐵驥 이범석李範奭 장군으로부터 전쟁말기에 우리 광복군을 조직 훈련하여 대일선전포고를 한 다음 전투를 시작하려 할 즈음에 일제가 무조건항복을 했다는 안타까운 사실도 들었다.

이에 연상되는 일은 1947년 7월에 민족대표자대회가 열리는 날 전국에서 모인 민족대표자들에게 이 박사께서 하신 말씀 중에서 '천여불수天與不受면 반수기앙反授其殃'(하늘이 주는 것을 받지 않으면 도리어 재앙을 준다)이라고 하신 말씀이다. 즉 태평양전쟁 때에 하늘이 우리 민족에게 독립할 수 있는 기회를 주었으나 받지 않으므로 도리어 재앙을 받게 된 것이 아닌가, 즉 38선에 의한 민족분열이라는 비극과 6·25의 동족상잔이란 전무후무한 일대비극이 벌어진 게 아닌가 하는 추리도 간다. 해방 전 한 10여년 간 중국에서 의혈단義血團이란 항일 암살단에 들어가서 활약하던 사람 중 하나인 김원봉金元鳳, 일명 약산若山이 공산당인고로 임시정부를 늘 반대해오다가 전쟁말기에 해외 독립운동단체의 대동단결이란 명분 아래 잠시 임시정부 산하에 들어와 있다가 이와 같은 매국행위를 한 것이다.

Ⅵ. 민족통일총본부 설립

그 해(1946년) 7월 초에 이승만 박사께서 민족통일총본부(민통)를 만들었다는 기사가 발표되자 애국단체연합회에서는 물의가 일어났다. 제1차 미소공동위원회 결렬 후에 우리 민족진영에서는 애국단체연합회를 만들어서 좌익공산계열과의 투쟁에서 행동통일을 하고 있는데, 옥상가옥屋上架屋으로 또 민통을 만들 필요가 없다는 것이다. 더구나 그 민통의 구성원은 전부가 한국민주당원이니, 마치 한민당의 별동체와 같은 인상을 준다는 것이다. 7월 12일과 13일 이틀 동안에 상임대표들이 진지한 토론을 벌였다. 상임대표 중에서도 대중단체인 노동조합과 청년단체들은 곧 반대성명을 발표한다는 것이다.

그리하여 이들 대중단체 대표들을 무마하는 동시에 한 차례 애련 측에서 이 박사께 가서 민통의 조직된 경위와 앞으로의 과업에 관해서 알아보기로 결정해서, 7월 13일에 애련대표 몇 사람과 내가 돈암장으로 가서 이 박사를 만났는데, 대표 하나가 대뜸

"박사님 민족통일총본부를 무슨 취지로 만드셨습니까?"라고 질문하니

이 박사는 "이름 그대로 우리 한민족을 통일하도록 하여보자는 것이여"라고 답하였다.

"민족통일총본부 멤버를 보면 거개가 한국민주당 당원들이니 한국민주당이 우리 민족을 대표하는 줄 아십니까?" 하고 되물었다.

이때에 대표 한 사람이 "세상에서는 선생님이 만드신 민통은 한민당 지부라고 말합니다. 이런 평을 하는 소리를 들으셨습니까?"라고 질문했다.

“지부, 지부라는 것이 무엇이여?

“지부라는 말은 영어로는 branch, 즉 본줄기에서 갈라져 나온 가지라는 말입니다”고 내가 대답했더니, 이 박사께서 나를 향하여 손을 내저으면서 “아니야, 지부 아니야”라고 부인하신다. “내가 미주에 있을 때 나를 도와서 독립운동을 하던 동지들, 내가 잘 아는 사람들과 협의해서 그들을 멤버로 해서 만든 것이지 민주당 사람들로 만든 것은 아니야. 무슨 일을 하려면 서로 손발이 잘 맞아돌아가야 하므로, 그런 손발이 맞을 만한 인사들로 조직한 것이야.”

이때에 내가 용기를 내어 말씀드렸다. “선생님, 선생님을 우리 민족이 국부國父로 모시고 존경합니다만, 덮어놓고 나를 따르라고 하신다고 다 따르지는 않습니다. 먼저 따라갈 수 있도록 타일러주셔야 합니다. 이해시키셔야 합니다. 그러니 이미 발표하신 민통의 그 멤버를 왈가왈부하지 않습니다. 애국단체대표들을 모아놓고 민통을 창설하게 된 취지와 조직된 경위를 말씀하신다면, 그 말씀을 어기고 반대할 단체대표나 개인이 없을 것입니다. 그러니 한 차례 애련대표들을 모아놓고 선생님께서 말씀하신다면, 저희들은 또한 민통을 지지하고 받들어나가도록 애련대표들에게 권고하겠습니다.”

이 박사는 “어느 날이든지 모아놓으면 내가 나가서 말해주지”라고 대답하셨다.

이리해서 3일 후인 7월 16일 오전 11시에 종로구 인사동에 있는 중앙교회에서 애련대표자회의를 열기로 함과 동시에 이 박사께서 나오시기로 결정을 보았다.

그 날 즉 7월 16일 11시 정각보다 조금 일찍 이 박사께서 회의장에 나오셨다. 정각이 되자 각 단체대표들이 모였다. 박사님 참석 아래 간단한 국민의례 다음에, 조민당 대표 이종현李宗鉉 씨의 개회사에 이어서 이 박사께서 등단하셔서 다음과 같은 말씀으로 민통을 창설하게 된 취지를 말씀하셨다.

"내가 작년 가을에 입국한 뒤에 중앙협의회를 만들어서 국내 정계를 총망라한 협의기관을 만들어보았으나 그게 잘 되지 않다가 오늘에 이르렀는데, 거번에 전국에서 국민회 전국대표들이 모였을 때에 내가 독립운동하는 총사령부를 하나 만들겠는데, 여러분들은 이를 지지해주겠느냐고 물었더니 다들 지지해주겠다고 대답하므로, 내가 용기를 얻어서 이번에 이 민족통일총본부를 만든 것이니 여러 애국하는 남녀들은 나의 의도를 살펴서 이를 지지해주기 바랍니다."

그리고 민통이 조직된 경위에 대해서는 "무슨 일을 하려면 피차간 손발이 잘 맞아서 기계가 잘 돌아가듯이 착착 잘 돌아가야 하므로, 그 손발이 잘 맞을 만큼 서로 잘 아는 사람들끼리 조직이 되어야 하는데, 이 민통이란 기구를 조직함에도 과거에 내가 미주에 있을 때에 나를 도와서 일하던 사람들, 즉 같이 독립운동하던 인사들을 고른 것이지 어느 단체에 치중하여서 만든 것이 아니라는 것을 아시오."

대략 이상과 같은 요지의 말씀을 마치시고 내려오시자, 사회하는 나와 개회사를 한 이종현 동지 이하 여러 대표들이 이 뒤의 일은 저희들에게 맡기시고 귀가하시기를 간청하여서 바로 떠나신 다음에, 애련으로서 민통을 지지하느냐 반대하느냐의 토의에 들어가서 토의한 결과 원칙적으로 지지하되, 현 민통기구를 다소 개편해서 우리 애련의 의사가 반영되도록 해야 하겠다는 것을 그 총재이신 이 박사께 건의하기로 결정하고, 그 건의하러 갈 대표를 다음 몇 사람 선출했다. 그 선출방법은 애련 상임대표 중에서 뽑기로 해서 다음 인사를 뽑았다.

대한노동연맹 대표　홍윤옥

대한청년연맹 대표　한민홍

대한부인회 대표　이경채
신한민족당 대표　손공린
미소공위대책연맹 대표　서재권

그날 오후 2시에 돈암장으로 대표들이 갔더니 오전에 박사께서 다녀가신 후에 애련에서 결정한 것을 접수하겠다는 박사의 말씀이 떨어졌다. 그리하여 민통을 개편할 의사를 표명하시고, 다음날인 7월 17일 아침 10시에 안국동 윤보선 씨 댁으로 애련대표들이 나오라는 분부이시다. 돈암장에 갔던 대표들이 다시 다음날 안국동 윤보선 씨 댁으로 가서 민통 개편에 관한 전형을 하여 바로 옆방에 와 계신 이 박사께 건의하였다.

이 애련의 건의를 참작해서 개편된 민족통일총본부는 애국단체연합회를 흡수하여서 명실 공히 민족진영의 절대적인 지지와 그 뒷받침 아래 7월 20일부터 구 왕궁아악부 자리를 빌려서 그 사무를 시작하였다. 민통이 사무를 시작하자 총재께서는 아침에 나오시는데 8월 29일 아침에는 우리 임원들을 총재실에 불러놓고 다음과 같은 말씀으로 우리들을 감명 깊게 하였다.

"오날은 우리 민족이 일본에게 치욕을 당한 날이야. 지금으로부터 36년 전 경술년 오늘의 일이거든. 그 전 즉 6년 전에 5조약으로 우리나라를 국제사회에서 고립시켜놓고, 저의 나라 보호 밑에 가두어놓았다가 다시 7조약으로 완전히 삼키고만 날이 오늘이야. 나라가 이렇게 넘어가는 줄도 모르고서 우리 백성들은 가만히 속수무책으로 남의 일처럼 보고만 있었던 것이 이 강토 안에 사는 백성이고 보니 나는 이러한 백성들, 즉 나라가 망하는 줄도 모르고 거저 앉았기만 하고 있는 국민들을 보고서 통곡했던 것인데, 발서 36년이란 세월이 흘렀구려. 앞으로 올 세대에 있어서나 지난날과 같은 악몽을 되풀이하지 않기 위해서는 내가 몇 마디

하고자 해요.

한 나라가 나라구실을 잘 하도록 나라살림하는 것도 마치 큰 관현악단과 같은 이치여요. 그 악단 안에 각 악사들이 제가끔 악기를 가지고서 제 나름의 소리를 내되 곡조는 다 같은 한 곡조거든. 그 같은 곡조로써 그 맨 앞에서 지휘하는 지휘자의 지휘에 보조를 맞추어서 같은 리듬으로 통일된 음악소리를 냄으로써 전체가 고르게 돌아가는 동안에 그 유량한 풍류소리가 나서 대관현악이 연주되거든. 만일 그 악단 중의 한 악사라도 같은 곡조를 내지 않으면 그 음악은 깨지고 말거든. 이 관현악을 연주하는 이치가 꼭 한 나라가 다스려나가는 이치와 맞먹어요. 한 나라의 지도자가 맨 앞에서 지휘하면 그 지휘에 발맞추어서 각기 자기 맡은 바 임무를 규칙 있게 법도대로 착착 해나간다면, 그래서 지휘자의 지휘대로만 통일보조를 취해나가면 되는 게야. 그러므로 한 악단이 한 지휘자의 지휘에 맞추어서 같은 곡조대로 연주하듯이 한 나라의 살림살이도 꾸려갈 수 있거든. 과거 우리나라가 통일보조를 취하지 못한 탓으로 나라가 망한 비운을 다시 되풀이하지 않기 위해서는 국민 각자가 깨어서 나라살림살이를 지도자의 지도 여하에 따라서 통일보조를 취하도록 해나가야 할 것을 오늘을 계기로 해서 더 경성警惺해야 해요."

Ⅶ. 독립자금 모금

돈화문 앞 운니동에 있는 왕궁아악부 청사 일부를 빌려서 쓰게 된 민족통일총본부가 사무를 시작하던 날 오후에 총재께서 부르시므로 총재실에 들어갔더니 총재께서

"미스터 서, 앞으로 일을 하랴면 자금이 대소 있어야 하겠는데 그 자금을 만들어낼 수 있겠나?"

"말하자면 독립운동자금이란 말씀이군요. 얼마나 필요하신데요?"

"한 1억환쯤 있어야겠어."

"그러한 큰돈은 한두 사람 개인보다도 재정 만드는 기관을 만들어야 할 터인 만큼 재정 가진 사람을 잘 알 만한 인사들의 협조를 얻어서 재정 가진 사람들을 모아야 할 것입니다."

"옳지, 그러면 그 재정 가진 사람들을 잘 알 만한 사람들이란 어떤 사람들인가?"

"지금 서울시내 각 동에는 동회가 있고, 그 동 내에 사는 사람들 살림살이를 동회장이 대개 압니다. 그리고 각 동회는 연합체를 만들어서 각 구마다 동회연합회가 있습니다. 그래서 서울시내는 8개 구가 있으므로 8개 동연합회가 있으니까, 이 8개 동연합회장들이 모이면 서울시내에 사는 100만 명 인구 중에 재정 가진 사람들의 형편을 제일 잘 알 수 있습니다."

"그러면 그 연합회장들만 모아서 재정 가진 사람들을 모이게 하면 돈이 모아지겠나?"

"그보다도 그 연합회장들을 선생님이 부르셔서 물어보셔야지요. 이러이러한 독립운동에 필요한 재정이 있어야겠는데 무슨 방법이 있겠느냐고 물으신다면, 이 8개 구 연합회장들은 우리 민족진영인사들인 만큼 선생님 말씀을 듣고서 협조할 것입니다."

"그러면 그 동연합회장들을 한 차례 모이도록 해보세."

"오는 8월 5일에 시청에서 연합회 회장들 모임이 있다는 것을 제가 들었습니다. 그러니까 선생님께서 그 연합회장들을 직접 부르셔서 간곡히 협조해줄 것을 부탁하시면 될 것입니다."

"그러면 내가 기붕起鵬이를 보내서 돈암장으로 오라고 해서 조용히 의논해야겠구먼."

“선생님, 속담에 ‘가는 정이 있어야 오는 정이 있다’고 하지 않습니까? 그들을 부르셔도 다과라도 준비하셔서 초청하셔야 일이 순리대로 진행될 것 같습니다만.”

“그래야 하구말구. 그들을 내가 초청하도록 할 것이니 자네는 그날 참석하소!”

만면에 기쁜 표정을 띠시고서 나까지 청하시므로 그날 1시쯤 돈암장으로 갔더니, 과연 서울시내 각 구내 동연합회장 8명이 이기붕 비서의 안내로 돈암장에 모였다. 종로구의 이중화李重和, 중구의 박정근朴定根, 서대문구의 강창희姜昌熙, 마포구의 강용표姜庸杓 이하 용산, 영등포, 동대문, 성동까지 전원 8명이 모였다.

나는 간단한 다과가 나올 줄 알았는데, 점심식사 그것도 양식으로 갖춘 성찬이 나와서 일동이 의외라는 듯이 놀라는 눈초리를 하면서 감사히 이 박사를 모시고 식사했다. 식사가 끝나고 차를 마신 다음에 이 박사께서

“서군이 일전에 말하기를 오늘 시내 동연합회장들의 회합이 있다고 해서 내가 만나자고 해서 이렇게 와주니 고맙소이다. 차린 것도 변변찮아 미안하구먼” 하시면서 나보고 무슨 말을 꺼내라는 눈짓을 하시므로 나는 일어나서

“실은 오늘 이 모임을 가지게 된 것은 앞으로 박사님이 독립운동을 전개하시려 함에 대소 재정을 마련하셔야 하겠는데, 선생님은 30여년 만에 환국하셔서 서울 사는 우리 동포들의 사정도 잘 모르시고 하므로 어떻게 하여야 재정을 만들 수 있을까, 서울시내 동포들의 사정을 가장 잘 알 만한 분들을 초청해서 의논해보시려고 이같은 모임을 만들었습니다. 그러니 선생님의 고충을 아시고 그 높으신 뜻을 받들어서 협조하여 주십사는 것입니다.”

이같이 서두를 꺼내어서 각자의 의견을 종합한 결과 내달, 즉 9월까지 재정을 만드는 좋은 방안을 연구하는 동시에 자기 구 안의 인사들 중에서 재정을 바칠 수 있는 애국인사들을 물색해보기로 하였다. 이것이 그 해 12월 초에 이 박사께서 미국으로 떠나신 후에 각 구에서 발족한 외교후원회 각 구지부가 되어서 외교성금을 모으는 일을 하는 토대가 되었다.

Ⅷ. 국민회 전국대회 소집통지

1946년 9월 초사흗날의 일이다. 아침 10시 정각에 총재이신 이 박사께서 민통사무국에 있는 나를 부르시므로 총재실에 간즉 총재께서

"서군, 국민회대회를 소집해야겠는데 12시까지 지방에 보내는 소집통지서를 1만장 만들겠나?"

"꼭 12시까지라야 합니까?"

"암, 12시까지 1만장 만들어야 해!"

"지금부터 시작해서 2시간 동안에 1만장은 어렵고, 그 반절인 5천장이라면 할 수 있습니다."

"그러면 좋아, 시작해보아."

이리해서 국민회 전국대회 소집통지서 원고를 가지고 총재실을 나와서 사무국 직원 세 사람이 총동원되어서 등사판에다 대회소집장을 쓰기 시작했다. 1장은 사무국에서 찍어내고, 2장을 가지고 하나는 구왕궁사무국으로 가서 찍고, 하나는 운현궁에 있는 국민회에 가서 찍게 했다. 날씨가 무더워서 원지 1장이면 300매 밖에는 못 찍는다. 그래도 3곳에서 찍으니까 12시까지 4,500장이 인쇄되었다. 그래서 우선 4,500장을 가지고 총재실로 갔더니 총재께서 보시고 만면에 웃음을 띠시면서 표지에 오케이라는 영문을 싸인해 주셨다. 점심시간에 선전부장 홍성하洪性夏 씨가

나와서 나를 보고 "서형, 수고했소. 오늘 9시에 총재께서 나를 보시더니 12시까지 1만장을 만들 수 없느냐고 하시기에 내가 한 1천장은 되지만 두세 시간 동안에 1만장의 소집장은 못한다고 했더니 서형을 부르신 모양이여!"

이리해서 9월 7일에 제3차 국민회전국대회가 정동예배당에서 개최되었다. 그 다음날인 9월 8일은 중앙위원만 약 500여명 아악부 회의실로 모였다. 전날 대회에서 한 도에서 한 사람씩 뽑은 대표들이 모여서 국민회본부의 임원을 개편한 결과, 즉 전형결과를 발표하는 날이다.

Ⅸ. 국민회 임원 개선

국민회 회장, 부회장 이하 각 부장, 차장 전부가 새로 선출되어서 장내는 물을 끼얹은 듯 조용하다. 차례에 따라 총재, 부총재의 신임 간부에 대한 격려사가 있고, 신임 회장의 취임인사가 있고, 전임 회장의 퇴임인사가 있었다. 그 다음에 지금까지 국민회 본부에서 일해오던 간부 하나가 일어나서 "별 잘못도 없이 물러나는 것은 섭섭하니 잘못이 있으면 이 공개된 자리에서 밝히라"는 것이다. 그는 그간 조직부장의 일을 하던 채규항이다. 채 부장은 상기되어 있었다. 그가 말을 마치자 바로 또 한 사람이 일어나서 같은 취지로 호소한다. "우리는 지난 여섯 달 동안 목숨을 내놓고 공산당과 싸웠는데, 상은 못 주더라도 수고했다는 말씀 한마디 없으니 이 억울함을 누구에게 호소하겠느냐"는 것이다. 말을 마치자마자 두 눈에서 흐르는 눈물을 주먹으로 닦는다. 이 분은 국민회 용도를 맡아보았으니 말하자면 국민회 살림꾼인 손홍린 동지이다.

이때에 맨 앞줄에 앉았다가 분연히 일어나서 장내를 한번 훑어보더니 "아무리 총재나 부총재라 해도 우리 국민회 간부들을 이렇게 대접하는 법이 있소? 이는 민주사회에서는 볼 수 없는 파쇼여, 파쇼! 나는 이런 파쇼를 쓰는 분들 밑에서는 일하지 않겠으니 그리 아우!" 말을 마치자 옆의 동지들의 만류도 뿌리치고 퇴장하는 사람은 노동부장 박문희 동지이다. 장내는 한층 조용하기만 하다. 대회공기는 본부 개편이 잘못 된 것으로 인정이 되지만, 지난 6월 대회에서 추대한 민족의 영도자이신 이승만 박사와 김구 선생이 협의해서 처리한 일이니 어찌 하랴는 공기이다. 전임 간부들에 대한 동정은 가되 할 수 없다는 체념이다.

나는 이삼일 동안 이 모진 바람이 불게 된 원인, 즉 그 내막을 알아보고자 사방으로 뛰었다. 그래서 다소 실마리를 잡았다. 무엇이냐? 6월 대회 때에 즉 국민회와 정치공작대와 합동할 때에 밀려나온 인사들, 즉 부위원장 자리에서 물러난 이규채李圭彩 씨 등이 몇 차례 새로 뽑힌 회장인 이시영 선생에게 가서 헐뜯은 것이다. '국민회 신임 간부들은 신구 간부가 국민운동은 하지 않고 싸움질만 한다'고. 무슨 싸움이냐? 자리다툼만 한다고, 구 간부, 즉 오화영 씨 파와 신 간부, 즉 신익희 씨 파로 나뉘어서 매일같이 싸움질만 한다고.

이 회장은 족질族姪 이규채 씨의 말은 곧잘 믿는 터이고, 신익희 씨 말이라면 덜 좋아하는 김구 선생이고 보니, 그 족질이 회장에게 몇 차례 말하므로 회장은 수습할 생각보다도 사임할 생각이 나서 부총재께 사임의사를 표하였고, 부총재는 대번 총재께 보고하였다. 사리를 검토하지도 않고서 전적으로 믿는 회장이고 부총재이고 보니 총재께서도 그렇다면 개편해야겠다고 부총재와 협의한 것이다. 그러나 실지는 그렇지 않아서 국민회는 건전한 발걸음으로 국민운동을 전개하고 있었다. 다만 그때는 좌우합작 바람이 대소 불어서 서울이나 시골이나 뒤숭숭하고 술렁거리던 때이어서 반탁일변도의 국민운동이 대소 주춤하고 있는 때이었다.

지난 1946년 2월에 창립한 이래 반년 동안에 꾸준하게 발전되어와서 해방 후에 생긴 어느 정당이나 사회단체보다 훨씬 놀랄 정도로 발전한 이면에는 이 국민운동을 위해서 목숨을 바치고 있는 열렬한 동지들의 숨은 공로가 있었다. 그 동지들의 몇몇을 들어보면 경북 대구에서 올라온 김성환金成煥, 최성환崔成煥, 장대희張大熙 3인 동지들은 고향에 가족을 두고 단신 올라와서 시내에서 방 한 칸을 얻어가지고 세 사람이 자취를 하면서 매일같이 국민운동에 전심전력하고 있었고, 또 한 동지는 살고 있는 돈암동의 자기 집을 팔아서 그 집값을 몽땅 바쳐서 조직운동에 쓰게 하였다. 이 김진팔金振八 동지는 그도 부족하니까 자기 형님에게 사정하여 그의 화물자동차까지 팔아서 조직운동에 보태쓰게 하였다. 또한 종로3가에서 병원을 경영하는 최성장崔性章 박사는 자기 병원을 개방하여 국민운동 동지들을 구호하고, 사무소로 제공하는 일까지 했다. 그 외에도 모든 동지들이 오로지 국민운동만을 위해서 전심전력을 기울이고 있었다.

그러한 열렬한 동지가 있는 반면에 눈치만 살살 보면서 감투놀음이나 하는 얌체가 더러 있었으니, 그런 사람이 국민회 안에도 있었다. 그런 사람들이 남을 헐뜯기는 잘 하는 법인데, 조국이 해방된 지 불과 1년도 못 되어서 그러한 독버섯이 생겨난 것이다. 나는 같은 동지의 입장에서 약간의 동정심이 생겨서 며칠 동안 생각한 끝에 총재께 이런 사실을 진정해서 낙심하고 있는 동지들을 위로해주도록 총재를 설득하기로 결심하였다.

총재이신 이 박사를 뵙고서 이런 문제, 즉 총재로서 맨 처음 인사를 그르쳤는바 잘못 된 인사문제를 정면으로 지적할 수는 없고, 어떠한 방법, 묘한 방법은 없을까 하고 기회와 방법을 궁리하던 중 좋은 기회를 잡았으니, 이삼일 후에 다가온 추석명절이다. 이날은 다 쉬니까 총재께서도 한가한 하루를 보내실 것이니 이날을 골라서 총재 댁으로 찾아가기로 나 혼자 결심했다. 마침 이 일을 위해서 도와줄 만한 동지가 있었으니 그는 바로 같이 사무국에 와서 같이 일하게 된 안재정安載珽 동지이다. 안 동지는 지난 4월부터 사무국에 오기 전날까지 다섯 달 동안 국민회본부 한 귀퉁이에 책상 하나를 놓고 국민회 한성시지부(서울시지부 전신)를 창설한 분으로 매일같이 국민회 공기를 같이 마신 동지이다.

그래서 나는 추석날 새벽같이 집을 나와서 명륜동에 사는 안 동지를 찾아서 나의 심중을 말했더니 단번에 내 의견에 찬동하므로 즉시 둘이서 돈암장을 찾았다. 돈암장에는 매일 출근하는 비서들도 없어서 곧장 총재를 뵈올 수 있었다. 대번에 국민회 인사문제를 들고 나오기가 거북해서 내가 한 꾀를 냈다. 추석송편 얻어먹으려고 왔다는 농담을 걸었다. 나의 농담을 쾌히 받아들여서 이 총재께서 "아, 이 사람아 농사를 안 짓는 내가 무슨 수로 햅쌀로 햇송편을 마련하겠나? 농사짓는 농가나 찾아가보소!"라고 하시므로 자리는 명랑하고 부드러웠다. 내가 안 동지에게 눈짓을 하니까 안 동지가 말문을 열었다.

"실은 그게 아니오라 서 동지가 조용하신 틈을 타서 말씀드릴 일이 있어서 이같이 찾아뵈었습니다." 이어서 내가 "사무실에서 말씀드리기는 좀 번거로워서 이런 조용한 틈을 타서 말씀드리려고 제가 안 동지와 같이 왔습니다. 다름이 아니오라 지난 국민회대회 때의 일 말씀입니다. 국민회는 창립된 지 반년이 넘었습니다만, 그 동안 지금까지 일하던 동지들이 불철주야하고 열렬하게 일해 왔는데, 남이 잘 하는 일이라면 배가 아파하는 좋지 못한 심보를 가진 사람들이 남을 헐뜯고 모략해서 '신구파 간에 싸움질만 하더라'고 그럴싸하게 꾸며대니까, 그 진상을 알아보시지도 않고 의심부터 하게 되고, 몇 차례 말하니까 그대로 믿고 정말 그들 말 같이 싸움질만 하는 줄 알게 된 것입니다. 그 국민회 사무실에 책상 하나를 놓고 한성지부 조직에 다섯 달 동안 몰두한 이 안 동지의 말을 들어보세요. 그 전 간부들의 동태를 누구보다 자세히 아는 분이니만큼 이 안 동지 말을 들으면 그들은 참 억울합니다. 신구파 간에 처음 합작할 때, 즉 지난 6월 대회 직후에 있던 인사결정 당시 며칠 동안은 자리다툼으로 내 파에 더 좋은 자리를 가져보려고 각기 의견이 맞지 않는 일도 있었지만 이삼일 지난 다음에는 그 의견대립도 다 해소되었답니다. 이런 일이란 어디서나 항용 있을 수 있는 일이 아니에요? 그런 일을 가지고 싸움질만 하고 국민운동은 하지 않는다고 이 사람 저 사람에게 흉보고 다니는 사람들이 틀렸고, 그 틀린 말을 가지고서 위에 계신 어른들에게 고자질하는 사람들이 좋지 못한 사람들입니다.

그리고 좀더 따져보자면 회장님에게 '국민회간부들이 하라는 국민운동은 하지 않고 싸움질만 합니다'고 말했다면, 회장님이 회장으로서의 책임 상 한 차례 그 사무소에 가셔서 간부들을 불러놓고 조사한다든가 알아보시지 않고, 대번에 나는 그런 회의 회장은 안 하겠다고 사의를 표명하시다니 이런 분이 어떻게 해외에서 수십 년 간 독립운동을 하셨으며, 하실 수 있었겠습니까? 해방 후 지금까지 정당이나 사회단체 중에서 제일 활발하게 발전된 이 국민회가 물론 선생님과 김 주석님의 위대한 영도력으로 이만큼 커왔지만, 그 회 내부에서 이 단체의 조직과 발전을 위해서 숨은 공로를 세운 동지들이 하나 둘이 아닙니다" 하면서 전기 여러 동지들의 애국심에 불타는 활동모습도 대강 말씀드렸다. 나는 옆에 있는 안 동지를 들먹이면서 증인으로 내세우니 말이 공담空談이 아니요 사실을 가지고 말함이 분명하니 말발이 잘 서게 마련이다. 다시 안 동지가 내 말에 보충으로 다음과 같은 말을 하였다.

"지금 서 동지 말이 사실입니다. 그 모략한 사람들도 제가 대강 짐작합니다. 지난 6월 대회 때, 즉 구 국민회와 정치공작대가 합동할 때에 빠진 사람들이 자기네가 간부진에서 밀려나니까 그 불평으로 국민회를 흠잡고 다녔습니다. 그래서 회장님이나 부총재님께 가서 있는 흉 없는 흉을 보면서 싸움질만 한다고 모략했는데, 실지는 처음에 합작 당시 이 삼일 간만 옥신각신했지 그 뒤에 짹소리 없이 오늘까지 일해왔습니다. 제가 매일같이 국민회 안에 책상을 놓고 한성시지부를 조직하느라고 매일 보았습니다. 이것은 제가 누구보다도 똑똑히 본 사실입니다."

대략 이와 같은 말을 들어보니 총재 자신이 생각하던 바와는 엉뚱하게 틀리는 사실이요, 만일 그게 사실이라면 그 열렬히 일 잘 하던 사람들을 덮어놓고 내몰은 것이 잘못 된 일이라고 뉘우치게 되는 듯, 이 박사께서는 얼마동안 먼 산을 바라보시면서 무슨 생각에 잠기시는 듯하였다. 이때에 내가 다시 침묵을 깨뜨리고 미소로써 말문을 열었다.

"선생님, 이번 일로 해서 선생님께서는 그 여러 동지들에게 빚지셨습니다"고 용기를 내서 말씀드렸더니 얼마 후에 미소를 지으시면서 "글쎄! 자네 말대로 내가 빚졌구먼" 하신다. 차마 내가 "선생님 실수하셨습니다"고 말을 못하고 "빚지셨습니다"고 슬쩍 둘러 말한 것을 재빠르게 받아들여서 "글쎄 빚졌네!"하고 긍정하시는 넓으신 도량을 나타내셨다. 그리고 조금 있다가 우리를 향해서 "그 사람들을 내가 만나고 싶은데 만나게 할 수 있겠나?"고 물으시자 내가 재빠르게 "네, 그거야 어렵지 않습니다. 선생님께서 시간만 내주신다면 곧 모이도록 연락하겠습니다."

"그러면 내일 낮 두점쯤 우리 집으로 오도록 해보아."

이와 같은 일로 해서 총재면회를 마치고, 나는 그 간부들과의 연락은 안 동지에게 맡기고 다음날도 하루 더 쉬었다. 그 다음날, 즉 9월 14일 아침에 민통에 출근하자 얼마 후에 총재께서 출근하므로 총재실로 인사 갔더니 이날따라 한층 명랑하게 나의 인사를 받으시면서 부드러운 말로 나직하게 "서군! 어제 내가 빚 갚았네!" "네, 잘 하셨습니다. 오늘 아침에 안 동지로부터 소식을 들었습니다. 감사합니다." 총재와 나와의 대화에 다른 분들은 어리둥절하면서 의아스런 표정이다. 그때 총재실에서 우리들 사무실로 물러나오는 나를 보고서 손짓하는 이기붕 씨를 따라서 앞뜰에 나갔더니

"추석날 서형이 총재 뵈오러 왔었다구요?"

"네, 지난 번 국민회대회 때 일로 선생님께 말씀드릴 일이 있어서요."

"어제 아침에 내가 돈암장에 나갔더니 박사님이 서형 말을 하시면서 낮 2시에 국민회 전前 간부들을 불렀으니, 그 사람들을 대접할 다과를 마련하라고 하시기로 대소 짐작했지요. 지난 번 국민회대회 때에 총재님으로서는 첫 공사이시었는데, 그 전 간부들을 가혹하게 처리하였다는 뒷공론을 나도 들었어요. 그러나 누구 한 사람 직접 총재님께 가혹한 인사처리라고 말씀드리는 사람이 없었는데, 서형이 용기를 내서 말씀하시므로 나도 다행한 일이라고 생각했어요. 오늘도 선생님 표정을 보셨지요? 그 명랑하신 표정 나도 퍽이나 유쾌해서 이런 말이라도 하는 겁니다. 앞으로도 국내사정에 어두우신 선생님을 가끔 뵈옵고서 말씀드리세요. 어제 저녁 때에도 전 간부들 20여명들에게 간곡하게 그 동안 수고들 했다고 치하 인사말씀을 하시고, 그들이 물러간 뒤에 나 보고서 서형이 재빠르게 잘 말해주었다고 하시데요."

"오늘 아침에 나를 보시자마자 '빚 갚았네!' 하시는 표정으로 대강은 짐작이 갔어요. 뒤늦은 감이 있지만 그렇게라도 전 간부들을 위로해주어야지요. 지금까지 반년 동안 수고한 동지들 보기가 딱해서요."

X. 이승만 총재 저격사건

다시 이틀이 지난 9월 16일 아침에 출근해서 조금 있으니까 밖에서 총소리가 몇 번 났다. 바로 그때에 총재 차가 우리들 사무실로 들어오더

니 정거한다. 보통 때와 같은 표정으로 이 박사께서 차에서 내려오시더니 총재실로 들어가시지 않고, 우리들이 있는 각 방을 한 차례 순회하신 다음에 총재실로 들어가셨다. 평일과 다르다 생각하면서 총재실에 갔더니 이 박사께서 당신의 의자에 잠간 앉으셨다가 밖으로 나오시면서 "무어 별일은 없지?" 하시니까 수행하던 경호원이 "네, 별일은 없습니다만 선생님께서 놀래셨겠습니다. 괜찮으세요?" "나는 괜찮네. 그러니 어서 나가세"라고 말씀하시면서 차에 오르신다.

오늘은 대한독립청년단(단장 서상천)의 결단식이 청년회관(종로 2가)에서 개최되는데, 그 대회에 가셔서 축사하실 예정이어서 그곳으로 떠나시려고 하시므로 직원 일동이 배웅차 뜰에 나왔다. 그때에 경호원 한 사람이 "지금 박사님이 구름다리를 넘어서 돈화문 앞으로 차가 내려오는데, 차 뒤에서 한 청년이 박사님 차를 향해서 권총을 몇 발 쏘았으나 무사했다"고 놀란 표정으로 말하였다. 이에 우리 일동이 놀라서 다시 나가시지 말고 총재실로 들어가시자고 권했으나 박사께서는 태연하신 표정으로 그 권고를 들은 척도 않으시고, 차 안에서 속히 떠나자고 재촉하시므로 밖에서 서성대는 우리들은 한결 더 황망하여 왔다갔다 하면서 차가 못 떠나도록 만류했으나 소용없었다. 박사님 차가 떠나고 한 10여분 뒤에 수도경찰청장 장택상 씨가 와이셔츠바람으로 달려왔다. 그는 박사님이 무사하신 것을 듣고 황급히 되돌아갔다.

나는 초조히 앉아 있을 수가 없어서 종로 2가에 있는 청년회관으로 달려가서 바로 대회장 안으로 들어가 보니, 내빈석에 계시던 김구 주석께서 사회자의 안내로 축사차 등단하시자 "방금 이 대회장에는 우리의 국부이신 이승만 박사께서 들어오셨습니다. 그런데 여러분들의 창립대회를 축하하시려고 오시는 도중에 창경원 앞에서 괴한에게 불의의 습격(권총 사격)을 받으셨으나, 하나님의 특별한 가호로 박사님은 무사히 이곳까지 오셨습니다. 이 이 박사님의 청년들을 사랑하시는 열렬하신 정신을 받들어서 앞으로 여러분의 청년운동이 한층 더 활발하기를 바랍니다. 등등" 이때에 장내는 감격과 흥분의 도가니 속으로 들어갔다. 김 주석님의 축사가 끝나자 이 박사께서 열렬한 환영을 받으시면서 등단하셔서 간단하고 의미심장한 말씀으로 대회장 안의 청년들에게 훈화를 하신 다음에 퇴장하셔서 바로 돈암장으로 돌아가셨다.

다음날 아침에 이 박사께서 민통에 나오셨기에 총재실로 가서 총재께 인사드리고 난 다음에 앞뜰에 놓인 박사님의 차에 가서 어제아침 권총사격 당시의 상황을 운전사와 경호원에게 자세히 듣고서 우리들은 모골毛骨이 송연하였다. 박사께서 앉으신 차 뒷자리 바로 후면 우리창과 철판 사이로 한 발은 뚫었고, 다른 두 발은 그 아래 철창과 유리 사이를 뚫고 아래로 빠져나갔다. 그 세 발의 파편이 1센치 아니 반 센치씩만 더 아래로 처지거나 위로 올라갔어도 박사님의 머리나 허리에 명중할 수 있을 정도이었으니 말이다. 그날 김 주석께서 하신 말씀 "하나님의 특별하신 가호로 무사하시다"를 새삼 생각하게 되었고, 한결 더 박사님이야말로 우리 민족에게 하나님이 보내신 어른이로구나 하는 느낌을 가졌다.

XI. 조봉암 포용

1946년 7월 어느 날 나는 인천에서 나오는 신문에서 「우리 민족이 신탁통치를 반대함은 민족의 양심에서 나오는 당연한 소리인데도 이를 어기고 찬탁을 주장하는 것은 틀린 것이다. 즉 박헌영 공산당지도노선을 반대하고 나선 사람이 있으니 그는 바로 인천시 인민위원장 조봉암이다」라는 보도를 보고 이 사실을 이 박사님께 말씀드렸더니

"공산주의 하는 사람도 신탁을 반대한다는 말인가?"

"네, 그렇습니다. 찬탁하는 박헌영은 그 지도노선이 틀린 것이라고 정면에서 박헌영을 때리고 나섰습니다. 다른 사람도 아닌 같은 공산주의자가 자기네의 지도자를 반대하고 용감히 나서는 것이 참으로 통쾌한 일입니다."

"그 공산주의자가 누군가?"

"네, 인천시 인민위원장으로 있는 조봉암이라는 공산당원입니다. 이 조봉암이라는 사람은 해방 전에도 근 20년간 공산주의운동을 처음부터 해온 사람으로 한국에서 공산당을 창설한 사람의 하나입니다."

"내가 그 사람을 만나고 싶네. 좀 찾아보아!"

"네, 제가 알아보겠습니다."

그 뒤에 나는 과거에 사회주의 하던 사람들을 통하여 인천에 사는 조봉암을 찾은 지 한 달이 지난 9월 중순에야 재동 윤병희尹炳喜[5] 씨 집에서 그를 만났다. 초대면 인사 후에 나는

"이승만 박사께서 조 선생의 정치적 식견을 높이 평가해서 한 차례 만나시고자 하는데 만나시겠습니까?" 하고 물었더니

"이 박사야 우리 민족의 지도자이시니까 만나 뵈어야지요"라고 대답하였다.

"그러면 내일이라도 시간이 나신다면 나와 같이 가셔서 만나 뵈옵지요."

"그런데 이 박사님을 찾아가 뵈올 때는 나 혼자보다도 모든 일을 내가 상의하는 동지가 있으니 그 분과 같이 갔으면 좋겠습니다."

"그게 누구입니까?"

"그 분은 김찬金燦 씨라고 하는 함경북도 명천 출신으로, 나와는 맨처

---

[5] 당시 연희대학교 교수.

음부터 같이 공산당을 조직한 분으로 해방 전에 중국 산해관山海關에서 연안延安, 서금瑞金까지 4,000여리를 석 달 동안 걸어서 가서 모택동과 같이 일하다가, 해방되자 올봄에 귀국한 공산당에서는 원로급 인사지요. 그 분과 매사를 의논하니까 그 분과 같이 가서 뵈오면 어떻겠어요?"

"네 좋을 듯합니다. 그 분도 조 선생과 같은 주의주장이신가요?"

"네, 물론이지요. 저번에 내가 박헌영 노선을 반대하고 나선 것도 다 우리들이 다른 몇몇 동지들과도 의논하고서 발표한 것이지요. 말하자면 의견을 같이하는 동지들의 뜻을 모아서 내 이름으로 박헌영 노선을 정면으로 때리고 나왔지요. 그 김찬 동지가 같이 가려면 아무래도 오전보다는 오후가 좋겠습니다."

"그렇게 하시지요. 내일 오후 2시에 우리 사무소로 오시지요."

이리해서 민족통일총본부 사무소로 오후 2시에 찾아오도록 하였다. 1946년 9월 17일 오후 2시에 나는 조봉암과 김찬을 안내해서 총재실에서 이 박사와 초대면하게 하였다. 그날 아침에 내가 출근하자마자 총재실로 가서

"선생님, 오늘은 월전에 제가 말씀드린 반탁공산당원인 조봉암과 또 한 분을 이곳으로 찾아오도록 했습니다. 만나주시겠습니까?"

"그래, 좋아. 몇 시에 오나?"

"오후 2시에 찾아뵙기로 어제 약속해놓았습니다."

흰색 세루지 양복에 흰색 헬멧 모자를 쓴 170cm 가량의 키로 거무스름한 50대의 힘차게 생긴 조봉암 씨와 그와는 대조적으로 노랑 머리털과 노란 수염을 한 키가 작달막한(160cm 가량) 흰 피부색의 50세가 넘어선 주름살이 꽤 있는 김찬 씨가 회색옷을 입고 탈모바람으로 나타났다. 나는 두 분을 직접 총재실로 안내해서 들어선 다음에 조씨를 가리키면서

"이 분이 인천에서 올라온 조봉암 씨입니다"고 소개 했더니 이 박사께

서 악수를 청하시면서 다정스런 구면인 사람을 대하듯이 상대하시면서

"나 이승만이요."

"또 이 분은 김찬 씨라고 이 조씨와 같이 일하는 분입니다. 특히 이 김씨는 해방 전에 중국 연안, 서금지방에서 모택동이와 같이 일하다가 올봄에 귀국한 분입니다"고 덧붙여서 소개했더니 이 박사께서는 한층 더 반가워하시면서 악수한다.

"거번에 이 서군이 인천 신문기사를 보이면서 미스터 조를 소개하기에 내가 한 차례 만나보고 싶다고 했더니 이렇게 만나보니 반가워요. 내가 입국해서부터 늘 하는 말이지만 무엇보다도 먼저 나라부터 찾아놓고 보자. 나라부터 찾아서 우리끼리 나라살림을 하도록 마련해놓은 다음에 그 정치하는 방법은 또한 우리끼리 민주방식으로 순서를 밟아서 의논해서 순조롭게 해보자는 게 아니요? 그런데 공산분자들이 이 나라 찾는 일부터 의견을 달리해서 외국놈의 신탁관리를 받아도 좋다고 주장을 내세우니 참 딱한 노릇이요."

이 박사의 이 말에 조씨가 대답같이 "작년에 환국하셨다는데 진즉 찾아뵙지 못하고 이제야 찾아뵈오니 죄송합니다. 지금 말씀하신 말씀은 저희들도 동감입니다. 우리가 해방 전에 사회주의네 공산주의네 하고 투쟁할 때의 대상은 일본제국주의 아니겠어요? 그 대상이 없어졌으니까 이제 와서야 먼저 나라부터 찾아놓고서 국내정치문제야 지금 선생님 말씀대로 다수국민의 의견에 따라서 해결할 문제라고 생각하는데, 저희들과 해방 전에 같이 행동하던 동지들 중에서 일부가 신탁통치를 받는 문제를 가지고 의견을 달리하고 나선 것은 참으로 유감된 일이라고 생각합니다."

다시 이 박사께서 김 씨에게 시선을 돌리자 김찬 씨가 말을 잇는다.

"저는 해방 당시 중국 연안에서 지내다가 올봄에야 귀국했습니다. 귀

국할 때에 먼저 북조선에 들려보았더니 중국에서 같이 지내던 김두봉이 이하 여러 동지들이 저보고 평양에 같이 있자고 말합디다만, 그 사람들이 과거와는 달리 소련에 친근한 정책에만 급급하지 민족주체성이라는 것이 없어보여서 비위가 맞지 않고, 별 흥미를 느끼지 않아 그 사람들과 말조차 하기 싫어서 바로 이남으로 내려왔습니다.” 간단히 말하면 귀국할 때에 평양에 들렀으나 정치적 식견이 다른 이북의 인사들과 말조차 하지 않고서 내려왔다고 말했다.

이상과 같은 간단한 첫 인사로 끝났다. 그런 뒤 약 한 주일이 지난 9월 하순에 조봉암 씨가 이 박사를 다시 한 번 만나기를 희망하므로 내가 그를 안내해서 총재실에 갔더니 총재께서 반가이 맞았다. 조씨는 간단한 인사 후에 당시 정치문제로 제일 크게 논의되고 있는 좌우합작문제를 들고 나와서

“박사님 근간 문제되고 있는 좌우합작은 되겠습니까, 안 되겠습니까? 어떻게 되리라고 보십니까?”

“내가 합작에 앞장선 사람이 아니니까 무엇이라고 그 앞일을 내다보고서 말할 수는 없어도 내가 짐작하는 대로 말한다면 안 되리라고 보지. 아직까지 이 지구상에서 공산주의와 민주주의가 합작이나 통합되었다는 소식을 듣지 못했으니까. 미국무성에서도 공산주의를 잘 모르는 사람들이 한국에서 시험해보는 것이지만, 나는 거번에 신문기자들이 묻기에 합작이 성공되기는 어려울 것이라고 말했지. 정치문제나 사상문제에 대해서 견식이 박한 군인인 미군정관리들이 시험적으로 한인들 보고서 해보라고 하지만, 공산주의자들이 그리 쉽사리 그 사상을 포기하고 민주주의에 넘어올 리 만무하고, 또 민주주의 한다는 사람들이 공산주의에 가담하리라고 보지 않으니까 결국은 얼마 동안 설왕설래하다가 말 것이지.”

이 박사의 이 솔직한 의견에 대소 실망한 듯이 조씨는 “저도 처음에

는 합작이 된다면 그 이상 다행한 일이 없겠다고 생각했지만, 해방 후 벌써 1년간 좌우충돌과 대립상태로 미루어보아 간단히 합작이 이루어지리라고 보지 않습니다."

"중국에서 국공합작했다고 하지만 정말 합작한 것이 아니거든. 왜놈들 물리치기 위해서 잠시 동안 주의주장을 내세우지 않고서 쉬었지만 이제 왜놈들이 물러가니까 10여 년간 감추었던 공산주의를 내걸고서 다시 장개석 정부군과 지금 도처에서 싸우고 있지 않아요? 어느 쪽인가 불원간 절단나겠지만 중국의 평화는 당분간 어려우리라고 보아요."

이러한 정치문제에 관해서 의견교환이 있은 다음에 조씨가 작별인사를 하고 나오는데 이 박사께서 나를 별실로 부르시더니 "아! 이 사람아 손님이 두 번이나 찾아왔는데 아무 것도 대접치 않고 거저 보낼 수야 있나. 그러니 자네가 재정부에 가서 비용을 얻어가지고 가서 무엇 좀 대접해서 보내소. 거저 보내는 것은 도리도 아니고, 내가 섭섭해서 안 되겠네."

이리하여 나는 재정부에 가서 비용을 얻어가지고 조씨가 사양하는 것을 만류해서 종로3가 뒷골목의 조용한 음식점으로 그를 안내하여 들어갔다. 간단한 술상에 식사를 마련해서 대접하였다. 이 자리에서 조씨는

"이 박사께서 하시는 말씀을 들으니 좌우합작도 안 되겠군요. 그러나 합작에 나선 김규식 박사나 여운형 씨 같은 인사들은 꼭 성공시켜본다고 내외 기자들에게 큰 소리를 하기로 행여나 하는 기대를 걸어보는 인사도 있는데!" 하면서 퍽이나 아쉬워하기에 내가

"정치적인 문제로 앞일을 내다보는 데에 있어서는 이 박사만큼 선견지명이 있기로는 세계의 정치인들 중에서 으뜸일 거예요. 그 한 예로는 누구나 다 아는 일이지만 일본의 진주만공격을 예언한 것은 그 일이 일어나기 10여 년 전이었으니까. 당시 미국 조야, 특히 군부에서는 이 박사의 예언을 한 웃음거리로 여겼지만 그 말이 사실로 들어맞자 다들 놀랐

다니까. 그러므로 우리나라에서 일어나는 정치문제에 관해서 앞을 내다보는 점에서는 누구도 이 박사의 뒤를 따르지 못할 것이라고 생각해요."

"지금 우리 형편으로 좌우합작이 안 되는 날에는 그 부작용이 크리라고 보는데, 지금까지의 혼란이나 충돌의 몇 배가 넘는 일들이 벌어지리라고 보는데요. 큰일입니다. 그런데 내가 지난 6월에 박헌영이들과 갈라선 후에 여러 동지들, 특히 지금까지 뜻을 같이 하던 동지들이 무슨 모임, 서클 같은 것을 하나 만들어보자고 권하는데 서 선생이 좀 도와줄 수 없을까요?"

"그러면 조 선생과 같이 공산주의운동을 하던 인사 중에서 신탁통치를 반대하는 동지들이로군요?"

"네, 그렇지요. 서클 하나를 만들까 하는데, 제일 먼저 필요한 것이 사무소이거든요. 사무소 하나만 적당한 자리에 있다면 일이 훨씬 순조롭겠는데 무슨 수가 없을까요?"

"꼭 그러시다면 내가 이 박사님과 상의해서 곧 알려드리지요."

이리하여 그 다음날 이 박사께 "탁치를 반대하는 공산당원들이 조봉암을 중심으로 무슨 서클 하나를 만들겠다고 해서 그에 필요한 사무소 하나를 마련해주었으면 좋겠다고 하는데, 선생님 그들을 도와줄 수 없을까요?"라고 여쭈었다.

"응, 좋아. 그러면 오늘 점심 후에 자네가 우리 집으로 오소!"

점심 후에 내가 돈암장으로 갔더니 이 박사께서 편지 한 장을 써주시면서 "이 편지를 미군정장관실에 있는 ***윔스*** 고문에게 가져다주고서 자네가 사무소 하나 필요하니 마련해달라고 말하게! 조봉암이나 누가 쓴다고 말하지 말고 꼭 자네가 쓰겠다고 말하게!"

나는 그날 오후에 ***윔스*** 고문관에게 그 편지를 전했고, ***윔스*** 고문관의 적극적인 협조로 조봉암이 요청한 사무소를 마련해주었다. 이와 같이 이 박사의 후원으로 사무소를 마련한 조봉암과 그 동지들은 「민주주의독립전선(민독)」이라는 탁치반대 공산당원들로 뭉친 정당 하나를 창설하였다. 그리고 그 산하에 「평화돌격대」라는 청년단체를 김찬 씨가 만들어서 조봉암이 지도하는 민독전선을 후원하였다.

이 민독을 발판으로 하여 조봉암은 인천에서 5·10선거에 나와서 당선되었고, 5·30선거에도 재당선되었다.

XII. 좌우합작위원회

1945년 12월 28일에 모스크바에서 열렸던 3상회의 결정인 한국의 신탁통치안을 협의하기 위한 미소공동위원회 제1차 회담이 1946년 5월에 결렬되자, 미국 점령군 사령관 *하지* 중장은 이 미소공동위원회를 다시 열어보고자 하여 소위 좌우합작위원회를 만들어서 국내 정계를 한층 혼란의 도가니로 몰아넣었다. 그리하여 전년 연말부터 줄곧 반탁운동과 좌익타도운동을 해오던 애국단체연합회 산하 각 우익단체에서는 8월부터 매일같이 민통에 찾아와서 이 좌우합작문제에 대한 태도를 어찌할까 하고 문의해오므로 몇 차례 이 박사께 이런 사실을 말씀드렸더니

"내가 이 문제를 가지고 개인적으로 여러 번 그 태도를 표명했지만, 그렇게 자주 문의해온다니 아주 날짜를 정해놓고 내가 공개적으로 말하겠다"고 하시므로 9월 17일 오후 2시부터 5시까지 3시간 동안 토의하도록 마련하였다.

민통회의실에 각 단체대표 100여명이 모이자 총재실에서 회의실로 나오신 이 박사께서 여러 단체대표들에게 다음과 같이 말씀하셨다.

"공산주의를 잘 모르는 우리 동포들이 그네들의 속임수에 넘어가서 마음의 갈피를 잘 잡지 못하고 있는 실정을 내가 보니 참으로 안타까운

심정이므로, 오늘은 이같이 공개적으로 여러분에게 말해주기로 하였소이다. 내가 미주에 있을 때 그곳 미국친구들 보고도 공산주의자들의 세계정복 야망에 속지 말라고 여러 차례 경고해왔는데, 고 **루스벨트** 대통령이 잘못된 생각으로 소련과 손잡고 2차대전을 수습하려 한 그릇된 방침 때문에 오늘과 같은 세계혼란을 가져왔습니다. 아마도 이 혼란상태는 좀 더 계속될 듯한 조짐이니 참으로 한심한 노릇이요. 이 바람에 우리나라 안에서도 지금 혼란이 일어나고 있어서 앞으로 더 큰 일이 일어나리라고 봅니다.

그러나 여러 동포들에게 내가 당부하고 싶은 것은 언제고 어느 때고 간에 남의 주의주장에 끌려다니지 말고, 내 나라 동포의 자주독립심을 가지고 내 힘을 서로서로가 한데 뭉쳐가지고 굳은 단결력을 발휘하도록 힘쓰시오. 약한 한 사람 한 사람이 서로서로 힘을 합친다면 큰 힘을 낼 수 있는 것인데, 문제는 굳은 단결만 이룬다면 무슨 일이든 해낼 수 있으니 이 기회에 우리가 한데 뭉칩시다. 좌익과 합작은 세계적으로 성공한 예가 없고, 또 성공될 수 없는 요소가 한두 가지가 아니므로 세계적으로 안 되는 합작을 한국에서 성공하지는 못할 것이니, 이에 기대할 것이 못되니까 아예 이것에 기대하지 마시오. 어떤 사람은 중국에서 국공합작이 이뤄졌다고 말하나, 사실은 합작이 된 것이 아니라 공산당에게 속아서 국민당 측이 막대한 피해를 입고 있어서 장차 중국의 운명이 위태로워질 지경이지요."

대략 이와 같은 요지의 말씀으로 각 단체대표들에게 좌우합작의 부당성과 그 성공을 기대 못할 것임을 강력하게 주장하셨다.